民商事案件裁判思维与裁判方法

22个精选案例裁判思路解析

Judgment Thought and Method
in
Civil and Commercial Cases

深圳前海合作区人民法院课题组／著

法律出版社 | LAW PRESS

编辑委员会

目 录

不方便法院原则在我国涉外民商事案件中的理解和适用

——中国信托商业银行股份有限公司诉被告刘念汉、陈滢妃保证合同纠纷案

闻长智　朱伦攀

【关键词】

不方便法院　不方便法院原则　认定事实和适用法律重大困难法院　更加方便法院

【导　语】

随着经济全球化进程的不断深入,国际民商事纠纷迅猛增长,各国在维护国家司法主权原则的指导下,在其立法中均规定了较为宽泛的管辖权,但容易导致积极的国际民商事管辖权的冲突。不方便法院原则作为限制各国国内司法管辖权的扩张,以及合理解决国际民商事管辖权积极冲突的一种行之有效的制度,其适用已经成为国际民商事诉讼领域的普遍做法。2015年颁布的《最高人民法院关于适用〈中华人民共和国民事诉讼法〉的解释》对人民法院适用不方便法院原则的构成要件进行了初步的规定,但该规定较为简单,对提起该请求的主体、时限要求、举证责任的分配等缺乏细化的规则。

本案是前海法院审理的一起驳回当事人以不方便法院原则提起管辖权异议的案件,该案详细地分析了人民法院适用不方便法院原则的构成要件,尤其对法官如何认定"人民法院审理案件在认定事实和适用法律方面存在重大困难"和"外国法院对案件享有管辖权,且审理该案件更加方便"进行了

深入论述,对法官在适用不方便法院原则时应如何运用自由裁量权作出价值判断与利益衡量进行了详细阐述,对于法官如何在具体个案中适用不方便法院原则具有重要指导意义。

【裁判要点】

1. 不方便法院原则的适用前提是本国法院对案件享有管辖权,同时需要满足现行民事诉讼法及其司法解释中规定的六项构成要件。

2. 人民法院在具体的个案中行使自由裁量权,适用不方便法院原则时,应当充分考虑我国涉外民商事案件管辖权制度的基本精神和不方便法院原则的核心价值取向。

3. 人民法院在适用不方便法院原则时,需要进行实质性判断和合法性判断。实质性判断的对象为当事人诉讼动机与目的,合法性判断的对象为是否满足不方便法院原则的法律构成要件。

【相关法条】

《中华人民共和国民事诉讼法》第一百二十七条、第二百六十五条

《最高人民法院关于适用〈中华人民共和国民事诉讼法〉的解释》第五百三十二条、第五百五十一条

【案例索引】

广东省深圳前海合作区人民法院(2016)粤0391民初852号民事裁定书(2016年11月11日)

【基本案情】

原告中国信托商业银行股份有限公司(以下简称信托商业银行)作为贷款人,与案外人借款人艾新科有限公司(ASINK CORPORATION)、艾普拉斯科技有限公司(A-PLUS TEK CORPORATION)、艾新科股份有限公司以及被告刘念汉、陈滢妃存在长期借款及担保关系。2014年10月6日,原告信托商业银行与上述借款人以及被告刘念汉、陈滢妃签订《一般融资授信协

议》的主合同。信托商业银行给予借款人授信额度 530 万美元。双方约定主合同适用香港特别行政区法律及由香港特别行政区法院非专属性管辖。此后,信托商业银行四次向艾普拉斯科技有限公司发放融资款 1,915,900 美元,该借款至今未偿还。此外,艾新科有限公司的衍生性金融产品因其违约而提前结清,所产生的欠款为 507,629.39 美元。对于上述主合同项下的债务,被告刘念汉、陈滢妃曾于 2014 年 10 月 6 日向信托商业银行出具无限额《保证书》,提供连带责任保证担保。《保证书》亦约定适用香港特别行政区法律以及由香港特别行政区法院非专属管辖。因上述借款人和保证人未按照约定偿还借款,信托商业银行向前海法院起诉,诉请被告刘念汉、陈滢妃就涉案借款本金和逾期付款利息承担连带清偿责任以及赔偿信托商业银行因本案诉讼而支出的相关实现债权的费用。被告刘念汉、陈滢妃在本案答辩期间内向前海法院提出管辖权异议申请,其认为前海法院属于《最高人民法院关于适用〈中华人民共和国民事诉讼法〉的解释》第五百三十二条规定的不方便法院,前海法院对本案不具有管辖权,应驳回原告信托商业银行的起诉。

【当事人观点】

被告刘念汉、陈滢妃提出管辖权异议申请的理由在于:最高人民法院通过司法解释明确规定不方便法院原则的适用情形。《最高人民法院关于适用〈中华人民共和国民事诉讼法〉的解释》第五百三十二条规定:“涉外民事案件同时符合下列情形的,人民法院可以裁定驳回原告的起诉,告知其向更方便的外国法院提起诉讼:(一)被告提出案件应由更方便外国法院管辖的请求,或者提出管辖异议;(二)当事人之间不存在选择中华人民共和国法院管辖的协议;(三)案件不属于中华人民共和国法院专属管辖;(四)案件不涉及中华人民共和国国家、公民、法人或者其他组织的利益;(五)案件争议的主要事实不是发生在中华人民共和国境内,且案件不适用中华人民共和国法律,人民法院审理案件在认定事实和适用法律方面存在重大困难;(六)外国法院对案件享有管辖权,且审理该案件更加方便。”本案件完全符合该规定,具体理由如下:

一是刘念汉、陈滢妃以书面形式提出管辖权异议。二是信托商业银行与刘念汉、陈滢妃之间不存在选择内地法院管辖的任何协议。三是案件不存在属于内地法院专属管辖的任何情形。四是本案原、被告住所地均在我国台湾地区(信托商业银行同时在香港特别行政区注册登记),本案并不涉及内地公民、法人或者其他组织的利益。五是本案所涉交易的主要事实并不发生在内地,案件准据法不适用内地法律,表现如下:(1)案件争议的主要事实发生在香港特别行政区境内,授信额度的使用以及衍生金融产品的交易均以香港特别行政区账户在香港特别行政区进行;(2)根据信托商业银行提交的《一般融资授信协议》第12条h款以及第28.1条,及《担保书》第15.1条,明确约定协议及担保书的准据法为香港特别行政区法律,均依据香港特别行政区法律适用及解释;(3)因本案争议主要事实发生在香港特别行政区,并且所涉协议约定适用香港特别行政区法律而非内地法律,广东省深圳前海合作区人民法院在审理案件过程中将在认定事实和适用法律方面均存在重大困难。六是香港特别行政区法院对本案享有管辖权,并且相较于广东省深圳前海合作区人民法院,其审理将更为便利,具体理由如下:(1)根据信托商业银行提交的《一般融资授信协议》第12条h款以及第28.2条及《担保书》第15.2条,协议及担保书均约定香港特别行政区法院对案件享有管辖权;(2)协议及担保书均约定适用香港特别行政区法律作为准据法;(3)除前述情形外,根据信托商业银行提交的《一般融资授信协议》第30条,协议还约定当中英文条款发生不一致时,将以英文版本为准。该约定也必将导致广东省深圳前海合作区人民法院在案件审理过程中对条款内容的判定存在困难。此外,刘念汉、陈滢妃并非如信托商业银行所述除本案被查封的财产之外没有其他可供执行的财产。信托商业银行位于台湾地区的总公司在2015年就向台湾地区的士林法院提出申请,要求执行刘念汉、陈滢妃金额为530万美元的本票一张,最终台湾地区士林法院裁定申请人可以随时请求付款。由此可见,刘念汉、陈滢妃是有其他财产的。综上所述,本案中,广东省深圳前海合作区人民法院明显属于"不方便法院",请求驳回信托商业银行的起诉。

原告信托商业银行对被告刘念汉、陈滢妃的管辖权异议答辩称:(1)本案为保证合同纠纷,法律关系清晰、事实清楚,不存在《最高人民法院关于适用〈中华人民共和国民事诉讼法〉的解释》第五百三十二条以及《最高人民法院第二次全国涉外商事海事审判工作会议纪要》第十一条规定的"重大困难",并且广东省深圳前海合作区人民法院对本案有管辖权。(2)本案刘念汉、陈滢妃唯一可被执行的房产位于深圳市,只有广东省深圳前海合作区人民法院才有执行权,广东省深圳前海合作区人民法院管辖本案最为合适。若驳回起诉,刘念汉、陈滢妃必将转移资产,给信托商业银行造成无可挽回的巨大损失。(3)我国立法和司法实务上均认可"平行诉讼"。信托商业银行即使在香港特别行政区起诉,依法亦可由内地法院受理。(4)《最高人民法院关于适用〈中华人民共和国民事诉讼法〉的解释》第五百三十二条第(六)项规定的"外国法院对案件享有管辖权,且审理该案件更加方便"是指法院在审理事实以及执行程序上均更加方便,但本案中,刘念汉、陈滢妃主要财产均位于内地,就执行来说,广东省深圳前海合作区人民法院审理应更加方便。综上,刘念汉、陈滢妃恶意提出管辖权异议,"不方便法院"原则并不适用于本案。如果广东省深圳前海合作区人民法院驳回起诉、解封财产,刘念汉、陈滢妃必然会在短时间内售出房产,恶意逃债。这将给信托商业银行造成无法弥补的重大损失。故请求依法裁定驳回刘念汉、陈滢妃提出的管辖权异议。

【本案争议焦点】

被告刘念汉、陈滢妃以前海法院为不方便法院为由提起本案管辖权异议能否成立。

【裁判结果】

广东省深圳前海合作区人民法院于2016年11月11日作出(2015)深前法商初字第15号民事裁定:驳回被告刘念汉、陈滢妃的管辖权异议申请。

【裁判理由】

法院生效判决认为:第一,依据《民事诉讼法》第二百六十五条的规定,因合同纠纷或者其他财产权益纠纷,对在中华人民共和国领域内没有住所的被告提起的诉讼,如果被告在中华人民共和国领域内有可供扣押的财产,可以由可供扣押财产所在地人民法院管辖。本案的被告刘念汉、陈滢妃在深圳市有可供扣押的财产(已被前海法院在本案中采取财产保全措施予以查封),故前海法院对本案有管辖权。涉案主债务以及担保债务的当事人虽然约定了香港特别行政区法院对于相关争议有管辖权,但其约定的香港特别行政区法院享有的管辖权为"非专属性管辖权",故不影响前海法院对本案行使管辖权。

第二,双方当事人对是否适用不方便法院原则的争议主要在于前海法院在审理本案时是否存在《最高人民法院关于适用〈中华人民共和国民事诉讼法〉的解释》第五百三十二条第(五)项、第(六)项规定的情形,即由前海法院审理本案在认定事实和适用法律方面是否存在重大困难,如何理解香港特别行政区法院审理该案件更加方便。

首先,在认定事实方面,原、被告双方并未因为主要争议事实发生在香港特别行政区而存在重大困难。在向前海法院提交的证据上,虽然根据《民事诉讼法》的规定,来自香港特别行政区的证据需要经中国法律服务(香港)有限公司认证,但中国委托公证人为原、被告双方认证提供了便利,不构成重大不便。在刘念汉、陈滢妃参加诉讼、证人出庭作证的便利程度上,深圳、香港特别行政区地理位置相邻、交通方便快捷,往来十分便利,并不存在被告进行诉讼与证人出庭作证的重大不便。

其次,在适用法律方面,当事人有义务提供其约定适用的香港特别行政区法律,如果原、被告双方对其所提供的香港特别行政区法律适用产生争议,前海法院具有健全的法律查明途径。2015 年 9 月 20 日,最高人民法院在深圳前海设立的"中国港澳台和外国法律查明中心"以及香港特别行政区法律专家均可以提供准确方便快捷的法律查明服务,在适用香港特别行政区法律上并不存在重大困难。且因前海法院集中管辖深圳全市涉外、涉港澳台商事案件,具有专业化的审判机制,建立了港籍陪审员制度,也具备比较完善的法律查明机制,在认定事实和适用法律上并不构成重大困难。

最后,从本案所涉及的主合同以及担保合同的约定来看,本案主要争议事实发生在香港特别行政区,原告就主合同争议在香港特别行政区提起诉讼，双方约定争议解决适用香港特别行政区法律，相对于香港特别行政区法院管辖而言，本案在前海法院诉讼即使不构成在“认定事实与适用法律上重大困难”，也确实存在“适当不便”，但从诉讼动机与目的来看，信托商业银行选择在前海法院起诉，核心因素是刘念汉、陈滢妃可执行唯一标的物在前海法院司法管辖范围内，其目的为保证诉讼利益的实现，并不存在信托商业银行滥用程序权利，对刘念汉、陈滢妃造成严重不便，进而影响案件公正审理，难以维护自身合法权益的事实和动机。在本案中，刘念汉、陈滢妃也未提出充足证据证明信托商业银行恶意选择管辖法院、滥用诉讼权利，也未证明其在本案被查封的财产之外有可供执行的其他财产，或证实若信托商业银行选择香港特别行政区法院管辖，其胜诉判决同样可以予以执行。因此，无论是从诉讼的时间以及经济成本来权衡，还是从原告对被告提起诉讼的目的实现来评估，信托商业银行在前海法院起诉都具有正当性，没有恶意选择诉讼地以获取不正当诉讼利益的目的。因而，如果前海法院放弃管辖权可能会使信托商业银行实质上丧失司法救济的权利，也在实际上丧失诉诸法律保障其合法权益实现的途径，这从根本上违背了公平和正义的原则。在这种情况下，前海法院对信托商业银行诉诸法律主张对其合法权益的法定权利保护的追求，显然应当超过对法院审理和刘念汉、陈滢妃诉讼“便利”的追求。

综上所述，前海法院认为，本案并不存在《最高人民法院关于适用〈中华人民共和国民事诉讼法〉的解释》第五百三十二条规定的适用不方便法院原则情形，前海法院审理本案不存在事实查明和法律适用上的重大困难，且考虑到信托商业银行在前海法院提起诉讼的核心目的在于保障其合法债权利益的最终实现，其并无恶意滥用诉讼权利，对刘念汉、陈滢妃的应诉造成严重不便，故前海法院根据原、被告双方的主张以及本案的具体情况，认定本案不适合以不方便法院原则驳回信托商业银行的起诉，刘念汉、陈滢妃提出的管辖权异议申请理据不足，应裁定予以驳回。

【裁判思路解析】

对于上述争议焦点的评判，前海法院从三个方面进行深入解析如下：一是前海法院对本案是否享有管辖权；二是本案是否具备适用不方便法院原则的条件;三是本案中人民法院在适用不方便法院原则时应如何运用自由裁量权作出价值判断与衡量。

(一)关于前海法院是否具有本案的管辖权问题

受案法院对案件具有管辖权是适用不方便法院原则的前提,如果法院对案件没有管辖权,自不存在适用不方便法院原则的问题。本案中,信托商业银行为台湾地区公司(同时在香港特别行政区注册登记),刘念汉、陈滢妃为台湾地区居民,本案为涉港、涉台商事纠纷案件。依据《最高人民法院关于适用〈中华人民共和国民事诉讼法〉的解释》第五百五十一条的规定,人民法院审理涉港、涉台的民事诉讼案件,可以参照涉外民事诉讼程序的特别规定。依据该规定,前海法院对本案的审理参照涉外民事诉讼程序的特别规定进行。依据《民事诉讼法》第二百六十五条的规定,因合同纠纷或者其他财产权益纠纷,对在中华人民共和国领域内没有住所的被告提起的诉讼,如果被告在中华人民共和国领域内有可供扣押的财产,可以由可供扣押财产所在地人民法院管辖。本案刘念汉、陈滢妃在深圳有可供扣押的财产(已被前海法院在本案中采取财产保全措施予以查封),故前海法院对本案有管辖权。本案所涉及的主债务以及担保债务的当事人虽然约定了香港特别行政区法院对于相关争议有管辖权,但其约定的香港特别行政区法院享有的管辖权为"非专属性管辖权",该约定并未排除香港特别行政区之外的其他有管辖权的法院对相关争议行使管辖权。本案中,当事人关于本案由香港特别行政区法院非专属管辖的约定不影响前海法院对本案行使管辖权。

(二)关于本案是否具备适用不方便法院原则的法定条件问题

如前文所述,涉港、涉台案件参照《最高人民法院关于适用〈中华人民共和国民事诉讼法〉的解释》第五百三十二条的特别规定进行,这六项条件既有实体上的要求,也有程序上的要求。正确理解并适用以上六项条件,是确定本案能否适用不方便法院原则的关键。依照上述规定,从程序上看,首先,原、被告双方一般不是本国公民、法人或者其他组织;其次,被告应当提出由更方便外国法院管辖的请求,或者提出管辖异议,我国法院不依职权主动适用不方便法院原则;再次,当事人之间不存在选择我国法院管辖的协议,不属于我国法院专属管辖,同时我国法院对案件有管辖权。从实体上看，我国适用不方便法院原则，除了应当以该案件不涉及国家利益以及我国公民、法人和其他组织的利益为前提外，最关键的是我国对不方便法院原则实质上采用“存在重大困难法院”和“更加方便法院”的双重标准。首先，就“存在重大困难法院”来看，上述司法解释第（五）项明确规定了“存在重大困难法院”的标准，即人民法院在认定事实与适用法律上存在重大困难；其次，就“更加方便法院”来看，司法解释第（六）项规定外国法院对案件享有管辖权，且审理该案件更加方便。两项标准针对不同的对象作出衡量，不仅要判断我国法院是否为“存在重大困难法院”，还要有其他替代法院比我国法院审理案件更加便利，二者相互联系，缺一不可。但什么是“存在重大困难”，司法解释并未作出具体明确的统一标准，结合上述司法解释第五百三十二条第（五）项的规定，一般来说在认定事实和适用法律上“存在重大困难”应当考虑下列因素：案件争议的主要事实发生地；当事人各自注册登记营业地，主要办事机构所在地；证据来源的分布和收集的难易；证人的分布与出庭作证的难易；法律文书送达的难易；适用的准据法，即查明和适用外国法律的难易等，在涉及认定事实与适用法律的问题上，所考虑的因素比较广泛，必须根据具体案件的情况具体分析，不能一概而论。同时，任何单一对确定管辖权的影响因素都不是决定性的因素，应当对所有影响管辖权的因素进行综合衡量。

信托商业银行认为上述规定的第（六）项中的“外国法院审理案件更加方便”中的“审理”是包括民事诉讼中的“执行”程序。前海法院认为，法律规范有明确的法律术语，在理解法律的相关术语时，应当首先从文字的基本含义出发，严格地作文义解释，不宜随意作扩张解释。同时，在解释相关术语时，应当考察该术语出现的具体语境，如果该术语在相应的法律规范中多次出现，其意义应当相同，而不应有冲突。从字面来理解，“审理”的基本含义为对案件的审查和处理，没有包括执行的意思在内。在《民事诉讼法》《最高人民法院关于适用〈中华人民共和国民事诉讼法〉的解释》中，“审理”一词多次出现，但指向的均为人民法院在案件判决（或者裁定）作出之前的相应审判活动，没有包括执行的含义在内。而对于执行活动，上述法律及相应解释均明确具体地以“执行”的字样予以表述。因此，无论是从汉字的基本文义、语境安排等方面,都难以得出上述司法解释第五百三十二条第(六)项中的“审理”包括了“执行”的含义。因此按照法律规范,对信托商业银行的此项主张前海法院不予采信。

结合本案事实与证据,我们可以判断,上述司法解释第五百三十二条中第(一)项至第(四)项所列条件与本案的事实相符。刘念汉、陈滢妃提出了管辖权异议即应由更方便法院,即香港特别行政区法院管辖的要求;原、被告双方当事人之间不存在选择内地法院管辖的协议;本案不属于内地法院专属管辖;本案原被告主体均为台湾主体(信托商业银行同时在香港特别行政区注册登记),本案并不涉及内地公民、法人或者其他组织利益;前海法院对被告刘念汉、陈滢妃关于上述问题的事由与理由予以采信。原、被告双方的争议点是《最高人民法院关于适用〈中华人民共和国民事诉讼法〉的解释》第五百三十二条规定的第(五)项、第(六)项,即由前海法院审理本案在认定事实和适用法律方面是否存在重大困难,如何理解香港特别行政区法院审理该案件更加方便。

前海法院认为,在认定事实方面,原、被告双方并未因为主要争议事实发生在香港特别行政区而存在重大困难。在向前海法院提交证据上,虽然根据《民事诉讼法》的规定,来自香港特别行政区的证据需要经中国法律服务(香港)有限公司认证,但中国委托公证人为原、被告双方认证提供了便利,也不构成重大不便。在被告参加诉讼、证人出庭作证的便利程度上,深圳、香港特别行政区地理位置相邻、交通方便快捷,往来十分便利,并不存在被告进行诉讼与证人出庭作证的重大不便。在适用法律方面,本案所涉协议约定适用香港特别行政区法律而非内地法律,根据《涉外民事关系法律适用法》第十条的规定,当事人选择适用外国法律的,应当提供该国法律。涉港案件参照此规定执行。因此,一方面,当事人有义务提供其约定适用的香港特别行政区法律。另一方面,如果原、被告双方对其所提供的香港特别行政区法律适用产生争议,前海法院具有健全的法律查明途径。2015 年 9 月 20 日最高人民法院在深圳前海设立的“中国港澳台和外国法律查明中心”,以及香港特别行政区法律专家均可以提供准确方便快捷的法律查明服务,在适用香港特别行政区法律上并不存在重大困难。

还应当指出的是，不方便法院原则适用中所要考虑衡量的因素，如法院审理是否存在重大困难、当事人出庭是否便利、证人出庭是否便利、收集提供证据是否便利，在很大程度上是与特定社会的物质技术条件和法院审理案件能力密切相关的。衡量法院审理案件是否构成重大困难等要素，必须因时而异、因地而异。现代社会的往来交通与信息传递的便利性，使得地域与语言造成的不便影响越来越轻微，具体到本案而言更是如此。在早前的司法实践中，内地法院确曾以“本案双方当事人已经明确约定服从香港特别行政区法院的非专属管辖，且本案双方当事人均为香港特别行政区法人，其纠纷产生也与内地无关，从方便诉讼的原则出发，案件应按当事人的约定由香港特别行政区法院管辖”为由，裁定驳回原告的起诉。在适用“不方便法院”原则时，实质上遵循的是“更加方便法院”的标准。但随着不方便法院原则在我国涉外民事诉讼中确定，不方便法院原则适用的标准和条件也在逐渐完善，直至 2014 年 12 月 18 日《最高人民法院关于适用〈中华人民共和国民事诉讼法〉的解释》第五百三十二条明确规定适用不方便法院原则的条件采用“存在重大困难法院”和“更加方便法院”的双重标准作为适用不方便法院原则的补充完善。同时，随着内地涉外民事案件法律制度与审判制度的完善，为人民法院审理涉外民事案件提供了制度保障。前海法院更是集中管辖深圳全市涉外、涉港澳台商事案件，具有专业化的审判机制，建立了港籍陪审员制度，亦具备比较完善的法律查明机制，在认定事实和适用法律上并不构成重大困难。

而且，虽然被告主张主合同的法律关系复杂、案件发生的事实在境外、主要当事人在境外，因而由前海法院审理该纠纷存在困难。但本案在听证过程中，原、被告双方均表示前海法院对于该主合同纠纷没有管辖权。信托商业银行亦未就该主合同纠纷向前海法院起诉。前海法院在本案中并未直接审理该主合同纠纷。根据《最高人民法院第二次全国涉外商事海事审判工作会议纪要》第九条第一款的规定，担保合同的主债务人在我国境外，债权人在我国仅起诉担保人的，人民法院应根据《民事诉讼法》的相关规定行使管辖权。在审理过程中，如发现依据担保合同的准据法，担保人享有先诉抗辩权或者该案需要先确定主合同主债权额的，可以根据不同情况分别处理,其中第二种情形为:人民法院对于主合同纠纷不享有管辖权的,应裁定中止审理,并指定一定期限,告知债权人对主债务人提起诉讼或者仲裁,或者以其他方式确定主债务额。债权人在指定的期限内对主债务人提起诉讼或者仲裁,或者经其他方式可以明确主债权额的,人民法院应在债权人提交相应的生效裁判文书或者其他证明文件后恢复审理。综上所述,刘念汉、陈滢妃认为前海法院审理本案存在重大困难、因而属于"不方便法院"的理由不能成立,前海法院不予采信。

（三）本案中人民法院如何运用自由裁量权作出利益与价值衡量

以上我们分析了适用不方便法院原则的法律要件,全面正确地理解与适用不方便法院原则,尚需要法官运用自由裁量权进一步从利益与价值上作出衡量与判断,这关系到民事司法能否维护与实现公平正义的价值目标。

《最高人民法院关于适用〈中华人民共和国民事诉讼法〉的解释》第五百三十二条明确规定了"不方便法院原则"的适用需要同时具备的六种情形,同时也进一步赋予法官自由裁量的权力,该解释第(五)项规定的"人民法院审理案件在认定事实和适用法律方面存在重大困难",第(六)项规定的"外国法院对案件享有管辖权,且审理该案件更加方便",需要法官运用自由裁量权进行分析判断。同时,即便法院认定上述司法解释规定的六项条件完全具备时,也只是"可以裁定驳回原告的起诉,告知其向更方便的外国法院提起诉讼",而非"应当"驳回原告的起诉。至于人民法院什么情形下"可以裁定"驳回原告的起诉,什么情形下可以受理原告的起诉而行使管辖权,我国法律、司法解释对此也未作出明确规定,这些规定都依法确定了法官在"不方便法院原则"适用中的自由裁量权。不方便法院原则之所以授予法官适度的自由裁量权,其目的就是让法官充分正确使用这种裁量权以保证争议的解决达到最佳效果。法院需要从维护司法主权、社会公平正义和善良风俗以及当事人合法权益等多方面进行整体评估,以确定是否应当放弃管辖权。

首先,人民法院在适用不方便法院原则时应当充分考虑我国涉外民事案件管辖权制度的基本精神。如前文所述,依据《民事诉讼法》第二百六十五条的规定,我国对涉外民事案件行使管辖权的连接点较多,管辖权比较宽泛。随着经济全球化不断深入,信息互联日益发展,民商事交往呈现前所未有的频繁，商业交往与商业利益日益扩展，大大突破了一国或地区的地域限制，不再局限于特定国家和地区内。迅速增长的国际商事贸易与人员往来，必然带来国际或区际民商事纠纷的增多，对那些与我国相关的案件行使管辖权既是国家司法主权的体现，也为各国或地区民商事主体提供争端解决渠道和解决机制，这是衡量我国民事司法制度公正性和有效性的重要尺度。一般情况下，人民法院对我国法律规定具有管辖权的案件均应行使管辖权。应当尊重原告依照我国《民事诉讼法》规定选择法院的正当权利。除非原告挑选法院行为给被告进行诉讼与法院审理案件造成明显不便和重大困难，方有不方便法院原则适用的余地。如果轻易以不方便法院原则为由驳回原告起诉，那势必损害我国法律规定的管辖制度的完整性和权威性。同时，如果人民法院不能依照我国法律为各国或地区民商事主体提供公正有效的争端解决途径，也势必会损害各国或地区民商事主体对我国司法环境的信任。

其次，人民法院在适用不方便法院原则时，应当充分考虑不方便法院原则的核心价值取向。促进公平正义的实现是“不方便法院原则”的核心价值取向。诉讼的根本目的是实现公平与正义，起源于普通法系的“不方便法院原则”之所以被广泛借鉴，并演化为国际民事诉讼中的一项重要的司法管辖权制度，本质上是基于各国对宽泛的管辖权的制衡功能，由于其在解决涉外民商事案件管辖权冲突问题保持自我抑制上具有促进实现公平正义、提高司法效能的积极作用。虽然各个国家或地区采纳“更适当法院”“最适当法院”“明显不适当法院”等不尽相同的标准，并经历了不断发展的过程，但致力于平衡双方当事人的权利义务、赋予法院与当事人更大的便利是普遍包含的基本内容。

以促进公平正义实现为导向，判断是否适用“不方便法院原则”应当从其对当事人利益和实现正义带来的影响这一角度来考察。管辖权的不断扩展使得当事人选择法院的自由度更高，也存在恶意挑选法院，以寻求实体法和程序法有利条件的可能性。基于各国或地区均扩大其对国际或区际民事案件管辖权的现实，导致对同一案件，两个或者两个以上国家或地区的法院均有管辖权，而在不同国家或地区审理案件适用的实体法和程序法都有所不同，由此导致裁判结果不同，对当事人实体与程序利益均有差异，从而为原告挑选在哪一国家或地区进行诉讼提供了诱因和机会。一般来说,当事人会尽量挑选可能对自己作出更加有利判决的国家或地区。由于受当事人参与诉讼的方便程度、收集证据和证人出庭作证的方便程度、案件所适用的法律、判决的承认与执行等因素影响,原告选择的法院不一定是最适合审理该案的法院。有时原告基于对被告“压制性”和“纠缠性”的目的,也会故意选择使被告应诉具有极大困难的法院,如受案法院行使管辖权,会导致对被告的不公正。这要求法院在适用“不方便法院原则”时需要进行实质性判断和合法性判断。实质性判断的对象为诉讼动机与目的,合法性判断的对象为法律要件。一般而言,只要符合法律和司法解释确定的管辖原则,法院对于当事人的诉讼的真实目的不予揣测和评价,事实上,对于动机与目的这样属于当事人内心活动的因素,法院作出精确的推测也比较困难。但在某些特定的情况下,法院又必须综合分析相关因素对此进行推测并作出判断。“不方便法院原则”是以法院拒绝管辖或者放弃管辖为代价,促进最大限度实现公平正义的制度设计,因此,当事人的诉讼目的是法院必须权衡取舍的考量因素之一。在适用不方便法院原则时,法院需要充分考量当事人是否存在恶意诉讼的情形,是否存在利用现存制度的设计来获取不正当利益的动机。必须充分排除当事人利用制度适用获得潜在的不当利益,一方面,原告不得提起给被告造成极大困难的诉讼并浪费与其无实质联系的法院所在地国家或地区的司法资源;另一方面,被告也不得利用不方便法院原则规避法律责任和义务,对原告的合法权益造成实质损害。唯有如此,才能有效维护司法权威,彰显法律维护公平正义的司法价值。

从本案所涉及的主合同以及担保合同的约定来看,本案主要争议事实发生在香港特别行政区,原告就主合同争议在香港特别行政区提起诉讼,双方约定争议解决适用香港特别行政区法律,等等。毋庸讳言,相对于香港特别行政区法院管辖而言,本案在前海法院诉讼即使不构成在“认定事实与适用法律上重大困难”,也确实存在“适当不便”,但从诉讼动机与目的来看,信托商业银行选择在前海法院起诉,核心因素是刘念汉、陈滢妃可执行唯一标的物在前海法院司法管辖范围内,其目的为保证诉讼利益的实现,并不存在信托商业银行滥用程序权利,对刘念汉、陈滢妃造成严重不便,进而影响案件公正审理，难以维护自身合法权益的事实和动机。因此，法院在适用不方便法院原则时，应特别顾及信托商业银行就实体问题作出的决定获得承认与执行的可能性，除非刘念汉、陈滢妃证实其在该替代法院或在该法院决定可以得到执行的另一国家或地区有足够的财产。但本案中刘念汉、陈滢妃仅提出在台湾地区涉讼，并未提出令人信服的证据证明信托商业银行恶意选择管辖法院、滥用诉讼权利，也未证明其在本案被查封的财产之外有可供执行的其他财产，或证实若信托商业银行选择香港特别行政区法院管辖，其胜诉判决同样可以予以执行。事实上，如果前海法院适用不方便法院原则，放弃行使管辖权，本案原告对被告进行的财产保全便失去了法律依据而被解除。就目前而言，我国内地与香港特别行政区法院之间尚无完整的、全面的相互承认和执行判决的制度安排。根据《最高人民法院关于内地与香港特别行政区法院相互认可和执行当事人协议管辖的民商事案件判决的安排》的规定，只有双方以书面形式明确约定内地人民法院或者香港特别行政区法院具有唯一管辖权的案件，才符合相互认可与执行的条件。本案当事人虽然对管辖进行了约定，但其约定的是香港特别行政区法院“非专属管辖”，不符合上述安排规定的条件。也就是说，如果信托商业银行选择在香港特别行政区法院起诉刘念汉、陈滢妃，即使其胜诉，相应的香港特别行政区法院的判决也不能在内地得到认可和执行。而从前海法院查明的情况来看，刘念汉、陈滢妃未举证证明其在香港特别行政区（或者在香港特别行政区的生效判决具有执行力的国家或地区）有可供执行的财产。信托商业银行如果要执行刘念汉、陈滢妃在内地的财产，最终还要到内地法院再次进行诉讼。因此，无论是从诉讼的时间以及经济成本来权衡，还是从原告对被告提起诉讼的目的实现来评估，信托商业银行在前海法院起诉都具有正当性，没有恶意选择诉讼地以获取不正当诉讼利益的目的。因而，如果法院放弃管辖权可能会使信托商业银行实质上丧失司法救济的权利，也在实际上丧失诉诸法律保障其合法权益实现的途径，这从根本上违背了公平和正义的原则。在这种情况下，前海法院对信托商业银行诉诸法律主张对其合法权益的法定权利保护的追求，显然应当超过对法院审理和刘念汉、陈滢妃诉讼“便利”的追求。信托商业银行以“财产可能被解封”为由质疑刘念汉、陈滢妃提出适用不方便法院原则的动机,具有合理性,符合基本的思维逻辑判断,前海法院需要对此予以充分考量。

"法者,天下之公器",公平正义乃是诉讼之终极目标和核心价值。在遵循司法管辖的相应原理和规则的前提下,前海法院应当为当事人提供公正的司法服务。公平正义的法治环境平等保护每位当事人的合法权益,如果对可能利用制度上的便利来获取不正当司法利益的情形视而不见,任由其发展而损害其他主体的合法权益,无疑将损害司法的公正,破坏一个地区的法治土壤,危及我国内地民事司法制度的公正性和有效性,也从根本上背离了不方便法院原则这一制度设计的初衷。因此,权衡比较原、被告两方的理据以及本案的具体情况,本案不适合以不方便法院的原则驳回信托商业银行的起诉。

【本案延伸问题】

(一)不方便法院原则的内涵及制度价值

不方便法院原则起源于英美法系,是指在国际民商事诉讼中,本国法院根据国内法或国际条约的规定享有该案件的管辖权,但该法院认为如审理此案会给当事人及法院带来不便且会导致司法不公正,且同时存在另一更合适的替代法院,法院根据当事人请求运用自由裁量权作出中止诉讼或拒绝管辖的裁决的原则。[①] 不方便法院原则经过多年的发展,已在世界范围内多个国家得到了应用,并根据各国实际情况形成了不同模式。[②]

---

① 王晓君:《论不方便法院原则在我国的适用》,广东外语贸易大学 2014 年硕士学位论文。

② 例如,英国采用"更适当法院"模式,该模式将尊重私人利益放在重要位置,为了所有当事人的利益及正义的目的,如果外国替代法院是审理案件更为适当的法院,法院就可根据不方便法院原则中止诉讼;美国采用"最适当法院"模式,该模式中将公共利益放在极为重要的地位,尤其是把法院的工作负担作为不方便法院分析的一个主要因素,区分外国原告和本国原告,对外国原告的法院选择赋予较少的权重。美国模式中还表现出一个特点,即中止诉讼时给被告附加一定条件;澳大利亚采用"明显不适当法院"模式,该模式适用不方便法院原则的方法和标准较为严格,其分析方法在于将案件在本地法院进行审理的有利方面与不利方面进行比较,被告有责任向当地法院证明,就决定当事人之间的纠纷来说澳大利亚法院是一个明显不适当的法院。大陆法系国家的日本则采用"特殊情况考虑"模式,即日本法律中并没有明确规定不方便法院原则,而是为了确保案件的顺利解决,实现当事人之间的公平和公正原则,在特殊情势下,日本法院可以对于不方便审理的国际民商事案件放弃行使管辖权。

不方便法院原则具有重要的制度价值，主要体现在以下三个方面：第一，国际协调价值。随着全球经济贸易的一体化，涉外民商事纠纷的增加，各国都表现出扩张管辖权的倾向。当一个案件被多个国家同时管辖时，为维护本国的司法主权，本国往往较少承认外国法院的管辖权，这导致管辖权冲突矛盾的激化，同时也不利于维护当事人的利益。不方便法院原则通过对部分案件的拒绝管辖或停止诉讼，对不同案件的管辖进行取舍，体现出对同一案件具有管辖权的其他国家的礼让与尊重。同时也通过权衡案件审理的便利性和当事人利益的因素来确定适合审理的法院，进而达到在国与国之间协调管辖权的效果。

第二，公平正义价值。不方便法院原则的核心目的就是平衡双方当事人的诉讼权利，使得双方当事人得到公平正义的裁判结果。适用不方便法院原则，使得法院有权力拒绝当事人故意挑选对己方有利的法院，恶意损害相对方当事人合法权益的行为。

第三，诉讼经济价值。不方便法院原则不但有助于缓解法院自身的办案压力，而且有助于当事人节约时间和金钱，在最适合审理案件的法院进行诉讼，将大幅度提高诉讼的效率，节约诉讼成本，合理配置诉讼资源。

（二）我国法院适用不方便法院原则的构成要件解析

1. 六要件说

我国《最高人民法院关于适用〈中华人民共和国民事诉讼法〉的解释》第五百三十二条首次在司法解释层面对人民法院适用不方便法院原则规定了六个需要同时具备的条件。从以上六个要件规定的内容来看，前四个要件属于客观层面的要件，人民法院在审查时相对比较容易，只需结合当事人的主张、案件事实和现行法律的规定对照即可，但对于第五和第六个要件，因涉及需要法官结合案情进行自由裁量的情形，属于主观层面的要件，在具体的司法实践中存在分歧。法官在具体的案件中如何认定“人民法院审理案件在认定事实和适用法律方面存在重大困难”和“外国法院对案件享有管辖权，且审理案件更加方便”，有待立法进一步细化与明确。

2. 如何认定人民法院在认定事实和适用法律方面存在重大困难

首先，一般来说，人民法院在认定事实方面的主要依据在于以下几个方面:(1)当事人对案件事实的基本陈述;(2)当事人对其诉讼主张和抗辩主张提供的各项证据;(3)人民法院依照当事人申请或者依职权调查取证的证据;(4)案件其他诉讼参与人提供的证据或者陈述,如证人、鉴定人、勘验人员等;(5)根据日常的生活经验和常情常理,以及必要的逻辑推理和事实推定。结合不方便法院原则的适用情况。第一,当事人能否到庭参加诉讼,是当事人能否向法庭进行陈述的前提和基础,因此,双方当事人的住所地、到本国法院进行诉讼的时间和金钱成本、案件材料送达的难易情况是需要首先考虑的因素。第二,案件事实的主要发生地、主要证据材料的形成地、证据材料进行公证转递手续、外文证据材料进行翻译的成本等是证据方面需要考虑的因素。第三,若为查明案件事实,经当事人申请或者需要人民法院依职权于境外调查取证的,同境外相关国家或地区在调查取证领域的司法协助规定和协议以及因此所耗费的时间和精力成本亦是需要考虑的因素。第四,若案件需要证人、鉴定人员、勘验人员出庭作证或者书面作证的,以上人员出庭作证尤其是从境外到本国法院出庭作证的成本,于境外书面作证需进行的公证转递手续的成本是需要考虑的因素。故法官在具体个案行使自由裁量权时,需要综合以上因素在本国法院进行诉讼时是否存在重大困难,同时与被告提出的在外国法院进行以上事项的难易程度作比较,进而判定外国法院是否存在更为便利的情况。

其次,在涉外的民商事案件审理中,人民法院适用法律的主要依据在于根据我国民事诉讼法及其司法解释、《涉外民事法律关系适用法》及其司法解释中规定的各类型案件的冲突规范而援用的准据法,故当案件适用的准据法不是中华人民共和国内地法律时,外国法的查明和适用就是人民法院在适用法律上的主要困难。具体来说,第一,本国法院是否具有完备的域外法的查明办法以及进行域外法查明所要耗费的时间和精力成本、本国法院现有的司法条件以及法院所在地理区域有无专门的域外法查明机构等是首先要考虑的因素。第二,在本国法院有相对完备的域外法查明办法或者已经形成域外法查明的机制体制,能够较方便地进行域外法查明的,在查明域外法的基础上,如何正确理解和适用域外法,以及当查明域外法后得到的法律意见书存在明显冲突,或者原、被告提出的法律意见需要法律专家到庭进行质询时，需要考虑的因素则涵盖域外法的查明程序是否合法、出具法律意见书的法律专家的专业水平以及职业素质、法律专家出庭的时间和精力成本以及主审法官的专业素质乃至本国法院审理涉外民商事案件的整体水平等各项因素。故法官在个案中行使自由裁量权时，需要结合以上的因素综合考虑在本国法院进行审理是否存在上述域外法律查明和适用上的重大困难。

3. 如何认定外国法院对案件享有管辖权，且审理案件更加方便

该问题涉及两方面的内容，首先是外国法院享有案件的管辖权，其次是外国法院审理案件更加方便。外国法院是否享有案件的管辖权一般可依据诉争基础协议对管辖法院的约定、外国法院与案件的实际联系程度或外国法院所在国的法律或国际公约等的规定，而外国法院审理案件更加方便与本国法院审理案件存在重大困难则是相互对应的关系，主要应从该外国法院在查明事实和适用法律以及裁判的承认和执行上更加便捷上进行考察。具体来说，若同时满足以下条件，可考虑该外国法院在审理案件时更加方便：第一，若案件当事人的住所地均在该外国，主要案件事实的发生地、主要证据材料的形成地均发生在该外国的；第二，若案件当事人在诉争的基础协议中明确约定适用某一外国法律的，或者诉争的基础协议没有约定，但协议中的冲突规范援引的准据法为该外国法院所在地法律的；第三，该案件审理涉及的其他诉讼参与人，如第三人、证人、鉴定人、勘验人员等的住所地或者主要营业地在该外国法院所在地的；第四，当事人申请保全的财产线索所在地以及被告可实际被执行的财产所在地在该外国法院所在地的；第五，其他与该外国法院有最密切联系的其他因素的。因此，法官在个案中行使自由裁量时，应根据上述条件，同时比照本国法院审理本案具有事实查明和适用法律存在重大困难的情况，再结合原告在本国法院提起诉讼的目的以及被告提出不方便法院原则进行抗辩的目的等多重因素后，综合认定本案是否应适用不方便法院原则。

（三）我国法院适用不方便法院原则的程序要求

1. 主体要求

根据我国民事诉讼法及其司法解释的规定，人民法院是根据被告提出

案件应由更方便外国法院管辖的请求,或者提出管辖权异议时,才考虑是否适用不方便法院原则,根据“不告不理”的基本民事诉讼规则,同时基于维护国家的司法主权,人民法院不应依职权主动审查本国法院是不是不方便法院。

2. 提出不方便法院请求的时限要求

关于当事人应在何时提出不方便法院的请求,我国现行的立法并没有明确规定。根据我国《民事诉讼法》第一百二十七条“人民法院受理案件后,当事人对管辖权有异议的,应当在提交答辩状期间提出。人民法院对当事人提出的异议,应当审查。异议成立的,裁定将案件移送有管辖权的人民法院;异议不成立的,裁定驳回。当事人未提出管辖异议,并应诉答辩的,视为受诉人民法院有管辖权,但违反级别管辖和专属管辖规定的除外”的规定,不方便法院请求提出的时间一般应限定在一审答辩期间内提出,但由于被告在一审答辩期内对证据材料尚未进行充分查阅,且双方当事人也未对彼此的证据材料发表质证意见,无法固定均确认的事实和有异议的事实,对案件适用法律的意见也无从得知。同时,因人民法院在被告答辩期内尚未进行案件的实体审理,在此期间法官也很难作出前海法院是否在查明事实和适用法律上存在重大困难,故建议可赋予被告最迟在一审程序第一次庭审法庭辩论结束前提出不方便法院原则的请求,被告在一审程序第一次庭审法庭辩论结束后才提出请求的,人民法院应不予准许。

3. 举证责任的分担

上述民事诉讼法司法解释第五百三十二条仅规定了人民法院适用不方便法院原则的构成要件,但对于谁来举证本国法院系不方便法院以及如何举证亦缺乏相关的规定。

首先,应按照我国《民事诉讼法》规定的“谁主张,谁举证”的一般举证规则,被告在诉讼过程中提出本国法院系不方便法院原则的请求或者提出管辖权异议时,应该由其先举证证明。被告的举证范围应该包括:(1)不存在本国法院专属管辖的协议;(2)案件不涉及本国国家、公民、法人或者其他组织的利益;(3)案件争议的主要事实不是发生在中华人民共和国境内,且案件不适用中华人民共和国法律,人民法院审理案件在认定事实和适用法律方面存在重大困难;(4)存在一个有管辖权的外国法院,且该外国法院审理本案更加方便。在具体操作层面,被告可以提交双方当事人约定由外国法院管辖的协议,可以通过提交证据材料证明案件主要事实发生在域外,也可以通过提交证据证明双方当事人、证人、第三人的住所地在中华人民共和国域外,主要的证据材料形成于境外,本案的诉讼已经在外国法院受理,且诉争的基础协议明确约定适用某一个外国的法律来解决双方争议,以及原告除了在本国具有可供执行的财产外,在本国外的其他地区也有可供执行的财产,不在本国法院审理不会造成执行上的缺失和困难等方式来证明其主张。

其次,在被告提交上述证据拟证明前海法院属于不方便法院后,原告一方面可以提交相应的证据予以反驳,另一方面原告需举证证明即使被告提出的外国法院存在更方便的可能性,但原告在前海法院提起诉讼更符合公平正义的要求,并不会对被告造成严重的不便或对被告诉讼权利造成重大损害,原告如果在外国法院进行诉讼将可能受到案件审理程序上不公平的对待等情形。

【专家点评】[①]

这是一起关于不方便法院原则适用的案件,其裁定书叙述事实清楚,适用法律准确,论证说理充分,裁定结果令人信服,是一篇优秀的裁判文书。其有如下特点:

诉辩内容归纳完整准确、详略得当,争议焦点概括明晰。本案为一起合同纠纷案件,然而诉辩双方对于合同的具体条款并无异议,而是对于前海法院是否具有管辖权存在不同观点,也即本案是否属于不方便法院管辖的情形。为此,裁定书中着重介绍了双方各自提出的理由与证据,并就此争议展开了分析论证。

裁判分析论证层次分明、环环相扣、条理清晰。法院从三个方面来分

① 何其生,北京大学法学院教授,博士生导师。

析本案管辖权异议的成立与否:一是法院对本案是否享有管辖权,因不方便法院原则作为一种例外原则,其适用的前提是各有关国家和地区的法院具有平行管辖权;二是本案是否具备适用不方便法院原则的条件,在明确本案的情况符合我国现行法律规定的六个成立要件中的前四项时,还深入分析了前海法院审理本案在认定事实和适用法律方面是否存在重大困难,以及香港特别行政区法院审理该案件是否更加方便;三是本案中人民法院在适用不方便法院原则时应如何运用自由裁量权作出价值判断与衡量,为此前海法院结合维护司法主权、社会公平正义与善良风俗以及当事人合法权益等多方面因素进行了整体评估。通过三个方面的层层论证,并依据《民事诉讼法》第一百二十七条、第二百六十五条,《最高人民法院关于适用〈中华人民共和国民事诉讼法〉的解释》第五百三十二条、第五百五十一条的规定,最终裁定驳回被告的管辖权异议,说理论证的逻辑连贯、层层推进、有理有据。

本案对于法官自由裁量权与不方便法院原则适用关系的解读也是一大亮点。本案裁定书中认为:首先,人民法院在适用不方便法院原则时应当充分考虑我国涉外民事案件管辖权制度的基本精神,对"应管"之事要"敢管",展现我国民事司法制度的公正性和有效性;其次,也应当注重考虑不方便法院原则的核心价值取向——促进公平正义的实现,防止原告恶意诉讼和被告逃避法律责任与义务,为此必须对诉讼动机与目的进行实质性判断,对法律要件进行合法性判断,而这些判断都必须结合不同案件的实际情况。具体到本案中,考虑到原告选择在前海法院起诉是因为被告可执行的唯一标的物在该院的司法管辖范围内,且被告未提出足以令人信服的证据证明其在他处尚有可执行之财产,而即便法院适用不方便法院原则,放弃行使管辖权,若原告请求执行的诉讼请求未变,当事人双方最后还是要回到内地法院再次诉讼。因此,法官在权衡比较了原、被告双方的理据及案件具体情况后,方才认定本案不适合以不方便法院的原则驳回原告的起诉。

本案极具启发性,可以看到许多延伸的问题,也对今后法官适用不方便法院原则有着重要的借鉴意义。首先,明确一点,保护当事人的权益与促进公平正义的实现才是适用不方便法院原则的要旨,而绝非只认定哪个法院审理案件更为方便。其次,在举证时,要厘清双方当事人的举证责任,做到“谁主张,谁举证”,并明确举证的范围。同时,也要限制法官的自由裁量权,通过完善相关的法律,健全适用不方便法院原则的标准,防止出现专断独行。总而言之,可以预见到不方便法院原则将会是未来解决国际和区际管辖权冲突时可以考虑和采纳的重要机制之一,继续完善我国内地对于这一机制的适用,对于推动我国国际民事诉讼的发展有着重要的意义。

诚然,在一些细节问题上,本案的裁判文书中也有些许不足之处,但瑕不掩瑜,字里行间中展现的是法官的真水平,唯有这样条理清晰,于情于理都出色的裁判文书,才能让诉辩双方信服,方可展现司法公信力的权威。

律师费转付制度在民事诉讼中的运用

——创金合信基金管理有限公司诉山东山水水泥集团有限公司债券交易纠纷案

闻长智　谢　雯

【关键词】

律师费用　律师费转付　诚信理性诉讼

【导　语】

由败诉方支付胜诉方律师费用也被称为“律师费转付”制度，在我国尚存争议，在合同没有对律师费用进行约定的情况下，法院能否运用该制度进行裁判，直接关系双方当事人的切身利益。深圳前海法院审理的创金合信基金管理有限公司诉山东山水水泥集团有限公司债券交易纠纷一案，充分阐释了适用律师费转付的合理性和正当性，明确了律师费转付的数额标准，认为通过发挥律师费用的杠杆作用，加大对虚假诉讼、恶意诉讼等非诚信诉讼行为的打击力度，有利于引导当事人诚信理性诉讼。

【裁判要点】

1. 被告在诉讼中存在过错。该案被告未向原告返还融资债券的本金，存在严重违约行为。后被告滥用诉讼权利，无合理理由提出管辖权异议，在被法院驳回后继续上诉，又无故逾期提交证据，明显恶意拖延诉讼进度，逃避承担义务，损害原告利益，浪费司法资源，属于不诚信诉讼行为。

2. 原告主张 30 万元律师费合理且正当。针对被告一系列不诚信诉讼行为及本案涉及的专业性问题，原告为保障自身合法权益，聘请专业律师为其提供法律服务,具有合理性与正当性。

3. 原告主张 30 万元律师费的诉讼请求在合理范围。因此,被告应承担无过错方合理的诉讼成本,法院对原告的诉求予以支持。

【相关法条】

《中华人民共和国合同法》第六十条第一款、第一百零七条、第一百一十三条、第一百一十四条第一款

《中华人民共和国证券投资基金法》第十九条第(十一)项

《中华人民共和国民事诉讼法》第六十四条第一款

【案例索引】

广东省深圳前海合作区人民法院(2016)粤 0391 民初 903 号民事判决(2017 年 5 月 25 日)

【基本案情】

被告山东山水水泥集团有限公司(以下简称山水公司)在银行间市场交易商协会注册,先后于 2015 年发行了两期超短期债券(简称"15 山水 SCP001""15 山水 SCP002")。15 山水 SCP001 发行总量为 20 亿元,发行日为 2015 年 4 月 14 日,兑付日为 2015 年 11 月 12 日,期限为 210 天,票面年利率为 5.3%,兑付方式是到期一次性还本付息;15 山水 SCP002 发行总量为 8 亿元,发行日为 2015 年 5 月 14 日,兑付日为 2016 年 2 月 12 日,期限为 270 天,票面年利率为 4.5%,兑付方式是到期一次性还本付息。两期债券的募集说明书均约定,"本期超短期融资券的利率为固定利率;发行利率将通过簿计建档的方式确定。超短期融资券利率在超短期融资券存续期限内固定不变,不计算复利,逾期不另计利息",对于发行人的违约责任约定,"发行人应履行按时、足额偿付到期超短期融资券本息的义务,不得提前或推迟偿还本金和支付利息。发行人如未履行超短期融资券还本付息或未按《银行间债券市场非金融企业债务融资工具管理办法》及配套文件规定的时间支付相关费用,则按逾期金额每日 0.21‰承担违约责任"。

原告系创金合信昭尊2号资产管理计划的基金管理人,持有1000万元的15山水SCP001、2000万元的15山水SCP002债券。被告于2016年先后向原告兑付两期债券存续期内利息,但未兑付本金。

【当事人观点】

原告创金公司诉称:被告未根据其承诺在债券到期日(其中15山水SCP001本息兑付日为2015年11月12日,15山水SCP002本息兑付日为2016年2月12日)及时足额向债券持有人原告付款,理应依法承担足额兑付两期债券本息的法定义务。被告未依约及时足额向原告兑付债券本息,理应根据其募集说明书承诺自到期日起按0.21‰/日向原告支付逾期违约金。由于被告的违约行为导致原告支付了本不应承担的律师费用,该合理支出理应由违约方被告承担。请求法院判决:(1)被告山水公司向原告偿付2015年度第一期超短期融资券(以下简称15山水SCP001)、2015年度第二期超短期融资券(以下简称15山水SCP002)本息共计30,002,652元;(2)被告向原告支付逾期违约金870,836元(暂计至2016年5月31日,延续计至完全清偿之日);(3)被告承担原告支付的合理律师费用30万元;(4)被告承担本案的全部诉讼费用。庭审中,原告放弃第一项诉讼请求中的利息差额2652元。

被告山水公司辩称:(1)被告确实发行了15山水SCP001、15山水SCP002,该二期债券的发行行为系山水公司的真实意思表示,未违反法律的强制性规定,合法有效。(2)原告创金公司要求以其持有的15山水SCP001、15山水SCP002本金与债券存续期内的利息之和作为计算违约金的基数,违反了《山东山水水泥集团有限公司2015年度第一期超短期融资券募集说明书》(以下简称15山水SCP001募集说明书)、《山东山水水泥集团有限公司2015年度第二期超短期融资券募集说明书》(以下简称15山水SCP002募集说明书)的约定。涉案两份募集说明书第三章"主要发行条款"第10项约定"本期超短期融资券的利率为固定利率;发行利率将通过簿计建档的方式确定。超短期融资券利率在超短期融资券存续期限内固定不变,不计算复利,逾期不另计利息"。涉案二期融资债券存续期内已经按照年利率5.3%、4.5%计算利息，且被告山水公司已经足额付清，因被告山水公司逾期兑付本金，在该部分利息的基础上又按照每日0.21‰计算罚息，明显系重复计算利息。(3)15山水SCP001募集说明书、15山水SCP002募集说明书、发行公告等材料中并无违约方需向守约方赔偿律师费的约定，原告创金公司诉求被告山水公司支付律师费无合同依据与法律依据，不应得到法院的支持。

【本案争议焦点】

1. 关于事实的争议。原告创金公司与创金合信昭尊2号资产管理计划的关系；15山水SCP001付息时间；原告创金公司是否因本案诉讼支出律师费。

2. 关于法律适用的争议。原告是不是适格主体；违约金的计算基数；被告应否承担原告律师费。

【裁判结果】

广东省深圳前海合作区人民法院于2017年5月25日作出(2016)粤0391民初903号民事判决：(1)被告山东山水水泥集团有限公司于本判决发生法律效力之日起三日内向原告创金合信基金管理有限公司赔偿本金3000万元；(2)被告山东山水水泥集团有限公司于本判决发生法律效力之日起三日内向原告创金合信基金管理有限公司支付违约金(具体计算为：2015年度第一期超短期融资券自2015年11月13日起至2016年1月4日止的违约金112,520.75元，自2016年1月5日起至实际付清之日止的违约金以10,112,520.75元为基数按每日0.21‰计付；2015年度第二期超短期融资券自2016年2月15日起至实际付清之日止的违约金以2000万元为基数按每日0.21‰计付)；(3)被告山东山水水泥集团有限公司于本判决发生法律效力之日起三日内向原告创金合信基金管理有限公司赔付律师费30万元；(4)驳回原告创金合信基金管理有限公司的其他诉讼请求。

宣判后，各方当事人均未上诉，判决已发生效力。

【裁判理由】

法院生效判决认为:本案系公司债券交易纠纷。对于双方的事实和法律争议焦点,法院分别判定如下:

(一)关于原被告双方对事实争议的判定

依据双方提供的证据、庭审质证情况,法院依照相关证据规则,对本案争议的事实认定如下:

关于原告创金公司与创金合信昭尊2号资产管理计划的关系。原告创金公司举示《现券买卖成交单》《持有明细查询表》《银行账户确认书》《组织机构代码证》,称涉案两期债券购买人、款项支付人为原告,原告是创金合信昭尊2号资产管理计划的基金管理人。被告山水公司认为原告未举证证明其与创金合信昭尊2号资产管理计划的关系,质证称《现券买卖成交单》未加盖印鉴或履行公证手续,对《现券买卖成交单》的真实性、合法性不予认可,对《持有明细查询表》《银行账户确认书》《组织机构代码证》的真实性、合法性、关联性与证明目的均予认可。法院经过审查后认为,虽然《现券买卖成交单》并非原件,但其可与《银行账户确认书》《组织机构代码证》相互印证,其显示之户名、支付号与《银行账户确认书》一致,《银行账户确认书》上的组织机构代码亦与原告创金公司的组织机构代码相一致。被告对原告与创金合信昭尊2号资产管理计划的关联性提出异议,但未能举出相应的反证,法院不予支持。因此,认定原告是创金合信昭尊2号资产管理计划的基金管理人。

关于15山水SCP001付息时间是2015年12月30日还是2016年1月4日,15山水SCP002付息时间是2016年2月14日还是2016年2月16日。被告作为涉案融资债券的发行人,在本案诉讼中应对其履行还本付息义务的情况负有举证责任。(1)对15山水SCP001的付息时间的认定。被告未对15山水SCP001的付息情况举证证明,同时,被告以公司内部纷争,公告内容并非真实表示的理由不能成立。因此,公章确认行为即为法人之意思表示,从商事外观主义来看,除非恶意串通,应推定为法人的真实意思表示。相对人无法亦无须顾及法人内部纷争,法人更不能以内部纷争为由损害相对人的信赖利益。因此,法院认定15山水SCP001的付息时间为2016年1

月4日。(2)对15山水SCP002的付息时间的认定。被告举示的《中国建设银行网上银行电子回执》显示2016年2月14日天瑞集团股份有限公司向银行间市场清算所支付款项,款项用途为"15山水SCP002付息资金"。按照约定,被告履行兑付涉案融资债券本息义务的方式是通过向涉案债券的托管人即银行间市场清算所履行而非直接向债券实际持有人履行,因此,原告以其于2016年2月16日实际收到15山水SCP002债券的利息为由主张被告逾期支付该期债券利息缺乏事实依据。在原告未提交充足且有效的证据反驳被告提交的《中国建设银行网上银行电子回执》的情况下,法院对该银行电子回执予以采信,认定15山水SCP002于2016年2月14日兑付利息。

关于原告创金公司是否因本案诉讼支出律师费。原告提出《委托代理合同》《深圳增值税专用发票》等证据证明为本案诉讼支出的律师费用,证据之间可以相互印证,足以证明待证事实。被告为提出足够的证据对被告提出的证据的真实性、合法性、关联性予以反驳。因此,法院认定,原告因本案诉讼委托代理律师,约定一审律师费30万元,已支付15万元,一审判决后支付剩余律师费。

(二)关于原被告双方对法律适用方面的争议

关于原告是否适格的问题。创金合信昭尊2号资产管理计划在购买被告发行的债券后,被告未能依约还本付息,依照《证券投资基金法》第十九条第(十一)项的规定,原告作为基金管理人,可以其名义代表基金份额持有人行使诉讼权利或者实施其他法律行为,故原告诉求被告还本付息具有法律依据,法院予以支持。

关于违约金的计算基数问题。募集说明书第十章"发行人违约责任"部分明确约定:"发行人如未履行超短期融资券还本付息……则按逾期金额每日0.21‰承担违约责任。"该条文义清晰,结合前后文明显可知被告募集说明书中所载"逾期金额"应包括本金及利息;第三章"主要发行条款"部分第10项相关约定为"超短期融资券利率在超短期融资券存续期限内固定不变,不计算复利,逾期不另计利息"。就该文义分析,应指在债券存续期限内不计收复利,但涉案债券已经逾期,不属于"融资券存续期限内"。该项所称"逾期不另计利息",按照"利息"的通常理解,应有别于复利、违约金,依照文义应理解为逾期之后不再计收期内利息,但并未排除被告支付逾期违约金的义务;从体系解释的角度,第三章"主要发行条款"部分,涉及债券利息利率方面的约定,规范的是发行行为,而第十章"发行人违约责任"部分,涉及被告迟延支付本金及利息的违约金方面的约定,直接针对本案所涉的违约情形,故本案理应优先适用第十章的约定。《合同法》第四十一条规定,对格式条款有两种以上解释的,应当作出不利于提供格式条款一方的解释。本案募集说明书系被告提供的格式合同,即使认为该说明书第三章的约定与第十章互相矛盾致生歧义,也应作出不利于被告的解释;从利益衡平的角度,复利、逾期利息与违约金属于不同的法律概念,"不计算复利""逾期不另计利息"不等于被告对迟延支付利息的违约行为无须承担支付违约金的民事责任。如果被告关于违约金计算基数不包括逾期利息的抗辩主张成立,则意味着被告对迟延支付利息的违约行为不承担违约责任,不补偿原告应收款项被占用期间的损失,有违诚实信用原则和公平原则。因此,原告请求被告支付违约金的计算基数系本金及期限内利息之和,具有事实和法律依据,法院予以支持。

关于被告是否应承担原告的律师费问题。第一,被告逾期兑付债券利息、未返还本金等严重违约行为,给原告造成了严重的经济损失。根据《合同法》第一百一十三条的规定,原告依法诉请被告支付因其违约行为而造成的律师费损失于法有据。第二,涉案的募集说明书系单方制定,具有格式条款的性质,双方并没有对有关争议解决的内容事前协商,原告亦没有条件在事前就该募集说明中对律师费的分担与被告进行约定,被告以原告诉请律师费的损失没有合同依据理据不足。第三,本案被告委托专业律师代理提起管辖权异议、管辖权异议上诉,在涉案债券付息时间、违约金计算基数等一系列问题上提出异议,对原告举示的证据大部分不予认可。原告若无专业法律人士介入,在缺乏诉讼技能、法律专业知识的情况下亦难以正确应对被告诉讼代理人及被告的抗辩,最终难以维护其合法权益。第四,被告故意提起管辖权异议并上诉等行为,滥用诉讼权利、拖延承担诉讼义务,造成原告巨额资金被继续拖延占用、司法资源被不必要地浪费,在本案中存在过错。第五,根据《广东省物价局、司法厅律师服务收费管理实施办法》(粤价

〔2006〕298 号），本案不存在律师费偏高不合理的问题，且约定分期支付律师费的方式不违反法律法规、行业惯例，可推定待付律师费将得到支付，故对原告请求予以支持。

【裁判思路解析】

律师费转付制度在我国目前并未通过法律进行确定，法院在依据相关司法解释进行裁判时应当秉持中立、审慎和公平合理等基本原则，并进行充分的释法说理。法院应当严格遵循不告不理原则，当事人必须明确提出律师费承担的诉讼请求，法院不能依职权自行裁判；应当充分考量双方当事人在履行合同和诉讼开展中是否存在过错；同时，对律师费的确实发生且是否属于必要开支也应当严格审查。

（一）诉求律师费是否正当、合理

首先，涉案二期募集说明书第十章违约责任和投资者保护机制第一条发行人违约责任约定，“发行人如未履行超短期融资券还本付息……如双方出现争议且不能协商解决，可依法向人民法院提起诉讼”。因此，按照合同约定，在被告拒不履行还本义务、承担违约责任的情况下，原告以诉讼方式主张权益有合同依据并无不当。更为重要的是，诉权是民事主体所享有的基本权利，原告依照法律提起诉讼维护自身合法权益，符合法律规定。其次，被告辩称本案并非通过诉讼才能解决，但未提供相应的证据予以证明。在 2017 年 2 月 21 日庭前会议上，被告允诺分期偿付本息和会后 15 日内提出调解方案。但被告并未有履约担责的行为，也未提出调解方案或愿意与原告调解的意思表示，现被告辩称本案并非必须通过诉讼才能解决，不符合客观事实。再次，被告辩称原告主张律师费用没有合同依据的问题。涉案的募集说明书系单方制定，具有格式条款的性质，原、被告双方并没有对有关争议解决的内容事前协商，原告亦没有条件在事前就该募集说明中对律师费的分担与被告进行约定，被告以原告诉请律师费的损失没有合同依据理据不足。最后，关于原告请求律师代理案件是否合理。原告作为基金管理公司，其业务范围并不涵括法律服务，故无从假定原告具备与专业法律人士相当的法律素养。

本案中,被告委托专业律师代理提起管辖权异议、管辖权异议上诉,并在涉案债券付息时间、违约金计算基数,乃至原告主体资格等一系列问题上提出抗辩。在此种情形下,原告若无专业法律人士介入,在缺乏诉讼技能、法律专业知识的情况下亦难以正确应对被告诉讼代理人及被告的抗辩,最终难以维护其合法权益。当今,诉讼当事人法律知识、法律能力的欠缺难以与法律与诉讼日益专业化发展的趋势相适应,在诉讼过程中聘请律师填补自身诉讼能力的缺失已经成为民事诉讼中原、被告的普遍选择,这不仅是维护当事人自身合法权益的需要,也是提高诉讼效率和质量的基本要求。在考量本案律师代理合理性的问题上,不仅要关注案情本身的疑难复杂程度,更要关注诉讼客观情势以及当事人诉讼能力的平衡程度。本案起诉的标的金额高达3100多万元,案件的类型亦是具有高度专业性的公司债券交易纠纷,诉讼费用亦接近20万元,案件的审理结果与当事人的经济利益密切相关,原告为保障实现自己的合法权益,聘请专业律师为其提供专业的法律建议,规避诉讼风险,具有充分的合理性与正当性。同时,被告自身聘请专业律师作为诉讼代理人,原告聘请专业律师作为诉讼代理人更有利于进行平等、专业的对抗。因而,被告辩称原告的律师费支出并非必然损失,既缺乏事实依据,又不符合实际情况,原告因处理本案纠纷产生的律师费支出应在"赔偿损失"范围内。

(二)当事人在案件中是否存在过错

首先,关于被告提出管辖权异议的问题。本案于2016年5月27日立案后,被告提出管辖权异议,法院裁定驳回异议,被告提出上诉,广东省深圳市中级人民法院裁定驳回上诉。被告山水公司提出管辖权异议的理由在于本案被告山水公司的住所地在济南,且案件争议标的超过2000万元,故本案应由山东省济南市中级人民法院管辖。本案系公司债券交易纠纷,因合同纠纷提起的诉讼,依法可由被告住所地或者合同履行地的人民法院管辖,原告创金公司以信息网络方式购买被告山水公司发行的公司债券,创金公司的住所地即为合同履行地,因此前海法院对本案依法具有管辖权。被告山水公司虽然享有提出管辖权异议的权利,但其管辖权异议的申请明显缺乏事实和法律依据,其行为存在恶意拖延诉讼、浪费司法资源的故意。其次,被告逾期举证的问题。2017年2月5日举证期限届满,2017年2月21日法院召开庭前会议,组织双方整理诉辩意见、进行证据交换,2017年3月30日在庭审中被告当庭提交书证付息兑付通知书、网上银行电子回执,并临时提出调查取证的口头申请,拖延了诉讼进程。最后,对于原告提出律师费诉求的问题。法院经审理认为,涉案事实清楚,被告作为涉案债券发行人,存在严重违约行为,对本案诉讼争议的发生存在严重过错。并且,被告不但未主动寻求适当方式解决纠纷,反而滥用诉讼权利、拖延应当承担的诉讼义务,造成原告巨额资金被继续拖延占用。原告在合同履行中不存在过错,其为了维护自身合法权利提起诉讼,并聘请律师作为其诉讼代理人,理由充分合理。为鼓励当事人诚实理性诉讼,法院支持原告提出的要求被告赔偿合理的律师费用的请求。

(三)律师费转付的数额确定

关于律师费数额的确定可从两个方面分析评判:其一,原告诉求律师费的金额是否符合律师收费标准;其二,律师费合理金额的确定是否受有无实际支付影响。

首先,律师费金额是否合理。根据《广东省物价局、司法厅律师服务收费管理实施办法》(粤价〔2006〕298号),以本案《委托代理合同》约定之标的金额3100万元为基数,计得应收律师费用为47.5万~48.2万元,上下可浮动20%,得38万~57.84万元。现原告主张律师费用30万元,不足立案标的金额的1%,亦低于律师收费标准下限38万元,且该标准出台距今已十年,本案显然不存在诉求律师费偏高不合理的问题;另外,如前所述,本案诉讼的产生系被告未依照约定按期兑付债券本息,法院对原告的诉讼请求亦基本予以支持,原告在本案中并不存在过错,本案诉讼产生的律师费损失亦应由被告足额偿付。

其次,诉求律师费是否应以实际已支付金额为限。法院认为,诉求律师费是否应以已付为限,关键仍应考察律师费金额是否合理、当事人是否确实承担了律师费支出这两个问题。本案律师费主张金额合理,不再赘述。关于当事人是否客观承担了律师费支出,应当以委托代理合同为准。原告与其诉讼代理人的代理合同明确约定了分期支付律师费用,且分期支付方式不违反法律法规、行业惯例,该合同就必然具有法律效力。原告因案件所支付的律师费用应当是委托合同所约定的所有费用,而不应当局限于已付金额。被告因臆测待付律师费用不会得到支付而将诉求律师费金额局限于已付金额,明显缺乏事实根据。综上所述,原告主张的律师费金额合理,且该费用确为原告之实际损失,原告以此作为赔偿标准的请求,应当得到支持。

【本案延伸问题】

(一)域外国家的相关规定及实践

1. 英美法系的律师费转付制度

作为英美法系国家的英国,是较早建立律师费转付制度的国家。[①] 其1999年出台的《民事诉讼规则》和2000年出台的《民事诉讼指引》都明确规定了败诉方需承担胜诉方的诉讼费用,范围包括事务律师费、大律师费、证人的花费、专家费用等。法官拥有裁定一方当事人是否承担另一方当事人诉讼费用的自由裁量权,一般来说,在法律规定的律师强制代理或者败诉方存在重大过错的情形下,法官会判定律师费用由败诉方承担。胜诉方在判决作出后向法院提交费用清单,列明费用的范围及原因,由法院评定具体数额,进而获得相关费用。[②] 但是,胜诉方获得诉讼费用的范围,由法院根据专门的诉讼费用审定机构评定的费用来决定,通常不是所有诉讼费用。

美国奉行契约自由主义,并未如英国明确规定律师费用由败诉方承担,民事诉讼案件的律师费用则以"谁请律师谁负担"为一般原则。但也有关于律师费用请求的相关规定,如《美国联邦民事诉讼规则》第五十四条规定,当事人可通过申请书的方式提出有关律师费用和免税费用的请求。再如,1976年美国《民权律师费用法》规定,在诉讼中,法官拥有自由裁量权,规定为美国政府之外的胜诉方判决合理的律师费,作为其诉讼费用的一部分。同时,在一些特殊领域,如消费者权益、公益诉讼、反垄断、公益诉讼等案件中,规定了法院可以判决败诉方承担胜诉方的律师费用。更为重要的是,通过判

---

① 刘东华:《论律师费用分配机制在纠纷解决中的作用——国外实践与立法的经验式研究概述》,载《中国社会科学院研究生院学报》2013年第3期。

② 邓建民:《律师法学与公证法学》,四川大学出版社2004年版,第44页。

例法确认了,若一方当事人存在恶意诉讼、拖延诉讼等不当行为,法院可以判决其承担另一方当事人的诉讼费用。①

2. 大陆法系的律师费转付制度

德国推行律师费转付制度。《德意志联邦共和国民事诉讼法》第七十八条规定,"当事人在州法院必须由初级法院或州法院所许可的律师,在所有上级审法院必须由受诉法院所许可的律师作为诉讼代理人代行诉讼",由此确立了律师强制代理制度。该法第九十一条规定,"败诉的当事人应该负担诉讼的费用,尤其是应该偿付对方当事人因达到伸张权利或防卫权利的目的而支出的必要费用……胜诉当事人对于律师的法定报酬和支出费用,在各种诉讼中均应偿付之"。② 根据上述两条的规定可知,在德国的司法实践中,败诉方的当事人需要承担对方当事人因提起诉讼而支出的必要费用,德国有其专门的律师收费评定机制,当事人可以向律师协会或者法院申请评定律师费的数额。

同为大陆法系法国的新《民事诉讼法典》第六百九十五条规定,"与诉讼、文书及执行程序有关的费用包括:……7. 在规定范围内,给予律师的酬金,其中包括诉讼收费。"该法第七百条规定,"在所有诉讼中,法官得判处应负担费用的当事人,或者在没有此种情形时,得判处败诉的当事人,向另一方当事人支付由其确定的款项,作为未包括在诉讼费用之内的已支出的其他费用,但法官应当考虑到平衡原则以及被判处人的经济情况,法官得基于相同之原因,依职权宣布无需判处支付费用。"由上述两条规定可知,法国赋予了法官对于不包含在诉讼费用中的律师费用可依据衡平原则进行自由裁量的权力。

综观域外立法和司法实践可知,尽管各国对由败诉方承担律师费用存在争议,但无一例外都赋予了法院在具体个案中的裁量权力,法院在裁决案件的律师费损失应如何承担时应充分考虑以下因素:当事人聘请律师参与涉案诉讼的合理性;案件本身的复杂程度(包括诉讼程序的复杂性、法律主

① 张耕、王淑君:《知识产权诉讼中律师费应有限转付》,载《人民司法·应用》2014 年第 9 期。

② 《德意志联邦共和国民事诉讼法》,谢怀栻译,中国法制出版社 2001 年版。

体、法律关系的复杂性);胜诉和败诉方各自的过错程度;涉案标的金额的大小以及诉求请求被支持的程度;律师在案件过程中实际的工作量以及所起的作用;胜诉方当事人已经支付以及待支付的律师费用;司法行政部门规定的律师费收取标准、同类型案件通常收取的律师费用等因素。

(二)我国对律师费转付的相关规定及存在的争议

1.我国关于律师费转付的相关规定

我国法律并未针对律师费的承担规则进行专门性规定,在适用律师费用转付制度时,通常引用《民法通则》《合同法》等相关规定,或最高人民法院出台的司法解释。律师费用通常是被作为合同违约的范畴,如《民法通则》第一百一十二条规定,“当事人一方违反合同的赔偿责任,应当相当于另一方因此遭受到的损失……”《合同法》第一百零七条规定:“当事人一方不履行合同义务或者履行合同义务不符合约定的,应当承担继续履行、采取补救措施或者赔偿损失等违约责任。”《合同法》第一百一十三条规定:“当事人一方不履行合同义务或者履行合同义务不符合约定,给对方造成损失的,损失赔偿额应当相当于因违约所造成的损失……”

在特定类型案件中,包括知识产权、著作权、专利纠纷等,最高人民法院出台了司法解释对律师费的负担问题进行了专门的规定。例如,2007年最高人民法院出台《关于全面加强知识产权审判工作为建设创新型国家提供司法保障的意见》,其中第十三条规定,“……当事人为诉讼支出的符合规定的律师费,应当根据当事人的请求,综合考虑必要性,全部诉讼请求的支持程度,请求赔偿额和实际判赔偿的比例等因素及合理确定,并计入赔偿范围”。对特定案件进行明确规定,主要是顾虑特定类型案件的高度专业性、相对复杂性,当事人受限于知识结构水平,难以有效维护其合法权益,故将当事人维权过程中寻求法律专业服务的合理支出纳入“赔偿损失”范围内,此类规定也符合社会经济发展带来的精细分工趋势。

2016年9月,《最高人民法院关于进一步推进案件繁简分流优化司法资源配置的若干意见》规定,“引导当事人诚信理性诉讼。加大对虚假诉讼、恶意诉讼等非诚信诉讼行为的打击力度,充分发挥诉讼费用、律师费用调节当事人诉讼行为的杠杆作用,促使当事人选择适当方式解决纠纷。当事人存在滥用诉讼权利、拖延承担诉讼义务等明显不当行为,造成诉讼对方或第三人直接损失的,人民法院可以根据具体情况对无过错方依法提出的赔偿合理的律师费用等正当要求予以支持”。该项规定赋予法院一定的裁量权,律师费由败诉方承担不再局限于特定类型案件、当事人约定的情形,而可以延伸到各类型案件。当然,法院对当事人诉讼行为有无不当加诸裁判机关以审查职责。

2. 律师费转付制度在司法实践中的适用以及存在的争议

我国目前司法实践中适用律师费转付制度主要局限在三类情形:第一,在特定案件中根据法律明确规定裁判由败诉方承担,如最高人民法院在审理著作权纠纷、商标权纠纷案件的有关规定中就明确人民法院根据当事人的诉讼请求和案件的具体情况,可以将符合国家有关部门规定的律师费用计算在赔偿范围内。第二,当事人约定由败诉方承担。基于对当事人意思自治和契约自由的尊重,部分法院会选择支持当事人的约定,也存在不支持的情况。第三,当事人未就律师费用承担问题进行明确约定,但在诉讼中将律师费作为一项损失主张违约方补偿,这类案件在司法实践中得到法院支持的情况极少。

总体来看,律师费转付制度在我国目前适用情况保守,该制度在理论界也存在一些争议,主要原因在于:一方面,我国立法没有明文规定律师费的损失应由败诉方承担,法律适用方面存在障碍;另一方面,我国没有实行律师强制代理制度,一方当事人是否需要律师代理诉讼完全是当事人的自由意志,与相对方当事人无关。且律师费用的数额完全是一方当事人和其委托代理人之间内部的协商,对方当事人并没有参与律师费的协商过程,也没有关于律师费用的评定机构,因此,律师费委托代理合同中关于律师费的约定不能突破债之相对性原理对败诉方产生约束力。

(三)律师费转付制度的价值基础和实践意义

一项制度,必定蕴含一定的法理,载述着一定的关切。律师费转付制度并不只是关乎律师管理制度本身,更重要的在于其是与纠纷化解密切相关联的一项制度。

1. 通过律师费的杠杆作用促进纠纷化解

适用律师费转付机制的根本价值在于通过对解决纠纷成本的调节来促进纠纷的解决。从经济学角度来看,纠纷解决机制的设计最为重要的是让违法者承担违法成本,而不是要求他向其受害者支付损害赔偿,这就维护了诉讼的威慑效应。[①] 也就是说,在这一项制度的驱动下,当事人不仅要考虑违法行为本身带来的成本,更要考虑纠纷解决的合法性与适当性。律师费用的承担就如同天平的准星,游走于当事人之间,平衡双方利益配置,[②]通过激励或约束双方当事人的行为,影响甚至决定纠纷解决的走势。

2. 通过律师费转付促进当事人诚信理性诉讼

有研究表明,律师费转付更能鼓励原告主张权利,有助于当事人诉前理性判断与评估诉求,并谨慎采取诉讼行动,同时也能防止虚假或不理性的诉讼。[③] 败诉方之所以会败诉,必然是因为其存在违约、侵权、拒不返还不当得利、拒不支付无因管理费用等不当行为,这也是导致诉讼发生的直接原因。胜诉方的律师费损失与败诉方的违法行为之间存在一定的因果关系,正是因为败诉方未依法履行其民事责任,才导致诉讼的产生,因而判令胜诉方律师费的损失由败诉方承担一方面有利于鼓励当事人依法主张权利;另一方面更有利于阻遏违法行为,减少虚假、恶意诉讼,更有利于诉讼当事人在履行民事义务的过程中尽到谨慎注意和诚实协作的义务。

律师费转付制度的确立和进一步完善,受律师代理、律师费用制度的影响,与诉讼结构、诉讼体系的发展完善密切相关,也受制于经济社会发展程度,随着社会治理理念的更新和治理方式的创新,律师费用将更多地发挥其在纠纷解决中的经济杠杆价值,促进当事人选择诚信、经济、便捷、理性的方式化解纷争。

---

① [美]理查德·波斯纳:《法律的经济分析》(第7版),蒋兆康译,法律出版社2012年版,第846页。

② 参见刘东华:《论律师费用分配机制在纠纷解决中的作用——国外实践与立法的经验式研究概述》,载《中国社会科学院研究生院学报》2013年第3期。

③ Wdward A. Snyder and JamsW Hughs, *The Englinsh Rule for Allocating Legal Costs: Evidence Confronts Theory*. Journal of Law. Economics. and Organization, Vol. 7, No. 2(1990), pp. 345-380. 转引自刘东华:《论律师费用分配机制在纠纷解决中的作用——国外实践与立法的经验式研究概述》,载《中国社会科学院研究生院学报》2013年第3期。

【专家点评】[①]

原告是被告分两次发行的公司债券购买人,因被告未在约定的期限内还本付息,原告提起本案诉讼,请求被告兑付债券,再按照约定支付违约金并承担原告为实现自己权利而付出的律师费30万元。对此,被告提出的主要争议之点,则是违约金的计算方法和对方律师费是否应由自己承担的问题。前海法院作出的本案判决支持了原告有关律师费的请求,因双方当事人均未提起上诉,该判决已经生效。

本案涉及的胜诉方律师费是否由败诉方当事人承担这一问题,在比较法上存在种种的制度安排。对此问题原则上作出肯定回答的国家以德国为典型,因此败诉方承担胜诉方律师费的制度可称为"德国规则";而无论胜诉方还是败诉方,双方当事人都以各自承担己方律师费为原则的代表性国家则是美国,所以对上列问题提供否定答案的制度安排可称"美国规则"。在我国,许多商事仲裁机构对裁决败诉方承担胜诉方律师费持较为积极的态度,在相应的仲裁规则中亦有体现,但法院的民商事审判整体上对此问题却表现出相对消极的倾向,判令败诉方承担胜诉方律师费的情形比较少见。其主要的原因还在于民事诉讼法及其他法律均未作相关的规定,应该说我国目前在这个问题上采取的大致是接近于"美国规则"的制度安排。虽然有部分律师和学者曾主张我国亦应在法律中明确规定由败诉方负担当事人双方的律师费,但笔者认为仍应维持制度的现状,只是在个案中根据具体情况和实际需要加以适当调整即可。同时,这种调整不能仅系于法院的自由裁量,而应当以类型化的案情以及对律师费转付有无必要性等进行审查作为前提或者基础。在此意义上,本案判决有关由败诉方承担胜诉方律师费的结论不仅具有个案的妥当性,而且更为难能可贵的是,达到该结论的说理部分大体上还提供了一套可供普遍适用的论证根据。

① 王亚新,清华大学法学院教授,博士生导师。

如本案判决所述,有两种情形法院可能判令败诉方承担对方律师费:一种是著作权、商标权争议等最高人民法院规定可把合理的律师费用包括在赔偿范围内的案件类型;另一种则是当事人双方关于律师费负担有事先的明确约定。但本案并不属于这两种特殊的情形,且即便是这两种情形,也只是增加了败诉方承担对方律师费的概率而已,作出这种判决除了胜诉方必须提出有关律师费转付的明确请求之外,同样需要对以下所列因素进行考量。从本案判决可看到,需要斟酌考量的因素首先是败诉方违约的程度。一般而言,只是在当事人一方完全无理的情形下才判令其承担对方的律师费,尤其存在主观恶意等情节时更应如此;相反,如果败诉方违约的程度较轻,或者双方各有过错而一方只是部分败诉,原则上就不应判令其承担对方的律师费。而本案的被告明显属于单方违约且程度比较严重的情形。其次,需要考虑胜诉方是否确有必要延请律师提供专业的法律服务。例如,一经当事人指出对方违约并进行交涉,违约方即表示认账并以实际行动力图弥补造成的损失等情形,当事人就无须诉诸法院的救济,也不一定有必要支出对价以获得律师代理的服务。但本案的实际情形则是即便进入了诉讼程序,被告在庭前会议上曾承诺分期偿付本息并于15日内提出调解方案,结果却未兑现自己的诺言,一直拖延支付。可见本案的原告确有必要聘请律师进行专业的代理。再次,败诉方是否在诉讼过程中存在拖延程序等不诚信行为,也是判令其承担胜诉方律师费的一个重要考量因素。而在本案的审理中,被告提出管辖权异议并对驳回异议的裁定上诉、在指定的举证时限已届满和庭前会议之后又提交证据、庭审中临时口头申请调查取证等表现,就被法院认定为滥用诉讼权利、浪费司法资源的行为。最后,胜诉方请求的律师费是否在合理的范围之内,既是作出这种判决的前提,也是斟酌衡量败诉方具体应当承担多少律师费的重要因素。本案的标的金额高达3000多万元,诉讼费都接近20万元,据此再参照律师收费的相关文件,原告所请求的30万元律师费应属合理的费用。

总之,本案判决结论妥当、说理充分,是一份制作精良的优质裁判文书。

民事诉讼当事人向法庭作虚假陈述违反真实陈述义务的法律责任

——被罚款人温某向法庭作虚假陈述被处以十万元顶格罚款案

闻长智　朱伦攀

【关键词】

虚假陈述　真实陈述义务　民事诉讼的目的　诚实信用原则　沉默权　处分权　妨害民事诉讼强制措施

【导　语】

目前，我国民事诉讼司法实践中虚假陈述的现象大量存在，究其原因主要在于虚假陈述的认定标准不统一、当事人在诉讼过程中趋利避害的诉讼心理以及虚假陈述的违法成本低廉、缺乏明确规定的处罚措施等。民事诉讼当事人在诉讼过程中恶意向法庭作虚假陈述，不但会误导法庭查明案件事实的方向，拖延诉讼进程，浪费有限的司法资源，而且会造成其他当事人合法权利的损害，破坏民事诉讼诚实信用诉讼体系的构建，因此，对当事人向法庭作虚假陈述的行为进行法律上的规制实有必要。我国现行民事诉讼法中虽然规定了当事人在诉讼过程中需遵守诚实信用原则，但该原则较为抽象，尚未规则化，现行立法中未明确规定当事人在民事诉讼过程中应履行真实陈述义务以及如何履行真实陈述义务，当事人若违反真实陈述义务应承担何种法律责任亦存在立法上的空白，有待进一步规范和明确。

本案是前海法院在民事诉讼审理程序中对当事人恶意虚假陈述，决定给予罚款的第一案，对于引导当事人及其诉讼代理人在民事诉讼过程中向法庭真实陈述案件事实,诚实、理性诉讼具有重要的指导意义。

【裁判要点】

1. 我国民事诉讼的目的以及诚实信用原则决定了当事人在诉讼过程中必须履行真实陈述义务。

2. 民事诉讼当事人在向法庭陈述案件事实时必须遵守诚实信用原则和履行真实陈述义务,不得故意向法庭作虚假陈述,否则将依法承担妨害民事诉讼强制措施的法律责任。

3. 民事诉讼当事人在诉讼过程中有权利处分自己的诉讼权利,有权利保持沉默,但当其选择在诉讼中答辩、举证、质证,并向法庭陈述案件事实时,绝不能向法庭故意虚假陈述,如果当事人在诉讼过程中为了实现自己的非法利益而故意向法庭进行虚假陈述,应当受到法律的处罚。

【相关法条】

《中华人民共和国民事诉讼法》第十三条、第一百一十条、第一百一十五条第一款、第一百一十六条

《最高人民法院关于适用〈中华人民共和国民事诉讼法〉的解释》第一百七十六条第一款第(三)项

【案例索引】

广东省深圳前海合作区人民法院(2017)粤0391司惩7号决定书(2017年11月2日)

【基本案情】

前海法院在审理(2016)粤0391民初1261号深圳市名磊物业发展有限公司(以下简称名磊公司)诉被罚款人温某公司证照返还纠纷一案中,名磊公司向法院提起诉讼,诉请被罚款人温某返还该公司行政公章在内的相关公司证照。被罚款人温某在(2016)粤0391民初1261号案件审理的过程中,由其特别授权的委托诉讼代理人黄律师代表被罚款人温某向法庭进行

陈述。

经审理查明，被罚款人温某在该案诉讼过程中多次向法庭作虚假陈述，2017 年 3 月 3 日该案第一次庭审时，被罚款人温某陈述名磊公司的行政公章由人事部经理谭某保管；2017 年 6 月 8 日该案进行法庭调查中，被罚款人温某明确表示名磊公司的行政公章应该还在谭某处，对于名磊公司主张的 2016 年 11 月 13 日被罚款人温某曾在深圳市罗湖区公安分局治安管理科向该科警官出示过名磊公司的行政公章并做询问笔录的行为，被罚款人温某的委托诉讼代理人黄律师表示不清楚此情况。直到该案正式庭审时，法院向被罚款人温某送达法院前往深圳市罗湖区公安分局治安管理科调取的被罚款人温某于 2016 年 11 月 13 日在该科做的询问笔录以及留样的名磊公司的行政公章样板后，被罚款人温某才当庭确认询问笔录和留样公章样板的真实性、合法性、关联性，被罚款人温某在公安机关对其做的询问笔录中明确自认名磊公司的行政公章一直由其持有，其亦在留样的名磊公司的行政公章样板下方手写了“以上印章由我保管”的内容，并对手写的内容签字、捺印予以确认。

【本案争议焦点】

民事诉讼当事人在诉讼过程中是否必须履行真实陈述义务以及如何正确履行真实陈述义务。

【裁判结果】

广东省深圳前海合作区人民法院于 2017 年 11 月 2 日作出（2017）粤 0391 司惩 7 号决定：对被罚款人温某罚款人民币 100,000 元，限其收到法院决定书之日起五日内交纳。

【裁判理由】

法院生效判决认为：第一，被罚款人温某在（2016）粤 0391 民初 1261 号案件第一次庭审时主张名磊公司的行政公章由公司的人事部经理谭某负责保管，在法院组织的法庭调查时被罚款人温某明确主张名磊公司的行政公章应该还在谭某处，名磊公司于法庭调查后向法院申请证人谭某出庭作证，并向法院提出申请，要求法院前往公安机关调取公安机关对被罚款人温某做的询问笔录和留样的名磊公司行政公章的样板，法院在听取了双方当事人的陈述后，为查明案件事实，同意了名磊公司申请证人出庭作证的申请，同时也前往公安机关调取了询问笔录和留样的名磊公司的行政公章样板。在法院对该案第二次开庭的过程中，证人谭某明确表示其在 2012 年离职时，名磊公司的行政公章就不在其手中，具体在哪里谭某也不清楚。而法院从公安机关调回的 2016 年 11 月 13 日的询问笔录明确载明，被罚款人温某向公安机关陈述，名磊公司的行政公章一直由其持有和保管。被罚款人温某在法院组织的二次庭审和一次法庭调查中，对名磊公司的行政公章是否在其处的事实选择了向法庭作陈述和答辩，但被罚款人温某为了能够继续非法占有名磊公司的行政公章，多次向法庭虚假陈述，欺骗法庭名磊公司的行政公章在案外人处，误导了法庭查明事实的方向，其行为表现出严重的不诚信，严重地违反了诉讼当事人在诉讼过程中应当遵循的诚实信用原则和真实陈述义务。

第二，被罚款人温某在公安机关向其做的询问笔录中早已经明确自认名磊公司的行政公章一直由其保管和持有，而在法院组织的几次庭审中却均作虚假陈述，直到人民法院动用司法职权前往公安机关调取相关询问笔录和名磊公司行政公章留样的样板后，被罚款人温某才对询问笔录和留样公章样板的真实性、合法性、关联性予以确认，在整个诉讼过程中，被罚款人温某不遵守法庭规则，明显蔑视法庭，实为法律所不许。

第三，被罚款人温某上述不诚信的诉讼行为，也损害了名磊公司的合法利益，严重妨害和拖延了该案民事诉讼的正常进行，造成了有限司法资源的无端浪费。被罚款人温某企图误导法庭作出对己方有利的不公正裁决的行为，亦损害了司法权威，造成不良的社会影响。

综上所述，法院依法决定对被罚款人温某多次向法庭恶意虚假陈述、不诚信诉讼以及蔑视法庭的行为予以十万元顶格的处罚。

【裁判思路解析】

要对被罚款人温某多次向法庭作虚假陈述的行为进行评价与规制，核心在于：民事诉讼当事人在诉讼过程中是否必须履行真实陈述义务以及如何正确履行真实陈述义务。

（一）我国民事诉讼的目的决定了当事人在诉讼中必须履行真实陈述义务

《民事诉讼法》第二条规定："中华人民共和国民事诉讼法的任务，是保护当事人行使诉讼权利，保证人民法院查明事实，分清是非，正确适用法律，及时审理民事案件，确认民事权利义务关系，制裁民事违法行为，保护当事人的合法权益，教育公民自觉遵守法律，维护社会秩序、经济秩序，保障社会主义建设事业顺利进行。"从该条规定的内容可知，我国民事诉讼的目的在于保护当事人行使诉讼权利，保证人民法院查明案件事实，正确适用法律，通过及时审理民事案件，确认民事权利义务关系，解决民事纠纷，保护当事人合法的民事权利，维护社会的正常秩序。

为了实现民事诉讼的目的，法院认为，人民法院作为国家的公权力机关介入私人纠纷行使民事审判权时，必须遵循公正与中立的原则，兼听诉辩双方主张，仔细核查各方当事人陈述的案件事实以及举示的各类证据，在准确查明案件事实的基础上，正确适用法律，作出公平的裁决，不偏袒任何一方当事人，对当事人在适用法律上一律平等，对当事人在诉讼过程中企图利用国家公权力牟取非法利益的行为坚决予以制止。而诉讼当事人作为诉讼主体，在诉讼过程中应当履行真实陈述的义务，提交真实合法的证据来证明其主张。

《民事诉讼法》第六十三条第（一）项明确将当事人的陈述作为第一顺位的证据，在民事诉讼中，提出事实主张并进行举证证明是当事人的责任。诉讼当事人必须真实地向法庭进行陈述，诚信地进行抗辩及举证，才有利于人民法院在案件审理的过程中准确查明案件事实，确保案件审理的各个环节充分有效地开展，同时为最终纠纷解决、公正裁判奠定基础。反之，民事诉讼当事人如果在民事诉讼的过程中故意虚假陈述，捏造或者虚构事实，就会误导法庭，使案件的审理偏离正常的轨道，人民法院为准确查明案件事实，保障双方当事人平等的诉讼权利,往往需要花费更多的时间和资源来证实当事人虚假陈述的相关事实是否真实存在,从而严重地影响案件正常审理的进程,造成有限司法资源的无端浪费。如果人民法院在案件审理的过程中任由当事人进行虚假陈述,任由当事人对法院的事实判断进行欺骗和误导,并由此作出瑕疵乃至错误的判决时,相对方当事人的合法权益难以得到有效保护,错案的产生必将使得人民法院的司法公信力遭受严重损害,民事诉讼维护公平正义与正常社会秩序的目的将无法实现。

因此,在法院审理的(2016)粤0391民初1261号案件中,名磊公司和被罚款人温某因名磊公司的证照归属产生争议并诉请人民法院予以解决,人民法院在该案件的审理过程中,应当公平地保障双方当事人的各项诉讼权利,名磊公司和被罚款人温某既有权向人民法院举证、质证、陈述自己的诉讼主张和诉讼意见,亦应当向人民法院真实陈述案件事实,不得利用国家公权力牟取自己的非法利益。而被罚款人温某却在该案庭审中多次向法庭作虚假陈述,误导法庭名磊公司的行政公章在案外人谭某处,其目的就在于误导法庭查明事实的方向,企图利用国家公权力作出对其有利的民事判决,牟取个人非法利益,这与我国民事诉讼的目的明显相悖。

(二)民事诉讼中的诚实信用原则决定了当事人在民事诉讼过程中必须履行真实陈述义务

诚实信用原则是民事诉讼过程中当事人应遵循的基本原则。《民事诉讼法》第十三条第一款规定:“民事诉讼应当遵循诚实信用原则。”当事人和其他诉讼参与人在进行民事诉讼活动时,主观上应诚实和善意,不得进行虚假陈述,不得误导和欺骗法庭是诉讼法上诚实信用原则的基本要求。遵循诚实信用原则的具体表现形式包含禁止当事人在诉讼过程中随意反悔及矛盾的行为,禁止当事人以不当的方法或手段骗取有利于自己的诉讼形态,禁止当事人滥用诉讼权利,故意拖延诉讼,禁止当事人在诉讼中虚假陈述等。诚实信用原则与当事人履行真实陈述义务的关系可以理解为禁止虚假陈述为当事人遵循诚实信用原则的主要表现形式之一,从法律义务上的形态来说,禁止虚假陈述就意味着当事人必须履行陈述真实义务。《最高人民法院关于适用〈中华人民共和国民事诉讼法〉的解释》第一百一十条规定,“人民法院认为有必要的，可以要求当事人本人到庭，就案件有关事实接受询问。在询问当事人之前，可以要求其签署保证书。保证书应当载明据实陈述、如有虚假陈述愿意接受处罚等内容。当事人应当在保证书上签名或者捺印……”从该条规定的内容来看，人民法院有权通知诉讼当事人到庭接受询问，当事人签署保证书时应当载明据实陈述、如有虚假陈述愿意接受处罚等内容。虽然该条中没有明确规定当事人在诉讼过程中应当履行真实陈述的义务，但从《民事诉讼法》中已经明确规定诚实信用原则、《最高人民法院关于适用〈中华人民共和国民事诉讼法〉的解释》规定的当事人签署的保证书上必须载明的内容的本意来看，我国当事人在民事诉讼过程中向法庭真实陈述已经是一种法定的诉讼义务，当事人在向法庭陈述案件事实的过程中不得作虚假陈述，不得误导、欺骗法庭，否则将承担相应的民事法律责任。

法院认为，名磊公司和被罚款人温某作为诉讼当事人，均有如实向法庭陈述案件事实的义务，而被罚款人温某为继续非法占有名磊公司的行政公章，在诉讼过程中多次向法庭作虚假陈述，欺骗和误导法庭，严重违反了诚实信用原则和当事人应向法庭真实陈述的义务。

（三）民事诉讼当事人在诉讼过程中应当如何正确履行真实陈述的义务

被罚款人温某一方面主张应由名磊公司举证公司的行政公章在温某处，但名磊公司提交的证据不足以证明其主张，应由名磊公司自行承担不利的法律后果；另一方面又在诉讼过程中抗辩涉案的公章在案外人谭某处，与法院查明的事实不符，这实际上涉及在诉讼过程中当事人应如何正确履行真实陈述义务的问题。当事人向法庭进行陈述时，是否应当将主观上所知道的全部事实，尤其是对自己的实体权利存在明显不利的事实向法庭全部陈述，若没有向法庭全部如实陈述是否就违反了真实陈述义务。对于此问题，就需要对当事人履行真实陈述的义务与当事人在诉讼过程中享有的处分权、沉默权等诉讼权利的关系问题进行分析。

《民事诉讼法》第十三条第二款规定：“当事人有权在法律规定的范围内处分自己的民事权利和诉讼权利。”该款是《民事诉讼法》对处分原则的规定，也是当事人行使处分权的法律依据。根据该款的规定，处分权原则包含以下的内容:第一,当事人行使处分权的对象应当是当事人的民事权利和诉讼权利;第二,当事人的处分行为应依法进行,即处分权是相对的、有限的,当事人行使处分权不得违反法律的规定,不得损害国家、社会和他人的合法权益;第三,当事人的处分行为不应受法院不当职权的干预;第四,人民法院应保障当事人处分权的实现。

与当事人行使处分权相关,在一般情况下,当事人在诉讼过程中享有沉默权。当事人在诉讼中保持沉默时,对方当事人和法官不能强制要求当事人自证其责,当事人在诉讼过程中无论选择积极陈述还是沉默不语,都是其行使处分权的体现。从举证责任的分配规则来看,"谁主张,谁举证"是民事诉讼的一般举证规则,先由原告对其诉讼主张提出证据,被告有权针对原告提出的证据进行抗辩,也可以提出相反的证据予以反驳,当然被告也可以不予答辩,不提供任何证据,有权对原告的主张沉默不语。但被告不予答辩和举证、质证时,必须自行承担不答辩、不举证的法律后果,人民法院有权依据民事诉讼中的相关证据规则认定案件事实,裁判案件。但倘若当事人选择在诉讼中答辩、举证、质证,并向法庭陈述案件事实时,绝不能向法庭故意虚假陈述,说谎误导和欺骗法庭,如果当事人在诉讼过程中为了实现自己的非法利益而故意向法庭进行虚假陈述,应当受到法律的处罚。

综上所述,并结合被罚款人温某在诉讼过程中多次向法庭恶意作虚假陈述,严重违反民事诉讼当事人应当遵循的诚实信用原则和真实陈述义务的行为,法院依法决定对被罚款人温某处以十万元顶格的罚款。

【本案延伸问题】

(一)民事诉讼当事人作虚假陈述的表现形式及认定标准

1. 虚假陈述的表现形式

民事诉讼中的虚假陈述,一般是指当事人及其委托诉讼代理人为了牟取非法利益或者逃避责任在诉讼过程中向法庭故意歪曲、虚构事实或者回避事实而给他人造成损失或者妨碍诉讼程序的行为。在民事诉讼过程中,虚假陈述的表现形式一般包括:(1)故意陈述虚假的案件事实,即故意捏造、编造、杜撰虚假的案件事实。(2)故意混淆视听,夸大陈述对己有利的事实或恶意否认对己方不利的事实。(3)明知对方当事人陈述的事实为真时,仍然故意否认,提出与之相反或模棱两可的事实。(4)虚假自认。即一方当事人或者双方当事人恶意串通,为了获取不当利益,明知相对方当事人陈述的事实是虚假的,仍就其所作出的陈述内容表示认可与确定,通过隐瞒和虚构事实,误导法院查明事实的真相,从而导致第三人利益乃至国家利益、集体利益受到极大的损失。(5)诉讼过程中明显前后矛盾的陈述。

2. 作为证据的虚假陈述和作为诉讼主张的虚假陈述

《民事诉讼法》第六十三条规定:"证据包括:(一)当事人的陈述;(二)书证……证据必须查证属实,才能作为认定事实的根据。"第七十五条规定:"人民法院对当事人的陈述,应当结合本案的其他证据,审查确定能否作为认定事实的根据。当事人拒绝陈述的,不影响人民法院根据证据认定案件事实。"从以上规定可知,当事人的陈述是法定的证据形式。当事人向法庭作虚假陈述时,人民法院应当将其认定为是作为证据的虚假陈述还是作为一种诉讼主张的虚假陈述,存在不同看法。有观点认为,当事人向法庭进行了虚假陈述,就可认定为其向法庭提供了虚假的证据,可以直接以提供虚假证据妨害民事诉讼而予以处罚,也有观点认为,不能将其直接认定为证据,而是应先将其看作一种诉讼主张,法官将此种诉讼主张和其他证据形式共同审查后,再行决定是否作为认定案件事实的证据。

在我国现行民事诉讼的制度体系下,当事人陈述既是一种法定的证据,也是法庭查明案件事实的重要途径,因当事人与诉讼结果有着天然的利害关系,趋利避害是诉讼当事人的诉讼本能,法庭并不能强迫当事人主动陈述于己不利的事实而使其失去诉讼中的防御有利地位,除非当事人一方自愿自认。《民事诉讼法》第七十五条规定:"人民法院对当事人的陈述,应当结合本案的其他证据,审查确定能否作为认定事实的根据。"因此,为打破"当事人陈述"尴尬的证据地位,法律规定只有在当事人陈述与其他证据相联系形成证据链时,才能将其作为认定事实的依据,故当事人向法庭作的虚假陈述,不能简单地归类为提供了虚假证据,而是应当和其他证据形式共同审查后,按照虚假陈述的若干认定标准,进行正确定性。

3. 虚假陈述的认定标准

(1)当事人向法庭陈述的内容需符合主观真实

第一,在民事诉讼中,认定当事人是否真实陈述,可以看陈述的内容是客观真实还是主观真实,前者指陈述的内容必须和客观事实一致,而后者指只要当事人在陈述时不存在故意隐瞒与虚假陈述的情况,尽管其陈述内容与客观事实存在差异,但也不应以此认定当事人作虚假陈述。显然,以客观真实为标准来判断当事人的陈述是否真实是不合适的,也是不可能实现的,客观真实仅可作为"真实"的理想状态看待,主要原因在于诉讼的滞后性以及当事人自身认知的局限性,会使当事人对于事实的记忆存在一定程度的模糊,从而可能导致当事人所认为的真实与客观真实存在某种程度的偏差。因此,法官只有结合当事人的主观心态、陈述内容以及其他诉讼行为综合判断当事人陈述的真实性,才能更好地实现对案件事实的正确把握,同时,正是由于当事人陈述的事实受到诸多客观条件的限制而通常会导致真实性打折,因此,主观真实不仅对当事人的陈述误差方面具有包容性,而且允许其对事实的"不知"。

第二,如何判定当事人的陈述在主观上真实。虽然人的内心世界无法直接洞悉,但内心的主观思想可通过其外在行为予以表现。具体而言,首先,应确认当事人陈述的对象应是客观存在的事实,而非需通过性质判断和逻辑推理方能确定的事实。其次,需考量一方提出的证据或者法院经调查得出的结论足以认定对方陈述与客观事实是否相符。再次,以当事人是否亲身参与及是否可能会产生误解进行综合考量其是否为主观恶意,在确认其亲身参与及排除误解的情况下,可以认定其虚假陈述的主观故意。最后,综合上述因素认定当事人向法庭的陈述是否为虚假陈述。

(2)认定虚假陈述需采纳高度盖然性标准,而非绝对真实标准

法官在判定诉讼当事人向法庭进行的陈述是否为虚假陈述时,应采纳高度盖然性的标准,具体理由在于:第一,由于诉讼时间的滞后性,以及当事人的取证、保存证据的能力、方式方法的欠缺,再加上进入诉讼程序后重要证据材料的缺失,在民事诉讼中,案件的客观事实很难百分之百地还原,法官在进行裁判案件时,往往是根据证据的优势原则和高度盖然性标准认定

案件事实，故在判定当事人是否作虚假陈述时，亦只能采用高度盖然性的标准。第二，法官如果根据已经查明的事实以及通过案件其他证据足以确认当事人作虚假陈述时，即可以认定当事人存在虚假陈述的行为，不必苛求百分之百的真实，否则易造成因不能确定虚假陈述而仅能对虚假陈述不予采信，进而无法采取其他规制措施的情况。

(3)主观上明知事实真相而不向法庭陈述是否属于虚假陈述

该问题实际上涉及民事诉讼中当事人的处分权以及沉默权，当事人在进行民事诉讼的过程中，有义务向法庭进行事实真相的全面和完整的陈述，但诉讼当事人出于趋利避害的诉讼本能，自然不愿意向法庭陈述对其不利的事实。因此，民事诉讼当事人有权处分自己的诉讼权利，可以选择不向法庭进行陈述，对法庭和对方当事人提出的问题，保持沉默，不举示任何证据，法庭和对方当事人也不能强迫其必须予以回答，必须对其不利的事实予以自认。因此，在当事人选择不向法庭进行应诉、答辩，对法庭的质询表示沉默时，即使其主观上明知事实真相而不向法庭陈述时，法庭只能根据民事诉讼的举证规则，判决其承担举证不能的法律后果，却不能将此种行为定性为虚假陈述。

(二)民事诉讼当事人虚假陈述和履行真实陈述义务的关系

1. 禁止当事人向法庭作虚假陈述是履行真实陈述义务的应有之义

《民事诉讼法》第十三条规定："民事诉讼应当遵循诚实信用原则。当事人有权在法律规定的范围内处分自己的民事权利和诉讼权利。"诚实信用原则起源于罗马法，其含义是要求人们在进行买卖活动时候恪守诚实、信守承诺，不损害道德地去追求自己的利益，不得侵害他人的利益。诚实信用原则本是民法中的原则性条款，但基于民事诉讼法是与民法紧密相连的程序法，诚实信用原则就成了沟通民法与民事诉讼法的桥梁。该原则保障了程序正义与实体正义的同步运行，并极大地促成二者之间的结合。民事诉讼中的诚实信用原则贯穿于民事诉讼程序的始终，其要求当事人在诉讼过程中禁止以不正当行为恶意制造于己有利的诉讼状态，禁止恶意串通为谋取非法利益进行虚假诉讼，禁止虚假陈述影响法官正确地裁判，禁止无正当理由反言等，真实陈述义务是诚实信用原则的表现形式之一，也是当事人在诉讼过程中应遵循的基本诉讼义务。

关于真实陈述义务的内涵,理论界并没有形成统一的观点,1895年《奥地利民事诉讼法》第一百七十八条规定:“当事人据以声明所必要的一切情事,必须完全真实且正确地陈述之。”1933年《德国民事诉讼法》第一百三十八条规定:“当事人应就事实状况作出完全而真实的陈述。”英国1999年4月实施的《民事诉讼规则》第二十二条第一款至第三款规定:“当事人的案情声明等需经事实声明确认。当事人若签署了声明,则比较证人作证可能承担虚假陈述之法律后果;而不签署的,则案情声明法庭将不予采纳。”我国台湾地区“民事诉讼法”第一百九十五条规定:“当事人就其提出之事实应为真实及完全的陈述。”我国学者江伟、肖建国在其《民事诉讼法》一书中,将真实陈述义务界定为“是民事诉讼中诚实信用原则对当事人的一项当然要求,是指当事人在民事诉讼中向法庭陈述案件事实时应作真实的陈述,禁止当事人编造谎言,实施虚假陈述行为”。从以上的立法规定和学者著述可知,当事人在民事诉讼过程中应向法庭真实且全面地陈述案件事实,禁止向法庭作虚假陈述是当事人履行真实陈述义务的应有之义和表现方式,坚持诚信诉讼,履行真实陈述义务是民事诉讼当事人的基本法律义务。

2. 当事人应如何正确履行真实陈述义务

如前所述,民事诉讼当事人在诉讼过程中,出于维护自身诉讼利益的需要,有权利行使处分权和沉默权。但如果诉讼当事人主动参与诉讼,放弃沉默权,在行使处分权的过程中,决定向法庭陈述案件事实,并举示证据材料的,则其必须遵循诚实信用原则,履行真实陈述的义务。具体来说,第一,当事人在向法庭进行陈述时,必须将其所知的案件事实如实向法庭进行陈述,不得故意虚假陈述,捏造事实、谎报事实,不得恶意虚假陈述,进而误导法庭查明的方向,拖延诉讼。第二,当事人对其主观明知的对方当事人陈述的真实的客观案件事实,不得故意作出相反的、模棱两可的陈述,不得恶意否认明知是真实的案件事实。第三,当事人在向法庭陈述的过程中,不得为了自身的诉讼利益,根据案件审理进展的情况,在诉讼的过程中作前后明显矛盾的陈述。第四,当事人不得为了获取非法利益而进行恶意的虚假自认。如果当事人在行使处分权的过程中,违反真实陈述义务,恶意向法庭作虚假陈述的，应当依法接受法庭的制裁，承担相应不利的法律后果。

（三）民事诉讼当事人作虚假陈述的法律规制

1. 我国现行立法中已有的依据

（1）以违反诚实信用原则和真实陈述义务苛以处罚

诚实信用原则一直被视为现代民法的"帝王原则"，其要求人们在市场经济活动中讲究信用，恪守诺言，诚实不欺，在不损害他人利益和社会利益的前提下追求自己的利益。《民事诉讼法》第十三条第一款规定"民事诉讼应当遵循诚实信用原则"，第一次正式确立了民事诉讼的诚实信用原则。既然诚实信用原则已成为民事诉讼法的一项原则，那么其既是相关民事诉讼制度设计的原则，也是指导当事人依法行使权利、履行义务的原则。诚实信用原则的主要内容之一便是当事人应履行的真实陈述义务。

（2）《最高人民法院关于适用〈中华人民共和国民事诉讼法〉的解释》中的规定

《最高人民法院关于适用〈中华人民共和国民事诉讼法〉的解释》第一百一十条规定："人民法院认为有必要的，可以要求当事人本人到庭，就案件有关事实接受询问。在询问当事人之前，可以要求其签署保证书。保证书应当载明据实陈述、如有虚假陈述愿意接受处罚等内容。当事人应当在保证书上签名或者捺印。负有举证证明责任的当事人拒绝到庭、拒绝接受询问或者拒绝签署保证书，待证事实又欠缺其他证据证明的，人民法院对其主张的事实不予认定。"由上述法律规定可以见得，我国的现行立法已经初步设定了违反当事人真实陈述义务制度的责任后果，虽然并没有明确的法律规定，但是结合诚实信用原则的规定形成了该制度的基本框架。

2. 现行立法中存在的不足

如前所述，我国现行的民事诉讼法体系并未明确规定当事人在诉讼中有真实陈述的义务，也没有在妨害民事诉讼的强制措施中明确规定，若当事人恶意向法庭作虚假陈述，拖延诉讼进程，浪费司法资源将面临的法律后果。也正因为现行立法规定的不足，再加上司法实践中认定虚假陈述所需要耗费的时间和诉讼成本较大，法官往往对虚假陈述的行为不予采信，较少采用妨害民事诉讼的强制措施，从而导致当事人恶意虚假陈述的行为在案件审理的各个程序阶段肆意泛滥。

3. 域外国家在规制虚假陈述行为上的有益举措

(1)由虚假陈述的当事人承担有关诉讼费用。例如,德国《民事诉讼费用法》第三十九条规定:“如当事人违背真实义务,致使诉讼程序延滞的,应负担因延滞而产生的费用。”美国《联邦民事诉讼规则》第十一条规定,违反真实义务的,法院可课以当事人或其律师承担包括对方当事人律师费用在内的一定诉讼费用的制裁。

(2)对当事人处以罚款。日本、匈牙利和我国台湾地区的立法对当事人在民事诉讼中作虚假陈述的,处以罚金。日本新《民事诉讼法》第二百三十条规定:“当事人或其代理人出于故意或重大过失,与事实相反去争执文书制作的真伪时,法院以裁定处以10万日元以下的罚款。”1910年匈牙利《民事诉讼法》第二百二十二条第二款规定:“当事人或代理人显系故意陈述虚伪之事实,对他造事实之陈述明显地为毫无理由之争执或其所提出的证据毫无必要者,法院得处以600克鲁念以下之罚款。”我国台湾地区“民事诉讼法”规定:“具结而故意虚伪陈述,足以影响裁判之结果者,法院得以裁定处以新台币三万元以下罚款。”

(3)承担损害赔偿责任。奥地利《民事诉讼法》第一百七十八条规定:“当事人据以声明所必要之一切情事,须完全真实且正确陈述之。故当事人之不真实陈述系为违法。若有故意过失时,当事人应依奥地利民法负损害赔偿义务。”

(4)追究刑事责任。例如,德国《民事诉讼法》对当事人完全陈述义务的要求十分严格,要求当事人对事实的陈述不能有任何部分的隐瞒,否则承担刑事责任;奥地利《民事诉讼法》第一百八十二条规定:“法院应调查实质的真实,如果发现当事人在宣誓以后仍然故意进行虚伪陈述,依《刑法》第一百九十九条规定追究刑事责任。”法国也将当事人本人陈述作为证据的立法规定在宣誓制度之中,明确当事人在民事诉讼中作虚假陈述将承担刑事处分的法律后果。

4. 完善我国规制恶意虚假陈述行为的建议

(1)立法上应明确当事人应履行真实陈述义务及其违反后的法律责任。

具体来说,在我国今后修改民事诉讼法的立法规划中,建议首先将当事人应履行的真实陈述义务明确规定到法律中,其次将当事人恶意虚假陈述的表现形式通过列举加兜底条款的形式规定到立法中,再次将虚假陈述、虚假诉讼和伪造证据等一并规定到《民事诉讼法》的妨害民事诉讼强制措施一章中,改变法官拟对虚假陈述的行为进行处罚,缺乏直接法律依据的现状。在有明确立法条文的情况下,法官可根据个案情况,对当事人恶意虚假陈述的行为采取具结悔过、罚款、拘留甚至刑事处罚措施。

(2)将律师费、诉讼费用的分担作为惩罚恶意虚假陈述的手段。具体来说,因当事人在诉讼过程中作虚假陈述,动摇法官对另一方当事人陈述及其证据的确信,进而导致案件事实真伪难辨,并延缓诉讼进程,另一方当事人为证明其谎言,往往需要收集其他证据,为此产生了当事人在真实陈述的情况下本可避免的差旅费、取证费、鉴定费、证人出庭作证费用等相关程序耗费。故上述额外产生的费用理应由虚假陈述方负担。而且基于当事人恶意虚假陈述的行为,法官在个案裁量时,还可以通过律师费的转付、诉讼费用的分担等方式,加重虚假陈述一方当事人的诉讼成本。

(3)证据品格降级规则的运用。具体来说,法官如果发现一方当事人在诉讼过程中出示了伪证或进行虚假陈述,法院可据此降低其提供的其余证据的效力等级,学理上称为"非诚信降级规则"。这一规则在司法实践中业已被法官自觉或者不自觉地运用,但法官在适用时应当注意,其是针对法官心证而言的,并不能作为直接援引的裁判依据。法官仍应当以民事诉讼中法定的举证规则和证据采纳标准进行证据的评判与认定。

(4)举证责任分配的司法裁量规则。具体来说,在案件事实真伪不明时,人民法院可以根据公平原则和诚实信用原则,综合当事人举证能力等因素确定举证责任的承担。如果当事人为达到对己有利的目的违反诚实信用原则而故意对案件事实进行虚假陈述,法院应根据诚信原则否定他所期待的法律效果,并可以根据具体案情将本应由另一方承担的举证责任间接地转移给该虚假陈述方,在真伪不明时由虚假陈述方承担不利法律后果。

(5)虚假陈述方应承担相对方当事人的侵权损害赔偿责任。具体来说,违反真实陈述义务的虚假陈述行为若损害了对方当事人的实体权利与诉讼权利,且符合民事侵权责任要件的,则受害方当事人可主张侵权损害赔偿。该侵权责任包含以下几个要件:当事人违反真实陈述义务实施了虚假陈述等行为、主观上是故意的、客观上造成了相对方的损害,损害后果包含物质损害和精神损害、损害后果与当事人违反真实陈述义务的行为之间具有因果关系。侵权损害赔偿包含差旅费、误工费、材料费、通信费、鉴定费等经济赔偿和赔礼道歉、恢复名誉、消除影响等非经济赔偿。法院对违反真实陈述义务行为人采取的罚款、拘留、刑罚处罚等措施也不妨碍对方当事人提出侵权损害赔偿。

【专家点评】①

被罚款人温某为一宗公司证照返还纠纷案的被告,原告公司将其诉至前海法院,请求返还公司行政公章、财务用章及营业执照、账簿等证照。虽经法院发传票明确要求其必须到庭参加诉讼,温某却一直未出庭,而是委托其特别授权的代理律师向法庭陈述。在该案审理过程中,温某多次当庭陈述自己不持有公司行政公章,公章由他人保管。对于原告主张被告曾于数月前向警察出示公司行政公章并做过询问笔录,温某的代理律师先是表示不清楚,对于法院要求确认后作出书面答复,又说一直联系不到温某。该案再次庭审时法院向其送达在公安机关调取的询问笔录及留样的行政公章样板之后,温某才不得不承认行政公章一直由其持有的事实。前海法院以温某多次向法院虚假陈述,严重违反诚实信用原则和真实陈述义务为由,对其因妨害民事诉讼而采取强制措施,作出了顶格对温某罚款10万元的决定书。

从上述的案情梗概可以看出,原告主张被告温某持有公司行政公章,温某则对此作出明确否定的陈述。显然,被告是否持有公章是一个直接牵涉到诉讼请求和基本案情的争议事实。随着审理的进展,在不利于其否定陈述的证据面前,温某先是企图逃避,最后才不得不向案情真相

① 王亚新,清华大学法学院教授,博士生导师。

低头,实际上承认了自己此前的陈述虚假。温某对案件的重要事实作出这种虚假陈述,在客观上给原告举证和法院调查带来不必要的负担,既浪费了司法资源也妨碍了诉讼程序的顺利进行,在主观上有较为明显的恶意。因此,前海法院对其采取顶格罚款的强制措施是必要的。作为对温某进行处罚的根据,本案决定书理由部分将真实陈述义务和诚信原则结合起来,所阐述的法理对于如何处置类案很有参考价值和启示意义。

诉讼中所有的当事人和参与人都应为真实陈述,而不得撒谎,可以说这是一项普遍的规范性原则,无论立法上是否存在相关的规定。我国2012年修订《民事诉讼法》时增加有关诚实信用原则的条款,应理解为包含真实陈述的含义,虚假的陈述构成了对该项法定原则的违反。但是,当事人一方违反这种意义上的真实陈述义务应当承受什么样的法律后果,却并非简单的问题。根据本案决定书所认定的事实和展开的说理,可以就这个重要的问题作如下的大致归纳。一方面,可从客观和主观的角度来把握虚假陈述是否应当承受某种不利后果。当事人一方的这种行为如果与基本的案情事实紧密相关,且误导了对方当事人的举证和法院调查事实的方向,明显拖延诉讼进程,实际上增加对方的负担或不当耗费司法资源,就属于客观情节比较严重的虚假陈述;做这种陈述的当事人还应该是出于故意或者有重大过失,存在主观上的恶意。一方当事人所为虚假陈述符合这些条件的话,就应当对其予以制裁。另一方面,还可区分一方当事人的虚假陈述给对方或给公共资源带来的实际损害及其程度,以便决定这种不诚信行为应当承受何种程度的不利后果。例如,若主要是给对方当事人带来损害且具备在程序内弥补这些损害的条件,则可以责令虚假陈述的一方补偿另一方当事人的实际支出或律师费等必要的费用等;但要是虚假陈述带来的主要是司法资源的浪费或者不具备补偿对方的条件,对于该方当事人,就有必要视其主客观的具体情节,作为对民事诉讼的妨碍行为,课处从训诫到罚款甚至拘留等轻重不等的强制措施。有些情况下还可结合"对另一方当事人"和"对法院"两个维度,给予不诚信的一方当事人综合的制裁。与上述这些需要斟酌衡量的要素相对照,可以看出司法实践中可能也存在无须进行制裁的另一些情形。即当事人一方未作真实陈述的并非案件重要事实,而是间接的或边缘性的事实;这种行为未必出于故意,即便有过失也比较轻微;虚假陈述没有造成程序明显拖延、加重对方当事人举证负担、无端耗费司法资源等较为严重的后果,等等。综合衡量这些情形,当事人一方违反真实陈述义务的行为就不一定需要承受不利后果。

场外股票融资合同的效力认定及损失赔偿原则

——深圳柯塞威基金管理有限公司诉黄喜填场外股票融资合同纠纷案

马占举　李丹丹

【关键词】

场外股票配资合同　合同效力　损失赔偿原则

【导　语】

2015年夏天股灾爆发后，我国证券交易中的场外配资现象引起了人们的广泛关注。导致股灾的其中一个重要因素是场外配资业务的迅猛发展，因其高杠杆率、低门槛以及利用网络的迅速扩张给证券市场带来了巨大的隐患。股市崩盘，大量场外配资纠纷进入司法审判领域，成为金融审判领域的重要新类型案件，该类案件的司法审判对规范和引导投资行为具有重要指引作用。本案即是一起因2015年夏天股市崩盘引起的典型场外股票融资合同纠纷，涉及对场外股票融资合同效力的认定及损失赔偿原则的分析探讨。本案确立的裁判规则，对同类案件的审理及引导市场投资行为均具有一定的指导意义。

【裁判要点】

1. 场外股票融资合同属于违反法律、行政法规强制性规定的情形，应认定为无效合同。

2. 当事人关于强行平仓的约定可视为当事人为控制风险、减少损失所采取的措施。融资方以买入的股票及保证金提供给配资方作担保视为让与担保,在该种担保中,配资方负有及时处分减损的义务。

3. 该类案件的民事责任承担,应综合考量场外股票融资交易的市场背景、交易特征、亏损因果关系及可操作性等因素,并结合合同的约定、当事人履约的情况、当事人的过错程度予以权衡处理。

【相关法条】

《中华人民共和国合同法》第五十二条

《中华人民共和国证券法》第八十条、第一百二十二条、第一百四十二条、第一百六十六条

【案例索引】

广东省深圳前海合作区人民法院(2015)深前法商初字第136号民事判决(2017年1月9日)

【基本案情】

原、被告于2014年11月24日签订一份《投资咨询服务协议》,约定原告委托被告为其合法拥有的资金担任中国证券交易所二级市场投资顾问,各自承担应尽义务,获得相应收益。原告为被告提供协议相关的VIP网上交易服务客户端软件,同时为被告提供资产专用的账号和密码。初始资金的构成为原告出资额800万元、被告出资额200万元。被告将投资顾问保证金200万元划转至原告备案账户时,授权即生效,同时宣告协议正式生效。投资顾问授权期限自2014年11月24日至2015年11月23日。每日计算交易账户资金净值并将0.95元设置为第一预警线,将0.92元设置为第二预警线,并以此为平仓线。若T日收盘时,经原告估算的交易账户单位净值小于等于第一预警线的,被告有义务于T+1日下午1:00以前追加资金(以资金实际到账时间为准),使原告估算的交易账户单位净值大于第一预警线。自T+1日下午1:00起,若被告未按期足额追加保证金,则原告有权自主决定变现品种,直接卖出部分股票直至以市值计算的账户资产总额持仓比例不超过60%。若T日收盘时,经原告估算的交易账户单位净值小于等于第二

预警线的，被告有义务于 T+1 日下午 1:00 以前追加资金（以资金实际到账时间为准），使得原告估算的交易账户单位净值大于第二预警线。自 T+1 日下午 1:00 起，若被告未按期足额追加保证金，则原告有权自主决定变现品种，直接卖出部分股票直至以市值计算的交易账户持仓比例不超过资产总值的 20%。被告承诺原告收益按 1.1%/月的固定年化收益率，按月支付。

2014 年 11 月 24 日被告向原告备案账户支付保证金 200 万元和利息 88,000 元。同日，原告将 1000 万元资金转入西藏信托有限公司名下账户“09 西藏鸿禧 2-4”的子账户，操作号为 98042070。之后被告按照约定操作进行股票交易，陆续向原告缴纳了 2015 年 8 月 23 日之前的固定收益，并分六次提取了收益共 742 万元。2015 年 6 月 3 日股票“洪涛股份”停牌。2015 年 8 月 26 日下午 1:00，由于涉案交易账户资金净值低于平仓线，原告按照约定开始采取平仓措施。当日因股票“大连控股”跌停，有 80100 股未能卖出。8 月 27 日，原告将 80100 股“大连控股”卖出。同年 9 月 14 日股票“洪涛股份”复牌，之后连续跌停，原告于 9 月 22 日平仓卖出。涉案股票账户清仓后，总资产为 5,998,653.6 元。

另查，本案原告经营证券业务未经国务院证券监督管理机构审批。2015 年 6 月 13 日，中国证券监督管理委员会对各券商下发《关于加强证券公司信息系统外部接入管理的通知》，要求证券公司对信息系统外部接入管理开展自查，全面梳理外部接入情况及业务开展情况，深入排查信息技术风险和业务合规风险。再次重申各证券公司不得通过网上证券交易接口为任何机构和个人开展场外配资活动、非法证券业务提供便利。同年 7 月 12 日，中国证券监督管理委员会公布《关于清理整顿违法从事证券业务活动的意见》，要求各证监局督促证券公司规范信息系统外部接入行为，并于 2015 年 7 月底前后完成对证券公司自查情况的核实工作。中国证券登记结算公司严格落实证券账户实名制，严禁账户持有人通过证券账户下设子账户、分账户、虚拟账户等方式违规进行证券交易。证券公司开立证券账户时，对客户申报的姓名或名称、身份的真实性进行审查，保证同一客户开立的资金账户和证券账户的姓名或者名称一致。证券公司不得将客户的资金账户、证券账户提供给他人使用。对通过外部接入信息系统买卖证券的情形，证券公司应当严格审查客户身份的真实性、交易账户及交易操作的合规性,防范任何机构或者个人借用本公司证券交易通道违法从事交易活动。证券投资者应当按照法律法规和中国证监会的有关规定,严格遵守证券账户实名制要求开立证券账户。任何机构和个人不得出借自己的证券账户,不得借用他人证券账户买卖证券。

【当事人观点】

原告深圳柯塞威基金管理有限公司诉称:2014 年 11 月 24 日,原、被告签订了《投资咨询服务协议》,约定被告向原告提供投资咨询服务。被告缴存保证金 200 万元,原告配资 800 万元,合计 1000 万元作为账户初始资产。原告提供股票交易账号及密码供被告买卖股票。双方同意每日计算交易账户资产净值并将 0.95 元设置为预警线,0.92 元设置为平仓线。当账户资产净值小于或等于预警线、平仓线时,被告应当在约定时间内追加保证金,使资产净值高于预警线、平仓线,否则原告有权采取限制交易或强制平仓措施。协议终止前 3 个交易日内,发生全部变现的资产净值不足以支付原告本金及预期收益的情形时,被告应无条件追加资金,并对应付而未付的追加资金承担连带付款责任。被告每月按照管理资金的 1.1% 缴付收益。若每月 10 日前连续 2 个交易日账户资产净值高于初始资产的 110% 以上,被告有权提取投资咨询服务收益。协议签订后,被告开始操作原告配置的股票账号,并按照约定累计提取服务收益 742 万元。2015 年 8 月 25 日,大盘连续下跌,被告账户达到了平仓线。因被告未按照约定及时追加保证金,原告开始采取平仓措施,对未停牌的股票先后完成平仓。由于股票“洪涛股份”处于停牌状态,无法平仓。2015 年 9 月 14 日“洪涛股份”复牌后连续跌停不能及时卖出。至同年 9 月 22 日涉案账户清仓时,原告共损失管理资金 2,001,346.4 元。此外,被告自 2015 年 8 月 24 日起未再向原告支付固定收益。为此原告请求:(1)解除《投资咨询服务协议》;(2)被告赔偿原告损失 2,219,631 元;(3)被告向原告支付固定收益人民币 88,000 元;(4)被告向原告支付违约金人民币 88,000 元;(5)被告承担本案诉讼费用。在诉讼过程中,原告变更第二项诉讼请求为:被告赔偿原告损失 2,001,346.4 元;变更第三项诉讼请求为:被告向原告支付固定收益 176,000 元(按原告提供的管理资金 800 万元的月利率 1.1%,自 2015 年 8 月 24 日计算至 2015 年 10 月 23 日);原告撤回了第四项诉讼请求。

被告黄喜填辩称:(1)原告经营股票配资业务,违反了《证券法》的强制性规定,双方签订的投资咨询服务协议应认定无效。(2)原告无权要求被告赔偿损失:①原告作为专业公司,明知违反法律规定,却哄骗被告签订协议,属过错方。②未追加保证金并非被告自身原因所致。③2015 年 8 月 29 日,原告对除"洪涛股份"之外的股票进行平仓。当日原告修改操作权限,致使被告无法操作账户。而当时并未达到平仓线。"洪涛股份"复牌后连续跌停,导致无法及时平仓造成损失,属于市场风险,而非被告的过错。(3)2015 年 8 月 29 日,涉案账户被证监会强制清理,被告对账户资金失去控制权,无须支付之后的固定收益。综上所述,请求驳回原告全部诉讼请求。

【本案争议焦点】

1. 本案《投资咨询服务协议》的合同效力如何。
2. 本案原告主张的损失应基于什么原则处理。
3. 本案原告主张被告向其支付固定收益的条件和时限如何确定。

【裁判结果】

广东省深圳前海合作区人民法院于 2017 年 1 月 9 日作出(2015)深前法商初字第 136 号民事判决:(1)被告黄喜填于判决生效后五日内给付原告深圳柯塞威基金管理有限公司占用资金的固定收益 7333 元;(2)驳回原告深圳柯塞威基金管理有限公司其他诉讼请求。案件受理费人民币 24,219 元,由原告负担 24,169 元,被告负担 50 元。

一审判决后,当事人未提出上诉,本判决现已生效。

【裁判理由】

法院生效裁判认为:

1. 关于场外股票融资合同效力认定问题。涉案合同约定的交易方式与证券公司的融资融券业务相比,有一定的相似性,不同之处在于其资金来源于场外并且业务未经金融监督管理部门批准。因此,涉案合同的性质应认定为场外股票融资合同。场外配资行为的典型特征是未受到金融监管。我国证券法有明确规定,开展证券业务实行特许授权。同时国家对证券交易账户实行严格管理,禁止法人非法利用他人账户从事证券交易,禁止法人出借自己或者他人的证券账户,投资者应当实名开立证券账户。本案原告柯塞威公司并无证券业务经营资质,属于违规经营证券活动;本案被告并未以本人实名在中国证券市场开立账户进行股票交易,而是借用他人账号,上述行为违反了《证券法》关于股票账户实名制的规定。我国《证券法》虽未明确规定,违反证券经营批准制度和股票账户实名制的规定,会导致合同无效的法律后果。但因金融市场的依法有序是社会经济秩序稳定的重要基础,国家对证券市场的监督管理是严格的、也是必要的,还需要对违法行为作出私法上最为严重的否定性评价。本案原告柯塞威公司在未取得证券业务经营资质的情况下,开展证券经营活动;本案被告借用他人账号进行股票交易,这种将证券活动脱离出国家的证券监管之外,直接冲击了证券市场的资金运用方式和风险防控机制,对个人利益、社会利益和国家利益造成了损害。因此,应当认定本案的场外股票融资行为违反证券法的效力性、强制性规定。场外股票融资合同属于违反法律、行政法规强制性规定的情形,应认定为无效合同。

2. 关于损失赔偿处理的原则问题。《合同法》规定,合同无效或者被撤销后,有过错的一方应当赔偿对方因此所受到的损失,双方都有过错的,应当各自承担相应的责任。原、被告明知违反国家规定签订场外股票融资合同,对于合同无效均存在主观过错。原、被告签订场外股票融资合同属于场外借贷场内操作,其盈亏取决于投资者对于市场趋势和个股走势判断的正确与否,本身就具有非常大的商业风险。造成原告管理资金损失的直接原因是无法预估的市场风险。在此种情形下,法院认为,要有效处理原告管理资金的损失问题,需要以过错原则为基础,结合公平原则,考量和判定原被告双方的过错因素、以及各自的过错大小以及损失承担方式。原告在本案中已经接管了账户,并实施了强制平仓的行为。只是由于市场不可预知的风险,导致原告一系列保证管理资金安全的措施未取得预期的效果。原被告双方的融资行为既然为市场行为,就应该遵守市场规则,任何商事主体都不能仅仅享有市场权利而不承担市场风险。综上,法院认为原告提出的由被告赔偿损失的主张,意在转移自身需要承担的必要市场风险,有违公平和市场风险自担原则,法院不予支持。

3. 关于配资方主张融资方支付固定收益如何处理问题。原、被告双方在合同中约定的原告按照 1.1%/月的固定年化收益率提取收益,本质上属于被告借用资金期间的利息,应按照被告实际控制、支配、占用资金的期间计付。从查明的事实来看,被告已经付清 2015 年 8 月 23 日之前的固定收益。被告在 2015 年 8 月 26 日上午尚对账户进行实际操作。当日下午 1 点后原告开始采取平仓措施。那么,从平仓时起被告实际上失去了对账户的控制支配权,也就不应再支付相应的固定收益。因此,被告仅应支付 2015 年 8 月 24 日至 26 日上午的固定收益 7333 元(88,000 ÷ 30 × 2.5 天)。对于原告超出该部分的请求,法院不予支持。

【裁判思路解析】

(一)关于场外股票融资合同效力问题

涉案合同效力问题是本案的争议焦点,究其原因在于合同效力是影响纠纷处理的重要因素。关于合同效力问题,法学理论一般认为应该分析以下情况:(1)行为人是否具有相应的民事行为能力;(2)意思表示是否真实;(3)合同是否具备法律所要求的形式;(4)是否违反法律和社会公共利益。《合同法》第五十二条也明确规定了无效合同的五种情形:(1)一方以欺诈、胁迫的手段订立合同,损害国家利益;(2)恶意串通,损害国家、集体或者第三人利益;(3)以合法形式掩盖非法目的;(4)损害社会公共利益;(5)违反法律、行政法规的强制性规定。结合本案中原被告当事人的诉辩理由,法院需要对《投资咨询服务协议》是否违反《合同法》第五十二条第(五)项的规定进行分析判断。

首先,关于本案中涉案《投资咨询服务协议》的合同性质。在该协议中,原告以被告交纳一定数量的保证金为基础,按照杠杆比例向被告出借资金;

同时,保证金及出借资金均进入原告指定的第三方证券账户,在该账户下设立子账户,由被告根据原告授权的密码进行股票交易;被告将买入的股票及保证金让与原告作为担保,双方约定警戒线和平仓线,原告有权在资产市值达到平仓线后强行卖出股票以偿还本息;被告在符合一定条件时可以提取收益;原告按固定比率收取资金管理费。由此可见,原、被告双方的关系具备以下两种主要法律特征:一是借贷法律关系。双方对于借款的金额、期间、借款期间的管理费(利息)有明确约定。合同的基础法律关系是借贷。二是让与担保法律关系。被告以买入的股票及保证金作为偿还借款的担保。当资产市值达到平仓线后,如被告不在规定时间内足额追加保证金,原告有权强行平仓卖出股票以保证偿还借款本息。涉案交易方式与证券公司的融资融券业务相比,有一定相似性,不同之处在于其资金来源于场外并且业务未经金融监督管理部门批准。因此,涉案合同的性质应认定为场外股票融资合同。

其次,关于场外股票融资行为是否违反法律法规规定。场外配资泛指证券公司融资融券业务之外的借钱炒股行为,其典型特征是未受到金融监管。对于此类行为的规范,我国法律有明确规定,开展证券业务实行特许授权。《证券法》第一百二十二条规定,“设立证券公司,必须经国务院证券监督管理机构审查批准。未经国务院证券监督管理机构批准,任何单位和个人不得经营证券业务”,第一百四十二条规定“证券公司为客户买卖证券提供融资融券服务,应当按照国务院的规定并经国务院证券监督管理机构批准”。同时国家对证券交易账户实行严格管理,《证券法》第八十条规定:“禁止法人非法利用他人账户从事证券交易;禁止法人出借自己或者他人的证券账户。”第一百六十六条规定:“投资者委托证券公司进行证券交易,应当申请开立证券账户。证券登记结算机构应当按照规定以投资者本人的名义为投资者开立证券账户。投资者申请开立账户,必须持有证明中国公民身份或者中国法人资格的合法证件。国家另有规定的除外。”本案原告柯塞威公司并无证券业务经营资质,属于违规经营证券活动;本案被告并未以本人实名在中国证券市场开立账户进行股票交易,而是借用他人账号(西藏信托有限公司名下账户“09 西藏鸿禧 2 - 4”),上述行为违反了《证券法》关于股票账户实名制的规定。

最后,本案的场外股票融资行为违反《证券法》的规定是否构成《合同法》第五十二条第(五)项规定的“违反法律、行政法规的强制性规定”的情形。关于法律、行政法规的具体范围在法律解释上有通说,法律是指全国人民代表大会及其常务委员会制定的法律,行政法规是指国务院制定的行政规范。关于“强制性规定”,一般来讲,以规定的约束力为标准,法律条文可以分为任意性规范和强制性规范。任意性规范不要求当事人必须执行,而只是提供了一种行为标准。而强制性规范要求当事人必须严格遵守而不得通过协商加以改变。《证券法》关于证券业务经营、证券账户使用的规定显然属于强制性规定。按照行为违反强制性规定是否会对私法上的效力产生影响,强制性规定又可以区分为效力性强制性规定和管理性强制性规定。《最高人民法院关于适用〈中华人民共和国合同法〉若干问题的解释(二)》第十四条规定,合同法第五十二条第(五)项规定的“强制性规定”,是指效力性强制性规定。由此可见,按照该司法解释的规定,在判断合同效力时,应当区分效力性强制性规定和管理性强制性规定。一般而言,效力性强制性规定直接影响到无效合同的认定。因此,法院需要判断,本案中场外股票融资行为违反的《证券法》的规定是否为“效力性强制性规定”。在认定效力性强制性规定的标准上,中国人民大学王利明教授认为,一是法律法规明确规定将导致合同无效,此法律规范属于效力规范;二是法律法规虽未明确规定合同无效,但合同履行将损害国家利益和社会公共利益,此种法律规范也属于效力规范。法院认为,此观点被学术界和司法实践广泛引用,具有科学性和合理性,可以作为本案认定效力性强制性规定的相关标准。结合本案来看,我国《证券法》虽未明确规定,违反证券经营批准制度和股票账户实名制的规定,会导致合同无效的法律后果。但证券市场作为现代市场经济体系的重要组成部分,不但是联系资金供应者与资金需求者的桥梁,也是企业筹集社会资金的另一渠道,更是社会资金重新配置的调节机构,它不仅反映和调节货币资金的运动,而且对整个经济的运行具有重要影响,是关系个人、社会、国家利益的重要市场经济活动平台。国家对证券市场的监督管理是严格的,也是必要的,还需要对违法行为作出私法上最为严重的否定性评价。法院认为,金融市场的依法有序是社会经济秩序稳定的重要基础。本案原告柯塞威公司在未取得证券业务经营资质的情况下,开展证券经营活动;本案被告借用他人账号(西藏信托有限公司名下账户"09 西藏鸿禧 2 - 4")进行股票交易,事实上已将此证券活动脱离出国家的证券监管之外,直接冲击了证券市场的资金运用方式和风险防控机制,对个人利益、社会利益和国家利益造成了损害。因此,本案的场外股票融资行为违反《证券法》的规定为违反效力性强制性规定。

综上所述,法院对被告提出的原被告双方签订的《投资咨询服务协议》应认定无效的主张予以支持。

(二)关于损失赔偿应基于什么原则处理问题

关于合同无效的法律后果认定是处理本案原被告之间关于损失赔偿问题的基础。《合同法》第五十六条规定,无效的合同或者被撤销的合同自始没有法律约束力。因此,合同被确认无效后,自始无效,当事人之间不再履行约定,不发生双方在订立合同时所预期的法律效果。一般而言,违约责任条款的适用应以有效合同存在为前提,如果合同的效力被消灭或者否定,违约责任条款也应随其消灭。合同无效并不是不产生任何法律后果,合同被确认无效或者被撤销后,当事人也要承担返还财产、折价补偿、赔偿损失的民事责任。《合同法》第五十八条规定,合同无效或者被撤销后,因该合同取得的财产,应当予以返还;不能返还或者没有必要返还的,应当折价补偿。有过错的一方应当赔偿对方因此所受到的损失,双方都有过错的,应当各自承担相应的责任。法院对原告主张的损失赔偿的处理,从以下方面进行分析:

第一,涉案合同被认定无效后如何对原被告双方的过错进行判定。从导致涉案合同无效的原因来看,本案中的《投资咨询服务协议》被认定无效的直接原因,是其违反了《证券法》的效力性强制性规定。该协议是双方合意形成的,无论是作为证券经营方的原告、或是证券投资者的被告,对证券规定均应有一定认知,可以认定原被告都存在明知违反国家规定而故意为之的情形。从造成原告管理资金损失的原因来看,原告具有强行平仓的权限并进行了实际操作,被告未追加保证金是因证券市场监管措施使其丧失追加的可能性,而且未追加保证金是强行平仓的条件,而非造成原告管理资金损失的直接原因。原告管理资金损失的直接原因是合同约定及技术设计的损失保护措施,因无法控制的市场风险因素而丧失保障功能,使得原告无法有效运用强行平仓措施以保护自身管理资金免受损失。

在此可以具体分析原告管理资金损失的过程及相关因素,2014 年 7 月至 2015 年 6 月,我国股票市场整体上经历了一场快速上涨的过程,其特点是具有空前的交易规模和杠杆融资。场内融资融券规模迅速扩大,而场外股票融资交易也在短时间内快速发展,证券风险的因素逐渐增大。原被告签订场外股票融资合同属于场外借贷场内操作,其盈亏取决于投资者对于市场趋势和个股走势判断的正确与否,本身就具有非常大的商业风险。2015 年 8 月 26 日被告尚有买入股票,当日收盘时其账户总资产为 8,951,259.19 元,占初始资产总值的比例为 89.5%,已经低于平仓线 0.92。在被告未补交保证金的情况下,原告于 2015 年 8 月 26 日开始采取平仓措施。随后在洪涛股份复牌后又及时采取措施进行平仓,其行为并无不当,但由于市场原因导致股票连续跌停,最终造成了原告管理资金的损失。2015 年 6 月、7 月中国证券监督管理委员会连续下发相关通知,要求严查账户持有人通过证券账户下设子账户、分账户、虚拟账户等方式进行证券交易,不得借用他人账户买卖证券。在此背景下,被告实际上已经无法追加保证金,最终也损失了全部保证金 200 万元。

因此,造成原告管理资金损失的直接原因是无法预估的市场风险。在此种情形下,法院认为,要有效处理原告管理资金的损失问题,需要以过错原则为基础,结合公平原则,考量和判定原被告双方的过错因素,以及各自的过错大小以及损失承担方式。

第二,有效处理原告主张的损失赔偿问题应遵循公平原则。虽然原被告双方签订的场外股票融资合同被认定无效,但场外融资行为本质上属于市场行为,具有风险与收益共存的特点。对于这一特点需要从合同约定的权利义务以及查明的事实分析。本案中,原告为配资方,被告为融资方,各自承担相应的权利义务。按照融资合同双方达成的约定,被告需要提供保证金并有义务在一定条件下追加保证金,否则将承担不利后果,此保证金具有担保性质,也是其承担市场风险和享有市场较大收益的基础,市场波动影响首先是由被告承担风险,其也具有获取较大市场收益的可能性。原告作为配资方,按照双方约定享有按照1.1%/月的固定年化收益率提取收益的权利,此权利与被告的市场收益可能性似乎有较大差距,但这与其承担的风险相匹配。按照合同约定,原告享有强行平仓的权利,而且为保证该权利的实现,协议约定一系列的保障和预警措施,按照涉案合同第4.3.1款约定,每日计算交易账户资金净值并将0.95元设置为第一预警线,将0.92元设置为第二预警线,并以此为平仓线。在被告未按照约定履行追加保证金的义务时,原告享有强行平仓的权利。上述约定的强行平仓线,要明显高于保证金在融资总额中的比例,事实上原告的管理资金具有较强的市场保障,这与其享有的收益权利相适应,符合公平的原则。本案中原告还享有对资金账户管理的主动权,其可以根据合同约定和市场变化主动作为,以保障权利规避风险。从查明的事实来看,原告在本案中已经接管了账户,并实施了强制平仓的行为。只是由于市场不可预知的风险,导致原告一系列的保证管理资金安全的措施未取得预期的效果。原被告双方的融资行为既然为市场行为,就应该遵守市场规则,任何商事主体都不能仅仅享有市场权利而不承担市场风险。《深圳市中级人民法院关于审理场外股票配资合同纠纷案件的裁判指引》第十条也规定,股票市值触及平仓线,配资方未按照合同约定强行平仓,或由于市场风险、非因任何一方过错导致操作系统技术故障造成无法按照合同约定强行平仓,配资方起诉融资方赔偿实际借款本息费用与股票实际平仓市值减扣后不足部分损失的,人民法院不予支持。这也是基于公平原则考量对于因市场风险造成损失的合理分配。

综上所述,法院认为原告提出的由被告赔偿损失的主张,意在转移自身需要承担的必要市场风险,有违公平和市场风险自担原则,法院不予支持。

(三)本案原告主张被告向其支付固定收益的条件和时限如何确定

借贷法律关系是场外股票融资合同的两个法律特征之一。原、被告双方在合同中约定的原告按照1.1%/月的固定年化收益率提取收益的问题,本质上属于被告借用资金期间的利息,应按照被告实际控制、支配、占用资金的期间计付。从查明的事实来看,被告已经付清2015年8月23日之前的固定收益。被告在2015年8月26日上午尚对账户进行实际操作。当日下午1点后原告开始采取平仓措施。那么,从平仓时起被告实际上失去了对账户的控制支配权,也就不应再支付相应的固定收益。因此,被告仅应支付2015年8月24日至26日上午的固定收益7333元(88,000÷30×2.5天)。对于原告超出该部分的请求,法院不予支持。

【本案延伸问题】

(一)关于场外配资行为的民事法律定性探讨

场外配资行为在民事法律关系上的定性,影响到民事审判时适用的审理原则,民商法基本原则、原理和法律解释的方法。在实践中,场外配资业务各方签订的合同包括股票配资合同、借钱炒股合同、委托理财合同、合作经营合同等多种形式,加上场外配资行为具有融资性质,但在资金交付形式和资金运用方式上又有别于一般的民间借贷。因此,目前对场外配资行为的民事法律关系定性没有统一的认识。

1.作为民间借贷法律关系来处理

首先,理论探讨中多将场外配资行为作为附特别保障条款的民间借贷法律关系来对待。例如,在中国证券法学研究会课题组对场外配资行为的专项研究中,建议将场外配资行为作为"从事放贷业务的民间金融",纳入国务院法制办公室正在征求意见的《非存款类放贷组织条例》中调整。而在地方法院的司法实践中,也有部分裁判者持有这样的观点,深圳市中级人民法院在2015年年末就如何裁判场外配资行为引起的民事纠纷,通过了《广东省深圳市中级人民法院关于审理场外股票融资合同纠纷案件的裁判指引》,明确将场外配资行为的基础法律关系界定为:"场外股票融资合同纠纷的基础法律关系具备以下两种主要法律特征:1.借贷法律关系;2.让与担保法律关系",证明了这一点。

其次,将场外配资行为界定为民间借贷法律关系,这种观点可能基于以下两方面的考量:第一,从法律结构上看,虽然场外配资的合同中有大量的涉及金融交易安排的条款,但交易模式的核心和基础是"配资方向融资方提供资金",在场外配资的交易模式下,融资方自主决定证券交易的内容,同时配资方收取固定费用、融资方自行承担投资盈亏。这种交易结构和民间借贷法律关系的基本特征是一致的。第二,从法律的体系解释的角度,事实上,除了配资方的不同,场外配资行为在交易结构、资金运用、风险缓释等方面与融资融券业务并无实质性差异,而《证券公司融资融券业务管理办法》第三条第二款规定:"本办法所称融资融券业务,是指向客户出借资金供其买入证券或者出借证券供其卖出,并收取担保物的经营活动。"将融资业务的核心定义为"出借资金"。在没有更上位的规范性文件对此作出规定的情况下,从相应的证券类部门规章中寻找有关证券的交易规则,作为处理案件之参照依据是比较合适的。将场外配资作为民间借贷法律关系处理,可以保持私法处理与公法体系间的一致。

最后,需要说明的是,尽管将场外配资行为作为民间借贷法律关系处理是当前理论界与实务界的主流态度,但这种处理同样面临着如下几方面的问题:第一,法律特征上并不完全一致。场外配资行为的核心特征包括,配资方并非直接出借"资金"给融资方,而是提供以配资方名义开设的、存有杠杆化后资金的股票交易账户供融资方操作,这与借贷关系的基本特点有所不同。同时,融资方对资金和股票交易账户并不具有单方控制权,融资方对账户的控制主要体现在对交易证券的自主选择上,这也与一般借贷关系中借款人对资金的绝对支配权有所不同。第二,法律规避的问题。如果简单地将场外配资行为理解为"出借资金",而忽视了其与证券交易的紧密结合所产生的金融衍生品的特征,并将其作为一般的民间借贷来对待,诸多金融法律规范则难以得到适用。例如,《证券法》并没有将"借贷融资"纳入证券特许经营的范畴,证券市场对场外配资的监管和清理缺乏法律依据,而现有的调整民间借贷的法律规定和司法解释,倾向于放开对企业间借贷的规制,配资方有可能据此规避法律的强制性规定。

2. 作为委托理财法律关系来处理

还有一种观点认为,场外配资属于配资方将其资金委托给融资方,由融资方在一定期限内管理、投资于证券、期货等金融市场,并按期支付给委托人(配资人)一定比例的收益的资产管理活动。应当据此认定场外配资属于委托理财法律关系并适用相应的法律规定予以调整。这种认定主要缘于前述场外配资行为的两个特征,即配资方交付的是以配资方名义开立的股票交易账户而非直接的资金;及融资方对股票交易账户并不具有单方的控制权。在2015年场外配资行为对股票市场的杠杆化风险未大面积暴露之前,不少地方法院在审理此类纠纷时即采取此类认定。

但是,将场外配资行为作为委托理财关系处理的核心问题在于,一般情况下,场外配资业务双方在合同中会约定配资方不承担经营风险,其固定获得本金和相应费用作为回报,投资收益一律归属于融资方。这种结构与委托理财合同共担风险的特征不符,依据主流的审判实践和司法观点,不属于委托理财法律关系,应当直接作为借贷法律关系处理。

3. 作为非典型无名合同来处理

由于场外配资行为整体交易模式的特殊性,司法实践中出现某种新的处理思路,即不将场外配资行为简单地作为一般的民间借贷合同或委托理财合同,而是将场外配资合同视为非典型合同,是一种与证券融资融券业务相对应的独立民事法律关系。在法律适用时援引合同法的基本原则,参照金融监管机构指定的相关金融规章中有关营业资质和禁止性交易行为的规定,并结合股票融资的市场背景、交易特征和可操作性等诸多因素,对各方权利义务进行衡平。例如,前述深圳市中级人民法院出台的《广东省深圳市中级人民法院关于审理场外股票融资合同纠纷案件的裁判指引》,修改了此前深圳中院在判决中将此类合同作为委托理财合同处理的做法,确的规定涉及场外股票融资合同纠纷的案由为“场外股票融资合同纠纷”,司法统计时列入“其他合同纠纷”。

我们认为这种处理可能更为适当,主要基于如下的考量:第一,交易结构上,场外配资行为在行为结构和基本特征上的独特,决定了简单地套用民间借贷法律关系(或委托理财法律关系)的相关规则,都不能完整地认定和调整场外配资行为的整体结构。例如,前述的场外配资下配资方交付以配资方名义开立的股票账户行为供融资方使用这一行为的性质认定,再如,场外配资中的强制平仓等措施如何认定等。在没有相应的司法解释或部门规章对场外配资行为作进一步更明确规定的情况下,将场外配资行为作为与融资融券业务相对应的一种特殊民事行为和非典型无名合同,可以涵盖民间借贷法律关系和委托理财法律关系都不能完全评价的场外配资行为的某些特征。这种处理似乎更为妥当。第二,法律适用上,将场外配资行为认定为民间借贷法律关系(或委托理财法律关系)在法律适用上存有一定的局限性,如果将场外配资行为理解为某种非典型民事合同,则可以在合同法的基本原则下,参照金融法律法规中的交易规则,综合考虑法律适用和政策运用、法律效果和社会效果。

(二)场外配资业务的效力及民事法律责任处理探讨

1. 处理场外配资行为民事纠纷的原则

2015年A股市场的动荡事实上已经证明,在A股市场的制度设计和风险防控制度尚未成熟的情况下,处理如场外配资此类具有场外金融衍生品性质的民事行为时,在尊重民商事意思自治基本原则,确保公平原则的基础上,金融市场的规范需要、金融法的公共政策性应当纳入考虑范围。事实上,司法观点已经出现了这样的倾向。参考最高人民法院曾对证券、期货、国债市场中的委托理财合同案件如何处理发表的态度,处理场外配资行为民事责任的原则或可有如下几方面:

(1)统筹兼顾原则。即在法律适用上,在民商法意思自治和权利本位的基本原则下,兼顾国家金融政策、市场监管和社会影响等因素,在以《民法通则》《合同法》等民商事基本法律为适用法律依据的情况下,有机地结合金融法律法规、监管机构金融规章中所体现的金融交易政策,统一法律适用和公共政策效果。

(2)稳定金融秩序。即在平衡当事人权益和实现民商事法律的基本原则和精神的基础上,弥补证券法律法规行政监管手段的不足,促进金融市场的规范、健康发展和金融风险的防范。

(3)利益衡平。即在场外配资引发的民事纠纷必然将越来越多地进入司法程序的当下,考量配资方与融资方在信息、资金、利益归属、风险承担方面的不对称问题,以及对证券市场影响的不同,公平合理地分配民事责任,确保公平原则的实现。

2. 场外配资行为的民事效力

对场外配资合同的效力在理论上多有争议,不论是将其认定为民间借贷法律关系还是委托理财法律关系,均有有效或无效之争。笔者倾向于认为,场外配资合同因违反了《证券法》的强制性规定而无效。

如前所述,场外配资行为因其交易对象和交易结构的特殊性,更近似于非典型合同法律关系,具备某种场外金融衍生品的性质。

首先,场外配资行为明显违反了《证券法》关于特许经营的强制性规定。《证券法》第一百四十二条规定:“证券公司为客户买卖证券提供融资融券服务,应当按照国务院的规定并经国务院证券监督管理机构批准”,根据举重以明轻的法解释原则,难以想象相比证券公司,在风险控制、法律合规等方面都远逊的非监管主体从事证券融资业务反而无须监管机构的批准和监管。《证券法》第一百二十二条也规定:“未经国务院证券监督管理机构批准,任何单位和个人不得经营证券业务”,此处的证券融资业务,就应当属于《证券法》第一百二十五条规定的“其他证券业务”。因此,场外配资业务违反了《证券法》关于证券业务特许经营的强制性规定,构成《合同法》第五十二条第(五)项的情形。

其次,场外配资业务违反了《证券法》关于证券账户不得出借的强制性规定。场外配资业务的核心,是配资方向融资方提供以配资方名义开设的、存有资金的二级或三级“分账户”,供融资方进行股票交易,而《证券法》第八十条规定:“禁止法人非法利用他人账户从事证券交易;禁止法人出借自己或者他人的证券账户”,证监会第19号令明确清理的就是证券市场上通过子账户、分账户、虚假账户进行证券交易的行为。场外配资行为明显违反了前述规定,构成《合同法》第五十二条第(五)项的情形。

最后,将场外配资合同认定为无效民事合同的观点也有司法实践的直接回应。深圳市中院在《关于审理场外股票融资合同纠纷案件的裁判指引》中直接明确:“场外股票融资合同属于《中华人民共和国合同法》第五十二条第(四)、(五)项规定的情形,应当认定为无效合同”,可见一斑。

3. 场外配资行为民事责任分配的探讨

如果认定场外配资合同为无效合同,径行适用合同法关于合同无效恢复原则的一般原则处理,可能造成当事人之间的权益不公平。不可否认,将场外配资合同认定为无效合同,部分原因是证券监管政策因素和证券市场的公共利益需要,在这种情况下,不应将合同无效的不利后果完全由配资业务中的一方承担。如果简单地确认合同无效并判令相互返还,要求融资方退还股票交易账户及对应的股票市值,配资方退还保证金,可能导致证券市场的投机收益或亏损完全由配资方或融资方一方承担,出现民事责任承担上的畸轻或畸重。法院认为,根据场外配资合同的具体纠纷不同,对各方的民事责任的裁决应当结合证券交易的市场背景、收益或亏损的因果关系、合同的具体约定、各方当事人的具体过错等因素综合判断。司法实践的做法已经回应了这种观点,如前引深圳中院对场外配资合同审理的裁判指引即有相关规定。

首先,不能因场外配资合同无效而简单地否认证券、期货交易行为及结果。在场外配资合同结算期届满或合同被认定为无效的场合,如配资账户内的市值未触及平仓线,融资方根据合同约定原应获得的保证金及投资收益,应予保护,防止配资方不诚信地利用配资合同无效的认定攫取利益。

其次,由于在交易账户内的股票未按合同约定被配资方强制平仓的场合,根据合同无效时责任分担的一般法理,应当根据各方的过错分担损失。如何酌定配资合同无效时错误平仓的损失,司法实践的具体操作没有统一的认识,具体操作方式包括以平仓完成时间为起点,“向前”推算至一个合理的时间节点,以该时间点与平仓完成后账户净值之差作为错误平仓或延迟平仓的损失或以错误平仓时的账户价值为本金,计算相应的利息;或由法院综合各方因素,酌定裁量。深圳中院在相关的裁判指引中将损失的计算方法确定为“股票平仓线与实际借款本息费用之间的差额损失”,可能是比较妥当的方法。

【专家点评】①

通过庭审质证及调查取证,该判决查明了原告开始采取平仓措施的时间、平仓时是否符合约定的平仓线等争议事实,明确了本案原告经营证券业务未经国务院证券监督管理机构审批及被告借用他人账号进行交

① 赵万一,西南政法大学民商法学院院长,教授,博士生导师。

易的事实。在此基础上,针对原、被告双方当事人争议焦点即本案《投资咨询服务协议》的合同效力问题,该判决对《投资咨询服务协议》是否违反《合同法》第五十二条第(五)项的规定进行分析判断。

首先,通过分析《投资咨询服务协议》的合同性质兼具借贷法律关系及让与担保法律关系,得出涉案合同的性质应认定为场外股票融资合同的结论;其次,关于场外股票融资行为是否违反法律法规规定,本案原告并无证券业务经营资质,属于违规经营证券活动;本案被告并未以本人实名在中国证券市场开立账户进行股票交易,而是借用他人账号,上述行为违反了《证券法》关于股票账户实名制的规定。通过援引被学术界和司法实践广泛引用的中国人民大学王利明教授关于合同效力规范的观点,得出此种法律规范也属于效力规范的结论,本案的场外股票融资行为违反《证券法》的规定为违反效力性强制性规定。

该判决认定事实清楚,归纳争议焦点准确,行文流畅、逻辑性强。对《投资咨询服务协议》的合同效力这一争议理论问题进行了较为充分的说理,并适用公平原则有效处理原告主张的损失赔偿问题。既对双方争议问题进行了合法、合理的裁判,又具有一定的理论性与前瞻性。

适用香港特别行政区法律审查调解协议

——东亚银行有限公司诉朗电有限公司等融资租赁合同纠纷案

彭　亮　瞿德雄

【关键词】

适用香港法审查调解协议　涉港融资租赁　跨境担保　跨境人民币支付

【导　语】

涉港融资租赁合同纠纷是中国(广东)自由贸易实验区前海蛇口片区较为常见的一种案件类型,该纠纷涉及的跨境担保法律效力在实践中存有争议,如果认定担保无效将在一定程度上打击涉港融资租赁业务的进一步发展。本案依照《中华人民共和国涉外民事关系法律适用法》及其司法解释的规定,对适用域外法的前置条件逐一进行审查,最终确定涉港融资租赁合同纠纷中的跨境担保不属于我国内地法律对该涉外民事关系有强制性规定的情形,可适用香港特别行政区法律,并且不违反中华人民共和国内地的社会公共利益,认定涉案的融资租赁合同有效。本案作为前海法院首宗适用域外法审理的涉港融资租赁纠纷案件,该院经审理采纳了香港律师出具的《法律意见书》结论,确认本案调解协议的事项不违反香港特别行政区的相关法律规定,不存在损害中华人民共和国社会公共利益的情形,法院对本案的调解协议予以确认。这对前海自贸区与合作区适用香港特别行政区法律审理涉港融资合同纠纷具有指导意义,也积极推动和保障了涉港融资租赁业务的健康发展,为打造前海自贸区与合作区法治化、市场化、国际化的营商环境作出了积极贡献。

同时,本案的审理涉及查明与适用香港特别行政区法律及如何审查涉港纠纷的调解协议等问题。通过案件审理过程中域外法的查明与适用,推动了域外法查明机制的建立,从而促进域外法适用专业化,保障涉外案件中正确认定和适用域外法律。

【裁判要点】

本案从自愿性和合法性两个方面来审查涉港调解协议的效力。对于自愿性问题,涉案调解协议由各方当事人在法院签署,确认调解协议为当事人的真实意思表示,属于自愿签订。对于合法性问题,涉案融资租赁协议约定为非排他性管辖,根据法律规定前海法院对本案有管辖权;涉案融资租赁协议中约定"应根据香港特别行政区法律解释",本案调解协议所涉融资租赁协议的实体内容,应适用香港法律为准据法进行审查;涉案调解协议不违反中华人民共和国内地法律和香港特别行政区的相关法律规定,亦不损害中华人民共和国的社会公共利益。故法院对本案调解协议予以确认。

【相关法条】

《中华人民共和国民事诉讼法》第二十一条、第九十六条、第二百五十九条

《中华人民共和国涉外民事关系法律适用法》第三条、第四条、第五条、第十条

《最高人民法院关于适用〈中华人民共和国民事诉讼法〉的解释》第五百五十一条、第五百三十一条

《最高人民法院关于适用〈中华人民共和国涉外民事关系法律适用法〉若干问题的解释(一)》第十条、第十八条、第十九条

【案例索引】

广东省深圳前海合作区人民法院(2016)粤 0391 民初 713 号民事调解书(2016 年 10 月 28 日)

【基本案情】

2014年5月,朗电有限公司在香港特别行政区向东亚银行有限公司提起了融资租赁交易申请,东亚银行有限公司根据该申请向指定的设备供应商购买了三台注塑机。其后双方签订《租赁协议》,由朗电有限公司分36期向东亚银行有限公司支付租金及相关费用,朗电有限公司的境内关联公司和股东作担保。协议生效后,东亚银行有限公司履行了融资租赁协议项下的全部义务,朗电有限公司也支付了前17期租金,但自第18期起,朗电有限公司未再支付。东亚银行有限公司将朗电有限公司及担保人等六名被告诉至深圳前海合作区人民法院。

案件审理过程中,在深圳前海合作区人民法院诉调对接中心的港籍调解员主持下,当事人适用香港特别行政区法律达成了以人民币分期支付租金和各项费用的调解协议。具体协议如下:(1)各方确认截至2016年8月11日,朗电有限公司合计拖欠原告人民币995,007.28元。(2)深圳市朗电精密电子有限公司、胡雷、刘博、周国信就朗电有限公司的上述全部欠款向原告承担连带清偿责任。(3)为了达成本协议,原告同意收取人民币916,768元,其他款项人民币78,239.28元在朗电有限公司、深圳市朗电精密电子有限公司、胡雷、刘博、周国信按照本协议如期如数付清人民币916,768元后予以免除。(4)朗电有限公司、深圳市朗电精密电子有限公司、胡雷、刘博、周国信共同向原告指定的收款账户偿还上述欠款(具体还款期限及金额略)。(5)如朗电有限公司、深圳市朗电精密电子有限公司、胡雷、刘博、周国信按照上述四条约定如期付清所有款项,则朗电有限公司自上述款项付清之日起取得前述租赁设备的所有权;在此之前,租赁设备的所有权仍归原告所有,并且仍处于深圳前海合作区人民法院的查封当中。(6)若朗电有限公司、深圳市朗电精密电子有限公司、胡雷、刘博、周国信未按照本协议第四条之约定支付任何一期款项,则原告有权向法院申请强制执行要求上述有付款义务的五被告一次性向原告付清本协议第一条项下的全部款项人民币995,007.28元;并有权以第一条项下的全部款项减去该五名被告已实际支付的款项,加上逾期部分的2.5%月利息作为强制执行的标的;同时,原告有权向法院申请强制执行,要求本案六名被告立即返还租赁设备。

(7)深圳市富荣电子有限公司承诺在应予返还设备时履行返还义务,除此之外不承担本调解协议项下的还款责任。

【当事人观点】

原告向法院提出诉讼请求:(1)解除原告与被告朗电有限公司签订的编号为11202－2101975801的《租赁协议》;(2)确认原告对租赁协议所涉相关设备的所有权,并判令被告朗电有限公司、深圳市朗电精密电子有限公司、深圳市富荣电子有限公司共同向原告返还上述租赁协议项下的机器设备;(3)判令被告朗电有限公司向原告支付尚欠的租金港币1,153,296元及逾期利息港币24,645.7元,共计港币1,177,941.7元,折合人民币989,471.03元(港币/人民币按1:0.84折算,利息暂计至2016年4月11日,从2016年4月12日起每月分别以港币1,153,296元为基数,按年利率30%计算至朗电有限公司付清全部款项为止);(4)判令被告深圳市朗电精密电子有限公司、胡雷、刘博、周国信对朗电有限公司的债务承担连带清偿责任;(5)判令本案六名被告共同承担本案的全部诉讼费用。原告诉称的事实和理由为:2014年5月27日,朗电有限公司签署《租赁申请书》向原告提起融资租赁交易申请,原告根据朗电有限公司的申请向朗电有限公司指定的设备供应商"香港乘风国际有限公司"(HONGKONG CF INTERNATIONAL LIMITED)购买了三台FANUC注塑机(型号:FANUC ROBOSHOT α－S150Ia;机身编号:A148T1865、A148T1893、A148T1894),并向该设备供应商支付了购机款项。2014年9月1日,朗电有限公司作为承租人与原告作为出租人签订了编号为11202－2101975801的《租赁协议》,就彼此间的权利义务作了详细约定,深圳市朗电精密电子有限公司、深圳市富荣电子有限公司分别签署了《权益确认书》,就当事人之间的权利义务进行了约定,深圳市朗电精密电子有限公司、胡雷、刘博、周国信均于《租赁申请书》及《租赁协议》中作为担保人签字盖章,承诺为朗电有限公司的租赁行为提供不可撤销之连带责任担保,《租赁协议》约定:"本协议应根据香港特别行政区法律解释,承租人及担保人于此同意接受香港特别行政区的非独有司法管辖权"。协议生效后,原告已履行了融资租赁协议项下的全部义务,朗电有限公司也自行支付了租赁协议项下前17期租金。但自第18期起,朗电有限公司拒绝支付租金,朗电有限公司、深圳市朗电精密电子有限公司、深圳市富荣电子有限公司无意交还设备,深圳市朗电精密电子有限公司、胡雷、刘博、周国信亦均拒绝履行连带担保责任。法院审理过程中,原告放弃了第一项诉讼请求。

六被告辩称,同意适用我国香港特别行政区法律进行调解。

【本案争议焦点】

1. 当事人约定适用域外法的案件,诉讼中达成调解协议后,人民法院应如何审查。

2. 涉港融资租赁合同中的跨境担保是否属于中华人民共和国法律对该涉外民事关系有强制性规定的情形,可否适用香港特别行政区法律审理。

3. 涉港商事纠纷达成的人民币支付协议有无违反中国人民银行有关人民币跨境支付的相关规定。

【裁判结果】

广东省深圳前海合作区人民法院于2016年10月28日作出(2016)粤0391民初713号民事调解书,经该院审查认为,当事人达成的调解协议为各方当事人的真实意思表示,不违反中华人民共和国内地法律的程序规定、其他规定和香港特别行政区的相关法律规定,也不损害中华人民共和国的社会公共利益,对当事人达成的全部调解协议内容予以确认。

【裁判理由】

本案为涉及香港特别行政区的融资租赁合同纠纷,属于涉港商事案件。对具涉港因素调解协议的审查程序,属于程序法范畴,根据《民事诉讼法》第二百五十九条"在中华人民共和国领域内进行涉外民事诉讼,适用本编规定"之规定,本程序应适用《民事诉讼法》。依据该法第九十六条的规定,人民法院审查调解协议,涉及自愿性与合法性两个方面。

自愿性问题因各位当事人的身份及委托代理人的调解权限事先均已经过该院审查核实,上述调解协议由各方当事人在该院签署,该院确认以上调解协议为当事人的真实意思表示,属于自愿签订。

合法性问题包含以下三个方面:一是该院对本案有无管辖权;二是本案的准据法是内地法律还是香港特别行政区法律;三是本案调解协议的全部内容是否符合法律规定。对此该院分述如下:

(一)关于该院对本案有无管辖权的问题

依据《民事诉讼法》第二百五十九条的规定以及"程序问题适用法院地法"的国际私法基本原则和我国涉外审判中长期将司法管辖权识别为程序问题并适用法院地法的司法实践,本案的管辖权问题应适用深圳前海合作区人民法院所在地法,即中华人民共和国内地的程序法律予以解决。

依据《最高人民法院关于适用〈中华人民共和国民事诉讼法〉的解释》第五百五十一条"人民法院审理涉及香港、澳门特别行政区和台湾地区的民事诉讼案件,可以参照适用涉外民事诉讼程序的特别规定"之规定以及该解释第五百三十一条的规定,涉外合同的当事人可以书面协议选择与争议有实际联系地点的外国法院管辖。本案为涉港合同纠纷,当事人可以书面协议选择包括香港特别行政区法院在内的域外法院管辖。2014 年 9 月 1 日,原告作为出租人与朗电有限公司作为承租人,深圳市朗电精密电子有限公司、胡雷、刘博、周国信作为担保人签订了编号为 11202 - 2101975801 的《租赁协议》(以下简称涉案租赁协议),该协议第 22 条"一般事项"中的第 18 项约定:"承租人及担保人于此同意接受香港特别行政区的非独有司法管辖权",该约定对本纠纷的管辖法院进行了约定。但非独有司法管辖权也叫非专属管辖权,约定的管辖法院不具有唯一性,因此该约定并没有排除香港特别行政区之外的地区和其他国家的法院管辖本案。本案深圳市朗电精密电子有限公司、深圳市富荣电子有限公司均是在中国内地广东省深圳市注册成立的企业,本案的诉讼标的物——租赁设备的使用地点也在广东省深圳市,根据《民事诉讼法》第二章第二节"地域管辖"第二十一条之规定,对法人或者其他组织提起的民事诉讼,由被告住所地人民法院管辖;同一诉讼的几个被告住所地、经常居住地在两个以上人民法院辖区的,各该人民法院都有管辖权。且根据最高人民法院和广东省高级人民法院的相关批复,深圳市辖区应由其他基层法院管辖的第一审涉外、涉港澳台商事案件由该院集中管辖。

故该院受理本案,符合中国内地程序法关于地域管辖的规定,也符合深圳市涉外、涉港澳台商事案件集中管辖的相关规定。

(二)本案的准据法应是内地法律还是香港特别行政区法律的问题

依据《涉外民事关系法律适用法》第三条"当事人依照法律规定可以明示选择涉外民事关系适用的法律"及《最高人民法院关于适用〈中华人民共和国涉外民事关系法律适用法〉若干问题的解释(一)》第十九条"涉及香港特别行政区、澳门特别行政区的民事关系的法律适用问题,参照适用本规定"的规定,本涉港商事纠纷当事人可以明示选择准据法。原告与朗电有限公司、深圳市朗电精密电子有限公司、胡雷、刘博、周国信在涉案租赁协议第22条"一般事项"中的第18项中约定"本协议应根据香港特别行政区法律解释"。本案审理过程中,该协议的各方当事人未放弃上述约定,故本案调解协议所涉融资租赁协议的实体内容,即调解协议的事项之一至六是否符合法律规定,应适用香港特别行政区法律为准据法进行审查。

但本案深圳市富荣电子有限公司不是涉案租赁协议的一方当事人,在本调解协议中也不承担任何还款责任,其作为涉案融资租赁设备所在地企业自愿在应予返回该设备时,配合其他被告返还租赁设备,调解事项七的合法性可适用中国内地法律予以确认。

(三)本案调解协议的全部内容是否合法,涉及以下三个问题

首先,调解协议的事项之一至六,尤其关于逾期付款利息为月息2.5%的内容,是否符合香港特别行政区法律的规定。

《涉外民事关系法律适用法》第十条规定,涉外民事关系适用的外国法律,由人民法院、仲裁机构或者行政机关查明;当事人选择适用外国法律的,应当提供该国法律。即本案当事人约定适用的香港特别行政区法律,应首先由当事人提供,再由人民法院审查认定。

本案原告为证明其诉讼请求包括逾期付款利率的约定符合香港特别行政区法律的相关规定,向该院提交了香港萧温梁律师行合伙人庄善庆律师受原告委托就该行的一般《租赁合同》和《确认书》出具的文件编号为SC/B14/0246/001的《法律意见书》。经该院审查,该《法律意见书》讨论的《租赁合同》与本案当事人签订的涉案租赁协议的文本内容一致。该《法律意见

书》认为：根据普通法，一般来说，在平等自愿基础上及符合当事人意思自治原则下所订立的合同均对合同双方当事人具有法律约束力；在合同法下，一份合同还需有代价支持或以契据形式订立，才能构成一份有效的合同；根据Currie v. Misa（1875）LR 10 Ex 153一案，代价在法律上可定义为“一方可得的权利、权益、利润或利益，或是另一方付出、容受或承担的宽容、损害、损失或责任”；换句话说，代价是对受诺人为了得到许诺人的许诺而蒙受的损失或许诺人因其作出许诺而获得的利益；东亚银行有限公司（注：指本案原告）按照该租赁合同的条款向承租人出租该货物，而承租人则按照该租赁合同的条款向东亚银行有限公司支付租赁该货物的租金；根据香港法律，该租赁合同是由东亚银行有限公司向承租人出租该货物作为代价所支持，所以该租赁合同是合法有效的，对东亚银行有限公司及承租人具有法律约束力……根据普通法，若立约人在合同中规定，一方在某违约事件发生时须支付某指定款额予另一方，法庭会分辨该条款是可强制执行的“算定损害赔偿”条款，或是不可强制执行的“罚金条款”。“算定损害赔偿”的要素为指定赔偿款项是就违约时预计会引致的损失的认真评估，而“罚金条款”的要素为该指定赔偿款项是为了阻吓对方违约而订下（并非代表立约人就预计损失所作出的认真评估）。所以，根据香港法律，东亚银行有限公司可要求承租人支付有关该货物的剩余租金，作为承租人不履行该租赁合同而对东亚银行有限公司的算定损害赔偿……根据普通法，一般债务担保仅具有补充性，所以当主债务人不履行其还款责任时，担保人才须负清还的责任……如担保人与主债务人同负连带责任，并无先后之分，债权人可以直接向担保人追讨；而担保人的责任亦独立于主债务人的责任，犹如其为主债务人，即使主债务人无须承担还款责任，担保人仍需承担有关还款责任……根据该租赁合同第20.2条，担保人承诺就承租人违反、忽略、错误履行租赁协议条款或其任务部分而可能使东亚银行有限公司蒙受或招致的一切损失、损毁及开支向东亚银行有限公司作出补偿，免使东亚银行有限公司蒙受损失……根据该租赁合同第4.6条，该租赁合同的所有逾期未付租金付款及所有其他逾期未付款项（包括但不限于根据第10.02、13、19.2条及第19.3条的付款）应按附表所列明的欠款利率计付利息；利息应在任何法庭判决之前或之后逐日计算,直至付款为止,并且按月以复利计付利息……该《法律意见书》第(Ⅲ)部分关于“该等租赁合同约定的逾期利率的合法性”中第(15)(16)项认为:根据香港《放债人条例》(香港法例第163章)第24条,任何人以超时年息百分之六十的实际利率贷出款项,即属犯罪,有关贷款的还款协定并不得予以强制执行。另外,根据《放债人条例》第25条,如(1)任何人在任何法庭进行法律程式以追讨贷出的款项及(2)凡有证据令法庭信纳有关交易属敲诈性,则法庭在顾及所有情况后,可重新商议该宗交易,使交易双方均获公平对待;而《放债人条例》第25条的施行,如有关贷款的还款协议所订的实际利率超逾年息48%,则单凭该事实即可推定该宗交易属敲诈性;但除非该率超逾年息60%,否则法庭在顾及与该协定有关的所有情况后,如信纳该利率并非不合理亦非不公平,则可宣布为《放债人条例》第25条的施行该协议并不属敲诈性;不过,根据《放债人条例》第3条,该条例不适用于《银行业条例》所指的“认可机构”。根据香港《银行业条例》第2条的规定,“认可机构”是指银行、有限制牌银行及接受存款公司;就“认可机构”而言,香港法律并没有特别的文法调整“认可机构”所订定的利率包括逾期利率;因此东亚银行有限公司可在租赁合同中订立其认为合适的逾期利率,若有关逾期利率订为月息三厘或四厘,仍是合法有效的,并没有违反香港法例。

上述《法律意见书》经中华人民共和国司法部委托的中国委托公证人在香港进行了公证,由中国法律服务(香港)有限公司进行转递。该《法律意见书》的出具人庄善庆律师自一九八六年起在香港执业,拥有多年的律师工作经验,属于法律专业人士,该院认为其拥有出具本案法律意见的资质。本案各方当事人在该院的调解协议审查程序中,对上述内容均无异议。依据《最高人民法院关于适用〈中华人民共和国涉外民事关系法律适用法〉若干问题的解释(一)》第十八条“人民法院应当听取各方当事人对应当适用的外国法律的内容及其理解与适用的意见,当事人对该外国法律的内容及其理解与适用均无异议的,人民法院可以予以确认”之规定,该院确认本案原告针对涉案租赁协议已依法提供了适用本案的香港特别行政区相关法律。

故法院对上述《法律意见书》的内容予以采纳,依据该法律意见书的意见,确认本案调解协议的事项之一至六包括逾期利率的约定符合香港特别行政区法律的规定。

其次,适用该香港特别行政区法律是否符合我国法律规定。

《涉外民事关系法律适用法》第四条、第五条规定:中华人民共和国法律对涉外民事关系有强制性规定的,直接适用该强制性规定;外国法律的适用将损害中华人民共和国社会公共利益的,适用中华人民共和国法律。即适用域外法包括中国港澳地区法律的前提,必须是中华人民共和国法律对相关涉外民事关系不存在强制性规定、适用该域外法不损害中华人民共和国的社会公共利益。

《最高人民法院关于适用〈中华人民共和国涉外民事关系法律适用法〉若干问题的解释(一)》第十条对哪些情形属于上述的强制性规定进行了界定,分别是涉及劳动者权益保护、食品或公共卫生安全、环境安全、外汇管制等金融安全、反垄断、反倾销或应当认定的其他情形,如果涉及中华人民共和国社会公共利益、当事人不能通过约定排除适用、无须通过冲突规范指引而直接适用于涉外民事关系的法律、行政法规的规定。

结合本案的具体情况,则应审查本案涉港融资租赁法律关系中的跨境担保以及调解协议中的人民币跨境支付是否存在涉及中华人民共和国外汇管制等金融安全的强制性规定。对此该院认为,中华人民共和国外汇管理局发布并于 2014 年 6 月 1 日实施的《跨境担保外汇管理规定》规定,跨境担保是指担保人向债权人书面作出的、具有法律约束力、承诺按照担保合同约定履行相关付款义务并可能产生跨境收付或资产所有权跨境转移等国际收支交易的担保行为。本案涉港融资租赁合同的结算货币原为港币,债权人(原告)与债务人(朗电有限公司)的注册地均在香港特别行政区,本案担保人深圳市朗电精密电子有限公司、胡雷、刘博、周国信的注册地或住所地均在中国内地,该四名担保人与债权人之间的跨境担保属于《跨境担保外汇管理规定》所规定的内保外贷形式。依据该规定,担保人进行内保外贷时应向中华人民共和国外汇管理局履行登记或备案等手续。但该规定第二十九条明确规定:“外汇局对跨境担保合同的核准、登记或备案情况以及本规定明确的其他管理事项与管理要求,不构成跨境担保合同的生效要件”。该规定第三十一条还规定,对未按照本规定及相关规定办理跨境担保业务的,外汇管理局根据《中华人民共和国外汇管理条例》进行处罚。即国家外汇管理局自2014年6月1日起已明确跨境担保的登记或备案等手续不再作为效力性规定,而是管理性规定,违反该管理规定将受行政处罚。涉案融资租赁协议签订于2014年9月1日,本案适用该规定。当事人是否履行了相关登记或备案等手续,不影响本案合同的效力,如有违反将由国家外汇管理局处理。且本案在调解过程中,各方当事人对原合同结算款项的币种进行了变更,约定的全部调解款项均不再是港币而是人民币。即本案融资租赁法律关系中的跨境担保因调解过程中结算币种的改变,已不涉及外汇管制问题。

为慎重起见,法院于2016年8月24日致函国家外汇管理局深圳分局,就《跨境担保外汇管理规定》中关于内保外贷的相关条款是否属于涉及国家外汇管制等金融安全的强制性规定以及本案调解协议改为人民币结算有无违反人民币跨境支付方面的相关规定进行咨询。该局于2016年9月18日以深外管便函〔2016〕246号回函称:(1)依据国家外汇管理局《关于发布〈跨境担保外汇管理规定〉的通知》规定,外汇局对跨境担保合同的核准、登记或备案情况及本规定明确的其他管理事项与管理要求,不构成跨境担保合同的生效要件。虽然外汇管理政策合规情况不会影响担保合同效力,但可能影响担保合同的可执行性。(2)根据《中国人民银行关于简化跨境人民币业务流程和完善有关政策的通知》第五条的相关规定,"境内非金融机构可以按照《中华人民共和国物权法》、《中华人民共和国担保法》等法律规定,对外提供人民币担保"。目前,中国人民银行暂未就境内个人对外提供人民币担保出台相关政策法规。(3)根据《中国人民银行关于简化跨境人民币业务流程和完善有关政策的通知》第五条的相关规定,"境内非金融机构对外担保使用人民币履约时,境内银行进行真实性审核后,为其办理人民币结算,并向人民币跨境收付信息管理系统报送相关信息。履约款项也可由境内非金融机构使用其境外留存的人民币资金直接支付"。人民币履约款项应由境内担保人直接支付给境外债权人。国家外汇管理局深圳市分局的上述回复意见,进一步明确了本案跨境担保法律关系不属于《涉外民事关系法律适用法》第四条规定的中华人民共和国法律对涉外民事关系有强制性规定的,不能适用域外法的情形,且本案调解协议改为人民币结算,不违反中国人民银行的现行相关规定。

另外,本案调解协议的事项之一至六均属于商事合同当事人对一方违约后自行协商处理的和解约定,属于涉外商事合同契约自由的范畴。《中国人民银行关于进一步推进利率市场化改革的通知》称,自 2013 年 7 月 20 日起全面放开金融机构贷款利率管制,取消金融机构贷款利率的下限,由金融机构根据商业原则自主确定贷款利率水平。即中国人民银行对内地金融机构的贷款利率自 2013 年 7 月 20 日起已全面放开,对涉港融资租赁的利率更没有限制性规定。故本案采纳香港萧温梁律师行庄善庆律师出具的档案编号为 SC/B14/0246/001 的《法律意见书》结论,确认本案调解协议的事项之一至六不违反香港特别行政区的相关法律规定,不存在损害中华人民共和国社会公共利益的情形。

综上所述,本案适用香港特别行政区的相关法律规定确认本案调解协议的事项之一至六合法,不违反中华人民共和国法律的规定。

最后,本案调解协议的事项七是否符合中国内地法律规定。

本案调解协议第七项约定本案深圳市富荣电子有限公司不承担任何金钱返还义务,只在应予返还设备时配合本案其他被告返还租赁物。该约定属于非合同当事人自愿配合履行的附随义务,不违反中华人民共和国内地法律的规定。

【裁判思路解析】

(一)当事人达成的调解协议须审查其自愿性和合法性

对具涉港因素调解协议的审查程序,属于程序法范畴,应根据《民事诉讼法》的相关规定从自愿性与合法性两方面进行审查。法院从当事人身份的核实,邀请港籍调解员主持调解,当面签订调解协议,确保了调解协议系当事人自愿签订,体现了当事人的真实意思。合法性方面,该院从有无管辖权、准据法的适用、调解协议内容是否符合法律规定三个方面进行了论述。

(二)涉案准据法的适用问题

本案主要的争议点及难点为本案准据法的选择与适用。因当事人在涉案租赁协议中约定适用香港特别行政区法律,故本案调解协议所涉实体内容是否合法,应适用香港特别行政区法律为准据法进行审查。

依据《涉外民事关系法律适用法》第四条、第五条的规定,适用域外法包括中国港澳地区法律的前提,必须是中华人民共和国法律对相关涉外民事关系不存在强制性规定、且适用该域外法不损害中华人民共和国的社会公共利益。

结合本案的具体情况,则应审查本案涉港融资租赁法律关系中的跨境担保以及调解协议中的人民币跨境支付是否存在涉及中华人民共和国外汇管制等金融安全的强制性规定。

调解书经过详细周密的审查,认定本案跨境担保法律关系不属于《涉外民事关系法律适用法》第四条规定的中华人民共和国法律对涉外民事关系有强制性规定的,不能适用域外法的情形,即涉港融资租赁纠纷中的跨境担保可以适用香港特别行政区法律进行审查。

(三)涉港商事纠纷达成的人民币支付协议有无违反中国人民银行有关人民币跨境支付的相关规定

本案涉及融资租赁合同中的跨境担保及调解协议改为人民币结算等问题,需审查其合法性。对此,该院去函国家外汇管理局深圳分局询问了此事,该局回函确认本案中涉港融资租赁合同中的跨境担保,调解协议改为人民币结算等的情形不违反中国人民银行的现行相关规定。

综上所述,该院认为调解协议为各方当事人的真实意思表示,不违反内地法律的程序规定、其他规定和香港特别行政区的相关法律规定,亦不损害中国内地的社会公共利益,法院予以确认。

【本案延伸问题】

本案涉及的关键问题系域外法的查明与适用问题。在我国"一带一路"及自贸区建设背景下,如何保障当事人依法自由选择准据法的权利,准确、高效查明域外法,正确适用域外公正的裁判,对营造可预期、稳定的法治化营商环境,具有十分重要的意义。

（一）“一带一路”建设背景下适用域外法裁判的深层次价值

依法适用域外法裁判，有利于营造开放包容、平等保护的法治环境。据国家统计局深圳调查队关于《前海涉港合同适用域外法律调查报告》统计，75.3%的企业表示在投资前海时最看重公平公正的法治环境，约76.5%的企业表示愿意与在前海合作区注册的港资企业签订适用域外法律的合同。在国家“一带一路”建设、自贸区建设和海洋强国战略的背景下，涉外商事审判是法院工作与国家发展大局的一个重要的结合点和着力点，需要敢于担当、奋发作为，不断提升国际司法话语权。在商事活动中，能不能自由选择解决纠纷适用的法律，是衡量一个地区法治水平和商事环境状况的重要指标。世界上不同国家和地区由于文化背景、政治制度的差异，司法制度和法律规范不尽相同，一个商事主体的贸易或投资活动，最为担忧的是能否受到平等保护，他们会愿意选择自己比较熟悉的法律，以增强对危险的预知和判断。域外法律适用机制的不完善，容易让商事主体产生法律单边主义和司法地方保护主义的误解，从根本上影响一个地区的投资贸易的吸引力。

依法保障选择适用域外法，有利于展示中国特色社会主义的法治自信。当今世界是开放发展的世界，彼此之间经贸往来频繁，相互依存、共荣共通。习近平总书记提出的“一带一路”倡议是以共商、共建、共享为原则，以开放包容为特征，以互利共赢为追求，凝聚和平发展的最大共识。社会主义法治与其他法治文明成果一样，也应体现国际性、开放性的特征。社会主义法治体系建设必然涉及与其他国家法律的衔接与关系处理问题，法律查明与适用机制建设的成效在某种程度上决定了法治的国际形象。

（二）如何保障当事人依法自由选择适用域外法

在域外法适用机制改革中，需着力解决“涉外因素认定”“查明机制”“域外法适用”等关键性问题，建立法律查明与适用机制，努力实现域外法“认得全”“查得明”“用得准”，需建立全面充分的涉外因素认定指引，从而保障当事人自由选择适用域外法律。

充分尊重当事人的意思自治原则，实现涉外因素认定的最大化。要妥善处理涉外因素与涉港澳台因素的关联性，如案件本身的法律关系虽然不直接涉外，但关联的法律因素涉外、涉港澳台，也应允许当事人选择适用国际商事惯例或国际贸易规则,以促进国际商事惯例与国际贸易规则在"一带一路"及自贸区建设中的适用与建立。

另外,实现域外法查明系统化,要建立系统完备的域外法律查明体系,着力解决适用域外法中的查明障碍。域外法与我国法律相比,在法律制度、司法机制、法律文化上差异较大。有些国家和地区实行判例制度,进一步增大了查明域外法律的难度。通过建立系统化的查明体系,推动解决当前域外法查明中面临的查明途径单一,配套程序不健全,可操作性不强,域外法查明原则不明确,审查程序和审查标准不具体,自行查明域外法的效力不明确,查明费用的负担方式不完善等问题。

(三)打造完备的域外法选择适用机制

前海法院以综合性司法改革示范法院建设为指引,不断深化涉外、涉港澳台案件审判改革,着力打造更加公正、高效、便捷、权威的纠纷化解机制。在域外法适用机制改革中,着力解决"涉港因素认定""查明机制创新""域外法适用"等关键性问题,建立了全国最为系统化的法律查明与适用机制,努力实现域外法"认得全""查得明""用得准",促进域外法适用最大化,建立全面充分的涉港因素认定指引,保障当事人自由选择适用域外法律。

前海法院制定的《关于审理民商事案件正确认定涉港因素的裁判指引》,详细规范了主体涉港、标的物涉港、法律事实涉港等多种涉港因素的认定方式,也为当事人准确选择适用域外法提供了指引,实现涉港因素认定的制度化。法院制定《域外法查明办法》,通过建立系统化的查明体系,推动解决当前域外法查明中面临的查明途径单一,配套程序不健全,可操作性不强;域外法查明原则不明确,审查程序和审查标准不具体,关于法官自行查明域外法的效力不明确;查明费用的负担方式不完善等问题。该办法进一步拓展域外法查明的途径,除法律和司法解释规定的当事人提供、由与我国订立司法协助协议的缔约对方中央机关提供、外交途径提供、中外法律专家提供等基本途径外,增加了委托专业查明机构以及法官自行查找域外法等途径。明确了案件准据法是我国缔结或者参加并已对我国生效的国际条约、我国法律和我国缔结或参加的国际条约没有规定时,法院主动适用的国际惯例、根据我国冲突规范指引适用的域外法,且该域外法并非当事人意思自治选择的法律，法院对当事人提交的域外法履行审查职责时，认为有必要进一步查明域外法内容的，法院应当依职权查明域外法的情形和查明的途径及原则。明确查明费用的负担规则，即当事人委托中外法律专家和专业域外法查明机构等查明域外法的，由其自行承担查明费用。

推进域外法适用的专业化，保障域外案件中正确认定和适用域外法律。为保障适用域外法裁判的专业性，准确性，前海法院制定《适用域外法案件裁判指引》，通过制度化的规范，推进域外法法律的正确认定和适用。前海法院建立了港籍陪审员和港籍调解员制度，充分发挥港籍调解员和港籍陪审员的专业知识和文化背优势，提升涉港纠纷化解中的文化认同度和信赖感。前海法院适用域外法裁判的首宗案件，就是委托前海法院的港籍调解员调解、香港资深大律师查明域外法并出具法律意见书，从而解决该纠纷的。

【专家点评】①

本案为前海法院首宗适用香港法调解的涉港融资租赁纠纷案件，推动了域外法查明机制的建立和完善，对这类纠纷的解决有着重要的指导意义，且其民事调解书撰写规范，适用法律准确，说理完备透彻，有诸多可圈可点之处：

叙述事实层次分明、重心突出，有较强的针对性，且论证有条理，逻辑清晰。在调解书中，先将原告的诉讼请求、相关案情和双方当事人达成的调解协议清楚地阐述，继而着墨于调解协议的合法性问题，从法院对本案有无管辖权、适用的准据法是内地法律还是香港特别行政区法律、调解协议的全部内容是否符合法律规定三个方面来论述，论证的层层推进中，顺理成章地确认该调解协议之效力。严格缜密的逻辑推断，反映的是法官自由心证的过程，是法官审判水平的体现。

适用法律法规准确严谨，以事实为依据，以法律为准绳。其中为了论证调解协议的自愿性与合法性，依据了《民事诉讼法》第二十一条、第九

① 何其生，北京大学法学院教授，博士生导师。

十六条、第二百五十九条,及其司法解释的第五百五十一条、第五百三十一条,还有《涉外民事关系法律适用法》第三条、第四条、第五条、第十条及其司法解释的第十条、第十八条、第十九条。与此同时,还对香港律师出具的《法律意见书》中的《放债人条例》和《银行业条例》的相关条款进行了阐述,并结合我国外汇管理局的《跨境担保外汇管理规定》分析该调解协议是否违反我国的金融管理规定,最终确定涉港融资租赁合同纠纷中的跨境担保不违反我国内地法律的强制性规定,也不违反内地的社会公共利益,从而可适用香港特别行政区的法律,以法为鉴,以理服人。

本案中允许当事人选择适用香港特别行政区法律作为准据法,体现的是当事人意思自治原则。在如今经济全球化和区域经济一体化的浪潮中,如何吸引更多的资金和投资者,为地区市场的发展注入更多活力,从而推动区域经济贸易发展,已经成为各国各地区所关注的重中之重。从司法角度考虑,法院建立健全一套域外法律的查明和适用机制,充分保障当事人的意思自治,对于吸引投资,推动经济发展而言有着重大的意义,这是我国全面推进依法治国,大力推行"一带一路"政策的必然要求。

本案作为前海法院首宗适用香港法调解的涉港融资租赁纠纷案件,展现了前海法院积极进取、锐意革新的劲头,其在司法改革的过程中,不仅完善了专业化的审判机制,建立了港籍陪审员和港籍调解员制度,而且还配套了比较完善的法律查明机制,充分发挥了深圳毗邻香港的地理优势,起到了良好的示范带头作用。

法院调解制度是我国民事诉讼制度的重要组成部分,是纠纷解决的有效机制之一。对于这类涉港融资租赁纠纷案件,有效的调解不仅可以提高司法的效率,而且能更大限度地满足当事人的需求,发挥灵活解决纠纷的优势。在涉外民商事案件的调解中,在保证自愿性的前提下,对于合法性的判断需要借助完善有效的域外法律查明机制,以保证域外法适用的专业化,保障域外案件中正确认定和适用域外法律,同时也需要法官发挥主观能动性,做到以法作尺,用心裁判,凭理服人,并用一份优秀的裁判文书将裁判推理的思路与过程展现给大众,拉近人民群众与法律的距离,从而感受到司法的真实温度。

律者,所以定分止争也。合同纠纷案件中,在不违背我国强制性规定和社会公共秩序等前提下,应尽可能地保证当事人的意思自治,因为归根结底不管适用何种法域的法律,法院最终的目的都是解决纷争,实现公平与正义。

港资独资企业的高级管理人员违法占有公司证照的审理要点

——原告鑫邦自动化测试设备(深圳)有限公司与被告 Jiang Jiening 公司证照返还纠纷案

郑　松　刘　哲

【关键词】

港资独资企业　公司证照返还　股东决议　公司高管勤勉忠实义务　法定代表人　法人民事权利能力　法人民事行为能力

【导　语】

随着我国对外开放广度和深度的进一步加强,尤其是前海深港合作的创新发展,越来越多的港资公司在前海自贸区开设全资子公司。由于内地与香港在法律文化和法律体系存在较大差异,对公司的经营管理方面也呈现不同的特色。通常情况下,香港公司作为内地的港资独资公司的唯一股东,对公司管理涉及两份法律文件:一份是香港公司自己董事会或股东会作出的决议;另一份是香港公司作为内地港资独资公司的唯一股东作出的股东决议。根据《涉外民事关系法律适用法》第十四条第一款"法人及其分支机构的民事权利能力、民事行为能力、组织机构、股东权利义务等事项,适用登记地法律"的规定,法人的民事权利能力和行为能力必须适用登记地法律,故香港企业出具的上述两份法律文件分别需要适用香港特别行政区法律和内地的法律。本案就是此类案件的典型案例。本案通过适用香港特别行政区法律认定原告鑫邦自动化测试设备(深圳)有限公司(以下简称鑫邦公司)的唯一股东 SHK Test and Automation Ltd.(以下简称 SHK 公司)所出具的《唯一董事书面决定》的合法性，并适用内地法律认定原告鑫邦公司的唯一股东 SHK 公司所出具的《股东决定》合法性，综合认定原告鑫邦公司解除被告 Jiang Jiening 法定代表人、董事等高管职务合法有效，被告 Jiang Jiening 违法占有的公司证照应当予以返还。本案对在内地开设公司的香港公司具有一定的指导意义。

【裁判要点】

1. 内地有限责任公司唯一股东为港澳台法人的，港澳台法人以自己名义作出的决议必须符合注册地法律的规定，港澳台法人以内地有限公司名义作出的决议必须符合内地公司章程和内地法律规定。

2. 公司高管被解除职务的，应当履行“勤勉义务”与“忠实义务”，并及时返还其所占有的公司财物。

【相关法条】

《中华人民共和国涉外民事关系法律适用法》第十条、第十四条第一款、第四十四条

《中华人民共和国民法通则》第一百一十七条

《中华人民共和国物权法》第三十四条

《中华人民共和国公司法》第十一条、第十三条、第一百四十七条

《中华人民共和国民事诉讼法》第四十八条第二款、第六十四条第一款

香港特别行政区《公司条例》第 127 条“公司签立文件”、第 461 条“董事的作为的有效性”

【案例索引】

广东省深圳前海合作区人民法院(2016)粤 0391 民初 1016 号民事判决书(2017 年 10 月 18 日)

【基本案情】

2012 年 3 月 1 日，鑫邦公司在深圳注册成立，该公司性质为港澳台法人

独资的有限责任公司,其唯一股东为2008年4月14日在香港特别行政区注册成立的SHK公司。鑫邦公司章程规定公司股东有权变更公司执行董事,公司设总经理一人,总经理对公司执行董事负责,总经理可以兼任执行董事。2011年11月1日,鑫邦公司聘任被告Jiang Jiening担任唯一执行(常务)董事、总经理兼法定代表人。2016年5月6日,SHK公司作出《唯一董事书面决定》,将鑫邦公司的执行董事、总经理、法定代表人由Jiang Jiening变更为Cheong Tak Ho,并授权Cheong Tak Ho代表本公司签署本次变更的相关文件及委派书等文件。2016年5月6日,鑫邦公司作出《股东决定》,任命Cheong Tak Ho为新的执行董事并认可执行董事任命Cheong Tak Ho为新的总经理。同日,Cheong Tak Ho作出鑫邦公司《董事决定》,解除Jiang Jiening总经理职位并任命Cheong Tak Ho为新的总经理。Jiang Jiening认为其被解除鑫邦公司执行董事、总经理、法定代表人违法,一直占有该公司的印章、营业执照等公司证照,故鑫邦公司诉至法院。

【当事人观点】

原告鑫邦公司向法院提出诉讼请求:(1)判令被告Jiang Jiening返还原告鑫邦公司的公章、法人章、发票章、财务章、营业执照、组织机构代码证、税务登记证、银行账户的管理(三个账户的Ukey和密码);(2)被告Jiang Jiening承担本案的诉讼费和保全费。事实和理由:2011年11月1日,被告Jiang Jiening经原告鑫邦公司聘任,担任原告鑫邦公司执行董事和法定代表人,并代为管理公司的证照、印章和银行账户。2015年11月至今,原告鑫邦公司通过各种渠道多次要求被告Jiang Jiening交还公司证照、印章和银行账户等,屡次被拒绝。2016年1月12日,原告鑫邦公司决定解除被告Jiang Jiening法定代表人和执行董事的职务。现被告Jiang Jiening已被免除了执行董事、总经理和法定代表人职位,且原告鑫邦公司已经根据公司章程指派新的法定代表人接替被告Jiang Jiening职位,被告Jiang Jiening已无权持有公司证照、印章和银行账户。原告鑫邦公司已经委派新的法定代表人,但因没有证照、印章和银行账户等,原告鑫邦公司无法进行任何的商业活动,故提出本案诉讼。

被告 Jiang Jiening 答辩称：公司股东、董事应当依据中国法律和公司章程行使职权。原告公司章程第四章、第五章规定：公司股东通过股东决议选举和更换执行董事，执行董事由股东委派及撤换，每届任期三年，经继续委派可以连任，执行董事决定聘任或解聘总经理及其报酬事项。被告 Jiang Jiening 作为公司执行董事、总经理，经合法程序任命，不受非法剥夺，任职期间作为公司执行董事、总经理、法定代表人有权利也有义务保护、保管公司的印章、证照、银行账户。被告 Jiang Jiening 在收到本案诉讼材料前未收到原告鑫邦公司股东依中国法律和公司章程规定的程序作出的任免决定，仍应当履行法定代表人总经理职责。原告鑫邦公司的股东曾以其股东身份起诉要求返还证照，深圳前海合作区人民法院以（2016）粤 0391 民初 254 号裁定书认为其不是本案适格原告，无权要求返还证照，裁定驳回起诉，该裁定已发生法律效力。本案材料由法院于 2016 年 8 月 25 日向被告 Jiang Jiening 送达，亦是被告 Jiang Jiening 首次收到解聘董事、总经理的法律文件，应视为该文件于 8 月 25 日向被告 Jiang Jiening 送达。送达后，原告鑫邦公司亦未派新任董事、总经理前来交接，被告 Jiang Jiening 出于对公司利益，仍在履行保管公司证照、印章、银行账户之职责，并维持公司日常运转。被告 Jiang Jiening 在第一次庭审时补充答辩意见：（1）被告 Jiang Jiening 对原告鑫邦公司提起本案诉讼的效力提出质疑，本案原告鑫邦公司委托的诉讼代理人不能代表原告鑫邦公司，不能行使原告鑫邦公司的任何权利；（2）原告鑫邦公司股东此前诉请要求被告 Jiang Jiening 交还印章、证照和解除被告 Jiang Jiening 职务的行为因违反鑫邦公司章程和中华人民共和国公司法的相关规定而无效，该无效已经前海合作区人民法院（2016）粤 0391 民初 254 号案件生效裁定确认；（3）原告鑫邦公司于 2016 年 5 月 6 日解除被告 Jiang Jiening 担任执行董事总经理的行为，事先未告知被告 Jiang Jiening 也未向公司备案，不符合公司的章程和法律规定，解除行为无效。

【本案争议焦点】

1. 法院对本案有无管辖权，准据法适用如何确定；

2. 被告 Jiang Jiening 的执行董事、总经理、法定代表人职务解除是否合法；

3. 原告鑫邦公司新的法定代表人 Cheong Tak Ho 是否可以代表原告鑫邦公司提起本案诉讼及委托诉讼代理人;

4. 被告 Jiang Jiening 是否应当向原告鑫邦公司返还公章、法人章、发票章、财务章、营业执照等公司证照。

【裁判结果】

广东省深圳前海合作区人民法院于2017年10月18日作出民事判决,判决被告 Jiang Jiening 在本判决生效之日起五日内向原告鑫邦公司返还公司公章、法人章、发票章、财务章、营业执照、组织机构代码证、税务登记证、银行三个银行账户的 Ukey 和密码。

【裁判理由】

法院生效裁判认为:

(一)关于本案的管辖权及准据法适用问题

本案是公司证照返还纠纷,原、被告均未就本案管辖问题提出异议。根据《民事诉讼法》第二百六十五条的规定,因合同纠纷或者其他财产权益纠纷,其侵权行为地法院有管辖权。本案中,原告鑫邦公司诉称的"侵占公司财产"行为发生在深圳市,且前海法院集中审理深圳市辖区的第一审涉外、涉港澳台商事案件,故前海法院对本案有管辖权。根据《涉外民事关系法律适用法》第四十四条的规定,本案应当以侵权行为地法律作为适用准据法,即本案应适用中华人民共和国法律作为准据法。根据《涉外民事关系法律适用法》第十四条第一款的规定,原告鑫邦公司的民事权利能力及民事行为能力应当适用登记地即中华人民共和国法律;原告鑫邦公司的股东 SHK 公司的民事权利能力及行为能力则应适用中华人民共和国香港特别行政区法律。

(二)关于被告 Jiang Jiening 的执行董事、总经理、法定代表人职务解除是否合法的问题

原告鑫邦公司的唯一股东 SHK 公司《唯一董事书面决定》符合香港特别行政区《公司条例》第461条的规定,合法有效。案外人 SHK 公司以原告

鑫邦公司股东名义作出的《股东决议》符合《公司法》第十一条规定和原告鑫邦公司的公司章程约定,合法有效。案外人 Cheong Tak Ho 以原告鑫邦公司董事身份作出的《董事决定》符合原告鑫邦公司的公司章程约定,合法有效。基于以上三份法律文件的有效性,故被告 Jiang Jiening 的执行董事、总经理、法定代表人职务解除行为符合法律规定。

(三)关于原告鑫邦公司新的法定代表人 Cheong Tak Ho 是否可以代表原告鑫邦公司提起本案诉讼及委托诉讼代理人的问题

原告鑫邦公司诉因是其解除被告 Jiang Jiening 法定代表人身份后仍持有该公司证照,且导致原告鑫邦公司无法办理法人变更登记。公司股东作为法定的公司最高权力机关,有权通过股东会决议任免公司法定代表人作为公司诉讼代表,以帮助公司与以现行工商登记中法定代表人为侵权主体取回公司的控制权所进行的维权诉讼。案外人 Cheong Tak Ho 已经由合法程序任命为原告鑫邦公司的法定代表人。在被告 Jiang Jiening 持有原告鑫邦公司证照且在公章缺位的情况下,Cheong Tak Ho 的签字可以代表公司意志。Cheong Tak Ho 在民事起诉状中具状人身份处签字,并代表公司提起诉讼并委托诉讼代理人亦属于有效代表行为。

(四)关于被告 Jiang Jiening 的公司证照返还问题

公司的证照是公司的合法财产,受法律的保护。被告 Jiang Jiening 作为原告鑫邦公司的执行董事、总经理、法定代表人职务已经依法解除,职务解除后被告 Jiang Jiening 仍占有原告鑫邦公司的公章、法人章、发票章、财务章、营业执照等公司证照,其占有属于非法占有,应当返还原告鑫邦公司。另外,被告 Jiang Jiening 作为一名职业经理人,长期违法占有原告鑫邦公司的证照和印章已经影响了原告鑫邦公司的经营,其行为已经违反了作为公司高管的"勤勉义务"与"忠实义务"。

【裁判思路解析】

(一)关于前海法院对本案有无管辖权、适用准据法如何确定的问题

1. 前海法院对本案是否有管辖权的问题

本案原告鑫邦公司为在中华人民共和国广东省深圳市依法设立的公

司,被告 Jiang Jiening 为澳大利亚联邦国籍,根据《最高人民法院关于适用〈中华人民共和国民事诉讼法〉的解释》第五百二十二条第(一)项的规定,本案属涉外民事案件。本案是公司证照返还纠纷,原告鑫邦公司诉称的“侵占公司财产”行为发生在深圳市,因双方未协议选择法院管辖,故侵权行为发生地法院,即深圳市法院对本案享有管辖权。根据《广东省高级人民法院关于指定深圳前海合作区人民法院集中管辖深圳市辖区一审涉外、涉港澳台商事案件的批复》,深圳市辖区内应由基层法院管辖的第一审涉外、涉港澳台商事案件由前海法院集中管辖,因此,深圳前海法院对本案享有管辖权。

2. 关于本案适用的准据法

依据《涉外民事关系法律适用法》第四十四条“侵权责任,适用侵权行为地法律,但当事人有共同经常居所地的,适用共同经常居所地法律。侵权行为发生后,当事人协议选择适用法律的,按照其协议”的规定,本案应当以侵权行为地法律作为适用准据法,本案侵权行为地在中华人民共和国广东省深圳市,故本案应适用中华人民共和国法律作为准据法。此外,根据《涉外民事关系法律适用法》第十四条第一款“法人及其分支机构的民事权利能力、民事行为能力、组织机构、股东权利义务等事项,适用登记地法律”的规定,原告鑫邦公司登记地为中华人民共和国广东省深圳市,故原告鑫邦公司的民事权利能力及民事行为能力以及委托代理律师等事项,应当适用其登记地即中华人民共和国法律;原告鑫邦公司的股东 SHK 公司登记地为香港特别行政区,故 SHK 公司的民事权利能力及行为能力则应适用中华人民共和国香港特别行政区法律。

(二)关于被告 Jiang Jiening 的执行董事、总经理、法定代表人职务解除行为是否合法

1. 关于 SHK 公司作出《唯一董事书面决定》《股东决议》解除被告 Jiang Jiening 的执行董事职务是否合法的问题

尽管《唯一董事书面决定》和《股东决议》两者的决议内容和作出主体基本一致,但两份文件所产生的法律效果不尽相同。《唯一董事书面决定》是 SHK 公司就决议事项达成一致意见的民事法律行为,故审查《唯一董事书面决定》是否合法有效的关键是其行为是否符合注册地法律的规定;《股东决

议》是 SHK 公司作为原告鑫邦公司股东行使股东权利并落实《唯一董事书面决定》决议内容的民事法律行为，故审查《股东决议》是否合法有效的关键在于 SHK 公司是否对决议事项有权决定且是否符合原告鑫邦公司注册地的法律规定。

（1）关于《唯一董事书面决定》是否符合香港特别行政区法律的问题

香港特别行政区的法律有两个主要来源，即成文法和普通法，成文法是立法机关经过法定的程序制定出来的法律，又可分为条例和附属法例。根据《涉外民事关系法律适用法》第十条“涉外民事关系适用的外国法律，由人民法院、仲裁机构或者行政机关查明；当事人选择适用外国法律的，应当提供该国法律”的规定，法院依职权通过互联网登陆香港特别行政区律政司双语法律资料系统，查明了香港特别行政区《公司条例》的相关法律规定。根据香港特别行政区《公司条例》第 127 条“公司签立文件”的规定，公司可以通过盖法团印章而签署文件，或者董事签名且说明公司名称来签署文件，且这两种方式签署的文件对公司都有约束力。SHK 公司的《唯一董事书面决定》经过董事签名且标明公司名称，又加盖法团印章，属于公司文件，代表公司的意思表示，对公司有约束力。依据香港特别行政区《公司条例》第 461 条“董事作为的有效性”的规定，任何以董事身份行事的作为均为有效，即使该董事越权或者对其委任有不妥，董事能够代表公司作出意思表示，且该意思表示不能对抗善意的第三人。因此，《唯一董事书面决定》系由 SHK 公司的唯一董事作出，其形式和内容均符合香港特别行政区法律规定，该决定合法有效。

（2）关于 SHK 公司作出《股东决议》解除被告 Jiang Jiening 的执行董事职务是否有效的问题

原告鑫邦公司作为中国法人，其民事权利能力、民事行为能力应当适用中华人民共和国法律。《公司法》第十一条规定：“设立公司必须依法制定公司章程。公司章程对公司、股东、董事、监事、高级管理人员具有约束力。”根据原告鑫邦公司的公司章程第十四条“执行董事由股东委派及撤换，每届任期三年”的规定，原告鑫邦公司的股东有权撤换本公司的执行董事。本案中被告 Jiang Jiening 担任执行董事已满三年，SHK 公司作为原告鑫邦公司唯一股东,根据其公司章程的规定,通过《股东决议》行使股东权利,解除被告 Jiang Jiening 的执行董事职务,符合中华人民共和国法律及原告公司章程的规定,该《股东决议》合法有效。

2. 关于 Cheong Tak Ho 作出《董事决定》解除被告 Jiang Jiening 总经理、法定代表人职务是否合法有效的问题

原告鑫邦公司作为中国法人,其民事权利能力、民事行为能力应当适用中华人民共和国法律。《公司法》第十一条规定:“设立公司必须依法制定公司章程。公司章程对公司、股东、董事、监事、高级管理人员具有约束力。”原告鑫邦公司的公司章程第十六条规定:“执行董事对公司股东负责,行使下列职权……(八)决定聘任或者解聘公司总经理及其报酬事项,并根据总经理的提名决定聘任或者解聘公司财务负责人及其报酬事项……”本案中,SHK 公司作为原告鑫邦公司唯一股东,作出合法有效的股东会决议,任命 Cheong Tak Ho 为公司执行董事。根据原告公司章程第十六条的规定,Cheong Tak Ho 作为原告鑫邦公司的执行董事有权解聘被告 Jiang Jiening 的总经理职务。另根据原告鑫邦公司的公司章程第十八条“公司设总经理一人,不设副总经理。总经理是公司的法定代表人”的规定,被告 Jiang Jiening 总经理职务解除时,其法定代表人职务同时予以解除。故 Cheong Tak Ho 通过《董事决定》解除被告 Jiang Jiening 的总经理和法定代表人职务,符合中华人民共和国法律及原告鑫邦公司公司章程,合法有效。

综上所述,SHK 公司通过《唯一董事书面决定》和《股东决议》解除被告 Jiang Jiening 的执行董事职务、Cheong Tak Ho 作为原告公司执行董事通过《董事决定》解除被告 Jiang Jiening 的总经理和法定代表人职务均合法有效。

(三)关于原告鑫邦公司新的法定代表人 Cheong Tak Ho 是否可以代表原告鑫邦公司提起本案诉讼及委托诉讼代理人的问题

1. 法定代表人的权利来源

原告鑫邦公司是在中华人民共和国广东省深圳市成立的有限责任公司,其民事权利能力和民事行为能力需依照内地法律的规定,法定代表人的权利亦必须符合内地法律的规定。内地法律对法定代表人的职权主要有如下规定:《民法通则》第三十八条规定,“依照法律或者法人组织章程规定,代

表法人行使职权的负责人,是法人的法定代表人"。第四十三条规定,"企业法人对它的法定代表人和其他工作人员的经营活动,承担民事责任"。《民事诉讼法》第四十八条第二款规定,"法人由其法定代表人进行诉讼。其他组织由其主要负责人进行诉讼"。《公司法》第十三条规定,"公司法定代表人依照公司章程的规定,由董事长、执行董事或者经理担任,并依法登记。公司法定代表人变更,应当办理变更登记"。通过以上法律规定和公司法理论中公司工商信息对外公示的信赖保护理论,法院认为,内地法律实行一元化的法定代表人制,公司的行为能力通过法定代表人实现,法定代表人可代表公司对外发生民事行为,法定代表人的签字可直接代表公司意志,公司的法定代表人是唯一受法律认可且为不特定第三人所信赖的公司意志代表人。

2. 法定代表人有效代表行为的构成要件

法定代表人的行为构成公司的代表行为一般应当具备以下三个构成要件:(1)具有法定代表人身份。一个自然人通过公司法和公司章程规定的程序被任命为法定代表人,并经工商登记而公示。法定代表人设立需要满足三个条件:第一,公司必须设立该常任代表人,这是法定的强制性要求;第二,该代表人只能由董事长、执行董事或经理担任,具体由哪个职位的人担任由公司章程规定;第三,该代表人须于公司登记机关登记。日后有变更的,应当办理变更登记。(2)以法人的名义。法定代表人必须以公司法定代表人的名义进行活动,如果不以法定代表人的名义而以个人的名义进行活动则为个人行为而非代表行为。(3)在权限范围内。法定代表人的权力限制一般有三种:一是法律法规的直接限制。如《公司法》第三十七条规定,股东会享有对发行公司债券、公司的合并和分立等事项作出决议的职权。这些职权是股东会享有的,法定代表人未经股东会授权或同意,无权就上述行为作出代表行为。二是公司章程的限制。部分公司在设立时,在章程中对法定代表人的职权进行了严格限制,明确约定了法定代表人的职权范围。在公司章程有明确限制的情况下,法定代表人的职权不得突破公司章程的限制。三是超越公司董事会或股东会的决议的限制。如董事会决议授权法定代表人对 100 万元以下采购合同可以代表公司签订合同,法定代表人对

100万元以上采购合同未经董事会同意擅自代表公司签订合同就属于超越公司董事会决议行为。违反以上三种情况的都属于法定代表人超越职权的行为。但是,法定代表人的代表行为超越权限并不必然导致其代表行为无效。审查其代表行为的效力还需进一步审查相对方是否“知道或者应当知道”法定代表人的代表行为已经超越职权,如法定代表人的代表行为构成表见代理,则不影响代表行为的效力。

本案中,Cheong Tak Ho已由SHK公司的《股东决议》任命为原告鑫邦公司的董事和总经理职务;另根据原告公司章程第十八条“公司设总经理一人,不设副总经理。总经理是公司的法定代表人”的规定,Cheong Tak Ho担任总经理同时担任公司的法定代表人。因此,Cheong Tak Ho代表原告鑫邦公司提起本案诉讼及委托诉讼代理人时已经实质具有原告鑫邦公司的法定代表人身份,并以原告鑫邦公司的名义作出上述行为,且其行为无违反法律规定、违反公司章程规定以及超越公司董事会或股东会的决议的情形,系法定代表人职权范围内代表公司的职务行为,故Cheong Tak Ho的行为符合法定代表人有效代表行为的构成要件,唯一存在争议的是Cheong Tak Ho的法定代表人未经工商登记公示其代表行为是否有效。

3. Cheong Tak Ho的法定代表人身份未经工商登记公示是否有效

从法定代表人变更必须办理登记立法目的来看,是为了维护商业交易安全和当事人合法权益。一方面,公司作为一个法人具有独立的法律地位,对其法定代表人的变更应该具有决定权,这是公司作为私法人不可剥夺的权利。只要法定代表人变更决定严格按照公司章程作出,这一决定就当然产生法律效力,而无须工商机关进行授权。公司法也并未规定未予变更登记属无效。另一方面,由于公司法定代表人的行为被视为公司行为,直接影响到商业交易安全和当事人合法权益,因而法律规定法定代表人变更需要经过登记,是为了保障交易安全,保护善意第三人,从而得以有效维护社会交易安全和当事人合法权利。如果变更未经登记,则公司不得以法人代表已实际变更为由对抗善意第三人。

从工商登记的作用来分析,法定代表人变更登记的过程实际上就是工商部门代表国家对公司的法定代表人等事项进行合法性审查并将其公开的过程。这里的合法性审查是一种事后审查，而不是主管部门或审批部门的批准程序，公司登记机关的审查仅仅是形式审查，公司法定代表人的变更登记属于备案性质，所以它不是法定代表人变更的生效要件。逾期未登记的，只能由工商部门通过行政处罚的方式来促使其进行登记，而不能产生变更无效的后果。

此外，《最高人民法院行政审判庭关于谭永智不服甘肃省人民政府房产登记行政复议决定请示案的答复》(〔2011〕行他字第26号)中亦明确表示："公司的法定代表人应以在公司登记机关登记备案为准。经股东大会或者董事会任命的董事长虽未依法办理法定代表人登记手续，但在全体股东对股东大会或者董事会决议的合法性无异议的情况下，可以代表公司申请行政复议或提起诉讼。"

本案中，原告鑫邦公司起诉原因是被告 Jiang Jiening 作为原法定代表人仍持有公司证照，并导致原告鑫邦公司无法办理法人变更登记。公司股东作为法定的公司最高权力机关，有权通过股东会决议任免公司法定代表人作为公司诉讼代表，以帮助公司与以现行工商登记中法定代表人为侵权主体取回公司的控制权所进行的维权诉讼。Cheong Tak Ho 已经由合法程序任命为原告鑫邦公司的法定代表人。在被告 Jiang Jiening 持有原告鑫邦公司证照且在公章缺位的情况下，Cheong Tak Ho 的签字可以代表公司意志。Cheong Tak Ho 在民事起诉状中具状人身份处签字，并代表公司提起诉讼并委托诉讼代理人亦属于有效代表行为。

综上所述，Cheong Tak Ho 符合法定代表人的有效代表行为的构成要件，其代表原告鑫邦公司提起本案诉讼及委托诉讼代理人参加诉讼的行为合法有效。

(四)被告 Jiang Jiening 是否应当向原告鑫邦公司返还相应的公司证照

1. 关于原告鑫邦公司请求权基础的问题

原告鑫邦公司提起本案诉讼系基于物权所有权的返还，其诉讼的目的是要求无权持有人向公司返还属于公司的经营性资料。原告鑫邦公司现主张返还的标的物具体包括公章、法人章、发票章、财务章、营业执照、组织机构代码证、税务登记证、银行账户的管理(三个账户的 Ukey 和密码)。因此，基于公司法上的特定物返还请求基础,以及《民事案件案由规定》中所规定的第 252 项案由,本案的法律关系性质即案由应定性为公司证照返还之诉。公司的各项证照均属公司所有的财产,公司对其合法财产享有排他的支配权,除公司及其授权机关和人员外,其他民事主体均无权持有或控制上述财产,否则即侵害了公司对该财产的所有权。关于原告鑫邦公司提起的公司证照返还纠纷的请求权基础,我国现行法律体系中在不同的部门法中均有所涉及。《民法通则》第一百一十七条规定:"侵占国家的、集体的或他人财产的,应当返还财产,不能返还的,应当折价赔偿。损害国家的、集体的财产或者他人财产的,应当恢复原状或者折价赔偿。受害人因此受到其他重大损失的,侵害人并应当赔偿损失。"《物权法》第三十四条规定:"无权占有不动产或者动产的,权利人可以请求返还原物。"前述两条法律规定是公司返还证照纠纷的请求权基础。因此,公司在其物权权利遭受侵害的前提下,依法有权主张相对人返还财产。此外,《公司法》第一百四十七条规定:"董事、监事、高级管理人员应当遵守法律、行政法规和公司章程,对公司负有忠实义务和勤勉义务。董事、监事、高级管理人员不得利用职权收受贿赂或者其他非法收入,不得侵占公司的财产。"该条文主要规定了违反公司忠实义务的表现形式,特别明确不得侵占公司的财产,侵占公司财产的行为属于损害公司利益的行为。显然,侵占公司证照及印章的行为亦属于严重侵害公司利益的行为。因此,综合以上分析,法院认为,原告鑫邦公司作为公司证照、印章等物品的所有权人,依法享有相应的物权,其诉请被告 Jiang Jiening 返还,符合法律规定。

2. 关于被告 Jiang Jiening 对原告鑫邦公司的公司证照合法占有权是否丧失的问题

本案庭审期间,被告 Jiang Jiening 已确认收到解除其法定代表人、总经理职务的材料,仍抗辩其可以继续持有公司相关印照。法院认为,《公司法》将代表公司意志的权利赋予给了作为公司法定代表人的自然人来行使,《公司法》第十三条中规定了法定代表人应在公司任职董事、执行董事或经理等公司重要岗位,并非任何人均可任之,该规则的立法本意旨在防范非与公司利益高度匹配之人肆意行使代表公司意志之权利,避免其对于公司利益造成伤害。而公司证照和印章本身具备象征意义与法律意义，系公司作出法律行为、确认行为效力、对外进行意思表示的重要工具，公司印章的使用往往产生由公司承担相应权利、义务与责任的效果。因此，当被告 Jiang Jiening 被解除职务后，其已失去继续持有可代表公司行使权利的公司证照和印章的权利，依法应将其如数归还给原告鑫邦公司。

3. 关于被告 Jiang Jiening 作为原告鑫邦公司高管的"勤勉义务"与"忠实义务"

高管对于公司的"勤勉义务"与"忠实义务"均来源于英美法系的信义义务。根据《布莱克法律词典》中的解释：信义义务是一种由受信人对受益人承担的具有最大诚信、忠诚、信任和正直的义务，如律师对其客户、公司管理人对股东等。该义务要求义务人需具备绝对诚实、忠诚，以及为受益人的最大利益做出奉献的高标准品质。普遍观点认为，信义义务包含忠实义务和勤勉义务。"忠实义务"倾向于是一种道德层面的要求，其要求公司董事、监事、高管人员对公司忠诚、正直，此义务实则也是民法中诚实信用基本原则的延伸。"勤勉义务"本身更倾向于是一种职业要求，其要求公司董事、监事、高管人员在从事公司经营管理活动时应当恪尽职守、敬业精进，尽到普通谨慎的同行在同类公司、同类职务、同类相关情形中所应具有的经营管理水平。该义务设立目的在于阻却董事、监事、高管人员怠于履行职责，制约董事、监事、高管人员因权力膨胀而形成的内部人控制现象，对公司而言，更是一种弥补损失的方式，同时也是对于公司及公司股东利益的一种重要保障，体现了民法中禁止权利滥用原则的精神。本案原告鑫邦公司为取回公司公章、法人章、发票章、财务章等物品，先是通过其股东 SHK 公司作为诉讼主体于 2016 年 2 月 22 日在法院向被告 Jiang Jiening 提起公司证照之诉，因主体不适格被法院驳回，现鑫邦公司作为原告提起同样之诉，符合法律规定。由于被告 Jiang Jiening 的原因，公司缺乏各项证照和印章逾年有余，已对原告鑫邦公司的运营产生不良影响。被告 Jiang Jiening 作为一名职业经理人，应当勤勉忠诚，履行职责，即便与原告鑫邦公司存在其他纷争，应当通过合法途径维护自身权利，而不应占有公司证照至今不还；被告 Jiang Jiening 长期违法占有原告鑫邦公司的证照和印章已经影响了原告鑫邦公司的经营,其行为已经违反了作为公司高管的"勤勉义务"与"忠实义务"。因此,原告鑫邦公司提起本案诉讼要求诉请被告 Jiang Jiening 返还公章、法人章、发票章、财务章、营业执照、组织机构代码证、税务登记证、银行三个账户的 Ukey 和密码于法有据,应予以支持。

【本案延伸问题】

(一)法人属人法的相关问题

1. 法人属人法的适用范围(分析不同法系)

不同法系与不同国家或地区确定法人属人法的方法并不一致,区别主要在连接点上,主要有以下几种:

(1)大陆法系国家及地区

大陆法系国家及地区中确定法人属人法的方法主要有以下几种规定:第一,法人设立地或登记地法律。例如,2001 年俄罗斯《联邦民法典》第 3 部分第 6 编第 1202 条第 1 款规定:"法人的成立地国法律为法人的属人法。"白俄罗斯、斯洛文尼亚、哈萨克斯坦[①]等国也有类似规定。第二,法人主事务所或管理中心所在地/国法律。例如,1978 年奥地利《国际私法》第 10 条规定:"法人或其他任何能承受权利和负担义务的社团或财团,其属人法是该法律实体设有事务所的国家的法律。"葡萄牙、希腊也有类似规定。1966 年葡萄牙《民法典》第 33 条规定:"法人的属人法为其主要管理机构的实际所在地法。"1946 年希腊《民法典》第 10 条规定:"法人的能力适用它的主事务所在地法。"第三,法人营业所所在地法律。例如,1992 年罗马尼亚《关于调整国际私法法律关系的第一百零五号法》第 40 条和第 41 条分别规定:"法人依据其成立证书在某地建立起营业所则具有该地所属国国籍;""法人的组织章程适用依第 40 条所确定的本国法。"1962 年韩国《国际私法》第 29 条规定:"商业公司的法律行为能力适用其营业地法。"第四,法人住所地法律。1967 年法国《关于补充民法典中国际私法内容的草案》第 2302 条规定:"法

① 参见 1999 年《白俄罗斯共和国民法典》第 1111 条;1999 年斯洛文尼亚共和国《关于国际私法与诉讼法的法律》第 17 条;1999 年《哈萨克斯坦共和国民法典》第七编第 1099 条。

人适用它们的社会住所所在地国对他们适用的法律；社会住所在法国领土上的法人适用法国法；任何第三者都可以主张适用法人的法定住所地法，但是，该法人不得利用它的法定住所地而加以对抗，如果它的实际住所是在另一国家。”第五，采用以登记地/国法为主，以主事务所所在地法为补充的复合方法。例如匈牙利法[①]的相关规定。

(2)英美法系国家及地区

采用以管理中心地法为主，以营业地法为补充的复合方法。例如，1948年埃及《民法典》第11条规定：“公司、合伙、基金会等，适用法人主要的和实际的管理地国法；但如果该法人在埃及从事其主要活动，将适用埃及法。”也门人民民主共和国《有关国际私法的规定》第28条第1款的规定也大致相同。

(3)阿拉伯法系国家及地区

与埃及《民法典》的规定类似，阿拉伯联合酋长国《有关国际私法的规定》中亦采用以管理中心地法为主，以营业地法为补充的复合方法。

2. 法人分支机构属人法的适用

《涉外民事关系法律适用法》颁布以前，我国法律对法人属人法未作规定。为适应司法实践的需要，1988年《最高人民法院关于贯彻执行〈中华人民共和国民法通则〉若干问题的意见(试行)》第一百八十四条作了如下规定：“外国法人以其注册登记地国家的法律为其本国法，法人的民事行为能力依其本国法确定。外国法人在中国领域内进行民事活动，必须符合中国的法律规定。”本条规定包含四层意思：一是法人的属人法是其本国法；二是法人以其登记地国法为其本国法；三是法人的行为能力适用法人属人法即登记地国法；四是外国法人在中国从事民事行为的，重叠适用其登记地国法和中国法。后我国《涉外民事关系法律适用法》第十四条规定：“法人及其分支机构的民事权利能力、民事行为能力、组织机构、股东权利义务等事项，适用登记地法律。法人的主营业地与登记地不一致的，可以适用主营业地法律。法人的经常居住地，为其主营业地。”

① 参见1979年《匈牙利国际私法》第18条。

法人分支机构是法人的组成部分,是法人在某一特定区域设置的完成法人部分职能的业务活动机构。法人的分支机构经法人授权并办理登记,可以对外进行各项民事活动,但由此发生的债务和责任由法人承担。在法人跨国设置分支机构或者法人分支机构进行跨国交易的情况下,都会发生法律冲突,为此,一些国家的国际私法立法,在规定法人属人法的同时,也规定了法人分支机构的属人法,以解决法人分支机构的法律冲突。1979 年匈牙利《国际私法》第 18 条第 5 款规定:"法人个别登记的分支机构或工厂的属人法为分支机构或工厂的登记地国法。"1987 年瑞士联邦《国际私法法规》第 160 条规定:"总部在外国的公司,可在瑞士拥有一个分支机构,该分支机构由瑞士法律支配;瑞士法律支配该分支机构的代表;联邦行政委员会规定有关向商务登记处登记注册的方式。"1992 年罗马尼亚《关于调整国际私法法律关系的第一百零五号法》第 41 条第 3 款规定:"法人的子公司的组织章程适用其本身营业所成立地法律而不取决于建立该公司的法人所适用的法律。"还有一些国家虽未规定法人分支机构的属人法,但笼统规定了非法人组织的属人法,而法人分支机构本身属于一种非法人组织。2001 年俄罗斯联邦《民法典》第 3 部分第 6 编第 1203 条规定:"依外国法不是法人的外国组织的属人法是其成立地国法。"以上立法无一例外,均以成立地法作为法人分支机构或者非法人组织的属人法。

《涉外民事关系法律适用法》第十四条专门规定法人分支机构的属人法很有必要。外国法人在我国设立分支机构的现象十分普遍,为此,我国《公司法》对外国公司的分支机构问题作了详尽规定,包括外国公司分支机构的设立条件、设立程序、名称、法律地位、活动原则、撤销与清算等。本条对法人分支机构属人法作出规定,填补了法律适用法上的一个空白。依据该条规定,法人分支机构的属人法为其登记地国法,适用于该分支机构的权利能力、行为能力、组织机构、股东的权利义务等事项。

3. 法人的主营业地与登记地不同时属人法的确定

在法人的主营业地与登记地不一致时,可以选择适用登记地法或主营业地法。在以登记地法为法人属人法的前提下,根据《涉外民事关系法律适用法》第十四条第二款的规定,如果满足"法人的主营业地与登记地不一致"

的前提条件,也“可以适用主营业地法律”。该款是一条有条件的选择性冲突规范,应注意两点:一是“法人的主营业地与登记地不一致”的前提是否具备;二是在具备适用前提的情况下,主营业地法并不当然取代登记地法,可以在两者之间加以选择。

(二)域外公司法定代表人制度比较

1. 大陆法系主要国家公司代表制度

大陆法系民法理论通说乃至各国公司立法都将公司代表人看作法人必备的机构,对内管理法人事务,对外代表法人。它既可以是单一自然人构成的单一机关,也可以是多数自然人组成的集体机关,还可以是董事会;特殊情形下公司代表人也可由监事会担任。一般而言,公司代表人主要由董事(包括董事会或董事长)担任,董事为多数时,除章程另有规定外,各董事均有代表权。

(1)德国

对于公司代表人制度的立法设置,德国采用股份公司与有限责任公司分立模式。对于股份公司,德国公司法规定,股份公司代表人为董事会,突出强调董事会的集体领导职责。德国学者将董事会代表称为机构代表,这和股份公司的法人团体特征是一致的。①

德国《股份公司法》第 76 条规定:“董事会负责领导公司。董事会可由一人或若干人组成。”该法第 77 条进一步规定:“董事会由若干成员组成的,全体董事会成员只有权集体执行任务。章程或董事会业务规章可以有例外规定,但不得规定一个或几个董事会成员可以违背大多数董事会成员的意愿,对董事会中的意思分歧作出决定。”该法第 78 条对于代表权的规定为:“董事会在诉讼上和诉讼外代表公司”,除非章程有其他规定,“全体董事会成员只有权集体代表公司”②。也就是说,董事会由数人组成时,如果公司章程没有另外规定,董事会的全体成员只能以共同方式代表公司,但第三人向公司进行意思表示时,向董事会中的一人表示即可。但德国《股份公司法》

---

① [德]胡佛:《股份法评论》(第 5 版),高旭军译,贝克出版社 2002 年版,第 78 页。转引自杨继:《中国股份公司法定代表人制度的存废》,载《现代法学》2004 年第 6 期。

② 卞耀武主编:《德国股份公司法》,贾红梅、郑冲译,法律出版社 1999 年版,第 44 ~ 45 页。

同时授权公司章程可以对代表人作出变更①。在实践中,德国绝大多数股份公司的章程都依据该法第 78 条第 3 款、第 81 条的规定对董事会成员共同代表公司的原则作出了变更。最常见的是把董事会共同代表改变为两名董事会成员或者一名董事会成员和一名经理人共同代表。这两种方式一方面避免了一人单独代表的不便和危险,另一方面也防止了过多代表人所带来的弊端。

对于有限责任公司,德国《公司法》规定,公司代表人为董事。② 同时,在德国法中,除了董事可以代表公司外,监事会、清算人等也可以在特定的时候代表公司。③ 在公司与董事会或董事会成员出现诉讼中,如果仍然坚持董事会或董事会的成员为公司代表人,则会出现双方重合的现象,为了更好地保护公司的利益,法律规定此时由监事会代表公司。也就是说,在特定的情形下,监事会为公司代表人。另外,对于需要清算人作为公司代表人的,德国《股份公司法》第 269 条规定:"清算人在诉讼上和诉讼外代表公司;选任数名清算人的,应向公司做出一项意思表示的,向一名清算人做出即可"。

从上述条款规定可以看出,德国有限责任公司的代表人限于董事,股份公司则可能由董事会、董事个人、董事与一名经理人或者特别关系中由监事会代表。经理人则不能独立代表公司。德国公司法律并未意图设立某一个确定的自然人来代表公司进行经营活动和诉讼活动,董事长除了章程规定的权限外,并无凌驾于其他董事之上的权力。德国公司法强调的是董事会的集体执行业务和集体代表权,任何董事不得违背多数董事会成员的意愿对董事会中的分歧作出决定。这样的制度设计有利于权力制约和集体智慧

---

① 德国《股份公司法》第 78 条第 3 款规定,"章程可以规定,董事会的各个成员有权单独或与一名经理人一起代表公司";第 81 条第 1 款规定,"对于董事会或一名董事会成员的代表权的任何变更,董事均应申报商业登记"。

② 德国《有限责任公司法》第 6 条规定,"公司可以设一名或多名董事为公司签字";第 35 条第 1 款规定,"公司在诉讼上和在诉讼外,由董事代表";第 2 款规定,"董事应以公司合同规定的方式进行其意思表示,并为公司签署。未对此进行规定的,由全体董事进行表示和签署。应向公司作出一项意思表示的,向董事中的一人作出此项表示即可"。

③ 例如,德国《股份公司法》第 112 条规定:"监事会在诉讼上和诉讼外,相当于董事会的成员代表公司";第 246 条第 2 款规定:"若诉讼指向公司,公司由董事会和监事会代表。由董事会或一名成员起诉的,公司由监事会代表。"

的发挥。

(2)法国

在法国《商法典》2001 年修改前,其有关股份公司代表制度的规定与我国的法定代表人制度最为相似。[①] 在这种传统的单层制治理模式下,“强制公司实行代表制也会引起某种不安定因素。因为与某一法人进行业务活动的第三人有可能担心:与其打交道的机关可能并未按正规条件受到指定,或者没有得到订立合同的必要授权,在这种情况下公司就不会承担责任”。这是法国商法的原有规定可能导致的不安。为此,法国《商事公司法》除强调董事长的广泛代表权之外,又对其权力作出了一定的限制[②]。可见在法国公司法上,董事长亦拥有广泛的代表公司的权力,但显然法国公司对董事长的这种权力也进行了严格的限制。

随着经济的不断发展,单层制管理模式显然越来越成为公司发展的桎梏,为适应新的公司实践,各个公司开始出现放权管理现象,选择“管理委员会”加“监事会”的双层制模式,选择双层制的股份有限公司设置了监事会和管理委员会,法国《商法典》第 225 - 66 条规定,管理委员会主席或者相应情况下,唯一总经理,在与第三人的关系中代表公司。但是公司章程可以授权监事会赋予一名或数名管理委员会成员以同样的代表权。之后,法国《商法典》2001 年修改后取消了董事长的单独代表权,改为了第 225 - 51 - 1 条中规定的选择模式,即股份公司可以选择由董事长全面领导并承担责任,或者由董事会任命的、具有“总经理头衔”的自然人负责,并承担责任。如果公司选择由总经理负责,那么董事长的职能就仅限于组织和领导董事会并向股东大会汇报工作,将不再具有对外代表权。对于第三人,副总经理享有与总

① 该法典第 225 - 51 条规定,“董事长负责全面领导公司的工作,并对此承担责任。在公司与第三人的关系中,董事长代表公司。除法律明确赋予股东大会的权利以及法律特别留给董事会的权利之外,在公司宗旨的范围内,董事长拥有在任何情况下以公司名义进行活动的最广泛的权利”。参见卞武主编:《当代外国公司法》,法律出版社 1995 年版,第 409 ~ 410 页。

② 法国《商事公司法》第 113 条规定,这种权力的行使不得超越股东会的权力和法律特别留给董事会的权力范围,也不得超越公司宗旨的范围。而且《商事公司法》第 110 条也规定,“董事会可随时解除董事长的职务。”同时,法国 1969 年 12 月 20 日第 69 - 1176 号法令在《商事公司法》第 98 条中加入了如下规定:“董事会拥有在任何情况下以公司名义进行活动的最广泛的权力;董事会在公司宗旨范围内行使这些权力,法律明确赋予股东会议的除外。”

经理相同的权力,意味着副总经理也享有对外代表权,与总经理同为公司代表人。这种单层制模式要求股份公司的代表必须由公司在董事长或者总经理两者中选择其一,并依照法令的规定将公司所做的选择告知股东与第三人。

与股份公司因不同的治理结构所导致的代表人结构复杂化不同,有限责任公司的代表人结构较为单一。法国《商法典》第 223.18 条第 5 款规定,“在与第三人的关系中,经理管理人享有代表公司(有限责任公司)在各种场合开展活动的最广泛权利,但法律明文规定专门赋予股东的权利除外……”“经理管理人是有限责任公司的代表,也就是说,经理管理人以公司的名义、为公司的利益实施法律行为”,是公司的法定代表人。

(3)日本

日本公司实行代表董事制度,一个公司可以有一名或多名代表董事。日本民法第 52 条第 1 款规定,法人必须要设置一人或数人的董事,第 53 条第 2 款规定,法人的董事就是法人的事务代表法人。而在商法领域内,日本 1899 年颁布的商法就确立了董事各自独立代表公司的原则。1950 年,日本商法进行大幅度的修改,确立了现行的“代表董事”的多人代表制度。日本商法对董事会的权限作出了规定,将董事会的地位定性在公司业务决策机关及监督董事执行业务机关,并在此基础上设立代表董事。日本《商法》第 261 条规定:“公司应通过董事会决议,确定可代表公司的董事。公司可以确定数名董事共同代表公司。”代表董事是执行公司业务和代表公司的机关。“代表董事是日本商法典所规定的代表股份公司对外进行意思表示并执行业务的法定常设机关。”根据日本《商法典》的规定,股份公司代表人模式包括单一代表即由董事个人代表,或共同代表即由多名董事共同代表,且无论单一代表还是共同代表均应履行登记手续。由于董事会是公司的代表机关,而代表董事又代表董事会具体执行业务,因此,在客观上由代表董事对外代表公司。代表董事为自己或第三人之利益而行使代表权,违反对公司之忠实义务,属滥用代表权,应当对公司承担相应的法律责任,但行为本身有效。若相对人有恶意,则公司可以滥用代表权为由拒绝予以承认。“代表董事之权限扩及公司的所有业务,公司内部对代表董事所做的限制,不能对抗善意第三人。”

对于有限责任公司,日本《有限公司法》规定,由董事代表公司,但公司可以章程或股东会的决议,确定应当代表公司的董事,或者确定由数名董事共同代表公司,或者基于章程的规定,以董事互选的方式确定应当代表公司的董事。特殊情况下,当公司对董事或董事对公司提起诉讼时,对此诉讼,由股东大会确定代表公司。对于股份公司的此类情况,日本《商法典》则明确由监察人代表公司。

此外,日本《商法典》还规定了表见代表董事制度。日本《商法典》第262条规定,总经理、副总经理、专务董事、常务董事和其他被认为有代表公司权限的名称的董事所实施的行为,即使无代表公司的权限,公司也应对第三人负责。

2005年,日本对原有的公司立法模式作了较大的修改,不仅将原来股份公司与有限责任公司分别立法统一于日本《公司法》一个法典,而且取消了股份公司与有限责任公司的区别,统称为"股份公司";取消了董事共同代表制,实行董事单一代表制,同时废止了董事共同代表登记制度。[①] 根据2005年日本《公司法》规定,公司代表人实行单一代表制模式,但日本《公司法》对代表董事的人数没有作出限制,公司可以登记一名或者多名代表董事、代表执行官。此外,根据意思自治原则,日本《公司法》也不反对公司通过章程规定共同代表董事、共同代表执行官,但这种共同代表制度仅限于对公司内部有效,对外不具有法律效力。

2. 英美法系主要国家公司代表制度

英美法系国家的公司立法在习惯上并没有公司法人代表的称谓,这主要是基于英美法系国家对于公司本质主采法人拟制说,认为公司法人是法律"拟制"的人,其不具有行为能力;认为公司与董事、经理之间为代理关系,即董事、经理作为公司的代理人以公司的名义对外行为,因此公司法中没有公司代表人概念。但与大陆法系相同的是,英美法国家无一例外地强调董

① 例如,日本《公司法》第349条规定,董事代表公司;董事为两人以上时各自代表公司;公司可以基于章程、章程规定的董事互选或者股东会决议,从董事中决定代表董事;第421条规定:"(设置委员会公司的)董事会必须从执行官中选定代表执行官。此时,执行官为一人时,其为选定代表执行官。"

事会的作用,公司的对外行为也是以董事、经理等主体,且这种代理行为事实上与代表人存在基本相同的功能。

(1)美国

与大陆法系国家的做法不同,在英美法系中,一般认为公司与董事之间是一种信托关系,认为有权代表公司对外活动的公司机关、高级职员与公司之间是代理关系,依据代理规范约束双方之间的权利义务。因此,作为英美法系的代表,美国公司法并未明确董事或董事会对公司的代表地位,只是赋予董事会笼统的广泛的权利,是公司的意思机关、领导机关。但从法理上讲,董事享有当然的代表公司的权力,董事的具体职权由公司章程予以规定,董事的每一具体对外代表公司的行为是否有效,要依具体的案件事实由法官确认。但一般来讲,除非第三人明知董事无权而故意为之,对董事越权行为的认定不得损害善意第三人的利益。

美国公司法中通常都对董事会的权力作出明确规定,如美国《示范公司法》规定,除非公司章程或股东协议另有限制,公司所有的权力应由董事会行使或者在董事会授权下行使,公司经营事务亦由董事会管理,因此,董事会即被视为公司代理人。此外,美国各州公司法也对董事会的权利作出了类似的规定。尽管公司法对董事会的权利作出明确的规定,但对于董事会在公司中的经营和事务范围并没有明确。董事会的主要功能在于它通过自身的行为为公司创设权利和义务,从而改变公司的法律地位。基于这种理念,一般认为董事会的职权是代行公司的权力,除公司章程明确规定属于股东会的权力以外的权力,都属于董事会。因此,董事会可以“被视为”公司的代理人。

(2)英国

与美国公司法一样,英国在立法上也强调董事会对于公司的管理权和领导权,但也未明确董事会对公司的代表权。英国的学者多倾向于将董事的地位概括成与公司有一种信托关系。这种理论确认了董事是公司的代表。英国法院在处理因董事行使权力而产生的案件时,在不同的场合将董事的地位认定为“代理人”,“委托人”或“经理合伙人”。在实践中,董事们必须依照董事会会议所作的决议办事。有时,公司可以将公司的部分事务或全部事务授权由常务董事执行。从法理上讲，为了保障交易安全和保护第三人利益，董事通常被认为享有代表公司的权力。

3. 两大法系公司代表制度的比较

大陆法系国家和地区多主张法人实在说，认为公司既具有意思能力也具有行为能力。公司的行为能力需依靠公司的代表机关——公司代表人来实现，因此在法律上都明确规定公司代表人制度。公司代表人就公司的包括但不限于诉讼上和诉讼外的一切事务行使代表权；且大陆法系国家大都在公司法中不对公司代表人作出法律上的界定，而是通过公司章程规定代表人选。而主张法人拟制说的英美法系国家认为公司法人是通过法律赋予其法人格的“拟制体”，离开法律其本身并不实际存在，因此其不具有行为能力。公司法人对外行为的实现是基于信托关系形成的代理关系，依靠代理人实现公司的意思表示。因此，英美法系不存在公司代表人概念，也没有代表人与代理人之分。董事会、董事、高级职员、公司秘书等组织或者个人依据法院判例和公司法理论被视为公司的代理人，承担实现公司行为的职能，代理行为的后果依据代理关系准则归属于公司或代理人个人承担。

大陆法系国家和地区的公司代表人一般为董事，各国根据本国实际情况也作出不同的规定：如德国的“董事 + 经理”制、法国的总经理制、日本的执行官制以及我国大陆的法定代表人即董事长制等。从大陆法系的代表人制度来看，对公司代表人人选的规定无论是法律还是公司章程，都带有明显的“法定性”和强制性，注重公司代表人作为公司对外的代表性和权威性，亦可以说把公司代表人视为公司最高权力和权威的象征。与大陆法系不同，英美法系国家更加注重公司的自治性，对代理人的人选界定没有大陆法系规定得那么严肃和正式。因此，英美法系中的公司代理人选没有任何法律限制，而且代理人范围更广，无论是董事还是高级职员只要获得公司授权，均可成为公司代理人。

总之，大陆法系国家通过代表理论明确规定代表人制度的方式，实现公司意思的外在表现；认为公司对外代表机关是公司组织机构中必须具备的机关之一。英美法系国家则通过代理理论来实现公司的意思表示，认为公司代理人与公司之间基于信托关系形成代理与被代理关系，代理后果也依据代理规则作出相应归属。二者之间在尊重公司自治和代表人(或代理人)多元制方面越来越趋于一致。

4. 我国公司代表制度

我国修改后的现行公司法依然延续了原公司法对公司代表人的法定性和变更登记制度,即公司法定代表人根据公司章程规定从董事长(执行董事)或经理中选任并依法进行登记;公司法定代表人变更必须进行登记。除公司法外,我国关于法定代表人的规定几乎涵盖了所有的行政法律法规,特别是公司行政主管部门——工商行政管理部门的相关规定更为规范、细致。如原国家工商行政管理总局发布的《企业法人的法定代表人审批条件和登记暂行规定》(1990年)第二条、第四条、第五条、第六条均规定,企业的法定代表人是唯一能“代表法人行使职权”“代表法人参加民事活动”的主要负责人,法定代表人签署的文件均是“代表企业法人的法律文书”;《企业法人登记管理条例施行细则》(1998年)第二十七条再次强调,企业的法定代表人是代表企业行政职权的主要负责人;同年发布的《企业法人法定代表人登记管理规定》又专门对法定代表人的登记、任职限制、变更等事项作出了规定。国家工商行政管理总局作为主管与法定代表人有关事务的行政机关,甚至包括对于各类企业法定代表人的变更责任承担作出自己的解释。

由于我国公司的法定代表人依照法律规定代表公司具有广泛的职权,几乎可以代表公司实施一切对外和对内活动,包括代表公司行使各种职权,代表公司参加各种民事活动,代表公司签署各种文件,享有签订合同的最终决定权,控制着公司的财政大权,因此公司法并没有赋予公司代表人制度范围内公司自治的权力,导致行政机关越俎代庖,影响公司正常运营的现象十分严重。即使2005年修订后的《公司法》依然规定法定代表人为董事长(执行董事)或者经理一人,唯一的改变就是公司可以选择由董事长(执行董事)还是经理担任法定代表人。这只是稍微削弱了代表人产生的法定性而已,并没有根本改变公司代表人制度的法定性和唯一性。总之,我国现行的公司代表人制度体现了非常强的法律干预特征。尽管《公司法》修订后其法律干预表面上有所削弱,但对于涉及公司代表人的绝大多数事项,公司仍然没有被赋予自治的权力。

【专家点评】[1]

一桩公司证照返还纠纷案由于包含涉外因素、母公司与子公司的法人独立性、同一主体基于不同身份的法律适用等问题而变得复杂。本案原告的主要诉讼请求为返还鑫邦公司证照，但判断的关键点在于被告 Jiang Jiening 的执行董事、总经理、法定代表人职务解除是否合法，即 SHK 公司作出的《唯一董事书面决定》和《股东决议》是否符合法律规定。原告鑫邦公司新的法定代表人 Cheong Tak Ho 是否可以代表原告鑫邦公司提起诉讼，以及被告 Jiang Jiening 是否应当向原告鑫邦公司返还相应的公司证照，也是本案主要的争议点。

尽管《唯一董事书面决定》和《股东决议》这两份决议主体一致，但同一主体基于不同身份的法律适用不同。《唯一董事书面决定》是 SHK 公司董事会的决议，《股东决议》是 SHK 公司作为原告鑫邦公司唯一股东作出的股东决议，所以前者适用 SHK 公司的注册地法律规定，即香港特别行政区法律；后者适用鑫邦公司的注册地法律规定，即中华人民共和国法律。

根据香港特别行政区《公司条例》第 127 条“公司签立文件”的规定和第 461 条“董事作为的有效性”的规定，可以判定《唯一董事书面决定》合法有效。根据《公司法》第十一条和原告鑫邦公司的公司章程第十六条，该《股东决议》合法有效。

本案的另一个事实争议点为原告鑫邦公司新的法定代表人 Cheong Tak Ho 是否可以代表原告鑫邦公司提起本案诉讼。法定代表人需具备三个构成要件：(1)具有法定代表人身份；(2)以法人的名义；(3)在权限范围内。其中具有法定代表人身份的要求是法定代表人办理登记，且变更时还需办理变更登记。鑫邦公司新的法定代表人 Cheong Tak Ho 因无公司证照而未办理变更登记，此时其能否行使法定代表人的权利即本案

---

① 朱慈蕴，清华大学法学院教授。

的争议点。

变更法定代表人未办理变更登记时,新法定代表人的权利行使问题无法律明确规定。根据《公司法》第三十三条的规定,公司应当将股东的姓名或者名称及其出资额向公司登记机关登记;登记事项发生变更的,应当办理变更登记。未经登记或者变更登记的,不得对抗第三人。根据《最高人民法院关于适用〈中华人民共和国合同法〉若干问题的解释(一)》第九条的规定,法律、行政法规规定合同应当办理登记手续,但未规定登记后生效的,当事人未办理登记手续不影响合同的效力。综上所述,我国采用的是登记对抗要件主义,即法定登记事项变更的,非经登记不得对抗第三人;但变更登记与否,并不影响该事项的生效。

前海合作区人民法院在法律无明确规定的情况下,从法定代表人变更必须办理登记的立法目的来进行解释,并引用了《最高人民法院行政审判庭关于谭永智不服甘肃省人民政府房产登记行政复议决定请示案的答复》(〔2011〕行他字第 26 号),表明经股东大会或者董事会任命的董事长,即使未依法办理法定代表人登记手续,但在全体股东对股东大会或者董事会决议的合法性无异议的情况下,可以代表公司申请行政复议或提起诉讼。且本案中是因为被告 Jiang Jiening 不返还公司证照导致原告鑫邦公司无法办理法人变更登记,故综合判定 Cheong Tak Ho 符合法定代表人的有效代表行为的构成要件,其代表原告鑫邦公司提起本案诉讼及委托诉讼代理人参加诉讼的行为合法有效。

本案最后就被告 Jiang Jiening 是否应当向原告鑫邦公司返还相应的公司证照进行了论述。基于《公司法》《物权法》《民法通则》《民事案件案由规定》等法律规定,原告鑫邦公司可通过主张所有权,请求被告返还公司证照。且根据高管对于公司的"勤勉义务"与"忠实义务",即使被告 Jiang Jiening 与原告鑫邦公司存在纠纷,也应通过其他合法正当的途径来维护自身利益。其不返还公司证照,导致公司运营产生不良影响的行为违反了忠实勤勉义务。故综上所述,法院支持了原告的诉讼请求。

随着我国对外开放的进一步加深,越来越多的港资公司在前海自贸区开设全资子公司。内地和香港在法律体系方面的较大差异,为前海合作区人民法院的审判带来了难度。但本案的判决体现了前海合作区人民法院法官的高度专业素养。在处理含涉外因素和港资全资子公司的案件时,能准确地适用法律,并通过原告的诉讼请求精准地找到案件的争议点,进行充分的论理说明。在法律未明确规定的模糊地带,熟练地把握立法目的和领悟最高人民法院司法指导精神作出合法合理的判决,这种做法值得鼓励并推广。

国际货物运输合同中附随义务的认定

——深圳市思研鑫科技有限公司诉深圳市易商供应链有限公司运输合同纠纷案

郑 松 丘概欣

【关键词】

跨境运输 诚实信用原则 合同附随义务

【导 语】

在现代债法体系中，义务问题是债法研究中的核心问题，而债的关系核心在于给付，债的义务主要包括给付义务、附随义务、不真正义务等。附随义务是债法义务群中较为独特的组成部分，是基于诚实信用原则产生的在履行合同过程中附随的告知、保密、通知等义务。虽然当前学界对合同附随义务的概念及范围有所争议，但从通说及我国法律规定来看，附随义务主要指在合同履行过程中的相关义务。我国《合同法》第六十条第二款规定，当事人应当遵循诚实信用原则，根据合同的性质、目的和交易习惯履行通知、协助、保密等义务。《中华人民共和国合同法释义》将该规定的义务称为“履行的附随义务”。但合同法对附随义务的归责原则、责任承担形式等未明确规定。本案被告作为跨境运输合同的承运方，承载了将货物安全运送至目的地的任务，承载了托运方的信赖和期待，有义务保障运输合同顺利履行，但在货物被扣押后，没有将实际情况及时告知原告，造成原告损失，这属于违反合同履行过程中的附随义务，应承担相应的不利后果。

【裁判要点】

1. 从合同约定来看，提供跨境运输的承运方没有尽到合理的通知义务，此种义务应当理解为当事人基于诚实信用原则应当履行的合同附随告知义务。附随义务的不履行或不适当履行最终影响了合同目的圆满实现。

2. 根据合同约定及交易习惯，托运方有权利知道货物在运输途中的真实状况，在货物被美国海关扣押时，承运方应秉持及时、专业的态度回应原告的关切，尽到合理的告知义务与责任。而本案承运方没有完全地、充分地掌握实际情况并告知托运方，导致货物全部被销毁，这属于对合同义务的不完全履行，承运方应承担相应的违约责任。

3. 托运方提供了涉及侵权的产品，而承运方未充分履行合同附随告知义务，双方对损害结果的发生均有一定过错，双方应对自身的违约行为承担相应的责任。

【相关法条】

《中华人民共和国涉外民事关系法律适用法》第四十一条

《中华人民共和国合同法》第六十条、第一百零七条、第一百一十三条、第三百一十二条

《中华人民共和国民事诉讼法》第六十四条第一款

【案例索引】

广东省深圳前海合作区人民法院（2016）粤 0391 民初 1534 号民事判决（2017 年 10 月 23 日）

【基本案情】

深圳市思研鑫科技有限公司（以下简称思研鑫公司）与深圳市易商供应链有限公司（以下简称易商公司）签订《跨国电子商务物流服务合作协议》，约定：易商公司为思研鑫公司提供跨国电子商务物流服务，包括海外仓储头程物流服务、海外仓储当地物流服务以及中国直发服务；中国直发服务包含专线服务与代理产品服务。其中，易商公司是在深圳前海自贸区注册成立

的公司。

2015年10月28日,思研鑫公司将包装好的蓝牙手表、DVD硬盘盒交给易商公司,委托易商公司将货物运往美国,易商公司将货物交由UPS邮寄,在该批货物中,蓝牙手表包装上有蓝牙标志。2015年11月12日,易商公司告知思研鑫公司货物因缺乏蓝牙授权被美国海关扣押,如无蓝牙授权将于2015年11月16日被美国海关处理。期间易商公司告知思研鑫公司,将想办法将货物运回,双方达成协议将货物运回香港。2016年1月19日,UPS通知易商公司货物如无授权将会在一个月后被处理,2016年2月19日美国海关对涉案货物做弃货处理。思研鑫公司向易商公司索赔未果,故向前海法院起诉。

【当事人观点】

原告思研鑫公司诉称:其与易商公司签订《跨国电子商务物流服务合作协议》,思研鑫公司依据合同将价值42,360元蓝牙手表交由易商公司承运,并支付运费2194.5元及其他服务费200元。易商公司于2015年11月12日通知蓝牙产品出口美国须有认证证书方可清关,原告考虑认证费用问题同意退回货物。次日易商公司主动提出与海关沟通,争取不退货。直到同月24日易商公司通知仍无法清关,双方确认退回货物。次月5日通知货物已被美国海关销毁,但未提供任何证明。思研鑫公司随即向易商公司提出索赔,易商公司迟迟未予赔付。为维护自身合法权益,思研鑫公司向法院提起诉讼,并提出诉讼请求:(1)由被告赔偿原告丢失货物价值人民币44,754.5元,并自起诉之日起按中国人民银行同期同类贷款利率赔偿原告利息损失;(2)被告承担本案诉讼费。

被告易商公司辩称:

1.原告违反合同约定,交寄蓝牙产品为侵权产品,违反美国法律法规被海关弃货处理。双方签订《跨国电子商务物流服务合作协议》,其中第三条第三款规定"甲方(原告)委托代理的包裹……不得夹寄现金,易燃、易爆、易碎物品,侵权违法物品";第五条第二款规定"不得包含侵犯他人知识产权的货物。涉及侵犯他人版权或者其他知识产权的物品……乙方(被告)将不予运输和仓储”。蓝牙产品属于SIG(bluetooth special interest group)(以下简称SIG公司)的专利,蓝牙标志也属于SIG公司的注册商标,未经认证或授权,均为侵权产品。原告在向被告申报时对产品名未做申报,被告并不知晓邮包内产品情况且被告对产品进行了光机检查,但光机检查无法识别该产品是否侵犯知识产权。原告选择的服务是香港UPS代理,UPS单号为1ZE75A606746283599。被告已经交付UPS且运单号正常上网。货物经UPS空运抵达安大略机场海关边检(“US CUSTOMS AND BOARDER PROTECTION”),海关检查发现其产品有蓝牙标志,有蓝牙功能。此时被告与原告沟通,原告才对此明确确认,原告属于明知其交运产品为侵权产品,却在发货前故意对被告隐瞒。UPS于2015年11月11日告知被告,海关检查发现该批货物没有蓝牙授权,将于11月16日自动弃货处理。被告于12日如实转告原告,14日、15日为周末,16日周一即弃货处理截止期限。截止期限和物理上的“实际”销毁可能有时间差别,被告和UPS作为代理和承运人,尽了最大努力争取退回该批货物,但海关有自主决策权,被告并不能左右或对抗。

2. 被告不应承担原告诉请的44,754.4元人民币的赔偿。理由:(1)双方签订的《跨国电子商务物流服务合作协议》第四条第二款,第五条第二款第二段均明确规定:如有违反所在地国家规定的物品……被海关抽查到,一切责任和损失都由甲方(原告)承担。合同第五条第一款第四点,以及附件二第一条第四点均明确规定:货件在经过海关时,海关打开货件检查,如因此导致邮包丢失、邮包内物品(全部或部分)丢失,或被海关扣押,乙方(被告)不承担由此带来的任何责任。原告缺乏知识产权保护意识,未如实申报产品名称,企图海关冲货牟利,被海关依法扣留处理,所有责任应由原告自行承担。按照合同规定,被告不承担任何责任。(2)原告选择的是UPS代理产品,即实际承运商是UPS。双方签订的《跨国电子商务物流服务合作协议》附件二第一条第三项规定:“承运商丢失……如果货件丢失,赔偿责任在于承运商。但乙方(被告)本身不承担赔偿责任,且赔偿额度以承运商赔偿标准执行。”附件二第四条第三款UPS赔偿标准和附件三均规定:丢件情况下,UPS赔付最高不超过USD100,赔偿方式为承运商确认赔付后,被告再进行赔付。按照上述规定明确可知,该代理产品的赔偿责任在 UPS,而被海关查扣不属丢件,不在 UPS 赔偿范围内。按照合同,在此种情况下被告亦不承担任何赔偿责任。尽管如此,被告于事发后本着友好合作精神,已经补偿原告 200 元现金券,以抵运费。

综上,易商公司认为,思研鑫公司缺乏知识产权保护意识,向其隐瞒出口侵权产品事实导致货物被查扣,而后又不尊重合同约定,恶意索赔,请求法院依法驳回思研鑫公司全部诉讼请求。

【本案争议焦点】

1. 涉案货物是否属于侵权产品;2. 关于美国海关对侵权产品的处理方式及弃货处理时间;3. 造成原告经济损失的原因;4. 被告是否应对原告损失承担责任;5. 关于损害赔偿数额的计算与分担。

【裁判结果】

广东省深圳前海合作区人民法院于 2017 年 10 月 23 日作出(2016)粤 0391 民初 1534 号民事判决:(1)被告易商公司于本判决生效之日起十日内向原告思研鑫公司赔偿人民币 13,054.4 元;(2)驳回原告思研鑫公司其他诉讼请求。

宣判后,各方当事人均未上诉,判决已发生效力。

【裁判理由】

法院生效裁判认为:本案为货物运输合同纠纷,涉案货物运输目的地为美国。具体裁判理由如下:

(一)本案的管辖权及适用的准据法

关于前海法院对本案有无管辖权的问题。本案为货物运输合同纠纷,涉案货物运输目的地为美国,涉案货物被美国海关作弃货处理,涉案法律行为发生在中华人民共和国领域外,本案为涉外商事案件。《最高人民法院关于适用〈中华人民共和国民事诉讼法〉的解释》第五百三十一条规定,涉外合同或者其他财产权益纠纷的当事人,可以书面协议选择被告住所地、合同履行地、合同签订地、原告住所地、标的物所在地、侵权行为地等与争议有实际联系地点的外国法院管辖。《民事诉讼法》第二十二条第二款规定,对法人或者其他组织提起的民事诉讼,由被告住所地人民法院管辖。本案被告住所地为深圳前海合作区,因此,前海法院对本案有管辖权。

关于本案适用的准据法问题。《涉外民事关系法律适用法》第四十一条规定,当事人可以协议选择合同适用的法律。《涉外民事关系法律适用法》第四条、第五条规定,我国法律对涉外民事关系有强制性规定的,直接适用该强制性规定;外国法的适用将损害我国社会公共利益的,适用我国法律。即适用域外法的前提是我国法律没有强制性规定且该域外法的适用不损害我国社会公共利益。本案属于涉外运输合同纠纷,当事人在合同中未约定法律适用,本案双方当事人住所地、合同的订立、货物的交付及运费支付地均在深圳市,按照最密切联系原则,本案应适用中华人民共和国法律为准据法。

(二)导致本案损失发生的原因

首先,原告提供的货物在美国被认定为侵犯知识产权的货物,导致该批货物在美国海关被扣押,原告对损害结果的发生起到根本性作用。根据合同约定,原告有义务提供符合合同条款要求的产品,而事实上原告提供的产品不符合美国法律规定而存在侵犯知识产权的情形。在美国,蓝牙标识属SIG公司注册商标,原告交付的标注有蓝牙标识的产品未取得SIG公司的商标使用授权,被认定为侵权产品,最终导致该货物被美国海关扣押。

其次,被告在货物被扣押后未及时告知原告货物被扣押的真实后果,导致原告对采取的补救措施有一定误判,被告对本案损害结果的发生起到重要作用。在该批货物被扣押后,不论美国海关与进口商、UPS美国采取何种沟通方式,被告作为本案运输合同相对方,有义务将实际情况核实清楚并及时告知原告,否则将承担不利的法律后果。本案中,被告未将“不提供授权将会被弃货且无法退回”的实际情况告知原告,未能尽到保护原告的利益而通知原告的合同义务,影响了原告对采取补救措施的正确判断,最终导致原告没有挽回任何损失。

(三)被告应对原告损失承担相应违约责任

《合同法》第六十条第二款规定:“当事人应当遵循诚实信用原则,根据合同的性质、目的和交易习惯履行通知、协助、保密等义务。”在本案中,被告在货物被扣后告知原告如果货物不提供授权会被海关处理,但未告知如不提供授权将会被销毁的实际情况,致使原告丧失了最后的权衡利弊以决策补救措施的机会,在一定程度上放任了货物损失结果的发生。从合同约定、被告承担的合同义务来看,被告没有尽到合理的通知义务,此种义务应当理解为当事人基于诚实信用原则应当履行的合同附随告知义务。被告恰是未真正尽到保护原告的利益而通知原告的责任,属于对合同义务的不完全履行,该行为应属于合同违约,被告应承担相应的违约责任。

(四)双方对实际损失的合理分担

合同附随义务具有不确定性、附随性的特征,在确定责任时,适宜采用过错推定原则,被告作为承运方未能提供证据证明其有将“不能退运”的实际情况告知原告,因此,对于被告辩称其无法控制海关对扣押货物采取何种措施,不应由其承担赔偿责任的意见,法院不予采纳。

另外,根据合同法确立的关于违约损害赔偿范围的可预见性原则,违约方的赔偿范围不应超过其在订立合同时已经预见或者应当预见的因违约而造成的损失。本案中,原告直接损失货物价值人民币42,360元、运费2194.5元及其他服务费200元,共计人民币44,754.5元。本案原告如需实现合同目的,应当通过支付3万元的授权费,否则会导致全部货物的损失。也即,如果被告充分履行告知义务,原告在权衡利弊后无论作出何种选择,均无法避免因产品侵权付出的3万元成本。且该部分损失对于被告而言,是在其订立合同及在合同履行过程中无法预见的因其未充分履行告知义务而该承担的赔偿数额。因此,不论被告充分或不充分履行合同附随告知义务,原告应为产品侵权承担3万元的损失。

综上所述,由于原告提供了涉及侵权的产品,而被告未充分履行合同附随告知义务,双方对损害结果的发生均有一定过错,双方应对自身的违约行为承担相应的责任。对于货物价值人民币42,360元的损失,原告应承担30,000元,剩余12,360元应由被告承担;对于运费2194.5元及其他服务费200元,鉴于双方均有违约,按照货物损失承担比例由双方共同负担(原告的损失承担比例为70.82%,计算公式:30,000÷42,360×100%;被告的损失承担比例为 29.18%，计算公式：12,360 ÷ 42,360 × 100%），即原告承担 1695.82 元，被告承担 698.68 元。因此，被告赔偿原告损失共计人民币 13,058.68 元（12,360 + 698.68）；对于原告要求全部损失由被告承担的请求，法院不予支持；对于被告辩称原告违反合同约定交寄侵权产品被海关没收造成的全部损失应由原告承担的意见，法院不予采纳；对于原告要求赔偿利息损失的请求，因利息一般在金钱债务未在规定期限内履行时适用，是对合同利益的补偿，而本案的赔偿数额并未确定，不符合给付利息的条件，故法院对此不予支持；对于被告辩称实际承运商是 UPS，按照双方签订的《跨国电子商务物流服务合作协议》出现丢件情况，UPS 赔付最高不超过 100 美元，赔偿方式为承运商确认赔付后被告再进行赔付的意见，因本案货物并非丢件，且被告作为运输合同的相对方，其应对原告的损失直接承担责任，法院对此不予采纳；对于被告辩称曾于事后补偿原告 200 元现金券的意见，由于原被告有长期业务往来，在被告未明确告知该 200 元是补偿涉案运输合同纠纷的情况下，无法确定该费用用于本案补偿，法院对此不予采纳。

【裁判思路解析】

（一）交付运输的货物是否属于侵权产品

双方在《跨国电子商务物流服务合作协议》中约定，不得包含侵犯他人知识产权的货物，否则不予以运输。易商公司辩称其并不知晓产品情况且对产品进行了光机检查，思研鑫公司对侵权情况进行了隐瞒。因此，该货物是否属于侵权产品关系合同的履行，本案首先要明确该问题。

本案中，思研鑫公司将包装好的蓝牙手表、DVD 硬盘盒交给易商公司运输，其中涉及蓝牙手表是否侵权的问题。在我国，因“蓝牙”作为一种无线数据和语言通信的开放性全球规范，已成为一种无线通信技术标准，因此蓝牙标识并未在我国注册为商标。在我国境内，在产品上标注蓝牙标志并不构成侵权。但在美国，蓝牙标识属 SIG 公司注册商标，标注有蓝牙标识的产品，如未取得 SIG 公司的商标使用授权则构成侵权。如标记有蓝牙标识的产品需运往美国，则应取得 SIG 公司关于许可使用蓝牙标识的授权。根据 SIG 公司官网显示，可通过支付一定声明费，以加盟为联盟成员的方式取得蓝牙标识使用权。本案中,经思研鑫公司询价,在支付人民币 30,000 元后,便可获得蓝牙标识一年的使用权。

因此,思研鑫公司将包装好的蓝牙手表是否侵权,应分情况而定。蓝牙标识在我国未被注册为商标,对其使用在我国境内不需要专门授权;但其作为一种在美国被注册的商标,将其用在出口商品上且出口至美国,该商标的使用自然受到美国相关法律的规制,因此原告在未获得蓝牙商标权人授权许可的情况下,其在美国境内使用该商标构成侵权。

(二)美国海关对侵权产品的处理方式及时间

从原被告双方提交的证据来看,美国海关对侵权产品的具体处理方式和细节不够清楚,而这又是导致损失发生的直接原因,也是双方争议的能否将货物退回给原告的重要依据。

本案中,被告认为由于原告委托运输货物为侵权产品,侵权产品被海关查扣后,在未取得授权的情况下将无法退回。原告认为在货物被海关查扣后,被告曾多次承诺将货物退回,且达成了将货物运回香港的合意,因此被告是能够将货物退回的。为此,被告提供了美国海关边境保护局官网(https://www.gbp.gov)关于对侵权物品的处理方式的相关规定;原告对该查询内容的真实性、合法性无异议,对关联性提出异议。经法院查询美国海关边境保护局官网(https://www.gbp.gov)确认事实如下:美国海关在查禁侵犯备案商标或商号所有人权利的进口货物时,如果没有商标、商号权利人的书面许可,可将货物扣留并通知进口商;如果在一定期限内,进口商未获得解除扣留令,该扣留货物将被没收,没收后货物将被销毁;在特殊情况下,如果商品与商标可以分离,又取得商标权人书面同意的,可以去掉商标后提供给联邦或者各州政府机构使用、捐赠给慈善机构或进行拍卖。因此,涉案运输货物被美国海关查扣后,如不能提供使用蓝牙授权,查扣货物将无法退回。

另外,双方对美国海关作弃货处理的时间存在争议。根据双方 QQ 记录,被告最初提出如在 2015 年 11 月 16 日前不提供授权,将被海关处理,但 11 月 24 日被告还同意将货物退回香港;在被告提交的与美国 UPS 客服电话记录中,当被告问到涉案货物实际弃货时间时,UPS 客服回复:这上面(在系统上)有几个备注,最近的(2016年)1月19日通知发运人,弃货后,就不能再恢复,最后的系统日期就是2月19日。该证据为被告方自行提交,证实了UPS曾于2016年1月19日通知发运人及海关实际弃货处理时间为2016年2月19日,对于UPS是否通知被告及被告是否收到UPS通知属被告与UPS之间联络沟通问题,该证据证明内容对原告有利,对于该证据法院予以确认,确认美国UPS最后通知提交授权证明文件时间为2016年1月19日,美国海关实际弃货处理时间为2016年2月19日。

(三)造成本案经济损失的原因分析

本案中,从表面上看,美国海关扣押并销毁原告的侵权货物直接导致了原告的经济损失。而实际上,原、被告双方的违约行为是该货物被销毁的根本原因。

首先,原告提供的货物在美国被认定为侵犯知识产权的货物,导致该批货物在美国海关被扣押,原告对损害结果的发生起到根本性作用。根据原、被告之间关于运输货物合同的约定,原告的货物不得包含现金、易燃、易爆、易碎物品、侵权违法物品,以及航空公司和法律规定的禁运物品;被告接到原告的货物之后,对涉及侵犯他人版权或者其他知识产权的物品、违法物品以及航空公司和法律规定的禁运物品,将不予运输和仓储。如果原告在履约过程中货物存在上述违约情形,未被被告抽查到,而被海关查扣,所有责任在原告。根据合同约定,原告有义务提供符合合同条款要求的产品,而事实上原告提供的产品不符合美国法律规定而存在侵犯知识产权的情形。在美国,蓝牙标识属SIG公司注册商标,原告交付的标注有蓝牙标识的产品未取得SIG公司的商标使用授权,被认定为侵权产品,最终导致该货物被美国海关扣押。

其次,被告在货物被扣押后未及时告知原告货物被扣押的真实后果,导致原告对采取的补救措施有一定误判,被告对本案损害结果的发生起到一定作用。在货物运送至美国时被该国海关扣留,被告于2015年11月12日及时通知了原告,告知其如果该批产品有蓝牙功能则需要提供蓝牙授权证明,如果没有授权有可能会被退货,建议对方尽快处理,原告表示要想想办法;2015年11月13日,原告提出将货物退回时,被告表示回复称其要再问问除了退回是否还有其他办法,服务商再让 UPS 和海关沟通一下;2015 年 11 月 24 日,被告再次建议原告要尽快处理,原告要求把货物退回到香港,被告表示同意。从双方多次沟通的情况来看,被告能够将货物运输的相关情况反馈给原告,并为扣押货物提供相应的解决方案,表面上看其履行了相应的告知义务。但实际上,根据美国海关的规定,侵权货物通常被销毁或经权利人同意进行公益捐赠等处置,同时海关会向进口商发送没收通知,进口商可以要求清关或选择起诉,因此涉及侵权的产品在未取得授权的情况下是无法被退回的。而被告在 2015 年 11 月 24 日明确得知原告不能提供蓝牙授权,却又表示遵照原告意图将货物退回香港。故双方关于退回货物的协商是原被告在运输合同目的不能实现的情况下进行的,实际上无法挽回货物损害的结果。根据被告与美国 UPS 客服电话记录可知,UPS 美国最后通知发运人的时间为 2016 年 1 月 19 日,告知如果弃货后就不能再恢复,美国海关系统上记录的最后处理日期为 2016 年 2 月 19 日。被告作为跨境运输合同的承运方,承载了将货物安全运送至目的地的任务,承载了托运方的信赖和期待,其有义务和责任了解跨境运输尤其是目的地国家的相关法律政策,依法专业保障运输合同的顺利履行。因此,在该批货物被扣押后,不论美国海关与进口商、UPS 美国采取何种沟通方式,被告作为本案运输合同相对方,有义务将实际情况核实清楚并及时告知原告,否则将承担不利的法律后果。本案中,美国海关在多次发出通知后,被告仍未将"不提供授权将会被弃货且无法退回"的实际情况告知原告,未能尽到保护原告的利益而通知原告的合同义务,影响了原告对采取补救措施的正确判断,最终导致原告没有挽回任何损失。

(四)被告是否应该对侵权货物的损失承担责任

如前所述,原被告对本案损害结果的发生均有起到作用,然而,要判定被告是否应对原告损失承担责任,还需要进一步明确被告的行为在本案法律关系中的定性以及承担何种责任。

首先,被告的行为在本案法律关系中的定性。在本案跨境运输合同履行及货物被扣押处理过程中,被告主要采取了以下行为:一是将货物委托 UPS 运输至美国;二是发生货物被扣押后通知了原告;三是与原告达成将原告货物退回香港的合意。按照原被告之间的货物运输合同条款及目的，在货物被扣押后，被告应当为保护原告的利益而通知原告。被告在货物被扣后告知原告如果货物不提供授权会被海关处理，但未告知如不提供授权将会被销毁的实际情况，致使原告丧失了最后的权衡利弊以决策补救措施的机会，在一定程度上放任了货物损失结果的发生，其虽有配合原告挽回损失的举措，但是该举措不足以弥补其怠于通知的过错。因此，从合同约定、被告承担的合同义务来看，被告没有尽到合理的通知义务，此种义务应当理解为当事人基于诚实信用原则应当履行的合同附随告知义务。

其次，违反合同附随义务在本案中应承担的责任。合同附随义务是指基于民商事交易的诚实信用原则，根据合同性质、目的与交易习惯应当履行的通知、协助、保密等附随性义务。我国合同法规定了合同订立阶段、履行阶段以及终止后依据诚实信用原则所产生的义务。在学界，根据合同的不同阶段，称之为先合同义务、履行中的附随义务与后合同义务。我国台湾地区王泽鉴教授认为附随义务依功能分为辅助型附随义务和保护型义务[①]，张驰教授等认为附随义务包括注意义务、告知义务、保护义务、协助义务、忠实义务、不作为义务等[②]。《合同法》第六十条第二款对此规定："当事人应当遵循诚实信用原则，根据合同的性质、目的和交易习惯履行通知、协助、保密等义务。"结合本案来看，原被告双方在运输合同过程中发生纠纷，涉及的是在合同履行过程中的附随告知义务。从合同附随义务的内涵及法律规定来看，附随义务的不履行或不适当履行可造成合同相对方利益无法完整实现或者导致债权人人身及财产利益的损失，最终影响合同目的圆满实现。

在本案中，货物运输合同的主体是原告思研鑫公司和被告易商公司，原告是货物托运方，被告是提供货物运输服务的中间商，提供的是间接有偿服务。根据合同约定及交易习惯，原告有权利知道货物在运输途中的真实状况，在货物被美国海关扣押时，被告应秉持及时、专业的态度回应原告的关

---

① 王泽鉴：《债法原理》，中国政法大学出版社 2001 年版，第 39～42 页。

② 张驰、鲍治：《附随义务论》，载《华东政法学院学报》1999 年第 6 期。

切,尽到合理的告知义务与责任,以更好地保护原告的利益。而本案货物被扣押后,因为被告未充分履行合同附随告知义务,即没有完全地、充分地掌握实际情况并告知原告,致使原告在权衡对货物的处分措施时产生比较严重的误判,原告一直误以为可以通过退货的方式将该批货物退回来,而未通过花费一定成本取得蓝牙授权,最终导致货物全部被销毁。因此,即便双方在合同约定侵权货物被海关查扣后所有责任应当由原告承担,但基于蓝牙产品在中国未受到限制且原告多次出口也能顺利进行,况且即便产品被扣押后也还有相应的补救措施,即原告可以通过获得蓝牙标识的许可授权而使涉案货物能够被美国海关允许入境,因此不能免除被告在履行合同过程中的附随告知义务。而被告恰是未真正尽到保护原告的利益而通知原告的责任,属于对合同义务的不完全履行,该行为应属于合同违约,被告应承担相应的违约责任。

(五)关于本案损害赔偿数额的计算与分担

本案中,被告违反的合同附随告知义务既是双方合同约定的内容,也是合同法明确规定的义务,被告应承担何种程度的责任以及损害赔偿数额如何负担,需要进一步考虑合同附随义务本身的"不确定性"特征及被告对违约结果的"可预见性"。

首先,合同附随义务的"不确定性"应当赋予违约方抗辩的权利,以保障纠纷解决的公平正义。合同附随义务作为一种独特的合同义务,具有不确定性、附随性的特征,这种不确定性使得当事人在预测自己的行为在何种程度上将会违反附随义务变得有一定困难,唯有当事人在合同履行过程中始终坚持诚实信用原则并尽到合理注意,才能尽量避免卷入纠纷,也有利于商事交易的顺利进行,保障双方的合法权益。在纠纷发生后,也应当赋予违约方证明其无过错的机会,否则,应当承担相应的责任。因此,基于合同附随义务的"不确定性"特点,其归责原则应适用过错推定原则。

本案中,原告多次明确表示要求将货物退回,被告表示同意并予以配合,但也无相关证据证明被告为此作出了有效努力。况且,从美国海关处理涉侵权产品的措施来看,并没有所谓的退回货物的选项,被告作为承运方未能提供证据证明其有将"不能退运"的实际情况告知原告,由此可推定被告在履行合同中未能尽到合理的注意义务，存在一定过错，最终导致原告错失了可以采取其他方式减少一定损失的机会。因此，对于被告辩称其无法控制海关对扣押货物采取何种措施，不应由其承担赔偿责任的意见，法院不予采纳。

其次，应充分考虑被告对违约结果的“可预见性”。根据合同法确立的关于违约损害赔偿范围的可预见性原则，违约方的赔偿范围不应超过其在订立合同时已经预见或者应当预见到的因违约而造成的损失。违反合同附随义务本质上是当事人对合同义务的不完全履行，其设置的目的是平衡当事人双方的利益，促进民商事交易的诚实守信。因此，为了不过分扩大当事人市场行为的风险成本，违反合同附随义务的损害赔偿同样应当遵循可预见性原则。

本案中，原告直接损失货物价值42,360元、运费2194.5元及其他服务费200元，共计人民币44,754.5元。本案原告如需实现合同目的，应当通过支付3万元的授权费，否则会导致全部货物的损失。也即，如果被告充分履行告知义务，原告在权衡利弊后无论作出何种选择，均无法避免因产品侵权付出的3万元成本。且该部分损失对于被告而言，是在其订立合同及在合同履行过程中无法预见的因其未充分履行告知义务而该承担的赔偿数额。因此，不论被告充分或不充分履行合同附随告知义务，原告应为产品侵权承担3万元的损失。

【本案延伸问题】

（一）合同附随义务的界定

1. 学界的定义

债的关系核心在于给付，债的义务主要包括给付义务、附随义务、不真正义务等。附随义务是债法义务群中较为独特的组成部分，虽然当前学界对合同附随义务的概念及范围有所争议，但较为普遍认可的是，附随义务是基于诚实信用原则产生的应当履行的告知、保密、通知等义务。通说认为，附随义务主要指在合同履行过程中的基于诚信原则产生的义务。

我国台湾地区王泽鉴教授认为，附随义务是指在债的发展过程中，基于诚信原则产生的除了给付义务等以外的,依不同情形发生的保管、协力、保密等义务。附随义务的功能主要有两种:一是促进实现主给付义务,使债权人的给付利益获得最大可能的满足(辅助功能),如花瓶的出卖人妥善包装,使得买受人安全携回;二是维护他方当事人人身或财产利益(保护功能),如雇主应注意其所提供工具的安全性,避免受雇人因此受到损害。① 我国大陆地区学者主要受德国和台湾地区学者的影响,争议焦点主要在义务范围确定上,如是否区分从给付义务与合同附随义务等。张驰教授等认为,附随义务包括注意义务、告知义务、保护义务、协助义务、忠实义务、不作为义务等。②

2. 基于诚实信用原则产生的合同义务

不论学界对随附义务的内涵外延的争议如何,相对于给付义务来说,附随义务是基于诚实信用原则产生的作为或不作为的相关义务。我国《合同法》第四十二条、第四十三条、第六十条第二款、第九十二条分别规定了合同订立阶段、履行阶段以及终止后依据诚实信用原则所产生的义务。《中华人民共和国合同法释义》分别将这三个阶段的义务称为先合同义务、履行中的附随义务与后合同义务。对于先合同义务和后合同义务是否属于附随义务的范畴,在学界存在争论,这是"广义论"和"狭义论"的区别。从狭义上来说,只包括合同履行中的附随义务。从合同法的立法来看,采用了"狭义论",从广义上来说,包含了这三种义务。但不管采用哪种学说,这几种义务均是基于诚实信用原则产生,其逻辑基础相同,但三者之间违反义务后承担的责任有所不同。

(1)先合同义务。也称为先契约义务,是当事人在订立合同时附有一定的附随义务,包括无正当理由不得撤销要约、使用方法告知、合同订立前重要事情告知、协作和照顾、忠实、保密、不得滥用谈判自由等义务。③《合同法》第四十二条规定:"当事人在订立合同过程中有下列情形之一,给对方造成损失的,应当承担损害赔偿责任:(一)假借订立合同,恶意进行磋商;

---

① 王泽鉴:《债法原理》,中国政法大学出版社 2001 年版,第 39 ~ 42 页。

② 张驰、鲍治:《附随义务论》,载《华东政法学院学报》1999 年第 6 期。

③ 王利明、杨立新、王轶、程啸:《民法学》(第 4 版),法律出版社 2016 年版,第 447 页。

（二）故意隐瞒与订立合同有关的重要事实或者提供虚假情况；（三）有其他违背诚实信用原则的行为。”《合同法》第四十三条规定：“当事人在订立合同过程中知悉的商业秘密，无论合同是否成立，不得泄露或者不正当地使用。泄露或者不正当地使用该商业秘密给对方造成损失的，应当承担损害赔偿责任。”对此，如果当事人违背了先契约义务，就构成了缔约上的过失，应承担相应的缔约过失责任。

（2）合同履行中的附随义务。我国《合同法》第六十条第二款规定：“当事人应当遵循诚实信用原则，根据合同的性质、目的和交易习惯履行通知、协助、保密等义务。”《中华人民共和国合同法释义》将该规定的义务称为“履行的附随义务”，主持合同法起草工作的梁慧星教授也认为，“第 60 条规定了附随义务”。从“狭义论”的视角来看，认为附随义务主要存在于合同履行过程中，此种学说与当前我国法律规定较为相符。从合同法该条规定来看，合同附随义务的主要类型有通知、协助、保密等情形。如果违反了合同履行中的附随义务，相当于合同未得到完全履行，应该承担相应的违约责任。本案即属于此种情形，运输合同受托方在履行过程中，未告知托运方美国海关对于扣押货物处理的方式，导致了托运方未能挽回不应有的损失。

（3）后合同义务。也称为后契约义务，是指合同关系终止后，当事人仍然应遵守诚信原则履行相关的通知、保密、协助等义务。我国《合同法》第九十二条规定：“合同的权利义务终止后，当事人应当遵循诚实信用原则，根据交易习惯履行通知、协助、保密等义务。”违反该项义务，同样应承担相应的法律责任。但应承担何种责任，学界至今仍存在争论，笔者认为，由于契约已经履行完毕，不应当适用缔约过失责任，同时适用违约责任也不够恰当，而应当适用侵权责任。

（二）合同附随义务的价值蕴含

1. 安全保障价值

随着经济飞速发展和贸易自由化，商事主体对契约自由的需求越来越重视，但同时贸易的繁荣也随着标的巨大、节奏加快、跨区域交往等特点，在一定程度上加剧了交易风险，因此对交易安全的保护就显得尤为重要，“当契约自由与交易安全发生冲突的时候,应当舍弃契约自由而保障交易安全。”[①]法律规定的合同附随义务,超越当事人的书面约定,要求当事人除了尽到法律规定和合同约定的义务外,同时要尽到基于诚信原则产生的通知、照顾、注意等附随义务,通过加强履行合同中的附随义务,进一步保障商事主体的期待利益得以安全实现。进一步说,在债权人利益得到充分保障前提下,社会交易秩序和经济运行机制才能稳定有序开展。

2. 公平正义精神

从传统契约理论来看,商事主体按照双方合意选择所建立的契约关系是最为公平公正的。而附随义务恰恰是对当事人意思自治的补充,也是对意思自治的一定限制,促使双方当事人在履行合同中,更合理地承担相应的责任和义务。大千世界,各类民商事活动千变万化、纷繁复杂,成文法是无法将所有民事法律关系、权利义务囊括完整的,同时经济发展,必然会产生法律滞后性、不周延和模糊性等问题,此时,法官要在特定条件下,根据立法的精神和目的,对法律的欠缺进行漏洞或价值补充,使得公平正义价值更好地得以体现。因此,附随义务的出现,实际上赋予法官一定的自由裁量权,让法官在个案审理中,根据诚实信用原则平衡双方权利义务关系,以实现公平正义目的。

(三)违反合同附随义务的责任承担

我国《合同法》第六十条第二款明确规定了合同履行中依据诚实信用原则产生的附随义务,但对于归责原则、违反附随义务的法律后果等问题并未明确。而违反附随义务的归责原则、责任形式,与附随义务的“不确定性”特点、合同可预见性原则等密切相关。

1. 附随义务“不确定性”与归责原则

合同附随义务依据诚实信用原则而产生,是为了更好地维护合同各方的利益,其有不确定性特点。其一,附随义务往往未在合同中明确约定,需要根据诚实信用原则和案件具体情况来确定。其二,在实践中,附随义务产生的时间往往不确定,不同合同的时间不尽相同。其三,不同环境、不同交

① 钱玉林:《缔约过失责任与诚信原则的适用》,载《法律科学》1999 年第 4 期。

易形式的附随义务也不尽相同,可能是安全保障义务、注意义务、保密义务等。总体而言,附随义务是一种间接的法律规定的义务,但在交易中一旦确定,附随义务就具体化并具有法律拘束力。

而对于违反合同附随义务应当采用何种归责原则,决定了双方在诉讼中的举证责任分配及责任承担。由于附随义务的不确定性,如果采用过错责任归责原则,对于债务人为何违反合同附随义务以及其主观状态,债权人往往不易了解也难以掌握,其在举证证明对方的过错方面存在实际上的困难,故不宜适用过错责任原则;如果采用严格责任归责原则,则要求债务人在履行合同过程中要时刻注意自己的行为是否违反合同附随义务,过分加重了债务人的注意义务,不利于促进商事交易的高效进行,也不符合公平正义的原则。实际上,违反合同附随义务造成损害的事实往往在债务人可控制的范围内,要求债务人承担证明自己无过错的责任,既可以有效保护债权人的利益,又充分考虑了合同附随义务"不确定性"特征,以免债务人承担过高的责任,以平衡双方的利益关系,因此适宜采用过错推定原则。

2. 违反附随义务的责任承担方式

我国合同法已经明确规定,随附义务是在合同履行过程中产生的,违反附随义务实际上是合同的不完全给付,应当承担相应的违约责任。在违反合同义务发生行为时,债权人可以依据法律规定,要求对方承担损害赔偿、解除合同等。

需要注意的是,在承担违约责任时,损害赔偿范围同样应受到可预见性规则的限制。根据合同法确立的关于违约损害赔偿范围的可预见性原则,违约方的赔偿范围不应超过其在订立合同时已经预见或者应当预见到的因违约而造成的损失。可预见性原则的目的是为当事人在订立合同时提供预期,对履行利益的赔偿范围和数额进行限制。合同附随义务设置的目的是促进民商事交易的诚实守信,为了不过分扩大当事人市场行为的风险成本,损害赔偿范围同样应受到可预见性规则的限制。

对于违反附随义务能否解除合同的问题,主要还是要考虑是否造成合同目的无法根本实现,以及双方的信赖基础等。例如,合伙、租赁等要求市场主体之间有较高的信赖基础,当事人在违反附随义务后,将造成信赖基础严重丧失,此时不能再苛求双方继续履行合同,应允许受侵害方终止合同或解除合同,否则将有违公平原则。

【专家点评】①

本案是一起有关合同附随义务认定的运输合同纠纷案,其判决书叙述事实清楚,对准据法的选择论理充分,对争议焦点的认定层次清晰,对于指导法官如何在这类案件中准确适用法律和合理划分双方责任具有指导意义。

(一)争议焦点确定精准,层次分明

本案为涉外商事案件,涉及的争议点较多且案情复杂,但是法官审判时思路非常清晰,确定了五个争议点,即涉案货物是否属于侵权产品;关于美国海关对侵权产品的处理方式及弃货处理时间;造成原告经济损失的原因;被告是否应对原告损失承担责任;关于损害赔偿数额的计算与分担。

(二)准据法适用准确,论理充分

由于双方当事人在合同中未约定法律适用,合议庭依照《涉外民事关系法律适用法》的相关规定和最密切联系原则,确定我国法律为准据法。同时,合议庭还认为涉案货物的出口目的地为美国,相关商标的使用自然受到美国法律的规制,而蓝牙标志在美国属于SIG公司的注册商标,根据美国相关法律规定,未经认证或授权而在商品上使用该标志的,均为侵权产品。原告并未获得美国SIG公司的授权认证,因此涉案货物属于侵权产品,这一点对双方的责任划分具有重要意义。

(三)推理谨慎之中彰显公正

双方当事人就美国海关对侵权产品的处理方式和弃货处理时间产生了争议,这也是造成原告经济损失的直接原因,为此双方提交了诸多

① 何其生,北京大学法学院教授,博士生导师。

证据。经多方查证,合议庭最终确认美国UPS最后通知提交授权证明文件的时间为2016年1月19日,美国海关实际弃货处理时间为2016年2月19日,时间的确定对于认定被告的附随义务履行情况有极大的帮助。据此,合议庭一致认为,在涉案货物被扣押至销毁的数月间,被告并未遵循诚实信用原则将被扣货物的真实情况告知原告当事人,致使原告丧失了权衡利弊以决策补救措施的机会,被告具有违约责任。

(四)本案涉及合同附随义务问题,对类似案件具有重要的指导意义

合同附随义务分为先合同义务、合同履行中的附随义务和后合同义务,本案中法院认为被告人没有履行合同履行中的附随义务,应对原告的损失承担责任。我国《合同法》第六十条第二款明确规定了合同履行中依据诚实信用原则产生的附随义务,但对于归责原则、违反附随义务的法律后果等问题并未明确。由于附随义务的不确定性,如果采用过错责任归责原则,权利人在举证证明对方的过错方面存在实际上的困难;如果采用严格责任归责原则,则要求债务人在履行合同过程中要时刻注意自己的行为是否违反合同附随义务,加重了债务人的注意义务,不利于促进商事交易的高效进行,也不符合公平正义的原则。为了平衡双方的利益关系,本案中合议庭认为,对于违反合同附随义务,适宜采用过错推定的原则,由于原告自身产品存在侵权,而被告也确有过错,故判决双方按照合理比例分担实际损失。

总体来看,本案的判决事实认定清楚,洞察案情要点,适用法律准确,推理过程谨慎严密。特别是在涉及合同附随义务的问题上,合议庭对责任的划分精准公正,充分考量并评价了双方行为,值得肯定和推荐。

外贸代理合同当事人的认定

——查尔默斯工程有限公司诉深圳华运企业管理服务有限公司与第三人无锡市帅志特钢有限公司、第三人无锡市耀佳特钢有限公司买卖合同案

余长勇　窦天山

【关键词】

国际货物买卖　非书面合同当事人认定

【导　语】

在我国,有货物进出口需求的客户,由于对进出口业务不熟悉或者没有进出口权,需要委托代理商来进行进出口贸易。进出口代理一般由代理商操作,在进出口的过程中,进出口代理商作为发货人和收货人之外的中间人,在操作过程中收取佣金,但一般不承担信用、汇兑和市场风险,不拥有进口商品的所有权。进出口贸易是我国经济主体参与国际经营的重要途径和方式,是"走出去"和"引进来"经济战略的重要载体,该类案件往往具有涉外性质,案件的裁判对我国司法国际公信力和国际化营商环境的建设具有重要影响。

【裁判要点】

在合同纠纷当中,通常只有合同当事人能够基于合同向另一方当事人提出请求或提起诉讼,合同当事人不能向与其无合同关系的第三人提出合同上的请求,也不能擅自为第三人设定合同上的义务。同样,与合同当事人没有合同上权利义务关系的第三人,也不能依据合同向当事人提出请求或

提起诉讼,也不应承担合同的义务或者责任;非依法律或合同的规定,第三人不得主张合同上的权利。

【相关法条】

《中华人民共和国合同法》第十二条、第六十条、第一百四十八条、第三百九十六条、第四百零二条

《中华人民共和国民事诉讼法》第六十四条、第一百四十二条

《中华人民共和国涉外民事关系法律适用法》第四十一条

【案例索引】

一审:广东省深圳前海合作区人民法院(2015)深前法涉外初字第156号民事判决(2017年3月8日)

二审:广东省深圳市中级人民法院(2017)粤03民终11112号民事判决(2018年4月23日)

【基本案情】

原告:查尔默斯工程有限公司(CHLAMERS ENGINEERING FZC)(以下简称查尔默斯公司)

被告:深圳华运企业管理服务有限公司(以下简称华运公司)

第三人:无锡市帅志特钢有限公司(以下简称帅志公司)

第三人:无锡市耀佳特钢有限公司(以下简称耀佳公司)

2013年1月31日,查尔默斯公司通过电子邮件的方式向耀佳公司发送了一份订单(编号:20FPO/130033. R00),订单的内容为采购两个品类的ALMg3/ALMgSi0.5海洋级铝板卷。2013年3月6日查尔默斯公司又向耀佳公司发出第二份订单(订单编号为20FPO/130023. R01)(该邮件的落款为"无锡市耀佳特钢有限公司",地址为Amyzhao@ yjstainlessl. com. cn),订单的内容为购买10个品类的不锈钢产品,其中不锈钢板和不锈钢角均为SS316L等级、软钢"L"型角为S275JR等级。该订单注明产品的检测报告由SGS提供。该订单涉及的货款总金额为558,964.90美元以及3390美元的

SGS 检测费用。付款条款与上一份订单相同。两份订单均使用 CIF 条款，实际交货履行地为上海外高桥码头。2013 年 3 月 16 日，华运公司向查尔默斯公司出具了一份商业发票，发票中的申请人为查尔默斯公司、托运人为华运公司、制造商为宝山钢铁股份有限公司、金额中不锈钢产品的总金额为 558,964.90 美元、海洋级铝板卷的总金额为 19,260 美元以及 SGS 检测费用 3390 美元。同日，华运公司又向查尔默斯公司开具了另一份商业发票，发票金额为 407,130.43 美元。在上述两份商业发票中，均注明“所有其他信息参照申请人的订单 20FP0130023. RO1 和 20FP0130033 执行”。帅志公司将涉案货物交付给华运公司，由华运公司向海关办理申报出口。在华运公司提交的海关出口货物报关单及所附的文件中记载了以下内容：(1)经营单位与发货单位一栏填写的均为华运公司。(2)在海关报关文件所附的合同(合同编号:TG－8－130311)中的卖方为华运公司，买方为查尔默斯公司。(3)该批货物的货源地为“无锡其它”。(4)华运公司向查尔默斯公司开具了一份发票(发票编号:HY20130311)，发票总金额为 578,224.90 美元。发票中显示的商品规格有 12 项，其中 1－3 项为不同规格的 ALMg3 铝板、4－8 项为不同规格的 316L 不锈钢板、9－10 项为 316L 不绣钢角钢、11－12 项为 S275JR 不锈钢角钢。该批货物于 2013 年 3 月 16 日在上海港实际装船，并于 2013 年 4 月 4 日在迪拜阿里山港实际卸船。2013 年 1 月 29 日和 2013 年 2 月 18 日，查尔默斯公司向华运公司的银行账户电汇了 168,657.27 美元和 6235.80 美元作为订单的预付款。2013 年 3 月 2 日查尔默斯公司以华运公司为受益人开立了一份不可撤销即期信用证，信用证的金额为 408,083.83 美元。信用证的 45A 款中注明“所有其他信息参照申请人订单 20FP0130023 和 20FP0130033”。华运公司于 2013 年 3 月 16 日提取信用证金额为 407,130.43 美元。华运公司在收到查尔默斯公司的货款后，通过银行汇款的方式向帅志公司支付了 3,877,236.46 元(此前帅志公司向华运公司开具了相同金额的增值税发票)。买卖交易双方在第一份订单中约定相关产品需由挪威船级社提供检验证书，在第二份订单中，又将检验机构变更为通标标准技术服务(上海)有限公司(以下简称 SGS)。2013 年 3 月 15 日，SGS 出具了 8 份检测报告，证明所检测的样品的等级及化学成分符合

SS316L 不锈钢板的等级。在本案审理过程中,法院就该批货物的抽检过程致函 SGS 询问以下三个问题:(1) SGS 出具的 TESTREPORT(编号为 SM130303486 连续至 SM130303494,一共九份,以下简称化学测试报告)中的检测样本,是如何选取的?是由 SGS 到委托方指定的仓储现场进行实地抽样?还是由委托方自行选样送样到 SGS 实验室?(2)上述化学测试报告中的检测样本,是否来源于 SGS 出具的 INSPECTIONREPORT(INSPECTION-ORDERNO 为 IN – SH – 5802 – 13068,文件编号为 IND – F – OPS – 05 – 02,以下简称物理检测报告)现场检测的对应货物?能否确认上述化学测试报告和物理测试报告中的检测样本来源于同一批货物?(3)化学测试报告的结果,能否代表和视为物理检测报告现场检测的对应整批货物的化学成分检测结果?该公司回复称上述检测报告的样品是由委托方送样至 SGS 实验室。对于法院调查的第二条及第三条问题,该公司回答为:无法肯定也无法否定。该批货物到达迪拜后,查尔默斯公司委托当地一家经 ISO9001、ISO14001 和 OHSAS18001 认证的阿联酋工业检验有限公司(Emirates Industrial Laboratory)对该批货物进行部分抽样化学成份分析。该公司于 2013 年 4 月 10 日出具的分析报告显示,在抽样的 9 个样品中(包括 8 个不锈钢产品和 1 个铝板产品),8 个不锈钢产品中仅有 2 个品种符合订单约定的材料等级。其余 6 个品种均不符合订单中约定的 316L 的钢材等级,其中 4 个等级为 SS304、1 个为 SS301、1 个为 SS302。在本案审理过程中,查尔默斯公司再次委托挪威船级社对涉案产品中的 7 个规格的产品进行全面检测(其余 5 个规格的产品因为其中有 3 个规格包括 2 个软钢“L”型角和 8 毫米的不锈钢板符合订单约定的质量标准,另两个 0.5 毫米和 0.7 毫米的不锈钢板,虽然查尔默斯公司认为不符合订单要求,但是已经使用,亦未提出异议)。该检测机构出具的报告显示,检测的产品的等级均为 SS304 等级。

2012 年 5 月 14 日,华运公司(乙方)与帅志公司(甲方)签订了一份对外贸易合作协议书,并于 2013 年 4 月 11 日、2013 年 9 月 9 日、2014 年 8 月 15 日签订了三份补充协议。约定由乙方担任甲方的出口代理商,办理甲方对外贸易所需的境内和境外成交手续、完成进出口所需的报关、报检、物流、外汇核销、外汇收结、出口退税等各项出口的工作。协议还约定乙方对有关货物的质量不承担任何责任。如甲方海外买家对货物质量有任何异议的,应自行与甲方协商处理,无权依本协议项下合同向乙方追究任何违约责任。帅志公司于 2011 年 1 月 5 日成立,公司法定代表人为赵金兴。耀佳公司于 2012 年 10 月 8 日成立,公司的法定代表人为邓培立。2014 年 9 月 2 日,帅志公司和耀佳公司共同向华运公司出具了一份证明,证明内容为:帅志公司与耀佳公司为同一家公司。查尔默斯公司在认为交付的产品不符合订单的约定后,于 2013 年 4 月 8 日向耀佳公司发出邮件,称产品大部分不符合规格,要求对方给出解决方案。同时,查尔默斯公司还将产品的问题通过电子邮件的方式发送给了 SGS 和宝钢方面的人员(收件人为 yibo. chen@ baosteel. eu)要求协助解决问题。2014 年 9 月 29 日,查尔默斯公司委托律师通过传真及快递的方式向耀佳公司发出律师函,要求耀佳公司解决质量问题,并赔偿损失。此外,查尔默斯公司为涉案货物支付了 15,500 美元的关税。此外,查尔默斯公司为本案起诉还支付了翻译费人民币 2325 元、公证认证费用 705 迪拉姆。经鉴定不合格的七个批次的不锈钢产品所涉及的货款为 470,275. 85 美元。查尔默斯公司为此向前海法院起诉,要求判令华运公司返还已经支付的订单总价款 470,275. 85 美元、赔偿关税损失 15,500 美元、支付查尔默斯公司自 2013 年 4 月 13 日起至实际支付之日止的欠款利息、承担查尔默斯公司为本案所支付的公证认证、法律翻译费用 5928. 57 元。

【当事人观点】

原告查尔默斯公司认为,2013 年 1 月 30 日和 2013 年 3 月 6 日华运公司通过其代理人与查尔默斯公司分别达成两份订单(编号分别为:20FPO/130033R00 和 20FPO/130023. R01),约定由查尔默斯公司向华运公司购买多个不同规格的不锈钢产品。具体的产品等级规格、数量、价格及付款方式按订单履行。两份订单均使用 CIF 条款,实际交货履行地为上海外高桥码头。此后,查尔默斯公司向华运公司及时足额地履行了订单项下的付款义务。然而,华运公司提供的产品经目的港产品检验,结果为大部分产品不符合订单项下的产品等级规格要求。华运公司未按订单的要求提供产品构成根本违约,致使查尔默斯公司遭受巨大经济损失。

被告华运公司辩称:(1)关于本案的法律适用问题。因当事人之间未就发生纠纷时所适用的法律达成一致,故根据最密切联系原则,应适用中华人民共和国的法律和行政法规作为本案的准据法,并以国际公约优先适用原则处理本案。(2)关于本案的实体问题。查尔默斯公司以与华运公司存在国际买卖合同纠纷起诉。本案涉案货物于2013年4月4日在迪拜阿里山港实际卸船,接受检验的时间为2013年4月9日。查尔默斯公司的起诉状签署日期为2015年6月16日。其诉讼请求已经超过诉讼时效。(3)关于本案合同的相对性问题。本案贸易合同的供应商为耀佳公司。根据华运公司与帅志公司(系与耀佳公司主体混同)签订的《对外贸易合作协议书》载明,华运公司系第三人的代理。本案涉讼的国际货物买卖合同的相对方,是查尔默斯公司与第三人,华运公司不是本案买卖合同项下的适格主体。(4)关于本案的信用证条款。根据信用证条款46A-7显示,所需提供的单据文件为通标标准技术服务有限公司(SGS)出具的检验证,其已证明材料经SGS检验合格,上述信用证项下的款项已合部支付成功,未因支付点不符或其他条款因素被拒付。(5)关于检验机构的资质及报告的评判。查尔默斯公司检验报告的形式要件及实体结论都不符合法律规范。鉴定机构及鉴定地点在境外,无外交公证、认证证明。鉴定或认证公司的资质未确定。鉴定单位不是双方约定的鉴定机构。无法确定鉴定对象与本案涉案货物属同一对象。综上,请求驳回查尔默斯公司的诉讼请求。

帅志公司辩称:(1)帅志公司与查尔默斯公司之间并无买卖关系,无须向查尔默斯公司承担责任。(2)本案所涉买卖合同早已履行完毕,帅志公司供给华运公司的货物,经过查尔默斯公司要求的SGS检测,完全符合合同的约定。查尔默斯公司现主张所供货物非合同约定的产品无事实依据。(3)查尔默斯公司在2013年4月就收到合同项下的全部货物,如果查尔默斯公司认为所收到的货物不符合合同的约定,也应该通知供货方。但是帅志公司至今为止都没有收到查尔默斯公司或者是华运公司提起的异议。查尔默斯公司已经丧失了声称货物不符合合同约定的权利。(4)查尔默斯公司当庭表示要求解除合同也已经超过了合理的期间,因为查尔默斯公司在货物收到以后,超过两年才要求解除合同,显然是超过解除权的行使期限。

综上所述,请求法院驳回查尔默斯公司的诉请。

耀佳公司辩称:本案与耀佳公司没有任何关系。尽管本案所涉订单及检测报告中显示有耀佳公司的名字,但是均没有得到耀佳公司的认可,耀佳公司不是事实上的供货方。

【本案争议焦点】

一审争议焦点:1. 本案所涉货物是否符合相关订单约定的技术规格。2. 与查尔默斯公司订立货物买卖合同的合同相对方究竟是谁?华运公司、帅志公司还是耀佳公司,究竟谁是本案所涉货物买卖合同的卖方。

二审争议焦点:1. 华运公司是否与查尔默斯公司订立货物买卖合同。2. 一审法院是否应当直接判决帅志公司和耀佳公司承担法律责任。

【裁判结果】

广东省深圳前海合作区人民法院于 2017 年 3 月 8 日作出(2015)深前法涉外初字第 156 号民事判决:(1)驳回查尔默斯工程有限公司(CHLAMERS ENGINEERING FZC)的全部诉讼请求;(2)本案案件受理费 38,289 元由查尔默斯工程有限公司(CHLAMERS ENGINEERING FZC)负担。

查尔默斯公司不服一审判决,提起上诉。广东省深圳市中级人民法院于 2018 年 4 月 23 日作出(2017)粤 03 民终 11112 号民事判决:(1)驳回上诉,维持原判;(2)二审案件受理费 38,289 元由查尔默斯工程有限公司(CHLAMERS ENGINEERING FZC)负担。

【裁判理由】

(一)前海法院一审裁判要点

1. 与查尔默斯公司订立货物买卖合同的合同相对方

本案所涉货物买卖合同关系中,原告的订单均是发送给第三人耀佳公司,发票的出具人和信用证的收益人却是被告华运公司,两者指向的合同主体相互矛盾,而具体提供货物及送检的又是帅志公司,因此,对于合同主体的认定,不能仅凭订单或者发票和信用证指向的主体,而应该结合本案的全部事实和证据进行综合认定。从本案交易履行的各个细节来看,双方均是在履行查尔默斯公司发给耀佳公司的两份订单项下的义务。而且相应的发票和信用证中均明确注明了所有其他信息参照申请人的订单执行。由此可见,查尔默斯公司对于自己交易的对象是耀佳公司这一事实是清楚的。同时,在相关争议发生之后,查尔默斯公司处理争议的方式也可对此进行印证:在争议发生之后第一时间,查尔默斯公司是向耀佳公司反映情况并要求耀佳公司解决问题,包括此后的律师函都是发给耀佳公司。从这些事实可以合理地推断出,查尔默斯公司对于华运公司只是代耀佳公司收取货款并发货的代理人身份是知情的或者至少是应当知情的。综上,即使假定华运公司以自己的名义与查尔默斯公司进行交易,查尔默斯公司对于华运公司的代理人身份也是知情的,因而不能要求华运公司承担赔偿责任。

2. 本案所涉货物是否符合相关订单约定的技术规格

虽然双方在订单中约定涉案钢材的卖方在交付货物时应当提供 SGS 公司出具的检测报告。且帅志公司在将相关产品交付运输前也聘请 SGS 公司出具了相应的样品检测报告,从形式上看符合订单的要求。但根据 SGS 对法院调查函所作的回复显示,该公司检测的样品是由委托方(供货方帅志公司)自行送到 SGS 的实验室,而非对涉案钢材进行现场抽样的,该公司无法确定交货的产品与送检的产品是同一批产品。因此,单凭供货方在交货时提供的检测报告,只能证明送检的样品符合相关规格,不足以证明交付的产品符合本案所涉订单中约定的技术规格。查尔默斯公司在收货使用过程中产生怀疑,另行委托检测机构对涉案的产品进行检测符合情理和商业惯例。根据该公司委托的检测机构出具的检测报告显示,涉案的七个批次的不锈钢产品均不符合 SS316L 等级。在本案诉讼过程中,为了进一步证明相关事实,查尔默斯公司又委托挪威船级社对涉案七个批次的不锈钢产品进行全面的抽样检测,得出的结论依然是该七个批次的产品不符合 SS316L 等级,而仅为 SS304 等级。上述两份检测报告的结果足以证明涉案的至少七个批次的不锈钢产品不符合订单约定的技术标准。

华运公司、帅志公司、耀佳公司对查尔默斯公司提供的两份检测报告提出异议,称无法确定受检的产品就是涉案产品。但该两份检测报告均是由具有资质的检测机构作出,特别是挪威船级社还是本案涉及的第一份订单中所确认的检测机构,具有公信力。从检测的标的产品来看,从产品名称、型号、外观形状、技术规格都与本案订单所列明的内容具有高度的一致性(挪威船级社的检测报告更是如此)。虽然数量略有差别,但查尔默斯公司亦提供了具有说服力的理由。即该公司在发现质量问题前已经使用了部分产品、此前的检测也消耗了部分产品。华运公司、帅志公司、耀佳公司又未能证明查尔默斯公司除了本案所涉产品外,还从其他公司购买了相同类型和技术规格的产品。因此,合议庭从自由心证的角度出发,综合评估本案全部的证据,认定查尔默斯公司提供的两份检测报告的内容真实可信。本案交付给查尔默斯公司的七个批次的不锈钢产品不符合订单约定的SS316L技术规格。

(二)深圳中院二审裁判要点

1. 华运公司是否与查尔默斯公司订立货物买卖合同

查尔默斯公司主张与其订立货物买卖合同的相对方是华运公司,并提交了两份查尔默斯公司以电子邮件方式向耀佳公司发出的订单、两份华运公司向查尔默斯公司出具的发票以及查尔默斯公司以华运公司为受益人开立的一份不可撤销即期信用证、查尔默斯公司向耀佳公司发出的关于货物质量存在问题的函及律师函等证据。

华运公司认为其没有与查尔默斯公司订立买卖合同,提交了其与帅志公司签订的外贸协议书及补充协议以及华运公司在中国海关报关备案合同等证据。综合分析以上证据,两份订单的内容表明查尔默斯公司是向耀佳公司发出购买货物的要约,两份发票及信用证的内容记载了华运公司为“托运人”,并注明“所有其他信息参照申请人的订单20FP0130023和20FP0130033”,由此可见,实际发出的货物是以两份订单项下的义务为基础履行,而华运公司提交的其与帅志公司签订的外贸协议书及补充协议能反映出华运公司与帅志公司的外贸代理关系。尽管两份发票及信用证表明查尔默斯公司将货款向华运公司支付,但华运公司与查尔默斯公司之间并无买卖货物的意思表示,也无证据证明双方存在买卖货物的协议,查尔默斯公司收到货物认为有质量问题,也是向耀佳公司发函反映,由此,不能得出华运公司即是卖方的结论，上诉人主张涉案买卖合同相对方为华运公司证据不足。

2. 一审法院是否应当直接判决帅志公司和耀佳公司承担法律责任

一审法院在庭审期间已向查尔默斯公司释明，该公司明确表示只要求华运公司承担法律责任，不要求耀佳公司及帅志公司承担，其放弃了在本案中请求耀佳公司和帅志公司承担法律责任的权利，故一审法院未直接判令耀佳公司和帅志公司承担法律责任并无不妥。查尔默斯公司在一审庭审后判决前向一审法院提交的书面意见表示“如果法庭认为应该由第三人承担责任的，则请求判令第三人耀佳公司承担民事责任”，该意见不能视为其明示要求耀佳公司承担法律责任的诉讼请求。

【裁判思路解析】

综合一审和二审法院的判决来看，本案涉及的核心争议问题在于，被告华运公司是否为涉案合同的主体。由于本案为买卖合同纠纷，原告向被告主张合同违约责任，而被告则抗辩自己并非涉案合同主体，不应当承担责任。本案为合同纠纷，在民法上，产生合同之债，债是特定人与特定人之间得请求特定行为的法律关系，债的相对性体现到合同领域即为合同相对性规则。所谓合同的相对性，就是合同只对缔约当事人具有法律约束力，对合同关系以外的第三人不产生法律约束力。该规则包含两层含义：其一，除合同当事人以外的任何其他人不得请求享有合同上的权利；其二，除合同当事人外，任何人不必承担合同上的责任。详言之，只有合同当事人能够向合同的另一方当事人基于合同提出请求或提起诉讼，合同当事人不能向与其无合同关系的第三人提出合同上的请求，也不能擅自为第三人设定合同上的义务。同样，与合同当事人没有合同上权利义务关系的第三人，也不能依据合同向当事人提出请求或提起诉讼，也不应承担合同的义务或者责任；非依法律或合同的规定，第三人不得主张合同上的权利。因此，查明合同的主体对于确定合同责任的归属至关重要。

从本案查明的事实来看，买卖合同的基本内容包括标的物的种类、技术规格、检验要求、单价、金额、付款方式、交货方式都是通过查尔默斯公司与耀佳公司之间的订单来确定的。从此后合同各方履行情况来看，都是按照这两份订单的内容来履行各自的权利和义务。虽然此后华运公司向查尔默斯公司开具了两份商业发票、查尔默斯公司向华运公司开具了信用证支付了相应货款,但从上述两份发票和信用证的内容可以看出,华运公司的身份为“托运人”,且特别需要指出的是,该两份发票均注明“所有其他信息参照申请人的订单20FP0130023. RO1和20FP0130033执行”,信用证也注明“所有其他信息参照申请人的订单20FP0130023和20FP0130033”。这一事实表明:无论是华运公司、耀佳公司(或者帅志公司)还是查尔默斯公司,都很清楚本案的买卖是在履行上述两份订单项下的义务。因此,华运公司实际上只是代收货款,上述商业发票或者信用证只是代为收款的相关凭据,构成买卖合同基础性法律文件的不是发票或者信用证,而是查尔默斯公司发给耀佳公司的两份订单。虽然在华运公司提交给海关的报关文件所附合同中显示的卖方是华运公司,但查尔默斯公司并未与华运公司签署包括上述备案合同在内的任何书面合同,直到本案审理过程中华运公司提交从海关调取该备案合同之前,查尔默斯公司对该海关备案合同的内容也并不知情。该份合同实际上是华运公司为了办理报关手续而向海关备案的文件,与事实不相吻合。综上,法院认定在本案所涉交易过程中,华运公司并未以自己名义与查尔默斯公司订立并履行买卖合同。

如果进一步分析,假定华运公司在本案的交易中以自己的名义与查尔默斯公司形成了合同关系,情况又将如何?《合同法》第四百零二条规定,受托人以自己的名义,在委托人的授权范围内与第三人订立的合同,第三人在订立合同时知道受托人与委托人之间的代理关系的,该合同直接约束委托人与第三人,但有确切证据证明该合同只约束受托人与第三人的除外。从上述法律规定的内容可以看出,受托人以自己的名义对外签订合同并不当然意味着受托人就必须作为合同的当事人对合同的相对方承担合同的义务。关键在于订立合同第三人是否知晓受托人与委托人之间的委托代理关系。

正如前文所述,帅志公司与耀佳公司虽然名义上是不同的法人主体,但在本案所涉的与查尔默斯公司的交易过程中,由耀佳公司接受查尔默斯公司的订单、由帅志公司组织供货,帅志公司与耀佳公司还向华运公司出具证明，称两者为一家公司。从以上事实可以看出，至少在本案的交易中，耀佳公司与帅志公司是共同作为合同的卖方出现的。耀佳公司与帅志公司应当共同对查尔默斯公司承担合同义务。耀佳公司认为帅志公司的员工使用了其企业的邮箱接受订单，真实交易与其无关的答辩理由不能成立。

【本案延伸问题】

（一）进出口贸易代理的制度依据

1991年，国务院对外经济贸易合作部颁布《关于对外贸易代理制的暂行规定》，该文件规定，有对外贸易经营权的公司、企业（代理人）可在批准的经营范围内，依照国家有关规定为另一有对外贸易经营权的公司、企业（被代理人）代理进出口业务。如代理人以被代理人名义对外签订合同，双方权利义务适用《民法通则》的有关规定。如代理人以自己名义对外签订合同，双方权利义务适用本暂行规定。无对外贸易经营权的公司、企业、事业单位及个人（委托人）需要进口或出口商品（包括货物和技术），须委托有该类商品外贸经营权的公司、企业（受托人）依据国家有关规定办理。双方权利义务适用本暂行规定。这基本确定了外贸专营制度。1998年，对外贸易经济合作部、海关总署、国家外汇管理局颁布《规范进出口代理业务的若干规定》，该规定适用于各类经批准具有进出口经营权的企业以自己名义从事的进出口代理业务。1994年《对外贸易法》颁布实施，该法规定，没有对外贸易经营许可的组织或者个人，可以在国内委托对外贸易经营者在其经营范围内代为办理对外贸易业务。接受委托的对外贸易经营者应当向委托方如实提供市场行情、商品价格、客户情况等有关的经营信息。委托方与被委托方应当签订委托合同，双方的权利义务由合同约定。历经2004年和2016年两次修订，我国外贸专营制度被取消。

（二）进出口贸易代理的裁判依据

本案是较为典型的涉外货物买卖合同中利用外贸代理进行交易而产生的纠纷。在这种模式下，不具备外贸资质的国内企业（卖方）委托具有外贸资质的外贸代理企业（贷代）代为办理相应商品的出口手续，或者以外贸代理企业名义与境外的当事人（买方）签订合同，从而形成卖方、贸代以及买方之间复杂的合同关系。本案所涉货物买卖合同关系中的买方与卖方并未签订正式的书面买卖合同,所涉买卖行为是通过两份订单、两份发票和一份信用证来完成的。而这几份文书指向的合同主体相互矛盾,这是外贸代理交易模式较为复杂也被人诟病之处。我国现行的法律法规对于外贸代理模式下进行的交易没有直接的、明确的规定,人民法院在审理中都是以《合同法》第四百零二条的规定为厘定各方权利义务的基础。该条规定,受托人以自己的名义,在委托人的授权范围内与第三人订立的合同,第三人在立合同时知道受托人与委托人之间的代理关系的,该合同直接约束委托人与第三人,但确切证据证明该合同只约束受托人与第三人的除外。从上述法律规定的内容可以看出,受托人以自己的名义对外签订合同并不当然意味着受托人就必须作为合同的当事人对合同的相对方承担合同的义务。因此,确定外贸代理交易下的合同主体,最核心的还是交易时交易的相对方是否知道这种外贸代理关系的存在,是否得到了详细的关于交易对手身份的信息。如果交易方知道与自己签订合同(或者订单)的只是贸代,那么相应的结果则应归属于真正的出卖人。反之亦然。在本案中,综合全案证据和相关事实,法院认定原告在交易时对于华运公司的身份是知道的,因此驳回了其对外运公司的诉讼请求。

(三)进出口贸易代理案件审理的裁判原则

进出口贸易是我国经济主体参与国际经营的重要途径和方式,是"走出去"和"引进来"经济战略的重要载体,该类案件往往具有涉外性质,案件的裁判对我国司法国际公信力和国际化营商环境的建设具有重要影响。在司法实践中应当注重强调以下两大原则:

一是尊重契约自由:契约是各类经济主体在国际上共通的意思表示载体和表达方式,在司法实践中应当得到重视。2017 年,《最高人民法院关于为改善营商环境提供司法保障的若干意见》第十条要求,依法审理各类合同案件,尊重契约自由,维护契约正义。尊重和保护市场主体的意思自治,合理判断各类交易模式和交易结构创新的合同效力,促进市场在资源配置中起决定性作用,提升市场经济活力。严格按照法律和司法解释规定,认定合同性质、效力、可撤销、可解除等情形,维护契约正义。

二是注重平等保护。2017年,《最高人民法院关于为改善营商环境提供司法保障的若干意见》第一条规定,坚持平等保护原则,充分保障各类市场主体的合法权益。全面贯彻平等保护不同所有制主体、不同地区市场主体、不同行业利益主体的工作要求,坚持各类市场主体法律地位平等、权利保护平等和发展机会平等的原则,依法化解各类矛盾纠纷,推动形成平等有序、充满活力的法治化营商环境。平等是法治的重要原则,在进出口贸易代理案件中,多有涉外主体,坚持平等保护有利于我国的营商环境建设和法治国际公信力建设。

【专家点评】①

本案是涉外货物买卖合同中利用外贸代理进行交易而产生的纠纷,买方与卖方并未签订正式的书面买卖合同,所涉买卖行为是通过两份订单、两份发票和一份信用证来完成的,而这几份文书指向的合同主体又相互矛盾,合同权利义务的主体因此不易确定。现行法律未对具有一定特殊性的外贸代理合同进行专门规定,相应裁判需遵循合同相对性规定及委托代理的规定。受托人以自己的名义对外签订合同是否须作为合同的当事人对合同的相对方承担合同的义务,关键在于订立合同第三人是否知晓受托人与委托人之间的委托代理关系。因此,确定外贸代理交易下的合同主体,核心在于交易时交易的相对方是否知道这种外贸代理关系的存在,是否得到了详细的关于交易对手身份的信息。如果交易方知道与自己签订合同(或者订单)的只是贸代,那么相应的结果则应归属于真正的出卖人。反之亦然。

在本案中,法院综合全案证据和相关事实,认定原告在交易时指导代理人与被代理人的关系,并据此作出裁判,具有一定指导意义。

① 赵万一,西南政法大学民商法学院院长,教授,博士生导师。

民间委托理财法律关系中“保底条款”及合同效力的认定

——原告（反诉被告）孟笑冰诉被告（反诉原告）徐清华委托理财合同纠纷案

余长勇　陈慧芳

【关键词】

民间委托理财合同　“保底条款”　市场交易秩序　公平原则

【导　语】

非证券从业人员之间的民间委托理财合同中创设的“保底条款”是否有效，若“保底条款”无效，是否会导致合同整体无效？法律对此并无明确规定，此类纠纷的司法裁判结果对于规范民间投资行为，维护良好的资本市场金融秩序具有明确的导向作用。正确的价值取向是作出具有良好法律效果和社会效果的司法裁判的基石。为维护股票市场的正常交易秩序，本判决根据股票市场中收益与风险并存的特点，以及平等民事主体之间交易公平原则，对民间委托理财合同中“保底条款”的效力及整个合同效力进行了认定，并在此基础上对当事人的诉求进行回应。

【裁判要点】

1. 民间非证券从业人员之间委托理财合同中设定的“保底条款”往往在内容上约定将相关的投资风险完全归属于合同一方当事人，另一方当事人只享受收益，不承担风险，此类约定在本质上忽略了理财投资高风险的特征。

2.“保底条款”的内容违背股票市场规律，扰乱股票市场的正常交易秩序，致使双方民事权利义务严重失衡，既不符合民法上委托代理的法律制度构成，也违背民法的公平合理原则，因此应认定委托理财协议中的“保底条款”无效。

3.在订有“保底条款”的委托理财合同中，“保底条款”是基础性条款，同时也与合同其他内容条款具有不可分性，其并非可以独立分离出来的合同部分，“保底条款”无效将导致委托理财合同整体无效，在此逻辑下，判决认定委托理财协议整体无效，并按照过错程度对相应的损失在双方当事人之间进行分配。

【相关法条】

《中华人民共和国合同法》第七条、第十条、第十一条、第十三条、第十四条、第五十二条第一款第（五）项

《最高人民法院关于适用〈中华人民共和国合同法〉若干问题的解释（二）》第二条、第十四条

《中华人民共和国证券法》第一百四十四条

《中华人民共和国涉外民事法律关系适用法》第四十一条

《最高人民法院关于适用〈中华人民共和国涉外民事关系适用法〉若干问题的解释（一）》第十九条

【案例索引】

广东省深圳前海合作区人民法院（2016）粤 0391 民初 1065 号民事判决（2017 年 10 月 30 日）

【基本案情】

孟笑冰与徐清华签署《资产管理合同》，约定孟笑冰出资 20 万元委托徐清华管理。合同约定受托人应将相当于委托金额 10% 的保证金转入委托人的股票账户，原资产额与保证金之和为“原资产总额”。在委托期间，保证金的收益与亏损全部归受托人，若亏损率超过原资产额的 10% 时，合同自行终

止。当事双方办理交接手续,委托人全权接管本资产,受托人的保证金及收益/亏损弥补委托人的亏损,委托人接管的资产额是原资产额。合同还约定,在委托期间如果累计盈利超过原资产的10%,进行盈利分配,双方按5:5分成。在委托期间,委托方可以查询账户,提问并质询受托方,给受托方意见和建议,但不得干预受托人的买卖行为,并不得减少资产。双方签订合同后,孟笑冰即在华泰证券股份有限公司深圳益田路证券营业部开立了股票账户,并转账22万元(其中2万元为徐清华保证金)进入该账户,徐清华也将保证金2万元转账支付给孟笑冰。孟笑冰开户后将该股票账户密码告知徐清华,并全权委托徐清华管理该股票账户。此后,孟笑冰、徐清华在《资产管理合同》的框架下开展合作,进行了A股股票买卖。后委托理财出现了亏损,委托人孟笑冰向法院提起诉讼,请求判令受托人徐清华向孟笑冰赔偿委托理财的资金损失。

【当事人观点】

原告(反诉被告)孟笑冰诉称:孟笑冰与徐清华于2014年9月10日签署《资产管理合同》,约定孟笑冰出资人民币20万元在华泰证券开立股票账户,将该股票账户委托给徐清华进行管理、操作,徐清华向该股票账户转入人民币2万元作为保证金。双方在合同中约定:若亏损率超过原资产额的10%,本合同自动终止,当事双方办理交接手续,委托人全权接管本资产,受托人的保证金及收益/亏损弥补委托人的亏损,委托人接管的资产额是原资产额。此后,孟笑冰依约在华泰证券股份有限公司深圳益田路证券营业部开立了股票账户,并转账人民币22万元(其中2万元为徐清华保证金)进入该账户,徐清华也将保证金人民币2万元转账支付给孟笑冰。孟笑冰开户后将该股票账户密码告知徐清华,并全权委托徐清华管理该股票账户。此后,孟笑冰、徐清华在《资产管理合同》的框架下开展了多次合作。2015年6月中上旬,股市行情持续走低,截至2015年6月19日,徐清华所操作的股票账户亏损额已近人民币4万元,超出了双方约定的亏损比例。孟笑冰就该种情形向徐清华提出质询,并要求徐清华根据亏损情况向涉案股票账户补足相应款项,以确保股票账户中的资产额不低于孟笑冰所投资的人民币20万元。

但徐清华既未补足亏损,也未采取措施止损。直至 2015 年 12 月中旬股票账户已实际产生亏损人民币 59,574.23 元,除徐清华已缴纳的人民币 2 万元保证金外,给孟笑冰造成资金损失人民币 39,574.23 元。综上,孟笑冰请求法院判令徐清华赔偿孟笑冰资金损失 39,574.23 元及该损失的利息(利息按中国人民银行同期银行贷款利率计算,自 2016 年 6 月 3 日至本息还清之日止),并承担本案受理费、保全费、公告费等诉讼费用。

被告(反诉原告)徐清华答辩并提起反诉称:(1)双方的合同无效。孟笑冰所提供的合同中没有填写具体的生效日期和终止日期,且在受托人通信地址一栏中的地址有添加字样。因此合同无效。(2)双方的合同于 2014 年 12 月 31 日合同自行终止。本案争议账户在 2014 年 12 月 31 日收盘时没有股票和资金。就算双方的合同有效,此时合同已经终止。此后的交易与徐清华无关。(3)在股票买卖期间,孟笑冰多次转出资金,是股票亏损的直接和重要原因。即使双方合同有效,根据合同约定,委托方不得减少资产。孟笑冰在 2015 年 5 月 20 日至 12 月 18 日先后五次转出资金的行为是造成股票亏损的重要原因。(4)在股票买卖期间,孟笑冰一直决定着股票的卖出或持有,是股票亏损的直接和重要原因。综上,徐清华请求法院依法驳回孟笑冰的所有诉请,并判令孟笑冰归还徐清华转入其账户的人民币 20,000 元及利息损失,利息按中国人民银行贷款利息计算(年利率 4.35%),自 2015 年 12 月 19 日至孟笑冰还清之日止,并由孟笑冰承担本案受理费、保全费、公告费等诉讼费用。

【本案争议焦点】

1. 在 2015 年 5 月 20 日至 12 月 18 日,双方是否存在委托理财关系;
2. 本案委托理财合同中的保底条款是否有效;
3. 本案保底条款的效力对于委托理财合同整体的效力有何影响;
4. 本案损失发生的原因以及损失应如何分担。

【裁判结果】

广东省深圳市前海合作区人民法院于 2017 年 10 月 30 日作出(2016)粤

0391 民初 1065 号民事判决:(1)被告(反诉原告)徐清华应于本判决生效之日起三日内支付原告(反诉被告)孟笑冰赔偿款人民币 33,616 元及利息,利息以未付赔偿款为本金,按中国人民银行同期贷款基准利率计算,自 2016 年 6 月 3 日至本息清偿时止;

(2)驳回原告(反诉被告)孟笑冰的其他诉讼请求;

(3)驳回被告(反诉原告)徐清华的反诉请求。

如未按本判决书指定的期间履行给付金钱义务,应按照《民事诉讼法》第二百五十三条之规定,加倍支付迟延履行期间的债务利息。

本案本诉案件受理费人民币 791 元,由孟笑冰负担 151 元,由徐清华负担 640 元。反诉案件受理费人民币 313 元,由徐清华负担。

【裁判理由】

本案双方当事人之间形成民间委托理财合同关系,该理财合同中"保底条款"效力认定问题为本案作出裁判的基础性问题。保底条款本身的原因决定了保底条款的无效性,保底条款本身违背了股票市场的规律,扰乱了股票市场的正常交易秩序。资金实力雄厚、信息资源丰富、专业人才多的证券公司与投资对象签订保底条款都会给证券市场造成不利的影响,该保底条款将受到法律的否定性评价,其他在资金、信息、技术、人才方面均不具备优势的个人对外承诺的保底条款无疑更会给证券市场造成不利的影响,更可能引发金融风险。按照举重明轻的原理,作出本案生效判决的法院认为,证券公司之外的其他主体(包括个人)与他人签订的保底条款应属于无效条款。

关于保底条款无效是否导致委托理财合同整体无效,法院认为,委托人之所以愿意把自己的资金交由普通的非专业机构的主体,而不是委托具有专业资质的证券公司去投资,原因就在于这些民间委托理财协议的受托方提供了其他金融证券投资机构所不能提供的服务——"零风险"的保底条款。因此,正是由于保底条款的存在,民间委托理财协议才有可能存在。如果没有了保底条款,从一般人的生活常识来判断,委托人基本上都不会签订民间委托理财协议。因此,在民间委托理财合同中,保底条款是作为整个合同的基础条款和核心条款而存在的,没有了保底条款,整个合同就失去了存在的基础。因此,本案保底条款的无效导致双方之间委托理财合同的整体无效。

关于损失分担的问题,被告徐清华自认为是专业理财人员,与原告孟笑冰签订含有保底条款的委托理财协议,在本案所涉股票交易中起主导作用,在损失发生后,又未能按照合同的约定及时止损,导致损失进一步扩大,具有明显过错。对于本案造成的损失,被告徐清华应当承担主要的责任。原告孟笑冰轻信徐清华,与其签订无效的理财协议,对于损失的发生,有一定的过错,也应承担一定的责任。本案损失共计人民币 59,574.23 元,根据本案的案情,综合各方面因素,法院酌情认定被告徐清华应对损失承担 90% 即人民币 53,616 元的责任、原告孟笑冰承担 10% 即人民币 5958.23 元的责任。扣除被告徐清华预付的人民币 20,000 元,被告徐清华还应支付孟笑冰人民币 33,616 元。被告徐清华迟延支付该款,还应赔偿孟笑冰的利息损失。

【裁判思路解析】

(一)关于在 2015 年 5 月 20 日至 12 月 18 日,双方是否存在委托理财关系的问题

从本案双方提供的证据可以看出,双方就第一次委托理财关系签订了书面的委托理财合同,但在 2014 年 12 月,双方进行了清算,该理财合同终止。双方此后未再订立书面的理财合同,仅是通过微信就彼此之间的合作进行了交流和沟通。双方对于在 2015 年 5 月之后双方之间是否存在委托理财合同关系产生争议。

就合同的成立而言,可以从以下几个方面来判断。第一,主体适格,即双方当事人都具备订立合同的权利能力和行为能力。第二,具有订立合同的目的,即双方具有以订立合同的形式对双方的权利义务进行约定的目的。第三,意思表示真实且达成合意,即双方对于合同的相关内容作出了真实的意思表示,且就合同的主要内容达成了一致意见。在合同成立中,最核心的要素在于双方当事人对合同的内容达成的合意。对于达成合意的方式而言,《合同法》第十三条规定:"当事人订立合同,采取要约、承诺方式。"第十

四条规定:“要约是希望和他人订立合同的意思表示,该意思表示应当符合下列规定:(一)内容具体确定;(二)表明经受要约人承诺,要约人即受该意思表示约束。但法律另有规定的除外。”在本案中,孟笑冰与徐清华均是具有完全行为能力的成年人,主体适格。双方在微信中交流的内容是关于孟笑冰委托徐清华代为理财的相关权利义务的约定,双方具有订立合同的目的。从2015年5月20日,孟笑冰发了三条信息(分别为“徐总我今天先放10万元”“我们还是老规矩吧?”“明天再转10万元一共20万元”)。在内容上是就双方之间委托理财的相关事宜询问徐清华,在性质上属于要约。而徐清华在当日的回复“好”是对孟笑冰上述要约的接受,在性质上属于承诺。至此,双方就委托理财的具体内容达成了合意。在具备了上述三个要件之后,当事人对于合同采取何种形式,法律并无明确要求。《合同法》第十条规定:“当事人订立合同,有书面形式、口头形式和其他形式。”第十一条规定:“书面形式是指合同书、信件和数据电文(包括电报、电传、传真、电子数据交换和电子邮件)等可以有形地表现所载内容的形式。”从上述规定可以看出,当事人订立合同,并不必然要求双方签订正式的、书面的、以合同书的形式出现的法律文件。《最高人民法院关于适用〈中华人民共和国合同法〉的若干问题的解释(二)》第二条进一步规定:当事人未以书面形式或者口头形式订立合同,但从双方从事的民事行为能够推定双方有订立合同意愿的,人民法院可以认定是以《合同法》第十条第一款中的“其他形式”订立的合同。本案中,从双方的微信聊天记录可以看出,在2015年5月20日,孟笑冰向徐清华提议再次合作,徐清华予以同意后,双方在微信上继续沟通(包括6月2日徐清华在微信上询问孟笑冰账户密码、6月10日孟笑冰询问徐清华“钱何时到账”、徐清华回答“下午有时间就转过去”、6月11日徐清华称“通过两个账户转了2万元”。6月12日孟笑冰称“只收到1万元”,徐清华称“输错了下午再转一次”,孟笑冰于当日下午回复“收到了”)。以上内容显示,双方不但就合同的相关内容达成了合意,而且已经开始实际履行该合同。

综上,双方虽然在2015年5月没有签订新的书面的委托理财合同,但根据双方的聊天记录、孟笑冰转款20万元的行为、徐清华转款2万元进入指定账户的行为,以及徐清华在此期间对账户进行实际操作的行为等事实,可以看出双方按照要约——承诺的方式就合同的主要内容进行了协商，且就合同的内容达成了一致意见。而且，双方此后的实际行为也可以合理地推断出双方又按照与此前协议内容相同的条件进行了第二次合作。因此，法院认定双方之间在2015年5月之后存在新的委托理财关系，且该委托理财合同的相应条款与此前的委托理财合同内容相同。

（二）关于本案委托理财合同中的保底条款是否有效的问题

目前，学术界对强制性规定进一步区分为效力性强制性规定和管理性强制性规定，二者的判断标准主要是根据规范目的的不同予以区分：效力性的强制性规定，意在禁止某类交易行为的发生，以避免对实质性的公共利益的损害，因而违反此类强制性规定的行为无效；管理性的强制性规定，意在禁止以违反法律的方式进行某类交易行为，以避免对管理秩序造成危害，违反此类强制性规定应受法律制裁，但行为效力不受影响。法院认为，该观点被学术界和司法实践广泛引用，具有科学性和合理性，可以作为本案认定效力性强制性规定的相关标准。《最高人民法院关于适用〈中华人民共和国合同法〉若干问题的解释（二）》第十四条规定：“合同法第五十二条第（五）项规定的‘强制性规定’，是指效力性强制性规定。”

本案双方约定的保底条款是双方自愿签订的，没有欺诈和胁迫。双方的行为也不属于恶意串通损害国家、集体或者第三人利益的和以合法形式掩盖非法目的情形。从本案的实际情况来看，双方的目的主要就是通过约定来分配投资风险，不会损害到社会公共利益。因此，该条款是否有效，关键取决于其是否违反了相关法律的效力性强制性规定。

资本市场作为市场经济配置资源的方式之一，在现代经济生活中具有重要的作用，而股票市场作为资本市场的重要组成部分，其作用更加明显。在我国多层次资本市场体系尚未完善、投资渠道并非十分充足的情况下，更是如此。较之于传统的储蓄、债券以及固定收益类的理财产品，股票投资可期待的收益率较高。但是随着高收益，股票投资也具有较高的风险性。我国股票市场的二十余年历史可以很清楚地体现这一点。“股市有风险，入市需谨慎”这句耳熟能详的俗语便是众多股民进行股票投资时接受的最基本的入门教育。

正是由于股票的高风险性和其对于国民经济的重要性,任何国家都十分重视股票市场的风险调控。把所有成熟的、不成熟的、具有风险承受能力和不具有风险承受能力的社会投资主体全部驱入股票这样一个高风险的市场,不但会给投资个体造成巨大的经济风险,在极端的情况下也会对整个国民经济构成系统性风险,可能引发严重的社会问题。这显然不是创设股票市场的初衷。从最理想的角度来讲,股票市场要求投资主体具备成熟的投资理念、具有良好的风险控制措施和健全的风险承受能力。虽然并非所有的市场投资主体都可能具备这样的理想状态,但在相关的制度设计上,应该体现这样的价值导向:引导投资者从事与自身风险能力相适应的投资行为。从这个意义来讲,相关的制度设计应当使股票市场投资者在获得可能的收益的同时,承担相应的风险。如果将股票市场看作只有投资收益、没有投资风险的市场,必将诱使大批不具备风险承受能力的中小投资主体,或者不应该承受高风险的那部分社会资金进入股市,引发潜在的社会风险。2015年6~7月我国股票市场的剧烈波动便是最新的例证。而保底条款在本质上就是忽略股票投资高风险的特征,将相关的投资风险完全归属于一方,而另一方却只享受收益,不承担风险。虽然从个体来讲,也许可能使协议的一方暂时规避一定的风险,但从每笔具体的交易来讲,风险并未消失,只是在不同的主体之间发生了转移。而从整个投资市场的角度来看,这种投资协议的安排,违背了股票市场的基本规律,使得一方可以不顾风险地许下无法兑现的承诺,另一方无所顾忌地进行高风险投资,明显违背了股票投资的本质要求,也不符合制度设计者的初衷。《证券法》第一百四十四条规定:"证券公司不得以任何方式对客户证券买卖的收益或者赔偿证券买卖的损失作出承诺。"该条规定虽然未明确表述为"委托理财合同中保底条款无效",但参考上文的分析,该条规定属于效力性强制性规定。证券公司与相应投资主体之间签订的保底条款应属无效条款。

如果证券公司与客户签订的委托理财协议中的保底条款无效,那么其他非证券投资机构乃至个人之间签订的委托理财协议中的保底条款的效力又如何呢?对此,法律、法规虽然没有明确的规定,但如果结合前文分析,保底条款之所以无效,并非在于特定主体从事了与自己身份不相符合的行为,而是保底条款本身的原因。亦即保底条款之所以无效不是因为条款设定者的特殊身份，而是保底条款自身的内容违背了股票市场的规律，扰乱了股票市场的正常交易秩序。进一步分析，如果资金实力更雄厚、信息资源更丰富、专业人才更多的证券公司与投资对象签订保底条款都会给证券市场造成不利的影响，那么其他从资金、信息、技术、人才方面均不具备优势的个人对外承诺的保底条款无疑更不负责任，更可能引发风险。按照举重明轻的原理，法院认为，证券公司之外的其他主体（包括个人）与他人签订的保底条款亦应属于无效条款。

（三）关于本案保底条款对于委托理财合同整体的效力有何影响的问题

就委托理财合同中的保底条款的效力对于合同整体的效力的关系而言，在最高人民法院审理的上诉人（原审被告）亚洲证券有限责任公司与被上诉人（原审原告）湖南省青少年发展基金会（以下简称青基会）、被上诉人（原审被告）长沙同舟资产管理有限公司（以下简称同舟公司）委托理财合同纠纷一案［案号为（2009）民二终字第 1 号］中，最高人民法院就此问题进行了充分的论述。在该案中，同样涉及委托理财合同中的保底条款的无效是否会导致委托理财合同整体无效的问题，在这一点上，该案与本案具有高度相似性。因此，最高人民法院在该案中的处理结果和逻辑进路对于本案的处理具有较强的参照作用。

在该案件中，青基会与同舟公司签订委托理财协议，约定了年 10% 收益的保底条款。该案一审法院认为，同舟公司是非金融机构，现行法律、行政法规并未对这类法人从事委托理财活动作出禁止性规定，人民法院在审理以非金融机构法人为受托人的委托理财案件时应当充分尊重当事人的意思自治，认定委托理财合同是有效合同。同时，该合同中的年 10% 收益的保底条款约定风险责任由受托方全部承担，不符合委托合同的一般特征，违背民法的公平原则，应认定为无效条款。亦即保底条款无效，但不影响整个委托理财合同的效力。

在最高人民法院的终审判决中，最高人民法院对此表达了不同看法，最高人民法院对于保底条款的效力以及保底条款的无效对合同整体效力的影响作了以下论述。

"关于保底条款的效力。本案委托理财协议所约定的年10%的固定回报率属于保底条款。尽管该保底条款是资金委托管理协议双方以意思自治的形式对受托行为所设定的一种激励和制约机制,但该条款致使双方民事权利义务严重失衡,既不符民法上委托代理的法律制度构成,亦违背民法的公平原则。为此,本院认定本案委托理财协议中所涉保底条款无效。"

最高人民法院继续论述:"关于委托理财协议的效力。虽然我国合同法第五十六条规定:合同部分无效,不影响其他部分效力的,其他部分仍然有效,但在本案订有保底条款的委托理财合同中,保底条款与合同其他内容条款不具有可分性,其并非可以独立分离出来的合同部分,而是与合同其他部分存在紧密的牵连关系。就本案中委托理财协议之缔约目的而言,委托人青基会除期待委托资产本金的安全外,尚期待高达10%的固定收益回报率。因此可以说,若没有保底条款的存在,当事人双方尤其是委托人通常不会签订委托理财合同;在保底条款被确认无效后,委托人的缔约目的几乎丧失;若使合同其他部分继续有效并履行,不仅违背委托人的缔约目的,而且无履约意义,将导致极不公平合理之结果。有鉴于此,本院认为,保底条款应属本案中委托理财协议之目的条款或核心条款,不能成为相对独立的合同无效部分,保底条款无效应导致委托理财协议整体无效。原审判决认定委托理财协议有效属适用法律不当。亚洲证券关于委托理财协议无效的主张,本院予以支持。"

从上述最高人民法院的论述可以看出,虽然一般来讲,合同中个别条款的无效不会导致合同的整体无效,但对于某些特别的条款,由于其与合同的其他条款或者合同内容具有非常紧密的牵连关系,与合同的整体具有不可分性(比如委托理财合同的保底条款)。因此,这些条款的无效就会导致合同的整体无效。

结合上述最高人民法院这一判定的逻辑推演,对于相关条款及合同效力的具体考察,应该放入我国证券投资大的历史背景下来具体进行。从我国目前的证券投资市场来看,对于国内的民事主体来讲,证券市场具有高度的开放性。任何年满18周岁的公民,只有具备完全民事行为能力,都可以通过证券经纪人参与证券市场的交易,法律对此并未设定特别的限制性条款。同时,我国的证券市场有上百家证券公司,可以为参与证券投资的民事主体提供行纪服务。而且,从资金、专业人才、信息、技术设施等各个方面,相对于普通的民事主体,证券公司都具有明显的优势。从投资主体支付的费率来看,委托证券公司理财与委托其他民事主体理财也更具有成本上的天然优势。委托普通民事主体代为理财的,受托方要参与证券投资交易,最终还是必须通过证券公司来进行市场交易。两者都要支付交易的手续费以及印花税。而委托普通民事主体理财的,除上述税费之外,一般还要支付额外的报酬,有的表现为相应的费率(比如支付给私募基金的管理费等),有的表现为从证券投资收益中提成。那么,为什么市场中还是有人委托其他非金融机构代为理财呢?总的来讲,不外乎以下两种原因。第一,委托人认为受托方能够提供强于金融证券投资机构的证券投资服务,从而甘愿为此支付额外的交易成本。第二,受托方替委托人提供无风险担保服务(比如本案)。在前者的情形下,一般来讲,受托方仅为委托方提供理财服务,但并不会承诺零风险。如果发生投资亏损,本金的损失还是由委托方自担。对于后者而言,最常见的无风险担保服务便是“保底条款”。从以上分析可以看出,委托人之所以愿意把自己的资金交由普通的非专业机构主体,而不是委托其他在市场普遍存在、触手可及、资金更为雄厚、专业人才更多、交易成本更低的证券公司去投资,归根结底,就在于这些民间委托理财协议的受托方提供了其他金融证券投资机构所不能提供的服务——“零风险”的保底条款。因此,正是由于该保底条款的存在,上述民间委托理财协议才有可能存在。如果没有了保底条款,从一般人的生活常识来判断,委托人基本上都不会签订此类民间委托理财协议。因此,在此类合同中,保底条款是作为整个合同的基础条款和核心条款而存在的,没有了保底条款,整个合同就失去了存在的基础。因此,法院认为,本案保底条款的无效导致双方之间委托理财合同的整体无效。

(四)关于本案损失发生的原因以及损失应如何分担的问题

徐清华在答辩和反诉中提出:孟笑冰违反合同约定,干预股票买卖是造成损失的原因。那么,是否可以认定孟笑冰存在干预徐清华股票买卖的行为呢?

本案中,徐清华接受孟笑冰的委托代为买卖股票,其在股票交易过程中起到全部决策作用。从双方的聊天记录可以看出,双方在 2014 年 6 月 12 日之前,只是在微信上进行了简单的交流,内容主要是关于徐清华何时将其承诺的人民币 20,000 元转入指定账户,没有涉及股票的买卖。2014 年 6 月 12 日至 19 日的股票交易均是由徐清华进行。在此期间,我国的 A 股市场发生了较大幅度下跌。A 股市场的重要指数"上海证券交易所股票价格综合指数"(以下简称沪综指)在 6 月 12 日创出该轮行情的最高点 5178.19 点,并于当日收盘于 5166.35 点。随后,A 股市场出现较大幅度大跌,6 月 19 日的收盘点位为 4478.36 点。在短短五个交易日内,暴跌了近 700 点,很多个股更是连续大面积跌停。本案的股票账户的损失在 2015 年 6 月 19 日就已经超过了本金的 10%,孟笑冰在此种情况下,开始在微信上向徐清华表达自己的不安和焦虑,在此之前,孟笑冰本人既未实际操作股票买卖,也未向徐清华发出任何干预徐清华买卖股票的微信内容。在 2015 年 6 月 19 日之后,A 股市场继续大幅下跌,沪综指在 2015 年 8 月 26 日的收盘点位为 2927.29 点。本案所涉证券账户的损失也进一步扩大。在此期间,孟笑冰向徐清华发送的微信内容涉及了相关股票的买卖。但是根据双方的约定,孟笑冰有权向徐清华提出建议,是否听取孟笑冰的建议,决定权在于徐清华。从委托理财法律关系的特点来看,正是由于委托方对于受托方专业知识和技能的信任,从而委托其代为理财,受托方的基本义务首先就在于不能让委托方的建议或者担忧影响自己的专业判断,否则,受托方就没有尽到自己的勤勉尽职义务。由此可见,孟笑冰在本案中此段期间的相关微信聊天内容,实质上就是一个股民在遭受亏损时的正常情绪反应,在 2015 年 7 月 30 日之前的微信内容,最多也只能算是其向徐清华提出自己的意见和建议。在 2015 年 7 月 30 日之后的微信,包括徐清华在答辩及反诉中提及的"……为什么不卖""……为什么一直不动""……卖了吧""清盘吧"等,虽然由于损失进一步扩大,孟笑冰的这些微信的语气较为强烈,但从性质上分析,还是属于建议和意见的范畴,不应当对徐清华的委托理财行为产生影响。同时,这些微信都是发生在涉案账户股票的损失早已超过双方约定的损失上限之后,与本案的损失没有因果关系。因此，徐清华的此项答辩及反诉理由不能成立，法院不予采信。

徐清华在答辩和反诉中提出：孟笑冰违反合同约定转出资金是造成损失的原因。在本案中，孟笑冰确实存在转出资金的行为，那么孟笑冰的行为是否违反了合同的约定，是否是发生损失的原因呢？

根据前文分析，孟笑冰与徐清华在 2015 年 5 月 20 日达成协议，双方按照此前第一份委托理财协议的内容继续进行合作。而双方的第一份委托理财协议中约定：若亏损率超过原资产额的 10%，本合同自动终止，并由徐清华弥补孟笑冰的损失。本案所涉委托理财账户在 2015 年 6 月 18 日收盘时，损失已经超过原资产额的 10%。从微信聊天记录可以看出，当损失进一步扩大的时候，孟笑冰数次建议徐清华清盘，徐清华都一直拖延未能及时清结。孟笑冰转出资金的具体时间均是发生在 2015 年 7 月之后，此时账户的亏损早已超过了合同约定的损失上限。孟笑冰在此情况下将剩余的款项转出账户的行为，与本案的损失之间也不存在因果关系。徐清华的此项答辩及反诉理由不能成立，法院不予采信。

徐清华自认为是专业理财人员，与孟笑冰签订含有保底条款的委托理财协议，在本案所涉的股票交易中起主导作用，在损失发生后，又未能按照合同的约定及时止损，导致损失进一步扩大，具有明显过错。对于本案造成的损失，徐清华应当承担主要的责任。孟笑冰轻信徐清华，与其签订无效的理财协议，对于损失的发生，有一定的过错，亦应承担一定的责任。本案损失共计人民币 59,574.23 元，根据本案的案情，综合各方面因素，法院酌情认定徐清华应对损失承担 90% 即人民币 53,616 元的责任、孟笑冰承担 10% 即人民币 5958.23 元的责任。扣除徐清华预付的人民币 20,000 元，徐清华还应支付孟笑冰人民币 33,616 元。徐清华迟延支付该款，还应赔偿孟笑冰的利息损失。由于双方未对利息的计算方式进行约定，孟笑冰主张按中国人民银行同期贷款利率计算利息，但由于中国人民银行发布的是同期贷款基准利率，故法院依法认定为按中国人民银行同期贷款基准利率计算。本案所涉损失发生于 2015 年，双方虽未对徐清华承担损失的具体时间进行约定，但根据常理，徐清华应该在损失发生的合理期间内，最迟也应在孟笑冰在

2015年12月转出涉案账户的全部款项、事实上终止合作时,向孟笑冰赔偿相应的损失。孟笑冰主张的利息计算期间为自2016年6月3日起算,不违反双方的约定和法律规定,法院予以支持。

【本案延伸问题】

保底条款是委托理财合同中较为重要的内容,通常情况下成为委托理财行为普遍吸引投资者投资的关键。保底条款大体分为以下三种类型:(1)保证本息固定回报条款,是指委托人与受托人约定,无论亏盈,受托人均保证委托资产的本金不受损失,并保证给付委托人约定的利息;(2)保证本息最低回报条款,是指委托人与受托人约定,无论盈亏,受托人除保证委托资产的本金不受损失之外,还保证支付委托人一定比例的固定收益率,对超出部分的收益,双方按约定比例分成;(3)保证本金不受损失条款,是指委托人与受托人约定,无论亏盈,受托人均保证委托资产的本金不受损失,对收益部分按约定的比例分成。

保底条款是当事人双方以意思自治的形式对受托行为所设定的一种激励和约束机制,现行法律尚无明确规定保底条款的效力,但在商事纠纷审理中,对某一种交易行为采取不同的司法态度、司法标准,将对相关市场主体今后的行为选择产生不同的影响,而这种行为选择又会对社会整体经济效益产生不同的影响。对于保底条款的司法态度,我们主要从以下几个方面加以研判:

第一,保底条款大量存在将对国家宏观经济、金融体系的稳定造成较大程度的不利影响。保底条款使得大量的社会闲置资金受保底收益的驱动,流入了证券市场和其他高风险投资领域,大量短线资金推动的证券市场容易失真,从而使得证券市场泡沫化。如果确认保底条款有效,将在证券市场出现“个体理性导致集体非理性”的局面,扩大整个证券市场的系统性风险。正因如此,我国有关规范特定金融机构受托投资行为的法律规定均对保底收益承诺作出禁止性规定,《证券法》第一百四十四条规定:“证券公司不得以任何方式对客户证券买卖的收益或者赔偿证券买卖的损失作出承诺。”《证券投资基金法》第二十条规定,基金管理人不得向基金份额持有人违规承诺收益或者承担损失。中国人民银行制定的《信托投资公司管理办法》第三十二条规定信托投资公司经营信托业务,不得承诺信托财产不受损失或者保证最低收益。上述这些法律规定虽然约束的对象是特定的金融机构,属于金融监管的范畴,但金融监管的目的是维护健康的金融市场秩序,防范系统性的金融风险。而对于非金融机构的受托理财行为,司法有必要通过对其中的保底条款予以司法干预,来维护金融市场的稳定,促进社会经济健康有序发展。

第二,保底条款违背市场基本规律。保底条款在经济层面上具有明显的信用投机色彩,在高风险的股票市场中,投资风险无法避免,不存在绝对只盈不亏的情形。保底条款将股票投资风险完全分配给受托人,违背市场经济基本规律和资本市场规则,诱导投资人非理性地将资金投入金融市场,扭曲证券市场正常的资源配置功能,并且不断放大二级市场的波动风险,引发市场泡沫。从这个意义来讲,相关的制度设计应当使股票市场投资者在获得可能的收益的同时,承担相应的风险。如果将股票市场看作只有投资收益、没有投资风险的市场,必将诱使大批不具备风险承受能力的中小投资主体,或者无法承受高风险的那部分社会资金进入股市,引发潜在的社会风险。而保底条款在本质上就是忽略股票投资高风险的特征,将相关的投资风险完全归属于一方,而另一方却只享受收益,不承担风险。虽然从个体来讲,也许可能使协议的一方暂时规避一定的风险,但从每笔具体的交易来讲,风险并未消失,只是在不同的主体之间发生了转移。而从整个投资市场的角度来看,这种投资协议的安排,违背了股票市场的基本规律,使得一方可以不顾风险地许下无法兑现的承诺,另一方无所顾忌地进行高风险投资,明显违背了股票投资的本质要求,也不符合制度设计者的初衷。《证券法》第一百四十四条规定:“证券公司不得以任何方式对客户证券买卖的收益或者赔偿证券买卖的损失作出承诺。”该条规定虽然未明确表述为“委托理财合同中保底条款无效”,但应理解为效力性强制性规定,证券公司与相应投资主体之间签订的保底条款应属无效条款。但如果证券公司与客户签订的委托理财协议中的保底条款无效,那么其他非证券投资机构乃至个人之间签订的委托理财协议中的保底条款的效力又如何呢? 对此,法律、法规虽然没有明确的规定,但保底条款之所以无效,并非在于特定主体从事了与自己身份不相符合的行为,而是保底条款本身的原因。亦即保底条款之所以无效不是因为条款设定者的特殊身份,而是保底条款自身的内容违背了股票市场的规律,扰乱了股票市场的正常交易秩序。进一步分析,如果资金实力更雄厚、信息资源更丰富、专业人才更多的证券公司与投资对象签订保底条款都会给证券市场造成不利的影响,那么其他资金、信息、技术、人才方面均不具备优势的个人对外承诺的保底条款无疑更不负责任,更可能引发风险。

综上所述,委托理财合同的保底条款破坏了证券市场稳定性,扭曲证券市场正常的资源配置功能,损害宏观经济健康运行,委托理财合同中的保底条款损害社会公共利益,且有违民法的公平原则,应被认定为无效条款。

【专家点评】①

关于自然人之间委托理财合同中保底条款是否有效的问题,目前无论在理论界还是在实务界都没有达成共识。在理论界,一种观点认为自然人之间的合同属于私法领域,应该尊重当事人的意思自治,只要合同内容是双方在自愿协商的基础上作出的意思表示,法律就应当予以尊重,承认其有效性。另一种观点则认为,根据《证券法》的规定,证券公司不得对客户证券买卖的收益或者赔偿证券买卖的损失作出承诺。自然人在业务能力、风险承受能力等方面都远不及证券公司,证券公司尚且不能作出保底承诺,自然人之间签订带有保底条款的委托理财合同对金融秩序的稳定可能会产生更大的冲击,那么举重以明轻,自然人之间委托理财合同中的保底条款理应无效。

在实务界,北京市高级人民法院在李贵国诉唐汇民民间委托理财合同纠纷案一案中提道:"协议中关于'理财亏损由李贵国全部承担'的条款,具有保底条款的性质,违背了民法的公平原则以及委托关系中责任

① 朱慈蕴,清华大学法学院教授,博士生导师。

承担的规则，亦违背了基本的经济规律和资本市场规则，应属无效约定。”上海市高级人民法院在朱骏与王志进委托理财合同纠纷再审一案中，作出了类似的判决。而浙江省高级人民法院在陈诺诉张天敏委托理财合同纠纷案中则提道：“陈诺提出，案涉委托理财合同中约定了‘由受托人承担全部亏损’这一保底条款，违反法律强制性规定，应属无效。然现行法律及行政法规并未从合同效力层面明确禁止委托理财合同作出上述保底约定，故陈诺该项主张缺乏法律依据，难以成立。”

本案中前海合作区人民法院采用了无效的观点，即否认了保底条款的有效性，这样处理有其合理性。一方面，虽然民间合同属于私法领域，应较大程度上尊重当事人的意思自治，但意思自治并不是绝对的，需要公平原则与之相配合。委托理财合同中的保底条款让一方当事人只享有收益的权利，而另一方当事人则需承担全部的投资风险，显然是不公平的。另一方面，理财合同不同于一般的民商事合同，其涉及金融市场的稳定，该等保底条款使得市场上的投资者不能按照与其风险相配的方式进行投资，而是让委托人更倾向于高风险的投资，违背市场规律，影响金融市场秩序，因此应当审慎考虑。

关于合同条款部分无效是否影响合同整体效力的问题，主要看无效部分是否会对当事人签订合同与否产生决定性的作用，如果在没有该无效部分的情况下当事人就不会签订合同，那么部分无效就会导致合同整体无效。而在委托代理合同中，对大部分委托人来说，他们是不愿意承担投资理财的风险的，也就是说，如果没有保底条款，大部分委托人不会与自然人签订委托理财合同，他们即使想要投资理财，也会选择业务能力更强的证券公司签订合同。可见，该合同的成立很大程度上是由保底条款促成的，因此，保底条款无效，则合同整体无效的判定是比较合理的。

本案的难点，一方面在于上述问题法律没有作出明确的规定，理论界和实务界也没有达成共识；另一方面在于在法院将保底条款和合同整体都判定为无效的情况下，如何厘清双方应承担的责任，从而将损失在双方之间进行分配。

本案中,深圳前海合作区人民法院在分配损失时,采用的是受托人与委托人按比例分别承担90%和10%的损失。之所以让受托人承担如此之重的责任,一方面,是因为本案中受托人确实存在过错,即在委托人要求其止损的情况下,受托人未及时采取合理措施;另一方面,实际上法院想要赋予受托人更多的注意义务。这样处理的合理性在于,在委托理财合同中,受托人往往比委托人具有更多的专业知识和技能,委托人则相对处于比较弱势的地位。而且在这种合同中,承诺保底条款是受托人为了达成合同的一种手段,合同能否达成往往受托人掌握着比较大的主动权和控制权,他们理应承担更多的义务。

该案最大的亮点在于,前海合作区人民法院在判定合同无效之后,另辟蹊径,从过错和责任承担的角度来判定双方对损失承担的比例,这种灵活的处理案件的方式是值得借鉴和发扬的。

商事交易活动中显失公平制度的适用

——史利兴诉深圳市融通资本管理股份有限公司委托理财合同案

李　凯　孔才池

【关键词】

委托理财合同　商事交易　交易安全　显失公平

【导　语】

委托理财是指个人或公司接受客户委托,通过投资行为对客户资产进行有效管理和运作,实现资产保值增值的业务。在市场投资遭遇重大损失后,合同各方主体往往互诿过错,甚至超越合同约定,对委托理财过程的公平性提出异议。本案的审理,对于如何厘定正常市场风险与权利义务不对等、是否适用显失公平制度以变更、撤销合同,提供了具有参考价值的裁判思路。

【裁判要点】

双方商行为纠纷审理中,应当注重维护交易安全,少用、慎用显失公平制度。可循以下两条思路从严把握:一是一方当事人在订立合同时意思自由是否受到了限制,包括是否欠缺交易经验、谈判能力、专业知识等;二是一方当事人遭受重大损失的肇因系市场交易风险还是合同约定的权利义务不对等,不能以当事人最终的盈亏结果直接反证合同权利义务配置的失衡。

【相关法条】

《中华人民共和国合同法》第八条、第五十四条第一款

【案例索引】

广东省深圳前海合作区人民法院(2016)粤 0391 民初 1374 号民事判决书(2017 年 1 月 6 日)

广东省深圳市中级人民法院(2017)粤 03 民终 7851 号民事判决书(2017 年 12 月 18 日)

【基本案情】

2015 年 5 月 25 日,史利兴与融通公司签署《资管合同》,主要涉及融通资本安天诚 3 号资产管理计划的各方权利义务,另含《风险申明书》《投资者风险适应性问卷调查》《风险承受度分类评分表》等。(1)《风险申明书》内容包括优先级份额低风险但收益稳定适中,进取级份额可能获取放大的资产收益,也将承担资产投资的全部亏损;计划触及预警线或止损线,进取级 B 份额委托人未及时追加资金的,管理人将降低仓位或平仓;计划终止时,参考份额净值低于 1,进取级 B 份额需承担追加资金无法取回的风险。(2)史利兴投资者风险适应性问卷调查中,风险承受度为稳健型。史利兴签署《风险承受度分类评分表》,内容包括所选的风险等级超过调查问卷评估等级时,资产委托人自愿承担投资风险等。(3)所涉计划的资产管理人为融通公司,资产托管人为兴业银行股份有限公司,投资顾问为深圳市前海安天诚投资咨询有限公司。资产管理计划销售目标为不低于 1.5 亿元,初始销售面值为 1 元/份,计划份额分为优先级、进取级 A、进取级 B 三类,优先级份额:进取级份额的初始配比为 2:1,其中进取级份额为 300 万元。所募集的三类委托财产合并运作,计划存续期限 1 年,存续期间不开放参与和退出。(4)关于预警线、止损线的约定:参考份额净值低于(含)0.90 元时,进取级 B 类委托人应当追加资金使其恢复至 0.90(不含)以上水平。否则资产管理人有权降低仓位。参考份额净值低于(含)0.85 元时,进取级 B 类委托人应当追加资金使其恢复至 0.90(不含)以上水平。否则资产管理人有权平仓,提前终

止计划。预警、止损的追加资金计入所涉计划资产总值,但不折算成份额计入资产管理计划,不改变优先级与进取级份额配比。参考份额净值连续5个交易日在1.00以上时,进取级B类委托人可要求一次性取回追加的资金,取回后参考份额净值不得低于1.00。计划终止时,参考份额净值低于1,进取级B份额需承担追加资金无法取回的风险。(5)关于提前终止及终止清算收益分配原则。优先级份额应得收益为年化利率7.3%,资产管理人不承诺也不保证优先级份额持有人收益或不亏损,其收益有可能低于上述约定的应得收益,也有可能面临亏损;收益计提未支付的管理费、托管费后,优先满足优先级份额的预期收益(年预期收益率7.3%),超额收益分配给进取级份额持有人,不足预期收益率时,由进取委托人的资产净值进行补充。进取级B份额以其资管计划利益为限,为进取级A份额的委托资产本金提供保护。作为对价,进取级B份额享有盈利部分的25%,剩余收益按照进取级份额比例进行分配。(6)合同终止后,资产管理人组织成立清算小组,清算小组成员由资产管理人、资产托管人组成,负责财产保管、清理、估价、变现和分配。

2015年5月25日,史利兴支付300万元购买所涉计划进取级B份额300万份。2015年5月28日,《资管合同》所涉计划于中国证监会基金部备案登记,委托资产总金额15,840万元。2015年7月15日,融通公司以参考份额净值跌破预警线为由,通知史利兴追加资金700万元。2015年7月16日,史利兴向所涉计划追加资金760万元。2016年5月30日,融通公司与资产托管人出具清算报告,内容包括:(1)初始成立规模15,840万元,存续期限2015年5月28日至2016年5月30日。(2)优先级实际年化收益率7.3%,进取级A实际年化收益率-42.39%,进取级B实际年化收益率-448.42%。可分配资金金额13,862.98万元,其中优先级本金10,560万元,进取级A本金及收益2845.831,835万元,进取级B本金及收益0元,优先级收益388.61万元(第二期,共两期,第一期已获取收益为390.72万元),已全部清仓。

另查明,史利兴具有基金从业资格,系深圳市前海安天诚投资咨询有限公司总经理。

【当事人观点】

原告史利兴提出诉讼请求:(1)被告深圳市融通资本管理股份有限公司(以下简称融通公司)向史利兴返还投资款9,540,000元;(2)融通公司承担本案诉讼费用。事实和理由:2015年5月25日,史利兴、融通公司签订了合同,融通公司向史利兴销售融通资本安天诚3号资产管理计划中的基金产品,产品的结构设置中有优先级、进取级A、进取级B,优先级的份额为10,560万元,进取级A4980万元、进取级B为300万元,史利兴购买的是进取级B的300万元,这是封闭式基金,按照此结构,进取级B可以在盈利的情况下享受25%的收益。2015年7月15日融通公司要求史利兴追加资金700万元,2015年7月16日史利兴追加资金760万元,产品到了2016年6月结束,融通公司在清算时告知史利兴资产剩余为0元,史利兴对760万元剩余为0提出了异议,而在此之前融通公司曾通知史利兴剩余资产为130万余元。按照止损比例0.9计算,融通公司应当返还史利兴剩余资金954万元。封闭基金时间和份额是固定的,份额上史利兴分了三个级别,进取级B对优先级和进取级A有收益保护,所以存在杠杆倍数问题,进取级A属于中间级,在计算杠杆倍数中变为优先级,因此本案杠杆倍数实际上达到了52.8倍,超过了2015年3月份监管部门关于杠杆不能超过10倍的规定。追加资金由于不是封闭资金份额,并不与进取级B的300万元行使相同权利,实际上只是一种独立投资,所以在计算风险的时候只能承担市场风险。在庭审中,史利兴主张其进取级B级份额300万元应当在10倍杠杆系数范围内承担风险,760万元追加资金应当按照净值比例0.87承担亏损。

被告融通公司辩称:(1)史利兴与融通公司的权利义务应以双方签署的《融通资本安天诚3号资产管理计划资产管理合同》(以下简称《资管合同》)约定为准;(2)史利兴根据合同约定追加的资金应当作为本计划财产清算分配,但不折算成份额;(3)融通公司根据合同约定分配计划财产,没有义务向史利兴支付任何其他款项,也没有义务按照所谓"止损"比例0.9向史利兴返还任何款项;(4)融通公司已向史利兴充分披露本计划的风险,史利兴已充分知悉并表示愿意承担该等风险,应当自行承担本计划的亏损。

【本案争议焦点】

1. 融通公司与史利兴订立合同是否单方商行为抑或双方商行为。

2. 融通公司与史利兴之间的合同权利义务是否不对等，史利兴所遭受的重大损失的肇因系市场交易风险抑或双方权利义务不对等。

【裁判结果】

广东省深圳前海合作区人民法院于 2017 年 1 月 6 日作出(2016)粤 0391 民初 1374 号民事判决，驳回原告史利兴的诉讼请求。广东省深圳市中级人民法院于 2017 年 12 月 18 日作出(2017)粤 03 民终 7851 号民事判决，驳回上诉，维持原判。

【裁判理由】

法院生效裁判认为：本案纠纷的实质在于史利兴分两次投入 1060 万元，现投资价值归零，这一结果是否属于史利兴所应承担的投资风险。本案具体涉及以下三个方面的法律问题：一是在订立合同方面，融通公司的资产管理计划是否违规，具体包括其杠杆倍数是否过高、是否存在保本保收益的承诺、合同中是否存在排除史利兴权利的格式条款等问题，如上述问题存在，是否对原告、融通公司之间所签订的合同效力具有影响；二是在履行合同方面，融通公司是否依约履行了通知义务，史利兴追加的 760 万元投资属于何种性质；三是在合同履行结果方面，融通公司与资产托管人所出具的清算报告对史利兴是否具有法律效力。

(一)关于杠杆倍数是否违规及其对合同效力是否产生影响的问题

2014 年 9 月，中国证券监督管理委员会在“资产管理业务座谈会”中提出“八条底线”的监管要求，包括“杠杆率不得超过十倍”“不得违规承诺保本保收益”等。在 2015 年 3 月中国证券投资基金业协会发布施行的《证券期货经营机构落实资产管理业务“八条底线”禁止行为细则》(以下简称《资管细则》)中，“分级资产管理计划”被解释为“存在某一级份额为其他级份额提供一定的风险补偿或收益分配保障，在收益分配中获得高于其按份额比例计算的剩余收益的资产管理计划”；该《资管细则》将管理份额划分为“优先级份额”与“劣后级份额”两种;该《资管细则》第八条规定“分级资产管理计划的杠杆倍数不得超过 10 倍”;杠杆倍数 =(优先级份额 + 劣后级份额)/劣后级份额。本案所涉委托资产总金额为 15,840 万元,其中优先级的份额为 10,560 万元,进取级 A 为 4980 万元、进取级 B 为 300 万元。对于本案的资产管理计划来说,如果将“进取级 A”与“进取级 B”共同视为“劣后级份额”,那么该计划当中优先级份额与劣后级份额的杠杆比例则为 3∶1 [(10,560 + 4980 + 300)/(4980 + 300)];但如果将“进取级 A”份额视为优先级份额,那么该杠杆比例则变为 52.8∶1[(10,560 + 4980 + 300)/300]。

上述三类份额的性质,应当根据实际情况按照《资管细则》的分类来确定。从《资管合同》的约定来看,涉案计划优先级、进取级 A、进取级 B 在风险与收益上存在明显区别,虽然进取级 A 份额与进取级 B 份额共同为优先级份额提供保护,但对于同为进取级的两类份额来说,进取级 B 还须为进取级 A 本金提供保护,而作为对价,进取级 B 份额在盈利的情况下可优先获取整个资产管理计划收益的 25%。如果在计算杠杆倍数时将进取级 A、进取级 B 看成一个整体,不难得出杠杆倍数为 3 倍的结论,但这一杠杆倍数却难以解释为什么终止清算的份额净值是 0.87 而进取级 B 的本金却已归 0,因为当杠杆倍数为 3∶1 的情况下,劣后级份额风险尚未到归 0 的程度,而应有一定的净值(如事实上进取级 A 的终止净值约为 0.57)。因此,在本案的管理计划当中,事实上存在两种风险的劣后级份额,进取级 A 份额与进取级 B 份额在杠杆倍数方面存在明显的差异。此类情况在此后的相关管理规定中被进一步明确,2016 年 7 月 18 日中国证监会发布施行的《证券期货经营机构私募资产管理业务运作管理暂行规定》中规定,“中间级份额在计算杠杆倍数时计入优先级份额”,按照该规定的划分,本案中的进取级 A 份额即应属于中间级份额,在计算杠杆位数时应视为优先级份额。虽然本案当事人签订合同时该规定尚未出台,但本案中两种杠杆倍数同时存在的情形却是显而易见的,融通公司试图以份额分级方面的技巧来掩盖其杠杆倍数过高的解释,一审法院不予采纳,进而认定进取级 B 份额的杠杆倍数已经超出了《资管细则》关于杠杆倍数的限制性要求。

但是,尽管本案进取级 B 份额实际杠杆倍数约为 52.8,违反了中国证券监督管理委员会的监管要求与《资管细则》的规定，但其并不导致本案中原告、融通公司之间所签订的《资管合同》无效。因为，中国证券监督管理委员会会议提出的“八条底线”监管要求属行政管理要求，而《资管细则》则属于行业自律规则，其对于资产管理行为的调整要求均不能作为影响合同效力的依据。《合同法》第五十二条第（五）项规定，“违反法律、行政法规的强制性规定”的，合同无效。而上述行政管理的要求与行业自律的规则均不属于法律与行政法规的范畴，虽然融通公司在经营中违反了上述文件的规定，但不能据此认定双方之间的合同无效，该合同仍然对双方当事人具有约束力。上述文件可以作为行政管理与业内管理的依据，有关部门可据此对违规单位给予经营方面的一些限制，如上银基金就曾因类似行为而受到“暂停受理该资产管理计划备案三个月”的处理，但其不能对合同效力产生实质影响。综上，虽然本案所涉资产管理份额杠杆倍数超出了行政管理的限制，但双方之间所签订的合同依然合法有效，各方当事人均受该合同的约束。

（二）关于融通公司是否存在对优先级份额承诺保本保收益及其对合同效力是否产生影响的问题

在终止清算的结果中，整个资产管理计划处于亏损的结果，但优先级份额却仍然获得了全部本金及年化收益率7.3%的收益，这一结果容易令人认为融通公司在合同执行当中对优先级份额实施了保本保收益的安排，但综合《资管合同》当中的相关约定，对这一结果不宜按照这样的方式来理解。《资管合同》中对于优先级份额权益的设定是享受固定收益，承担较低的风险。但承担较低风险并非没有风险，亦不能等同于保本保收益。从本案的实际情况来看，优先级份额最终之所以能够取得7.3%的年化收益，是因为相对于优先级份额的风险警戒线并未突破，优先级份额的权益才未受影响。从最终清算的结果来看，可分配资金金额13,862.98万元，而优先级份额的本金为10,560万元，优先级收益合计779.33万元（388.61万元+390.72万元），可分配资金金额足以支付优先级份额的本金及收益，故优先级份额的权益在本案中未受影响。但如果终止清算的可分配资金金额不足以支付优先级份额的全部本金及收益，那么优先级份额投资者的权益也是会受到影响的。综合审查原告、融通公司合同当中关于优先级份额的约定（其合同既针对进取级 B 份额,也包括了优先级份额和进取级 A 份额),结合资产管理计划的实际执行情况来看,不能认定融通公司针对优先级份额作出了保本保收益的承诺。

另就这一问题的法律后果而言,双方争议的实质还是关于双方合同的效力以及合同执行方面的问题。事实上,无论融通公司在产品销售的过程中是否作出了保本保收益的承诺,从资产管理计划本身的设计来说,其已经通过一系列的规则设计以降低优先级份额的风险。在进取级 A 份额的净值归零之前,优先级份额无须承担投资的亏损;而当参考份额净值低于(含)0.85元时,资产管理人有权进行平仓,在这一情况下,进取级 A 仍有一定比例的净值存在,仍然可以起到为优先级份额担保的作用,所以优先级份额从规则设计来说本身就是低风险的。中国证券监督管理委员会会议提出的"八条底线"监管要求与《资管细则》中不得在销售资产管理计划时向投资者违规承诺保本保收益的规定,应当是出于金融管理方面的考虑,但这些规定也系行政管理与行业自律的要求,如前所述,该规定并非法律、行政法规的强制性规定,因此即便融通公司对于优先级份额的投资者作出了保本保收益的承诺,也仅仅是违反了金融管理的要求,并不能据此认定当事人之间的合同无效。另外,此类承诺所直接约束的是融通公司与优先级份额投资者之间的权利义务关系,并不直接涉及史利兴的利益。史利兴就此提出质疑,除了合同效力问题之外,其观点中还包含有这样一层意思,即认为由于融通公司对优先级份额进行了保本保收益的安排,从而影响了进取级 B 份额的终止净值。关于这一问题归根结底仍是合同效力的问题,虽然此类承诺违反了行政管理方面的要求,但融通公司与优先级份额投资者之间的合同依然是有效的,双方均应按照合同约定履行自己的义务,因此清算小组在清算时向优先级份额投资者兑现其保本保收益的承诺是合法有效的,对于史利兴通过否认上述承诺的效力进而否认关于终止清算时进取级 B 份额净值的观点,缺乏法律方面的依据。

(三)关于涉案合同是否为格式合同以及其中有关条款是否无效的问题

本案的《资管合同》系融通公司预先制作的,并普遍适用于涉案资产管理计划的全部投资者,属于为了重复使用而预先拟定的合同书;合同中对于优先级份额、进取级 A 份额、进取级 B 份额所涉合同各方的相关权利义务内容均分别予以确定，这些条款均属于未经与对方当事人协商即确定的条款；合同书封面及每页的页眉上均标注有“融通资本安天诚 3 号资产管理计划资产管理合同”的字样，封面下方标注有“资产管理人：深圳市融通资本财富管理有限公司”的字样，已经明确表明了合同书的提供者，故认定此合同书系融通公司预先拟定的，对于合同书中印刷的条款订立合同时未与对方协商的条款，这些条款符合上述格式条款的概念，因此合同书中所印刷的条款属于格式条款。

涉案合同中关于杠杆倍数的约定属于合同的主要内容之一，其系涉案资产管理计划的项目安排，虽然对于进取级 B 份额来说具有较高的风险，但作为对价，其在盈利时亦可以取得较高的收益回报（在盈利的情况下，进取级 B 可获取 25% 的整体收益），因此其并不存在排除史利兴主要权利的情形；关于优先级份额在整个项目亏损的情况下仍可取得其收益的约定系融通公司与优先级份额投资者之间的主要权利内容之一，其亦属于整个资产管理计划当中的一部分，其所明确的是融通公司与优先级份额投资者之间的权利义务关系，其虽与史利兴之间具有一定的关联性，但并不涉及排除史利兴主要权利的内容；关于进取级 B 份额在发生亏损时不能按照净值比例返还本金的约定则系融通公司与进取级 B 份额投资者之间的权利义务关系，其系进取级 B 份额投资者在该资产管理计划当中所应承担的风险，而投资者承担投资风险并不能理解为系排除投资者的主要权利，合同中关于其风险与收益的约定综合到一起才是完整的合同内容，不能将两者割裂开来，仅仅看到投资者所须承担的风险问题。因此，虽然涉案合同系融通公司提供的，其中存在一些格式条款，但这些条款既未违反法律规定，也不存在排除史利兴主要权利的情形，史利兴主张涉案格式条款无效，缺乏法律依据，一审法院不予支持。

（四）关于风险提示及履行报告义务的问题

融通公司在史利兴进行投资前对史利兴进行了风险评估，其结果为稳健型，并不适宜投资此类高风险产品，但这一评估结果并非是对合同双方当事人交易行为的限制，而是用于为史利兴投资提供咨询建议的参考。本案史利兴具有基金从业资格,且恰好担任涉案计划投资顾问单位的总经理,其所在单位负责向融通公司发送所涉计划的投资指令,甚至参与所涉计划的投资运作。史利兴是有别于普通金融消费者的基金专业投资人,应当认定其对涉案计划是充分了解的,他的投资既表明了其对涉案计划的投资信心,同时也表明了其对自己所在公司投资顾问能力的自信。史利兴作为具有基金从业资格的金融专业人士,具有金融方面的专业知识,其对自身风险承受度以及金融产品的风险收益特征,应具备比普通消费者更为深入全面的认识理解。且史利兴所签署的《风险承受度分类评分表》上有加粗提示:"如果资产委托人所选计划的风险等级超过本调查问卷对其评估的风险等级时,资产委托人在此声明资产委托人的投资行为系其自主独立的意愿与行为,并愿意自行承担投资风险。"史利兴主张融通公司未充分披露投资风险影响其风险判断与投资选择,缺乏法律依据,一审法院不予支持。

关于履行资产报告义务的问题,融通公司辩称已通过官网履行报告义务,但未在举证期限届满前提交相关证据。一审法院认为,融通公司是否按照约定履行报告义务理应由作为资产管理人的融通公司负举证责任。融通公司在准许延期举证的情况下,仍然未在举证期限届满前提交履行报告义务的证据,其应当承担举证不能的后果。但是,本案资产委托人并非仅有史利兴一人,还有许多其他投资者,报告义务作为本案合同的附随义务,从合同约定来看,融通公司可以通过官网等简便方式进行资产状况报告。而史利兴在接到追加资金通知的次日即超额追加资金760万元,作出如此重大的投资决定,根据生活经验法则,亦可反证史利兴对所涉计划运行状况知悉。另外,史利兴系所涉资产管理计划投资顾问单位的总经理,其具有更加便利的条件获知融通公司资产管理计划的进展情况,故史利兴主张其对资产管理状况不知悉,进而影响其投资决策的主张是不能成立的。

(五)关于史利兴追加760万元款项的性质问题

随着市场的波动,当涉案资产管理计划单份净值跌破警戒线之后,史利兴按融通公司通知的要求向融通公司追加支付了760万元。史利兴追加资金的行为是依据《资管合同》所实施的自救行为,属于史利兴自愿履行合同的行为。因为,依照双方之间合同的约定,当参考份额净值低于(含)0.90元时,进取级 B 类委托人应当追加资金使其恢复至 0.90(不含)以上水平,否则资产管理人有权降低仓位;参考份额净值低于(含)0.85 元时,进取级 B 类委托人应当追加资金使其恢复至 0.90(不含)以上水平,否则资产管理人有权平仓,提前终止计划。本案史利兴追加资金的行为正是在这样的情形下发生的,当涉案计划参考份额触及警戒线之后,融通公司通知史利兴须追加资金,此时史利兴可以选择追加或不追加,但如其不追加,融通公司则有权降低仓位,直至平仓,提前终止计划。史利兴无疑是不希望融通公司在此时降低仓位或平仓的,所以才作出了追加资金的选择,以继续保持自己在整个资产管理计划当中的权利,所以其追加资金的行为系自愿履行合同的行为,而不是针对整个资产管理计划的新的投资。

《资管合同》还约定,预警、止损的追加资金计入所涉计划资产总值,但不折算成份额计入资产管理计划,不改变优先级与进取级份额配比;参考份额净值连续 5 个交易日在 1.00 以上时,进取级 B 类委托人可要求一次性取回追加的资金,取回后参考份额净值不得低于 1.00;计划终止时,参考份额净值低于 1,进取级 B 份额需承担追加资金无法取回的风险。合同当中对于追加资金的后续处理已经作出了明确的约定,史利兴可以在上述条件成就时取回所追加的资金,但如参考份额净值始终低于 1,则其所追加资金将只能成为由史利兴自行承担的损失,史利兴在追加资金时即须按照合同约定承担这一风险。所以,史利兴追加资金的行为系其为了继续保有在资产管理计划中的投资权益所采取的自救行为,但因市场波动导致参考份额净值始终低于 1,故史利兴只能依照合同约定承担这部分损失,对于其要求按照终止清算净值的比例取回投资的主张,一审法院不予支持。

(六)关于融通公司与资产托管人所出具的清算报告对史利兴是否具有法律效力的问题

在前文事实查明的部分,一审法院已依据双方《资管合同》的约定对涉案计划的清算报告予以采信,对其清算结果予以确认,此处不再赘述。史利兴虽未参与清算行为但并不影响清算报告的效力,因为当事人已经在合同中对于清算事宜进行了约定,该约定对史利兴具有约束力,而本案的清算行为系完全按照合同约定而实施的,其在清算主体与清算程序方面均符合约定,因此其清算结果对史利兴来说也具有法律效力。另外,从操作层面来说,由于涉案资产管理计划所涉人数众多,让每位投资者都参与到清算过程当中是不具有可行性的,因此《资管合同》选择由融通公司与第三方机构共同成立清算小组进行清算符合实际情况,也符合该行业惯例。所以,尽管史利兴与其他投资者均未参与涉案资产管理计划的清算活动,一审法院对于涉案清算行为的效力与清算结果均予以确认。

【裁判思路解析】

本案是封闭基金运作引发纠纷的典型商事案件,原告在涉案基金投资中遭受重大损失,诉求赔偿。被告则抗辩其不存在过错,请求驳回原告诉求。综观全案,隐含了关于显失公平制度是否适用于商事交易活动的核心命题。

在显失公平主观要件的审查上,须根据单方商行为、双方商行为的不同情形相应地分别采取"弱式意义上的平等对待""强式意义上的平等对待"标准,不可以当事人的组织或者自然人身份而直接、简单地得出当事人交易地位的强弱结论。本案原告史利兴虽为自然人,但系有别于普通金融消费者的经验丰富、实力较强的专业投资人。融通公司与史利兴订立合同并非经营者与消费者之间的单方商行为,融通公司与史利兴都是专业商主体,故应适用"强式意义上的平等对待",对显失公平主观要件的认定应当是极为严格的。

在显失公平客观要件的审查上,不仅要关注当事人所遭受的重大损失,更要追溯其直接肇因,系市场交易风险抑或合同权利义务不对等?因为商事法律关系的独特之处在于商事主体追求营利,为此可能将营利性发挥到极致,相应地也将面临巨大的市场风险,甚至形成"零和博弈"。在考虑商事活动的公平性时,不能忽视交易过程中曾经蕴藏、现已流逝的收益商机,仅凭重大损失的既成事实直接反证利益的失衡。否则,不但不利于维护交易安全,反而背离公平的本意。在金融资产交易中,即便是金融专业人士对合同的权利义务配置是否公平也都难以作出普适的准确评估,更遑论司法裁判者。在双方商行为审理中,例外适用显示公平制度时,或可循以下两条思路对当事人的利益均衡性进行大致评判:一是一方获得利益是否严重超过了法律所允许的限度,且以另一方当事人的利益损害为代价;二是合同约定的各方权利义务是否严重不对等,须以订立合同时各方可预见的大体风险与收益来确定,不能以当事人最终的盈亏结果直接反证合同权利义务配置的失衡。

【本案延伸问题】

显失公平的构成要件,学术界历来有单一要件说(亦称客观要件说)、二重要件说(主客观统一说)的论争,后更出现“修正的单一要件说”“修正的二重要件说”。单一要件说认为只需行为的内容依行为成立或效力实现时明显地有失公允,至于主观原因则在所不问。二重要件说认为客观上当事人之间的利益严重失衡,且主观上一方具有利用优势或另一方的轻率、无经验之故意。是否强调主观要件成为学理论争的关键、实务处理的难点,聚讼纷纭。但基于商事活动侧重交易安全、合同自由的特征,在案件审理过程中强调显失公平的主观要件应不存争议,如此将有利于维护交易安全和经济秩序的稳定,符合比较法的发展趋势,符合我国立法及司法的本意。而且,在我国民商合一的立法体制下,为了避免滥用显失公平制度,须明确其主要适用于一般民事主体之间的合同、经营者与消费者之间的合同,一般不适用于商事主体之间的合同。仅就商事主体之间在交易经验、谈判能力和专业知识等方面过于悬殊,始有“少用、慎用”显失公平制度的可能。

【专家点评】①

本案涉及的核心问题是合同中的显失公平与商业风险之间的界定问题。无论是采用二元论还是三元论,显失公平的判断标准都包含:第一,合同订立之初,双方当事人处于不平等的地位,按照《民法总则》第一百五十一条的规定,一方当事人利用对方当事人缺乏经验、判断能力或处

① 朱慈蕴,清华大学法学院教授,博士生导师。

于危困状态时与之订立合同;第二,双方订立合同的结果明显不对等,即一方当事人享有更多的权利,另一方当事人承担过多的义务,双方利益处于极不均衡的状态。而在司法实践中对显失公平的判定标准极为严格。一般情况下,在合同关系中法院会优先考虑适用契约自由原则,尊重双方当事人的意思自治。只有当一方当事人出具明显的证据,证明自己在合同签订时处于弱势地位,且另一方当事人利用其弱势地位,与其签订严重损害其利益的合同,法院才会以显失公平为由判定撤销合同。

而商业风险是指在商业活动中,由于市场存在不确定因素,商业主体在追求获利机会的同时,也必将面临承担损失的风险。在商业活动中,高风险一般是与高收益并存的,这一点在金融投资活动中尤为明显。

在实践中,商业风险与显失公平主要是在情势变更时发生冲突,即发生情势变更时应该认定为属于一方应该承担的商业风险还是以合同显失公平为由变更或者撤销合同,这在实践中往往是比较棘手的问题,需要根据个案分别作出判断,但本案实际上没有这么复杂。

本案中关于是否为显失公平的判断其实是比较明显的,一方面,从合同双方主体的强弱地位来看,虽然从表面上来看史利兴作为自然人相对于深圳市融通资本管理股份有限公司处于弱势地位,但史利兴是具有基金从业资格的专业人员且是深圳市前海安天诚投资咨询有限公司的总经理,具有金融投资的专业知识,对金融投资的风险以及合同的性质是明知的。因此,从双方当事人签订合同时所处的地位来看,不应认为双方处于明显的不对等关系。另一方面,该案中虽然原告史利兴在涉案计划中损失率为13%,损失了1060万元(包括追加投资的760万元),但若该投资盈利,其获得的收益也是非常巨大的,按照法院给出的计算结果,若该计划取得50%的收益(是极有可能的),则收益额为7920万元,原告获得的收益在1500万元以上,即其可获得500%以上的收益。且原告虽然在进取级B中遭受损失,但其在优先级中仍能够享有收益。因此,从整体来看,合同的结果也并非是利益不对等的。综上,该案中,涉案双方签订的合同并非显失公平,而是原告应该承担的风险。

该案的难点在于，其涉及金融投资领域，如果不能作出较好的判决，可能会对今后金融市场中委托理财等行为产生一系列的影响。因为金融投资不同于普通的商业行为，其本身属于风险与收益并存的活动，如果所有的投资者在遭受损失后都以合同显失公平为由请求法院撤销合同或让合同相对方赔偿损失，最终导致的结果就是受托方承担了全部的投资风险，这显然是与市场规律不符的。因此该案的判决结果尤为重要，它代表的不只是一个案子，更是一种社会行为的引导：告诉投资者要理性地根据自己的风险承担能力作出投资选择，不能只看到眼前的收益，而忽略潜在的风险，不要等到遭受损失了，再去追究受托人的责任，这显然是极不理智的，司法也不能形成这种错误的引导。深圳前海合作区人民法院在该案中作出的判决，对该区金融投资领域的发展具有不容小觑的作用。

随着我国金融市场的不断发展，越来越多的人参与到投资活动中，委托理财合同纠纷也越来越多地出现在司法领域。但是我国在金融证券等相关法律中，对该部分的规定尚不完善，且涉及委托理财合同的问题往往比较复杂，不仅需要金融证券等相关法律法规，还需要《合同法》及相关民法理论的配合，不仅需要考虑法律法规的规定和法治理念的实施，更需要切实考虑金融市场的相关规律。可见，在与委托理财合同相关的理论、实践的探索中，我们任重而道远。

涉港案件中立第三方评估制度对纠纷解决的意义

——庄成与文继寿、文继光保证合同纠纷案

余长勇　陈雅凌

【关键词】

涉港案件　中立第三方评估　香港法律查明　多元化纠纷解决　保证合同

【导　语】

深圳毗邻香港，前海法院集中管辖深圳市辖区内应由基层法院管辖的一审涉外涉港澳台商事案件，其所受理的涉港商事案件数量居全国首位。香港与内地分属不同法系，两地的文化和生活及交易习惯等均有不同，为有效削减其给涉港案件处理带来的不良影响，前海法院创立了涉港案件中立第三方评估制度，并取得了良好效果。涉港案件中立第三方评估制度是一个什么样的制度，其与一般中立第三方评估制度有什么区别，与一般域外法查明途径又有什么不一样，适用该制度对纠纷解决有什么意义，在国家发展大局中对经济社会发展有什么作用和影响等，弄清这些问题对更好理解并发挥涉港案件中立第三方评估制度的作用和更好促进相关纠纷解决具有重要意义。本文将以前海法院适用涉港案件中立第三方评估制度审结的第一起案件为例，对以上相关问题进行探讨，以期起到抛砖引玉的作用。

【裁判要点】

在涉港案件中，根据当事人的约定或相关法律的规定，应依法适用香港法律对案件进行裁判。创立涉港案件中立第三方评估制度，对拓宽香港法

律查明途径，增强当事人对判决结果的可预测性，进而促进当事人理性选择纠纷解决方式和对矛盾纠纷的多元化解都具有十分重要的意义。

【相关法条】

《中华人民共和国涉外民事关系法律适用法》第三十一条、第三十二条、第三十三条、第四十一条

《最高人民法院关于适用〈中华人民共和国民事诉讼法〉的解释》第十五条、第五百五十一条

《中华人民共和国民事诉讼法》第一百四十五条第一款、第一百五十四条第一款第（五）项

【案例索引】

广东省深圳前海合作区人民法院（2015）深前法涉外初字第250号民事裁定书（2017年8月4日）

【基本案情】

文伙泰生前为香港特别行政区永久性居民，并与庄成系多年的生意合作伙伴。2010年9月15日，文伙泰欠庄成人民币150万元。之后，文伙泰于2014年7月去世。文继寿、文继光均为文伙泰的合法继承人。2015年8月12日，庄成向前海法院对文继寿、文继光提起民事诉讼，请求法院判令文继寿、文继光支付欠款人民币150万元（负连带责任），并支付欠款利息至清偿债务之日止，同时承担本案的诉讼费。本案审理过程中，原告庄成于2016年9月13日申请追加文伙泰之妻文麦英妹、之女文继凤、文继顺为本案被告。2017年8月1日，庄成以寻求其他合法渠道解决相关纠纷为由，向法院提出撤诉申请。

【当事人观点】

原告庄成诉称：庄成与文伙泰系多年生意合作伙伴。文伙泰在深、港两地经营多家公司。2008年，文伙泰因生意周转需要向谢浪借款人民币100

万元,庄成为其提供担保,借款合同约定借款期一个月,利息为每月 3%,但文伙泰一直未能归还此欠款。2010 年 9 月,谢浪要求庄成及文伙泰还款,文伙泰指示庄成还款并表示所还款项视为对庄成的借款。庄成经与谢浪协商一致,还款本息共计人民币 150 万元,经文伙泰同意后于 2010 年 9 月 15 日付款。2013 年 8 月,庄成曾与文伙泰协商结算资金事宜,文伙泰口头表示同意,不料当月文伙泰意外摔倒昏迷不起,后于 2014 年 7 月宣告不治身亡。文继寿、文继光系文伙泰之子,为文伙泰法定继承人。文继寿在成为文伙泰名下多间公司法定代表人后,庄成多次与其接洽,均遭拒绝或联系不上。故将文继寿、文继光诉至法院,并提出还款人民币 150 万元(连带责任),支付欠款利息至清偿债务之日止,同时承担本案诉讼费的诉讼请求。

被告文继寿、文继光未到庭应诉,也未提交书面答辩意见或证据。

【裁判结果】

广东省深圳前海合作区人民法院于 2017 年 8 月 4 日作出(2015)深前法涉外初字第 250 号民事裁定:准许原告庄成撤诉。

【裁判理由】

法院生效裁判认为:对于庄成提出的撤诉申请,法院依法审查其是否自愿合法。依据《涉外民事关系法律适用法》《最高人民法院关于适用〈中华人民共和国民事诉讼法〉的解释》等相关法律的规定,对本案所涉及的继承法律关系应适用香港特别行政区的法律进行审理。原告庄成向法院提交了由香港特别行政区史蒂文生黄律师事务所郑炎潘律师于 2017 年 2 月 16 日出具的《香港法律查明意见书》,该意见书对本案的意见是"根据该案原告庄成的起诉状内容,被继承人文伙泰欠庄成的债务应属其个人债务性质。根据香港特别行政区法律,该债务在文伙泰去世后落入其遗产内,由遗产的资产承担和抵偿,如有不足,债权人亦不能向文伙泰的遗产继承人追讨,盖后者在法律上没有清偿被继承人债务的责任"。

为了更准确理解和适用该案所涉香港特别行政区法律问题,前海法院委托香港特别行政区林李黎律师事务所林新强律师,根据法院提供的《民事起诉状》《借款协议》《收款收据》《借款人身份信息》《收据》《身份信息》(被告)《证人证言》《证人郑启聪身份信息》《开庭笔录》《香港法律查明意见书》及其出具人身份证明等材料,就该案在适用香港特别行政区法律以及参照香港特别行政区诉讼程序下可能作出的判决结论出具了中立第三方评估报告。评估报告认定的事实为:文伙泰为香港特别行政区永久性居民,并于2014年7月去世;庄成与文伙泰为多年的生意合作伙伴,文伙泰生前于2010年9月15日欠庄成人民币150万元;文继寿、文继光均为文伙泰合法继承人。评估报告根据香港特别行政区的相关法律作出评估总结,即由于文继寿、文继光的主体资格不适格,尽管庄成有诉讼因由及起诉没有超出时效,庄成的起诉不成立;基于此,对于庄成在2016年9月13日提出的追加文麦英妹、文继凤、文继顺为被告的申请,也应没有理据,不应支持。

根据本案中的法律查明意见书和第三方评估报告,法院就相关问题和情况向原告庄成释明:法院将以香港特别行政区的法律作为本案所涉及的继承关系适用的准据法,而根据香港特别行政区的法律规定,继承人并不当然对于被继承人的债务承担清偿义务。在本案现有的证据下,文继光、文继受并非本案适格的被告。经过释明后,原告庄成向法院申请撤诉。对于其撤诉申请,法院经审查属自愿合法,故依照《民事诉讼法》第一百四十五条第一款、第一百五十四条第一款第(五)项之规定,裁定准许原告庄成撤诉。

【裁判思路解析】

本案是涉港案件,正确处理的关键是在明晰相关法律关系的基础上,依法查明并正确适用香港法律。基于这样的认识和考虑,本案的裁判遵循了以下思路。

(一)厘清本案涉及的法律关系

通过对原告所诉案件事实的分析梳理,本案涉及以下三个方面的法律关系。第一,借款合同法律关系。即文伙泰向谢浪借款及约定利息所涉及的法律关系。第二,担保合同法律关系。即庄成为文伙泰向谢浪借款及约定利息提供担保所形成的法律关系。以上借款合同法律关系和担保合同法律关系是导致本案产生的基础性法律关系。第三,继承法律关系。文继光、文继寿不是本案所涉借款协议的当事人,庄成之所以起诉文继光、文继寿承担本案中的还款义务,是因为在他看来,文继光、文继寿是文伙泰的儿子和法定继承人。那么文继光、文继寿是否应该对文伙泰生前债务承担责任,这就涉及继承法律关系。

(二)找准本案应适用的相关法律

明确本案所涉及的法律关系后,进一步寻找应适用的相关法律就成为本案正确审理所涉及的一个重要内容。

1. 对借款合同法律关系与担保合同法律关系法律适用的分析

依据《涉外民事关系法律适用法》第四十一条的规定:“当事人可以协议选择合同适用的法律。当事人没有选择的,适用履行义务最能体现该合同特征的一方当事人经常居所地法律或者其他与该合同有最密切联系的法律。”《最高人民法院关于适用〈中华人民共和国民事诉讼法〉的解释》第五百五十一条规定,人民法院审理涉港、涉台的民事诉讼案件,可以参照涉外民事诉讼程序的特别规定。对于本案的担保合同纠纷,各方当事人未对适用的准据法进行约定,由于本案借款协议(包含有担保内容)的签订地、履行地、出借人谢浪与担保人庄成的所在地、庄成承担保证责任的行为地均在中华人民共和国内地,按照最密切联系原则,应适用中华人民共和国内地的法律。

2. 对继承法律关系法律适用问题的分析

对于继承法律关系,文伙泰因身亡导致债务履行不能,涉及财产债务承继的问题,究竟应该依何原则确定继承人身份,以及继承人对于被继承人生前的债务如何承继的问题,属遗产继承事项。应按照《涉外民事关系法律适用法》关于继承的相关法律规定确定适用的准据法。《涉外民事关系法律适用法》第三十一条规定:“法定继承,适用被继承人死亡时经常居所地法律,但不动产法定继承,适用不动产所在地法律。”第三十二条规定:“遗嘱方式,符合遗嘱人立遗嘱时或者死亡时经常居所地法律、国籍国法律或者遗嘱行为地法律的,遗嘱均为成立。”第三十三条规定:“遗嘱效力,适用遗嘱人立遗嘱时或者死亡时经常居所地法律或者国籍国法律。”由于在本案中,庄成未提交相关证据证明文伙泰遗产存在遗嘱继承等情形,文继光、文继寿亦未出庭应诉,法院无法确定文伙泰是否立有遗嘱。由于庄成是按照法定继承的标准来确定本案的被告,故法院应按照法定继承的方式来确定本案适用的准据法,即本案应以文伙泰死亡前的经常居所地确定相关继承关系的准据法。《最高人民法院关于适用〈中华人民共和国涉外民事关系法律适用法〉若干问题的解释(一)》第十五条规定:"自然人在涉外民事关系产生或者变更、终止时已经连续居住一年以上且作为其生活中心的地方,人民法院可以认定为涉外民事关系法律适用法规定的自然人的经常居所地,但就医、劳务派遣、公务等情形除外。"被继承人文伙泰系香港特别行政区居民,庄成未提供证据证明其在死亡前有符合上述法律规定条件的在中华人民共和国内地的经常居所地,故应认定其死亡时经常居所地在香港特别行政区。故对于继承法律关系,应适用香港特别行政区的法律作为准据法进行审理。

(三)委托中立第三方对本案处理作出评估

为了更好地理解和适用该案所涉香港特别行政区相关法律问题,前海法院运用中立第三方评估制度,委托香港特别行政区林李黎律师事务所林新强律师对本案所涉相关问题进行客观、中立、专业的评估。林新强律师是香港林李黎律师事务所的创始人及主管合伙人,自 1988 年在香港执业,先后取得大不列颠及北爱尔兰联合王国、新加坡共和国的注册律师资格,具有丰富的英美法系从业经验,2003 年获我国司法部委任的中国委托公证人。林新强律师根据法院提供的相关法律文书及材料,就该案在适用香港特别行政区法律以及参照香港特别行政区诉讼程序可能作出的判决结论出具了中立第三方评估报告。其评估的主要内容如下:

1. 评估认定的事实和理由

在被告文继寿、文继光未提出任何抗辩的情况下,依据原告的《民事起诉状》,认定以下事实:(1)庄成与文伙泰为多年的生意合作伙伴;(2)文伙泰为香港特别行政区永久性居民;(3)文伙泰于 2014 年 7 月去世;(4)文伙泰生前于 2010 年 9 月 15 日欠庄成人民币 150 万元;(5)文继寿、文继光均为文伙泰合法继承人。

2. 评估结果

(1)被告的主体资格不适格

①根据香港《遗嘱认证及遗传管理条例》第 61(1)条,死者财产是偿债

的资产,即自然人去世后,其生前的债务若被确立,自然人的遗产应用来清偿其债务;根据《遗嘱认证及遗产管理条例》第62条,遗产代理人的职责包括从死者的遗产支付一切殡殓、遗嘱管理或遗产管理的开支、债项与其他法律责任;而根据《无遗嘱者遗产条例》第4条,无遗嘱死者的剩余遗产须按该条所述的方式分配,而剩余遗产是指死者的遗产扣除丧葬费、遗产管理费、债项及其他法律责任(《无遗嘱者遗产条例》第2条)。

②遗产代理人有责任从死者的遗产中支付一切殡殓、遗嘱管理或遗产管理的开支、债项与其他法律责任后,才可以分配给受益人;有关债项,遗产代理人应要求债权人提供证明档证明死者的欠款,以确立死者的债项,若有争议,应诉诸法庭解决。

③死者的债权人如声称死者生前还没有清还其债项,他应向死者的遗产代理人提出诉讼,要求遗产代理人从死者的遗产中清偿其债项;在香港,一般人可到香港高等法院遗产承办处查询法庭是否有就死者的遗产授予遗嘱认证(如死者有遗嘱)或遗产管理人(如死者没有遗嘱)给任何人,从而得知遗产代理人的资料,若法庭没有就死者的遗产作出遗嘱认证或遗产管理书的授予,则债权人可针对死者的遗产提出诉讼(可参阅香港法例第4A章《高等法院规则》第15号命令第6A条)。

④死者遗产的受益人没有责任清还死者的债项,因此债权人不可以向死者遗产的受益人提出诉讼,要求受益人清偿死者的债项;若遗产代理人在没有清还死者所有债项的情况下将死者的遗产分配给受益人,遗产代理人可能被裁定失职及要向债权人负上个人的责任,即赔偿债权人的损失。

⑤债权人亦有权根据《遗嘱认证及遗产管理条例》第67条追寻死者的财产,如果遗产代理人将死者的财产在没有收取任何代价的情况下转让给受益人,债权人可要求香港法庭行使该条款赋予的权力,包括命令受益人归还该财产,但债权人须指明那些财产赠送予受益人及法庭应针对该财产作出命令。

⑥在本案中,庄成声称死者文伙泰生前欠他款项还未清偿,根据香港法律,原告应向文伙泰的遗产代理人或其遗产提出诉讼,要求从文伙泰的遗产支付欠庄成的款项;根据庄成的《民事起诉状》,庄成起诉本案被告文继寿、

文继光是因为其均为文伙泰的继承人，被告文继寿、文继光并不是文伙泰的遗产代理人，所以被告的主体资格不适格，庄成不能要求文继寿、文继光作为文伙泰遗产继承人的身份清偿欠款。

⑦由于庄成的《民事起诉状》是要求文继寿、文继光清还文伙泰的债项，并不是要求文继寿、文继光将继承了文伙泰的遗产归还，上述《遗嘱认证及遗产管理条例》第 67 条提及有关追寻死者的财产的法例不适用于本案中。

(2)根据现有证据，是否能确认庄成证据效力及诉称的债权问题

根据庄成提供的证据，当中包括《借款协议》《收款收据》《收据》《证人证言》，表面上已构成诉讼的因由。

(3)关于诉讼时效的问题

要庄成提交的证据中，《收据》的日期为 2010 年 9 月 15 日，即当天开始文伙泰欠原告的债项生效，根据香港《时效条例》第 4(1)条的规定，基于简单合约的诉讼的时效为 6 年，而庄成于 2015 年 8 月 5 日提出起诉，所以庄成的诉讼没有超出时效。

(4)关于案件管辖的问题

由于文伙泰欠原告的债项在深圳产生，深圳的法院有权审理该债项的纠纷。

(5)关于是否应适用香港法的问题

因文伙泰是香港永久性居民，其遗产继承(包括遗产清还款项的问题)应根据香港法律处理。

(6)评估总结

由于文继寿、文继光的主体资格不适格，尽管庄成有诉讼因由及起诉没有超出时效，庄成的起诉不成立。

(7)追加被告

庄成于 2016 年 9 月 13 日提交追加被告申请书，申请追加被告文麦英妹、文继凤、文继顺，理由是该三位被告均为文伙泰的继承人。根据以上的评估结论，该三位被告存在主体不适格的问题，因此没有追加的理据。

(四)根据中立第三方评估报告依法作出裁决

法院根据以上法律查明意见书和第三方评估报告，就相关法律关系的

性质、案件争议焦点及适用香港法律等情况向原告庄成进行释明:法院将以香港特别行政区的法律作为本案所涉及的继承关系适用的准据法,而根据香港特别行政区的法律规定,继承人并不当然对于被继承人的债务承担清偿义务。在本案现有的证据下,文继光、文继受并非本案适格的被告。经法院释明后,庄成认识到在现有证据的条件下继续诉讼,不但会拉长诉讼周期,浪费诉讼资源,同时可能会给自己增加额外的时间成本和经济成本,因此提出撤诉申请。庄成的撤诉申请在综合衡量该案所涉及的内地与香港特别行政区法律规定的差异、继续诉讼可能产生的额外诉讼成本及诉讼风险,是其理性诉讼、经济诉讼,对其诉讼权利自主处分的表现,也没有违反法律规定,其撤诉申请自愿合法。因此,依法裁定准许原告庄成撤诉。

【本案延伸问题】

本案有效处理所涉及的一个关键性的制度就是涉港案件中立第三方评估制度。前海法院因为所审理的涉港商事案件数量居全国首位,为了更好地促进涉港商事案件的多元高效化解,拓宽香港法律查明途径,有效提高司法的公信力,依托“中国港澳台和外国法律查明研究中心”“最高人民法院港澳台和外国法律查明基地”“最高人民法院港澳台和外国法律研究基地”设立在前海的有利条件,制定了《关于涉香港特别行政区案件中立第三方评估的规定》,建立涉港案件中立第三方评估制度。本案是前海法院利用涉港案件中立第三方评估制度成功审结的第一起案件,并取得了良好的法律效果和社会效果。

(一)涉港案件中立第三方评估制度基本介绍

1. 涉港案件中立第三方评估制度的内涵界定

涉港案件中立第三方评估是指中立第三方根据案件情况参考香港裁判文书的格式作出专业评估报告,从中立和专业角度明确案件适用的香港法和所需要的证据及可能的判决结果,从而提高当事人鉴别和理解所涉及香港法律问题的准确性,缩小双方争议,增强当事人预测判决结果的可靠性,协助当事人选择和解或以其他合理方式解决纠纷。该制度一般主要包括以下内容:适用于涉港民商事案件;由香港法律专家进行;适用香港法进行评估;评估程序尽量参照香港诉讼程序;评估报告尽量参照香港裁判文书格式;当事人在评估报告的基础上进行调解;评估报告可作为香港法查明的意见使用;不适用香港法的判决可对该评估报告进行比较分析。

2. 涉港案件中立第三方评估制度的适用情形

结合涉港商事案件审判实践,涉港案件中立第三方评估制度一般适用于相对特定的涉港案件类型。即包括有多项诉请和抗辩、案情复杂,适用法律不明确、标的较大;当事人掌握香港法律信息有限且证据复杂;双方对案件预期有较大分歧;涉及专业性和前沿性法律问题等案件。另外,对一些特定案件,人民法院也可以依职权查明香港法律,这包括根据我国冲突规范指引适用香港法,且该香港法并非当事人意思自治选择的法律;法院对当事人提交的香港法履行审查职责时,认为有必要进一步查明香港法内容的。

3. 对涉港案件中立第三方评估专家资质的严格要求

涉港案件中立第三方评估专家虽然不是法官,但是其作出的评估报告对案件处理有着十分重要的影响。为了提高当事人对判决结果预测的准确性,确保香港法适用的专业性和准确性,必须得对评估专家的资质有着科学、严格的规定。涉港案件中立第三方评估专家的资质必须是达到能出具香港法查明意见标准,一般应有十年以上法律工作经验、具有相应诉讼知识的香港法律专家,专家一般由香港退休法官、香港高校法学教授、香港律师等符合条件的人士担任。为了更好地加强与香港司法界的交流,自行建立或推动专业法律查明机构建立香港法律专家名册,为该制度顺利运行提供人才保障。

4. 涉港案件中立第三方评估制度的程序适用

涉港案件中立第三方评估制度的有效利用必须要遵循严格的程序。依托诉讼服务中心和诉调对接中心,根据案件实际并尊重当事人意愿,在立案登记时引导当事人根据香港法律专家名册选择中立第三方以启动评估程序,立案登记后由审判团队将材料移送至诉调对接中心,各方当事人在3个工作日内共同选定或委托法院指定一名香港法律专家。法律专家应主动披露可能影响其评估独立性、公正性的情形,在确定后召集双方当事人听证。根据当事人提供的证据和听证情况,一般在30日内完成中立第三方评估并出具报告。

5. 涉港案件中立第三方评估报告的使用

涉港案件中立第三方评估报告是纠纷解决的一个重要参考。法律专家可以在此基础上引导当事人达成和解协议,也可以要求法院指定一名调解员协助其在评估报告的基础上进行调解,调解期限一般不超过十五天,当事人同意的可以适当延长。未达成和解或调解协议的,案件进入相应的立案和审理程序。依法根据案件审理需要,审判人员可以将该中立第三方评估报告作为查明香港法的法律专家意见,听取各方当事人对应当适用的香港法的内容及其理解与适用的意见,当事人无异议时,法院可以将该中立第三方评估报告作为香港法查明的意见予以确认,并据此作出判决;当事人有异议的,由审判人员结合香港法查明的其他途径审查认定。法院的判项与中立第三方评估报告的结论不一致时,应在判决中指出原因。

(二)涉港案件中立第三方评估制度与相关制度的比较分析

为了对涉港案件中立第三方评估制度有更为全面深刻的认识和了解,将该制度与其他相关或类似的制度进行比较分析,就显得十分必要。

1. 与类似中立第三方评估制度的比较分析

在普通民商事案件的审理中,通常会遇到侵权责任纠纷第三方评估、医疗侵权纠纷中立第三方评估等中立第三方评估(以下简称一般中立第三方评估)的情况,其与涉港案件中立第三方评估有着较为明显的区别。在评估的主要内容上,一般中立第三方评估多是涉及评估医疗、侵权等相关专业领域的技术问题,而涉港案件中立第三方评估主要是因为案件中涉及相关的涉港因素,需对涉港法律的适用和处理作出评估。在对中立第三方评估专家的要求上,一般中立第三方评估对专家的相关专业能力和中立性有要求,而涉港案件中立第三方评估对专家的要求除了中立等要求外,还必须是十分熟悉香港法律并能出具香港法律查明意见和评估报告的香港法律专家,对其有"准法官"之称。在评估的适用要求上,一般中立第三方评估的程序相对灵活,适用的是内地法律,对评估报告的格式并无严格要求;涉港案件中立第三方评估的程序严格,并应尽量参照香港法律的规定开展和进行评估,评估报告有相对严格的格式,内容包括案由、诉讼请求、争议的事实和理由，认定的事实和理由、适用的香港法和理由，评估结果，附适用的香港法律等内容。在评估结果的作用上，在评估结果都对案件审理起作用的情况下，一般中立第三方评估结果主要是对相关专业技术问题作出结论，一般不涉及案件的处理结果，而涉港案件中立第三方评估结果不仅解决涉港相关法律适用问题，还将对案件的处理结果给出意见。

2. 与一般域外法查明途径的比较分析

《最高人民法院关于贯彻执行〈中华人民共和国民法通则〉若干问题的意见（试行）》第一百九十三条对域外法律的查明途径进行了规定：（1）由当事人提供；（2）由与我国订立司法协助协定的缔约对方的中央机关提供；（3）由我国驻该国使领馆提供；（4）由该国驻我国使领馆提供；（5）由中外法律专家提供。可见，“中外法律专家提供”为域外法查明方法的一种。结合广东省高级人民法院 2014 年《关于涉外商事审判若干问题的指导意见》的精神，涉港案件中立第三方评估是一种新的香港法查明途径，兼有当事人提供和中外法律专家提供的特征。其与一般域外法查明途径相比较具有以下显著特点。在适用的程序和条件上，一般域外法查明途径的法律查明可在没有当事人参与的情形下，根据当事人的诉状就可以作出，而在涉港案件中立第三方评估中，需在双方当事人参与的情况下，根据法院提供的诉状和相关证据等材料（如本案中法院提供了《民事起诉状》《借款协议》《收款收据》《借款人身份信息》《收据》《证人证言》《开庭笔录》等材料）才能作出评估结果。相比较而言，涉港案件中立第三方评估比一般域外法查明途径的适用程序和条件更严格。在结果的公信度上，一般域外法查明途径存在当事人只提供对自己有利的域外法律的可能，其内容没有统一要求，在涉港案件中立第三方评估中由双方当事人均同意的或法院指定的中立法律专家评估，中立第三方评估专家会组织当事人质证、认证，专家评估的说理和所适用的法律在评估报告中都有较为详细的说明，所以相比较而言，涉港案件中立第三方评估作出的报告比一般域外法查明途径得出的法律意见的内容更为准确，更具有可信度，因而在案件的审理中发挥的作用也就会更大，所以其有“准香港司法”之称。

(三)涉港案件中立第三方评估制度的意义分析

作为一项制度创新,涉港案件中立第三方评估制度的意义和价值是多方面的。加深对其意义和价值的认识,能更好地理解和掌握该制度的真正内涵,也能更好促进其作用的最大发挥。具体来说,涉港案件中立第三方评估制度主要有如下几种意义和价值。一是丰富和完善了域外法的查明途径。如上所述,在现有法律规定的基础上涉港案件中立第三方评估制度是香港法律查明的又一权威途径,并且与一般域外法查明途径相比较,该制度的查明内容更准确、可信度更高。之所以会有如此效果,除了上文对比分析中提到的原因之外,还在于涉港案件中立第三方评估制度的适用综合运用了法律解释、推理方法等手段,这就使之查明的法律内容更有说服力。二是对多元纠纷解决具有重要意义。多元纠纷解决是满足社会主体对纠纷解决多样性需求的一个重要手段,其在功能上与司法具有互补的效果。涉港案件中立第三方评估制度,不但要查明所涉及的香港法律,而且还会根据相关材料,从中立和专业的角度,对纠纷的处理给出一个可能的判决结果。该结果对当事人对纠纷解决的预期和直接解决纠纷具有重要的预测作用。同时专家还可以在评估报告的基础上引导当事人达成和解协议。在内地法院,又借助涉港案件中立第三方评估制度的作用,实现不同文化、不同模式之间的相互配合、资源共享、功能互补,这将会形成纠纷解决的强大合力。三是促进香港与内地的交流与合作,对推动经济社会发展也具有重要作用。香港与内地分属不同法系,也有着不同的社会制度、文化背景和生活及交易习惯,涉港案件中立第三方评估制度能有效消减因不同文化制度背景因素对纠纷解决的影响,同时该制度的实施,有利于加强内地与香港专业人士的交流与合作,通过参观、访问、会议、论坛等形式,不断加深香港与内地司法与法律之间的交流与合作,进而促进其他领域的交流合作。这在粤港澳大湾区国家发展战略背景下更是具有十分重要的意义。因为涉港案件中立第三方评估能促进自贸区涉港纠纷的有效化解,对于形成稳定公平透明、可预期的法治化营商环境具有重要的推动作用。

【专家点评】[①]

本案是一起适用中立第三方评估制度的合同纠纷案,涉及香港法中关于继承的规定以及被告人是否适格等问题,其裁定书表述事实清楚,适用法律严谨准确,裁定结果合法公正,具有以下几点特色:

(一)对于准据法的确定和适用准确、思路清晰

本案涉及的核心法律问题包括借款合同法律关系、担保合同法律关系和继承法律关系三个方面,这就牵扯到三个方面的准据法确定:

1. 对于借款合同与担保合同法律关系,《涉外民事关系法律适用法》第四十一条规定,当事人可以协议选择合同适用的法律。当事人没有选择的,适用履行义务最能体现该合同特征的一方当事人经常居所地法律或者其他与该合同有最密切联系的法律。同时,《最高人民法院关于适用〈中华人民共和国民事诉讼法〉的解释》第五百五十一条规定,人民法院审理涉港、涉台的民事诉讼案件,可以参照适用涉外民事诉讼程序的特别规定。本案中,各方当事人并未对法律适用问题进行约定,但根据最密切联系原则,由于借款协议(包括有担保内容)的签订地、履行地、出借人谢浪与担保人庄成的所在地、庄成承担保证责任的行为地均为内地,故应适用内地的法律。

2. 对于继承法律关系,在本案中,原告庄成未提交相关证据证明文伙泰遗产存在遗嘱继承等情形,被告文继光、文继寿亦未出庭应诉,法院无法确定文伙泰是否立有遗嘱,只能按照法定继承的方式来确定本案适用的准据法。因此,前海法院依据《涉外民事关系法律适用法》第三十一条、第三十二条、第三十三条的相关规定,确定本案以被继承人文伙泰生前的经常居所地确定准据法,即适用香港法作为准据法审理继承法律关系。

(二)法律查明权威准确,方式具有创新性

在域外法查明方面,前海法院引入了中立第三方评估制度,委托专

① 何其生,北京大学法学院教授,博士生导师。

业、资深的法律从业人员出具中立第三方评估报告。在本案中,合议庭根据现有证据和法律,并参考第三方评估报告,最终认定被告不适格,依法裁定准许原告撤诉。中立第三方评估制度不仅需查明相关法律条文,还会对案件的处理结果给出意见,成为法官作出裁判的重要依据,具有中立性和专业性的特点:

1. 中立第三方评估制度从制度设计上保证了中立性。一般域外法律查明往往存在当事人只提供对自己有利的域外法律的可能,涉港案件中立第三方评估制度化解了这一弊端,其要求各方当事人共同选定或委托法院指定一名专家作为评估人。这是一个值得肯定的尝试,既体现了当事人的意思自治,也可以保证其相对中立性。

2. 中立第三方评估制度有着很强的专业性。涉港案件中立第三方评估专家的资质必须是达到能出具香港法查明意见标准,一般是应有十年以上法律工作经验、具有相应诉讼知识的香港法律专家,专家一般由香港退休法官、香港高校法学教授、香港律师等符合条件的人士担任。对专家资质的严格要求,确保了香港法适用的准确性和专业性,也提高了当事人对判决结果预测的准确性。

(三)本案的裁定专业化程度高、公信力强,这也得益于引入了涉港案件的中立第三方评估制度

长期以来,域外法的查明在实务中经常起不到应有的效果,在一部分案例中,当事人虽然约定适用域外法,但是其出具的域外法材料缺少完整、有效的法律内容,致使其"不能查明"。实践中还有部分案例,虽然在准据法的适用上和法律推理的过程中无不当之处,但是在判决书中却只对查明的香港法一笔带过,或只进行简单的说明,不能令人信服。由此可见,建立一个专业完善的中立第三方评估制度具有重要的现实意义。

也有法官指出,当下诸多法律查明的实践中,依然偏重于对实体法律规则的查明,少有对所属法域的法律解释、推理方法、法律观念的陈述。法治建设要求程序与实体并重,简单的法条堆砌、缺乏完整的法律推理，无疑是“重实体、轻程序”的倒车。内地和香港属于不同法系，香港地区适用的判例法与内地法律具有诸多差别，涉港案件如若依然按照内地的法律观念适用香港法，那自然是不妥的。因此，正确、合理地适用香港法对法院的专业性提出了很高的要求。

综上所述，本案具有典型代表性，裁定的过程和结果对于涉港民事案件的审理极具参考价值。

暗保理合同的性质及其效力认定

——深圳国投商业保理有限公司诉张天明、江艳、湖北天谷粮油食品股份有限公司商业保理、担保合同纠纷案

马占举　丘概欣

【关键词】

商业保理　应收账款转让　保理合同效力

【导　语】

保理是一项集贸易融资、商业资信调查、应收账款管理及信用风险担保于一体的综合性金融服务。商业保理业务是自贸区金融创新的重要方式,近年来得到迅猛发展,商业保理业务已成为破解自贸区中小企业融资难的重要途径,对自贸区经济发展发挥了重要作用。其中,暗保理作为商业保理公司的创新业务模式,保理商与债权人约定不将应收账款转让的事实告知债务人,在到期后债权人出面进行款项的催讨,收回之后再交给保理商,一方面满足了资金状况不佳的中小企业的融资需求,另一方面也在商业风险控制的基础上扩展了自己的业务范围。本案为暗保理业务,双方当事人对签订的合同性质存在争议。法院综合考虑双方当事人意思自治、商业保理业务性质和特点,认为本案涉及的暗保理符合商业保理业务要求,在应收账款转让的事实通知债务人前,债权的转让对债务人未生效,但并不影响本案保理商与债权人之间转让债权的效力,双方应依约履行。本案显示出法院支持和鼓励自贸区商业保理业务发展的司法态度,对自贸区商事主体有较好的示范引领作用。本案被评为"广东省自贸区司法保障十大典型案例"。

【裁判要点】

1. 本案保理商与债权人签订的是隐蔽型商业保理合同，债务人对此并不知情，在应收账款转让的事实通知债务人前，债权的转让对债务人未生效，但并不影响本案保理商与债权人之间转让债权的效力，当事人应当依约履行。

2. 应尊重保理合同双方对融资利息、手续费、违约金等费用的约定，可参考但不严格参照民间借贷的相关法律规定对其进行限制。

【相关法条】

《中华人民共和国合同法》第一百零七条

《中华人民共和国物权法》第二百二十六条第一款

《中华人民共和国公司法》第一百四十一条第二款

《中华人民共和国担保法》第十八条、第二十一条

《最高人民法院关于适用〈中华人民共和国担保法〉若干问题的解释》第一百零三条第一款

【案例索引】

广东省深圳前海合作区人民法院（2015）深前法商初字第 15 号民事判决书（2015 年 9 月 17 日）

【基本案情】

2014 年 8 月 21 日、10 月 27 日，深圳国投商业保理有限公司（以下简称国投保理公司）与湖北天谷粮油食品股份有限公司（以下简称天谷公司）先后两次签订《保理业务合同》，约定：国投保理公司同意受让天谷公司对特定买方的应收账款债权，国投保理公司向其提供应收账款管理和保理融资服务；如应收账款不能收回，国投保理公司有权向天谷公司追索保理融资款，天谷公司还应支付利息、违约金等费用；双方约定选择隐蔽型保理，暂不将转让债权的事实通知买家，如到期天谷公司不回购，国投保理公司再将转让的事实通知买方。

天谷公司向国投保理公司申请了两次融资:(1)2014 年 9 月 2 日,国投保理公司支付了保理融资款 1000 万元,约定到期全部溢价回购款为 1040 万元。2015 年 1 月 9 日,天谷公司支付了 540 万元的溢价回购款。后双方补充协议约定延长融资期限并一次性支付 550 万元,而天谷公司未按约定履行溢价回购义务;(2)2014 年 10 月 29 日,国投保理公司支付了保理融资款 1000 万元,天谷公司支付了 40 万元的溢价回购款后未再履行。另外,天谷公司将其对百威雪津啤酒公司享有的应收账款转让给国投保理公司并进行了登记,天谷公司指定账号作为监管账户用于收取保理融资款、应收账款等。张天明与国投保理公司签订《股权质押合同》,约定张天明将其持有的湖北天谷饲料股份有限公司(以下简称天谷饲料)的部分股份质押给国投保理公司,其中对部分质押进行登记。张天明、江艳提供连带责任保证。由于天谷公司未按约定履行回购义务,国投保理公司遂起诉至法院。

【当事人观点】

原告国投保理公司诉称:2014 年 8 月、10 月,国投保理公司与天谷公司先后两次签订《国投保理业务合同》,国投保理公司受让天谷公司对百威英博公司的应收账款债权,国投保理公司共向其提供 2000 万元保理融资,并提供应收账款管理和保理融资服务。对于第一次融资,国投保理公司提供 1000 万融资,年化利率 12%,从保理融资款支付之日起算,全部溢价回购款为 1040 万元,到期按约定一次性支付。2015 年 1 月 9 日(逾期 9 天),天谷公司支付了 540 万元的溢价回购款。随后双方就剩下未偿还的 500 万元签订补充协议,溢价回购金额为保理融资额 ×(1 +10%)即 550 万元,同时变更监管账户,但一直未支付。张天明、江艳承担连带保证责任,同时,张天明将其持有的天谷饲料 25% 的股权及其派生的权益质押给国投保理公司,以担保国投保理公司的权益实现;对于第二次融资,国投保理公司提供 1000 万元融资,溢价回购款金额为保理融资额 ×(1 +5%)即 1050 万元,如天谷公司有违约,应当立即向国投保理公司支付全部溢价回购款、利息、违约金、追索费用等款项,但天谷公司一直未支付,张天明将其持有的天谷饲料公司 20% 的股权及其派生的权益质押给国投保理公司,其他保证事项与第一次融资相同。另外,天谷公司未按照约定向国投保理公司提供买方订单及送货单、收回单等相关贸易单据,且未经其同意划转"资金归集及监管账户"中款项,天谷公司拒绝履行溢价回购义务,其行为属于严重违约,侵害了国投保理公司权益,特提起诉讼,请求法院判决:天谷公司向其支付溢价回购款1600万元、违约金47.85万元、律师费60万元;张天明、江艳对以上债务承担无限连带清偿责任;确认原告对被告张天明持有的湖北天谷饲料股份有限公司45%的股权享有质押权及优先受偿权;三被告承担本案诉讼费、保全费、保全担保费等全部诉讼费用。

被告天谷公司辩称:(1)双方之间不构成保理法律关系,双方签订的《国投保理业务合同》应当认定为无效,双方的行为应当认定为企业之间的资金拆借行为。根据《合同法》第八十条的规定,债权人转让权利的,应当通知债务人,即债权转让的必要条件是通知债务人,而本案中双方签订《国投保理业务合同》后并未将债权转让通知送达债务人,因此本案并未发生债权转让的效力,而保理法律关系应当以债权转让为前提,故本案行为不符合保理法律关系的构成要件。本案所涉质押债权并未发生转移效力,原告向被告出借一定数额金钱,并且按照借款金额收取固定利息,符合借贷的一般特征,但原告作为不具备贷款业务资质的法人,其向被告借款的行为是企业之间的资金拆借行为,也应当认定为无效。(2)双方签订的合同约定利率过高,应当依法予以核减,被告已支付的利息多余部分应当冲抵借款本金。被告与原告于2015年2月11日签订的补充协议,约定溢价款回购金额为保理融资额的10%,另每月支付保理融资额2%的溢价回购款,以上年化利率为34%;依照双方于2014年8月21日签订的合同约定,被告另需支付融资总额8%的保理手续费,两份协议保理综合年费率达到42%;因被告与原告之间的关系虽名为保理关系,但实为借贷关系,根据《最高人民法院关于人民法院审理借贷案件的若干意见》第六条的规定,以上两份协议利率已远远超过中国人民银行同期同类贷款利率的四倍,因此超出部分不应受到法律保护,被告已支付的利息多余部分应冲抵本金。

被告张天明、江艳除认可被告天谷粮油公司答辩意见外,还辩称:本案的股权质押未经登记,质权未设立,且质押合同未生效,原告对被告在天谷公司所有的股权不享有质权。《国投保理业务合同》作为本案的主合同,在其无效的情况下,被告所签订的担保合同也无效,被告不应承担保证责任。

【本案争议焦点】

1. 本案天谷公司转让应收账款未通知债务人,其与国投保理公司签订的保理合同是否有效,天谷公司是否需要按照合同约定返还融资款。

2. 双方约定的实现保理融资费用、违约金等各种费用利率是否合理。

3. 股权质押是否生效,保证人是否应当承担保证责任。

【裁判结果】

广东省深圳前海合作区人民法院于 2015 年 9 月 17 日作出(2015)深前法商初字第 15 号民事判决:(1)天谷公司于判决生效后五日内支付国投保理公司合同项下的溢价回购款 550 万元及逾期支付的违约金;(2)天谷公司于判决生效后五日内支付国投保理公司合同项下的溢价回购款 1010 万元及逾期支付的违约金;(3)天谷公司于判决生效后五日内支付国投保理公司律师代理费 60 万元、保全担保费 13.6 万元;(4)天谷公司不履行上述第一判项所确定的债务时,国投保理公司对张天明质押的 700 万股的股权享有优先受偿权;(5)被告张天明、江艳对上述第一至三项判项确定的债务负连带清偿责任。二被告承担责任后有权向被告湖北天谷粮油食品股份有限公司追偿。

宣判后,各方当事人均未上诉,判决已发生效力。

【裁判理由】

法院生效裁判认为:本案系商业保理、担保合同纠纷。保理是以应收账款转让为前提的综合性金融服务。本案原告国投保理公司作为一家经过批准的商业保理公司,与被告天谷公司签订了以转让应收账款为前提、提供融资服务的书面合同,符合保理合同的构成要件。双方在合同中约定采用隐蔽型保理方式,在应收账款转让的事实通知债务人前,债权的转让对债务人未生效，但并不影响原告与被告天谷公司之间转让债权的效力。因此，三被告辩称双方签订的《保理业务合同》不构成保理法律关系，实质是借贷关系的意见不能成立。双方之间的保理合同合法有效，当事人均应当依约履行。

关于原告提出被告应支付溢价回购款的诉讼请求，根据双方签订的GT-BL－TGLY－201408号《国投保理公司业务合同》及其补充协议，被告天谷公司应当支付的溢价回购款为550万元。根据双方签订的GTBL－TGLY－201410的《国投保理公司业务合同》，被告天谷公司应当支付的溢价回购款为1050万元，扣除已经支付的40万元，还应当支付1010万元。

关于原告提出被告应支付违约金的诉讼请求，根据双方针对GTBL－TGLY－201408号《国投保理公司业务合同》签订的补充协议，主合同中与本补充协议不一致的，以补充协议的约定为准。因此，应当认定双方对于溢价回购款的支付时间进行了变更。原告要求给付已支付的540万元溢价回购款逾期9天的违约金以及达成补充协议的500万元溢价回购款逾期42天的违约金，均没有法律依据，法院不予支持。根据补充协议，该550万元回购款应当在2015年3月1日付10万元、4月1日付10万元、5月1日付10万元、6月1日付10万元、7月1日付510万元。被告天谷公司未按期支付，应当从应付款日的次日起计算违约金。

根据双方签订的GTBL－TGLY－201410号《国投保理公司业务合同》，溢价回购款的支付方式为：溢价回购金额为保理融资额×（1＋5%），从融资款支付之日起算，每满一个月的对日支付保理融资额的1%的溢价回购款，剩余全部溢价回购款到期时按约定一次性支付。因融资款的起始日为2014年10月29日，具体的支付时间应当为2014年11月29日付10万元，2014年12月29日付10万元，2015年1月29日付10万元，2015年2月28日付10万元，2015年3月29日付10万元，2015年4月28日付1000万元。原告已经认可被告天谷公司于2014年12月3日转账支付2014年11月、12月的溢价回购款，2015年3月3日转账支付2015年1月、2月的溢价回购款。从2015年3月29日起，未付款项均应当从应付款的次日起计算违约金。违约金计算的截止日期为法院限定履行期限届满之日止。关于违约金的计算方法,双方约定的日千分之一的标准过高,法院酌情调整为按照中国人民银行同期贷款利率的四倍计算。原告关于违约金请求的过高部分,法院不予支持。

关于原告提出被告应支付律师费、保全费等诉讼请求,因为双方在保理合同中已经作出明确约定,律师费人民币60万元,保全费5000元,担保服务费136,628元均应当由被告天谷公司承担。

关于被告张天明、江艳承是否承担连带责任的问题,根据原告与被告张天明、江艳签订的担保合同和担保合同补充协议,二被告应当对GTBL－TGLY－201408号、GTBL－TGLY－201410号《国投保理公司业务合同》及其补充协议载明的到期应付溢价回购金额、违约金、损害赔偿金、为实现债权、担保权而发生的费用承担连带保证责任,原告要求被告张天明、江艳承担连带保证责任,法院予以支持。

关于原告是否对被告张天明的股权享有质押权及优先受偿权的问题,《物权法》第二百二十六条第一款规定,以基金份额、股权出质的,当事人应当订立书面合同。以基金份额、证券登记结算机构登记的股权出质的,质权自证券登记结算机构办理出质登记时设立,以其他股权出质的,质权自工商行政管理部门办理出质登记时设立。针对GTBL－TGLY－201410号保理合同,原告与张天明虽然签订了股权质押合同,但并未办理质押登记,原告未取得质权。针对GTBL－TGLY－201408号保理合同,因被告张天明系天谷饲料的董事,根据《最高人民法院关于适用〈中华人民共和国担保法〉若干问题的解释》第一百零三条第一款的规定,以股份有限公司的股份出质的,适用《公司法》有关股份转让的规定。《公司法》第一百四十一条第二款规定,公司董事、监事、高级管理人员应当向公司申报所持有的本公司的股份及其变动情况,在任职期间每年转让的股份不得超过其所持有本公司股份总数的25%。被告张天明作为湖北天谷饲料股份有限公司的董事,持有该公司股权2800万股,其一次性将自己持有的1250万股出质给原告,违反了《公司法》的禁止性规定,超过25%比例的部分无效。

【裁判思路解析】

(一)本案天谷公司与国投保理公司签订的保理合同是否合法有效,双方是否应依法履行

首先,厘清双方法律关系的性质,双方签订的合同是否属于真正意义上的保理业务关系。

根据《国际保理公约》和《中国银行业保理业务规范》的相关规定,保理是指贸易或服务合同项下的债权人将其现在或未来的应收账款转让给保理商,保理商在受让应收账款的前提下,为债权人提供如下一项或一项以上服务的综合性金融服务:(1)应收账款融资;(2)应收账款管理;(3)应收账款催收;(4)信用风险担保。其中,应收账款的转让是保理的前提和核心,也是保理区别于其他法律关系的根本特征。这是因为保理的融资和管理功能都是通过应收账款转让来实现的,如债权人获得的融资一般表现为应收账款转让的对价,保理商管理账户、催收应收账款的基础也在于通过受让应收账款其取得了债权人的地位。因此,保理法律关系的认定需要符合以下条件:首先,债权人要将其现在或未来的应收账款转让给保理商,且保理商受让了应收账款;其次,保理商为债权人提供应收账款融资、应收账款管理、应收账款催收、销售分户账管理、信用风险担保中的一项或多项服务。

从本案双方两次签订的保理合同内容来看,债权人天谷公司将其对百威公司的应收账款转让给保理商国投保理公司,保理公司分两次向天谷公司提供共2000万元的保理融资款,双方设定了应收账款回收的监管专用账户,同时保理商提供应收账款管理服务。因此,本案具备保理业务关系中最为核心的条件,即应收账款转让,同时还提供应收账款管理、保理融资等金融服务,从形式和内容上看已经符合保理业务的构成要件,而非传统的民间借贷关系。另外,从本案的保理类型和特点来看,双方约定不将应收账款转让的事实通知债务人,只有出现保理商无法回购融资款时,才会将该事实进行披露,双方采用的是隐蔽型保理方式,也即暗保理。合同还约定,在国投保理公司不能收回融资款时,保理公司有权向天谷公司追索,天谷公司应无条件偿还保理融资款,并支付利息、保理手续费、违约金等相关费用,双方采用的保理业务性质属于有追索权的回购型保理业务。综上,本案双方采用

的是具有追索权的回购型暗保理业务,符合保理的构成要件,故对于被告天谷公司辩称本案不属于保理合同关系的意见,法院不予采纳。

其次,本案双方签订的保理合同是否有效。双方签订的保理合同是否合法有效,需要从民事法律行为的生效要件、是否具有合同无效的法定情形,以及保理行业金融创新等方面进行综合分析判断。

从民事法律行为的生效要件来看,民事法律行为应当具备下列条件:(1)行为人具有相应的民事行为能力;(2)意思表示真实;(3)不违反法律或社会公共利益。从上述法律规定可以看出,民事法律行为的生效要件至少包括:当事人具有相应的民事行为能力、意思表示真实两个方面。同时,具备民事法律行为生效要件的合同,必须排除法定无效的情形。依据《合同法》第五十二条的规定,有下列情形之一的,合同无效:(1)一方以欺诈、胁迫的手段订立合同,损害国家利益;(2)恶意串通,损害国家、集体和第三人利益;(3)以合法形式掩盖非法目的;(4)损害社会公共利益;(5)违反法律、行政法规的强制性规定。因此,法律规定严格限制了无效合同的范围,目的在于贯彻鼓励交易这一合同法的基本原则,有利于维护合同自由,实现当事人的意志和缔约目的,有利于提高商事交易效率,促进市场发展,增进社会财富积累。保理合同是其中一种商事合同,判断保理合同是否存在法定无效情形,也应依据上述法律规定。本案双方均具有相应的民事行为能力,对签订合同应承担的义务与责任较为清晰,对于约定转让应收账款并由保理商提供融资、对应收账款进行管理等服务,均为双方意思表示,符合民事行为生效要件,未违反法律强制性规定,不存在合同无效情形,应当是合法有效的。

从司法保护保理行业金融创新的角度来看,保理作为一类新型金融工具,有效缓解了中小企业贷款抵押物、质押物不足导致的融资难问题,有效拓宽了民间投资渠道,是近年来新兴的金融创新业态,对中小企业的持续健康发展非常有利。从更宏观的角度上讲,如果法律限制包括保理在内的应收账款融资,那么商业信用与银行信用之间、商品市场与金融市场之间的信用链条断裂,信用无法充分流动,将极大地阻碍我国金融效率的提高和实体经济的发展。[①] 国家在政策层面也逐渐放宽了对银行保理的限制,并逐步扩大商业保理的试点范围,虽然当前保理合同还是作为一种无名合同存在,但其作为金融创新业态,在市场中得到广大中小企业的应用和认同,审判中应坚持民商事交易"法无禁止即自由"的原则,秉持鼓励和促进保理行业发展的司法态度,除违反效力强制性法律规范和危害金融安全、社会公共利益等之外,不应否定保理业务的效力,努力为保理行业积极健康发展提供司法保障,充分发挥司法的评价、引领、规范市场主体交易行为的功能。

综上所述,本案国投保理公司作为一家经过批准的商业保理公司,与被告天谷公司签订的以转让应收账款为前提、提供融资服务的书面合同,符合保理合同的构成要件,属于保理法律关系,同时也符合民事法律关系生效要件。虽然双方在合同中约定采用隐蔽型保理方式,在应收账款转让的事实通知债务人前,债权的转让对债务人未生效,但并不影响原告与被告天谷公司之间转让债权的效力。因此,本案双方签订的《保理业务合同》构成保理法律关系,且已生效,天谷公司应按照合同约定溢价回购保理融资款及支付相关违约金等费用。

(二)双方约定的实现保理融资费用、违约金等各种费用利率是否合理

保理主要功能是为企业提供保理融资,表面上与金融借贷较为相似,往往被认为双方约定的相关利息收益也应该按照民间借贷进行约束,但实际上保理商还提供应收账款管理、账款催收等服务,其功能较民间借贷更为广泛,在司法实践中应当尽量尊重当事人意思自治,尊重商事交易自由和市场选择,而不应该对双方的约定作过多调整。但是,保理合同中可能涉及"保理融资款""融资利息""保理服务费""逾期利息""违约金"等费用项目,部分保理商通过保理业务收取高额回报,远高于民间借贷收入,若不加以明确对收益的法律限制,又明显对债权人不利,不利于金融秩序的稳定和交易安全,在司法审判中应结合个案具体情况,有必要对保理合同中约定的融资利息等费用进行合理限制。此时,需要进一步区分融资期间费用和违约金两种不同情况。

① 戴根有:《建立中国现代应收账款公示系统》,载《银行家》2007年第5期。

首先,对于融资期间约定的费用,基本原则是尊重双方的意思自治,尊重市场交易选择,充分考虑保理业务较民间借贷的不同,但也可参照民间借贷司法解释对利率的相关规定,对融资期间的利息等收入进行合理平衡。本案中,双方于 2014 年 8 月 21 日第一次签订的保理合同约定,融资金额为 1000 万元,期限为 4 个月,并约定按照 1040 万元进行溢价回购,相当于溢价部分为融资总额的年化利率 12%,另外约定保理手续费为保理融资额年华利率 8%。国投保理公司支付融资款后,天谷公司于 2014 年 9 月 2 日将本次保理手续费等 40 万元支付给保理商,综合溢价回购部分和手续费等融资期间的费用,累计年化利率为 24%,双方约定的融资期间利息、手续费等费用在合理期限范围内,法院应充分尊重双方的意思自治,对该约定及合同履行行为予以支持;对于第一次融资款 1000 万元的回购情况,天谷公司在 2015 年 1 月 9 日支付了 540 万元的溢价回购款。虽然已经逾期给付,但双方在 2015 年 2 月 11 日就到期未付的 500 万元签订补充协议,可认为是保理公司对逾期支付以及未支付部分重新约定,是对民事权利义务的自由处分,且双方还约定分 5 个月进行还款,每月支付 10 万元共 50 万元,其约定的年化利率也在合理范围内,也应当予以尊重和支持;对于 2014 年 10 月 27 日第二次签订的保理合同约定,融资金额为 1000 万元,期限为 6 个月,并约定按照 1040 万元进行溢价回购,相当于溢价部分为融资总额的年化利率为 9.99%,天谷公司于 2014 年 11 月 12 日支付 50 万元手续费、咨询费给保理商,综合计算,双方约定的融资期间利息、手续费等费用也在合理期限范围内,应当予以支持。另外,两次不同日期签订的保理合同是相互独立的,双方应分别履行合同约定,不能将两次合同约定的利率进行累加。因此,对于被告辩称的合同约定利率过高的意见,法院不予采纳。

其次,对于融资期限满后违约金数额的约定,应在尊重双方意思自治的基础上,主要参照民间借贷的法律规定,对于约定罚息、违约金、逾期利息等费用的,均以违约金的性质进行综合计算。本案中,对于第一次保理融资款,根据双方签订的补充协议,天谷公司逾期未支付 550 万元回购款,对于第二次保理融资款,逾期未支付溢价回购款共 1010 万元,应当从应付款日的次日起计算违约金。根据双方约定违约金为日千分之一的标准,天谷公司认为该标准过高，且还未支付给对方，参照民间借贷的利率标准，法院酌情调整为按照中国人民银行同期贷款利率的四倍计算，对于原告违约金请求的过高部分，法院不予支持。

（三）担保人提供的股权质押是否生效，两名保证人应否承担保证责任

质押以标的物为区分标准，可分为动产质押和权利质押。股权质押就属于权利质押的一种，因设立股权质押而使债权人取得对质押股权的担保物权，为股权质押。根据《物权法》第二百二十六条第一款的规定，以基金份额、股权出质的，当事人应当订立书面合同。以基金份额、证券登记结算机构登记的股权出质的，质权自证券登记结算机构办理出质登记时设立，以其他股权出质的，质权自工商行政管理部门办理出质登记时设立。从物权法规定可知，对于已上市的股份有限公司的股权质押应在证券登记机构办理质押登记，对于未上市的内资股份有限公司和有限责任公司的股权质押应在工商行政管理机关办理质押登记。股权质押采用的是登记生效主义，未办理质押登记则质权不生效。

本案中，对于第二次签订的 GTBL－TGLY－201410 号保理合同，国投保理公司与张天明虽然签订了股权质押合同，但并未办理质押登记，故国投保理公司未取得质权。对于第一次签订的 GTBL－TGLY－201408 号保理合同，因被告张天明系天谷公司的董事，根据《最高人民法院关于适用〈中华人民共和国担保法〉若干问题的解释》第一百零三条第一款的规定，以股份有限公司的股份出质的，适用《公司法》有关股份转让的规定。而《公司法》第一百四十一条第二款规定，公司董事、监事、高级管理人员应当向公司申报所持有的本公司的股份及其变动情况，在任职期间每年转让的股份不得超过其所持有本公司股份总数的25%。被告张天明作为天谷公司的董事，持有该公司股权2800万股，其一次性将自己持有的1250万股出质给原告，同时办理了质押登记，违反了公司法的禁止性规定，超过25%比例的部分无效。故对于被告张天明辩称质权未设立的意见，应区分对待，对于已办理登记的则已经生效，其作为担保人应当承担相应的担保责任。

另外，本案双方两次签订的保理合同及补充协议均是合法有效的，在此基础上，被告张天明、江艳与国投保理公司签订保证合同，约定共同为天谷

公司对国投保理公司负有应收账款回购等所有义务的履行,承担连带保证责任,保证范围包括应收账款溢价回购金额、违约金、诉讼费和律师费等实现债权费用,这是双方真实意思表示,应当依法履行合同义务。故被告张天明、江艳对应对判决确定的债务负连带清偿责任,二被告承担责任后有权向被告天谷公司追偿。

【本案延伸问题】

保理业务作为金融创新的重要方式,衍生于国际贸易,近年来,该业务被引入国内贸易中并得到广泛运用。2012 年 6 月,商务部发布了《关于商业保理试点有关工作的通知》,启动了我国商业保理的探索之路。同年 12 月,商务部发布《关于香港、澳门服务提供者在深圳市、广州市试点设立商业保理企业通知》,允许港澳服务提供者设立外资商业保理企业,为深圳商业保理的发展打开了大门。据统计,截至 2018 年 12 月,深圳前海商业保理企业总数达 7039 家,约占全国 60%,占深圳市 84%,注册资本 4392.06 亿元。前海自贸区商业保理业务得到迅猛发展,成为破解自贸区中小企业融资难的重要途径,对自贸区金融创新发挥了重要作用。在司法实践中,对保理合同概念、性质及效力认定,有待进一步明确。同时,商业保理作为新型业态,保理公司及行业协会应加强风险防控,保障保理行业健康有序发展。

(一)保理的概念及分类

对于保理的概念,需要从国际公约及规范性文件进行界定。国际统一私法协会制定的《国际保理公约》第一条规定:保理是指以货物贸易合同或服务贸易合同所产生的应收账款的转让为前提,由该应收账款的受让方为转让方提供融资、账户的管理、收取应收账款及保护转让方不受债务人拖欠的影响等至少两项服务,而且该应收账款的让与通知应送交债务人。[①] 国际保理联合会制定的《国际保理通则》第一条规定:保理合同是指不论是否出于融资目的,供应商为实现应收账款分户管理、账款催收、防范坏账中的一

① 冯宁:《保理合同纠纷案件相关法律问题分析》,载《人民司法·应用》2015 年第 17 期,第 44 页。

项或多项功能,将已经或即将形成的应收账款转让给保理商的合同。[①] 国内保理没有法律和行政法规层面的规范,只有相关行业监管部门及行业协会的规范性文件。2010 年 4 月中国银行业协会制定的《中国银行业保理业务规范》对保理的定义为:“保理业务是一项以债权人转让其应收账款为前提,集融资、应收账款催收、管理及坏账担保于一体的综合性金融服务。”综合国际公约、国内行业协会对保理的解释可知,保理是指债权人将其现在或未来的应收账款转让给保理商,保理商在受让应收账款的前提下,为债权人提供融资、应收账款管理、催收、销售分户帐管理等综合性金融服务。

按照应收账款转让是否需要通知债务人,可将保理分为明保理和暗保理(或者公开型保理和隐蔽型保理)。明保理是指债权人在转让应收账款的时候立即将保理情况告知债务人,并指示债务人将货款直接付给保理商。目前,在国内开展的保理业务种类多数为明保理。暗保理是将债务人排除在保理业务之外,由保理商和债权人单独进行保理业务,在到期后债权人出面进行款项的催讨,收回之后再交给保理商。本案即暗保理,暗保理是商业保理公司创新的业务模式,一方面满足了资金状况不佳的中小企业的融资需求,另一方面也在商业风险控制的基础上扩展了自己的业务范围。另外,按照从事保理业务的机构性质,保理可分为商业保理和银行保理,其中商业保理指以非银行法人企业作为保理商的保理业务。按照基础交易的性质和债权人、债务人所在地不同,保理还可分为国际保理和国内保理。

(二)保理合同性质的认定

随着商业保理业务的蓬勃发展,保理合同纠纷也越来越多。从实践来看,保理合同最为重要的功能还是融资借贷,尤其是暗保理业务,由于保理商与债权人约定暂且不将应收账款转让的事实告知债务人,故其与民间借贷、金融借款有一定的相似性,能否准确认定其法律关系并适用法律就显得非常重要。目前理论界和实务界对暗保理法律关系的认定无统一的规定,银行保理业务规范对保理法律关系的认定也过于笼统。归纳起来,对于保

① 《国际保理通则(2013 版)》,载中国服务贸易协会商业保理专业委员会网站,http://www.cfec.org.cn/view.php? aid=842,2017 年 7 月 30 日访问。

理合同的性质,有委托代理合同纠纷、金融借贷合同纠纷、债权让与纠纷等说法。

第一,是否属委托代理合同。此种观点认为保理商通过与债权人的共同意思表示,由保理商履行对债务人进行应收账款催收的义务,据此认为保理商与供应商之间是委托代理关系。然而,代理最为重要的两个特征是“代理人需以被代理人的名义实施法律行为,且代理行为的法律后果直接归属于被代理人”①。在保理业务中,保理商以自己的名义向债务人催收应收账款,如果在无追索权的保理业务中,保理商还要承担债务人不能给付或少给付货款的风险,尤其在暗保理业务中,在债权转让通知未到达债务人处时,保理商还不能主张由债务人承担还款责任,这与委托代理关系有所不同,故保理合同并非委托代理合同。

第二,是否属于金融借贷合同。债权人在完成货物交付后将应收账款转让给保理商,保理商再支付给债权人一定融资款,这表面上类似于质押借款合同。如果按照借款合同性质,只有在供货商到期无法清偿融资款时,保理商才能催收借款。而实际上,保理商在取得应收账款债权后,其便成为基础买卖合同的唯一债权人,即便在暗保理情况下,只要出现合同约定情形时,保理商便可将应收账款转让事实通知给债务人,在转为明保理后,马上可要求债务人偿还货款。另外,保理合同中双方设定监管专用账户,还款主要来源为债务人支付的账款,主要还款人是债务人,即保理合同外的第三方,这与质押借款合同有所区别。故暗保理合同也非金融借贷合同。

实际上,保理合同以合法有效的基础合同为前提,其中,基础合同中债权人将其应收账款债权转让给保理商是保理的核心要素。保理商在支付融资款项后取得应收账款的债权,其在一定条件下可向债务人行使债权,同时承担债务人的信用风险,债权人自始失去了对债务人的追偿权。因此,保理合同的性质与债权让与合同最为接近,在一定程度上将其定性为债权让与合同是较为适宜的。但由于保理商还承担了对应收账款管理、催收等义务,同时实践中双方往往约定在保理商无法收回账款时,债权人应当无条件回

① 李开国:《民法总则研究》,法律出版社2003年版,第317页。

购应收账款,这与一般的债权转让有所不同,所以,笔者认为,保理合同虽然当前在合同法中是无名合同,但因其具有特殊功能,应当单独作为合同的一种予以界定。

(三)保理合同效力的认定及责任承担

从前海法院受理的商业保理案件来看,保理合同纠纷从最初的保理合同性质及效力认定、融资款回购,到后来债权转让性质的认定、应收账款催收等,纠纷日趋复杂化。由于保理纠纷的法律及相关司法解释尚未出台,审判实践对保理合同纠纷的处理需要把握好以下几点。

1.保理合同的效力认定

在对保理合同效力进行实质性审查时,应当以《合同法》第五十二条[①]为依据,并结合债权人与债务人的基础买卖(服务)合同、应收账款的真实性、融资款项等方面综合作出判断。同时,应充分尊重当事人在商事活动中的意思自治,尽可能减少公权力对商事交易的干涉,充分发挥市场主体的能动性,同时根据“法无禁止即自由”的私法基本原则,尽可能地认可双方合意的效力。

对于基础交易为虚假的情况,保理合同的效力应区别对待。债权转让人与第三人虚构基础合同关系,并以无真实交易关系的应收账款债权作为转让标的,与保理商订立应收账款转让合同骗取保理商融资款的,善意保理商可以请求撤销该合同,并向债权转让人主张返还财产、赔偿损失等法律责任。若保理商并非善意,亦不当然认定保理合同无效,而是以其实际成立的法律关系适用的相关规则决定合同效力。其中,涉及应收账款真实性的审查问题。在实务中,银行或保理商提交的证明应收账款的证据通常为买卖合同、增值税专用发票,有些案件提交了债权确认书,多数案件缺乏货物交付凭证、对账单、货运凭证等,如何认定应收账款真实性应结合个案的证据予以认定。

对于未来应收账款能否转让的问题。订立保理合同时基础合同约定的

① 《合同法》第五十二条规定:“有下列情形之一的,合同无效:(一)一方以欺诈、胁迫的手段订立合同,损害国家利益;(二)恶意串通,损害国家、集体或者第三人利益;(三)以合法形式掩盖非法目的;(四)损害社会公共利益;(五)违反法律、行政法规的强制性规定。”

应收账款债权尚未实际发生的,对保理合同的效力是否产生影响。在银监会颁布的《商业银行保理业务管理暂行办法》中规定了未来应收账款不得叙作保理,虽然该办法属于部门规章层次且仅约束商业银行开展保理业务,但在现阶段保理各项规则未通过立法方式明确的情况下,审理过程中仍然会对未来应收账款叙做保理的效力问题产生疑问。而《国际保理公约》对未来应收账款债权转让予以认可,公约第五条规定:"保理合同关于转让已经产生或将要产生的应收账款的规定,不应由于该合同没有详细列明这些应收账款的事实而失去其效力。如果在该合同订立时或这些应收账款产生时上述应收账款可以被确定在该合同项下的话。"同时,我国《合同法》第七十九条①对未来债权转让也予以认可。因此,对于保理合同中对未来应收账款债权转让的约定,在不违反法律禁止性规定的情况下是有效的。

综上所述,保理法律关系的认定需要符合以下条件:首先,债权人要将其现在或未来的应收账款转让给保理商,且保理商受让了应收账款;其次,保理商为债权人提供应收账款融资、应收账款管理、应收账款催收、销售分户账管理、信用风险担保等其中的一项或多项服务。同时,商业保理业务在我国仍处于探索实验阶段,司法实践中,对保理法律关系进行界定时应体现对金融创新业态的鼓励,笔者认为,下列情形不影响对保理合同的效力认定:一是债权人将与债务人约定不得转让的应收账款债权转让给保理商的;二是当事人仅以保理商所受让的应收账款为不成立的应收账款(如虚假应收账款、已被清偿的应收账款等)为由进行抗辩的;三是当事人仅以保理商所受让的应收账款为未来应收账款为由进行抗辩的;四是当事人仅以保理商所受让的应收账款为已被处分的应收账款为由进行抗辩的;五是债务人仅以未收到债权转让通知为由进行抗辩的;可能产生的其他不属于《合同法》第五十二条规定范围的情形一般也不影响保理合同效力。

2. 债权人与债务人的责任承担

保理商在受让的应收账款不能收回的情况下,其权利救济涉及债权人

---

① 《合同法》第七十九条规定:"债权人可以将合同的权利全部或者部分转让给第三人,但有下列情形之一的除外:(一)根据合同性质不得转让;(二)按照当事人约定不得转让;(三)依照法律规定不得转让。"

与债务人责任承担的问题，应根据保理商的诉讼请求不同而分别进行分析。

如果保理商单独起诉债权人，诉讼请求一般为要求返还融资款（回购应收账款），这一般出现在有追索权的保理业务中。如在本案中双方约定在保理商不能按期收回应收账款时，卖方对保理商负有回购应收账款的义务，这是保理商受让债权得以实现的一个重要保障。这是附条件的请求权，在应收账款到期未偿付时，保理商可以根据合同通知债权人承担回购义务，但也不影响保理商仍为应收账款的债权人地位，债务人的付款对象仍是保理商。

如果保理商要起诉债务人，是建立在根据合同约定将债权转让通知告知债务人，保理合同类型从暗保理转为明保理的基础上，使得债权转让对债务人发生效力。第一种情况，保理商单独起诉债务人。该诉讼请求一般是要求支付应收账款，保理商请求债务人履行债务，保理商行使的是基础合同中应收账款债权人的债权请求权，债务人应根据基础合同承担付款责任。第二种情况，保理商同时起诉债权人和债务人。法院基于同一事实合并审理，但所涉法律关系为两种独立的法律关系，在事实基本清楚的情况下，应如何裁判债权人与债务人所应承担的责任值得探讨。笔者认为，保理的核心是应收账款转让，与借贷的基本区别在于第一还款来源是应收账款债务人而非债权人，为避免诉累，裁判可参考补充责任的承担方式。如果债权人履行了回购义务，应收账款自动转回债权人，债权人依然享有要求债务人履行债务的债权请求权。

3. 融资利息、违约金等费用的合理限制

保理行业作为一种金融创新行业，其与民间借贷不同，除了对企业提供保理融资外，还受让了债权人的应收账款债权，成为应收账款项下新的债权人，并提供应收账款管理，账款催收等服务，保理商回收融资款的第一来源通常也是债务人的还款，因此，保理商较一般民间借贷的债权人承担了更大责任和风险，其中的保理综合功能更为广泛，对双方约定的融资利息、手续费以及违约金等，应在一定程度和范围内尊重当事人的意思自治，尊重商事交易自由和市场选择，尽量不对当事人的约定作过多调整和干预，不适宜一成不变地将民间借贷法律规定运用到保理行业中，否则不利于新兴保理行业的发展,不利于保理业务综合功能的开发应用。

但保理合同中可能涉及“保理融资”“融资利息”“保理服务费”等,部分保理商通过保理业务收取高额回报,远高于民间借贷收入,若不加以明确对收益的法律限制,明显对债权人不利,且不利于交易安全。对此,笔者认为,对于保理融资期间的利息、手续费等费用,可以参考民间借贷的相关法律规定对其进行合理限制,但对于债权人主张所有收益总计不超过24%的情况,需要综合考虑签订合同时双方的合意、保理商是否承担了账款催收和管理等因素,结合个案进行认定,如果超过36%的情况则明显属于过高,法院对此不予支持;但对于融资期限满后违约金、罚息等约定,应在尊重双方意思自治的基础上,主要参照民间借贷的法律规定进行限制,因为罚息、违约金、逾期利息等不同名目的费用,其性质均是违约金,故对此应该累计综合计算,对于债权人请求的违约金过高部分,法院不予支持。

另外,对于实践中保理商要求债权人先行扣除保证金的做法,由于保证金本身是用于保障合同的正常履行,在实践中保理商划拨保理融资时会扣除保证金的数额,或者直接在合同中约定乙方(为供应商、债权人)同意交付保理融资时扣除保证金,或者为了获取完整凭证而要求供应商在划拨保理融资后立即支付保证金。对此,笔者认为,保理本身具有较强的金融属性,注重资本的自由流动,以提高资本利用效率,保理商将保证金先予扣除的做法使得资金流动没有产生应有的价值。故法院在计算保理融资利息、逾期利息、违约金等责任范围时,应当按照扣除保证金后的实际融资金额进行计算。

(四)登记公示和权利冲突问题

应收账款的债权转让是保理的核心要素,而对于应收账款的债权转让是否需要登记公示,法律未明确规定。《物权法》第二百二十八条第一款规定:“以应收账款出质的,当事人应当订立书面合同。质权自信贷征信机构办理出质登记时设立。”该规定要求应收账款质押应当进行登记,但未涉及应收账款转让问题。《中国银行业保理业务规范》第十一条规定,“银行根据内部管理要求决定保理业务是否在中国人民银行应收账款质押登记公示系统进行转让登记”。这是行业规范的规定,且只是针对银行保理而言,由银行内部管理规定进行决定。商业部《关于商业保理试点实施方案的复函》第一条第(五)项规定:"商业保理公司应在人民银行征信中心的应收账款质押登记公示系统办理应收帐款转让登记,将应收账款权属状态予以公示。"这是目前涉及该问题的部委答复。实际上,中国人民银行征信中心应收账款登记公示系统是根据《物权法》等规范性法律文件,为应收账款质押登记而设立的,而保理业务中的债权转让在该系统进行登记,法律法规并未赋予其效力,其仅作为一种公示服务。因此,笔者认为,应收债权转让未经登记并不影响其效力,但未登记的,不能对抗善意第三人。

关于应收账款所设定的权利冲突问题,主要涉及应收账款的转让与质押等权利冲突,应区别情况对待。如果应收账款先质押,保理商后受让应收账款的,保理商不能对抗质权人;如果应收账款先转让后质押,原则上应收账款转让后,原债权人已不是权利人,其质押行为构成无权处分。但如果前者未进行登记,后者可基于善意对抗前者;另外,如果应收账款重复转让,同一笔应收账款向两个以上保理商转让的,法律层面没有明确先签署保理合同的优先,还是先进行登记的优先,还是先通知债权人应收账款转让的优先。笔者认为,应更倾向于先办理登记的优先。因为,不论是先签订保理合同还是先通知债务人,在没有办理登记手续时,便不能对抗善意第三人。

(五)暗保理业务的风险防控

本案裁判对暗保理的业态创新给出了支持的司法态度,有利于商业保理公司创新业务模式,不断满足资金状况不佳的中小企业的融资需求,为自贸区国际化、法治化、市场化的营商环境提供司法保障。但从法院审理的案件来看,暗保理业务隐藏的风险容易引发纠纷,应当引起重视。暗保理隐藏的风险主要有:一是基础合同项下交易可能不存在。在暗保理中,保理商不直接接触购货商,对于基础合同项下交易是否存在,保理商一般只凭供货商提供的买卖合同、交易记录、发货单等票据资料,而这些单据存在伪造的风险,如利用真实的增值税专用发票号虚开假发票、双方作为关联贸易公司相互串通伪造证据等,保理商如果未能核查清楚,则可能被供货商非法骗取信贷资金,从而影响资金的回收。二是应收账款的账户可能被更改。在暗保理中,保理商通常与供货商共同指定银行某一账户作为监管账户,专门用于回收货款,进而保证融资款的偿还。但供货商为了自身资金融通等原因,可能要求购货商变更收款账户,这样就容易导致保理商对应收账款失去控制。在诉讼中,如果购货商能举证证明其履行了付款义务,则保理商不能再要求购货商付款。三是债权转让通知的主体和形式约定不明确。在暗保理中,只有在约定条件出现时才能将应收账款转让事实通知购货商,但部分合同对通知的主体和形式未作明确约定。有些保理商在不能收到款项时,认为送达书面通知会比较滞后,担心应收账款被转移,于是采用口头通知的形式告知债务人,此时债务人可能以未得到原债权人通知为由而不向保理商支付款项,导致双方发生争议。

针对暗保理业务存在的风险,进一步规范自贸区商业保理行业健康发展,我们建议:一是要建立和完善保理业务审核制度,核查基础合同的真实性。保理公司应制定和完善基础合同真实性审查的操作要点,明确保理业务客户经理及相关审核人员的责任,重点应对买卖合同、票据进行细致审查,如应当在税务系统对发票进行核查,并注意加盖公章情况,以防范发票“先开后废”、重复融资及虚假交易等现象,确保交易的真实性。二是要加强对应收账款的监管,发现异常及时采取措施控制风险。保理公司应该设定专人跟进应收账款的回款,对监管账户加强监管,根据合同对还款期限的约定,一旦发现回款异常,应当立即采取相应措施,加强与购货商的沟通,查清具体原因,必要时将应收账款转让的通知送达给购货商,将暗保理转为明保理,如果达到条件时则可以提前回收贷款进而控制风险。三是要明确应收账款转让通知的主体和形式,按照《合同法》的规定及时履行通知义务。建议保理商在与供货商签订暗保理合同时,应当明确约定在条件成就时债权转让通知的主体及形式。保理商可先行制作《应收账款转让通知书》,并由债权人先行签名确认,一旦出现合同约定情形时,保理商可将该书面通知发送出去,以解决债务人以债权转让未得到原债权人确认进行抗辩的问题。

【专家点评】[1]

保理业务主要是基于应收账款转让的贸易融资行为，其通过加速应收账款的流转，有效缓解中小企业资金周转困难的问题。但在实践中出现了暗保理业务，即签订保理合同后，保理商和债权人均未将应收账款转让事宜通知债务人，债权到期后由债权人出面催讨收缴，或在约定期限届满或者约定事由出现后，保理商将应收账款转让事宜通知债务人。实践中，暗保理受到广大中小企业青睐，因为当债务人知道债权人将应收账款转让融资后，债权人的企业信用将有所降低，可能进一步加剧资金周转的难度。法律上并未明令禁止暗保理业务，但现行的操作的确会带来一定的风险，如本案中的双方当事人对签订合同的性质存在争议。

本案被告天谷公司辩称双方之间不构成保理法律关系，主要理由为债权转让未通知债务人，根据《合同法》第八十条的规定，通知债务人为债权转让的必要条件，因此债权转让未成功，不符合保理关系的构成要件。但法院在查明案件事实的基础上，综合考虑双方当事人的意思自治和商业保理业务的性质特点，认为本案符合商业保理业务要求，债权转让未通知债务人之前，对债务人不发生效力，但并不因此影响保理商与债权人之间转让债权的效力，双方应按照合同履行义务。

本案中，法院虽认可了原告主张的保理合同关系，却未支持原告的所有诉讼请求，而是将合同中的各种费用进行分类，分为融资费用和违约金两类。因为保理业务，尤其是暗保理业务中保理商不仅提供资金，还提供销售分户账管理、应收账款催收等服务，并承担较大的风险，所以融资费用应尊重双方当事人的意思自治，给予市场交易一定的自由空间，以保证保理业务的顺利开展。而对于违约金的约定，在尊重意思自治的基础上，也需参照民间借贷的利率标准，不能违反法律规定，故法院酌情将日千分之一过高的违约金调整为中国人民银行同期贷款利率的

[1] 朱慈蕴，清华大学法学院教授，博士生导师。

四倍来计算,原告违约金请求过高的部分不予支持。针对担保人提供的股权质押是否生效问题,法官根据《物权法》第二百二十六条的规定,股权质权自办理登记时起设立,故第二次质押因未办理登记而不生效。但质权的设立也并非按当事人的合意办理登记即生效,其内容不能违反法律的强制性规定。根据《公司法》第一百四十一条的规定,公司董事、监事、高级管理人员应当向公司申报所持有的本公司的股份及其变动情况,在任职期间每年转让的股份不得超过其所持有本公司股份总数的25%。本案中被告张天明将其所持有的2800万股中的1250万股一次性出质给原告,超过了25%(700万股)的上限,故超过部分无效,法院仅认定质押份额为700万股,原告在此范围内享有优先受偿权。

保理业务作为一种金融创新方式,近年来在市场中被广泛运用,但国家尚未出台专门的法律进行规范。国务院仅在《自由贸易试验区总体方案》等通知中表明了"支持商业保理业务发展,探索适合商业保理业务发展的监管模式"的态度,商业保理的主管部门商务部在发布了《商业保理企业管理办法》(试行)(征求意见稿)后仍未出台正式文件进行指导,所以实践中法院在审判相关案件时主要依据《合同法》《民法通则》《物权法》等法律中有关应收账款转让和担保的规定。对于法律无明确规定的新型业务的审判,不仅考验法官的法律理论知识深度,更考验其对实际生活的理解和价值判断的掌握。

该判决反映了法官对基础法律的熟练运用以及法院支持和鼓励自贸区商业保理业务发展的司法态度,这将为自贸区的商事主体带来良好的示范引领作用。诚然,商业保理在实践生活中仍有信用、操作、法律等风险,但因其逆经济周期而行的特点,符合成长型中小企业的发展需要,更代表了贸易融资的发展新方向,所以深圳前海合作区人民法院这一做法具有深刻的学习和借鉴意义。

售后回租型融资租赁合同的效力认定及责任承担

——广州阳健投资咨询有限公司诉湖南朗健医疗设备有限公司融资租赁合同纠纷案

吕豫军　刘　畅

【关键词】

融资租赁合同　售后回租　债权转让

【导　语】

融资租赁最初于20世纪50年代在美国诞生，我国在20世纪80年代引进该制度，当时在改革开放背景下，融资租赁是作为引进国外先进技术、机器设备和管理的重要渠道。经过多年的发展，我国企业通过购买设备来提高生产效率的做法在逐步改进，此种需求在逐步减弱，于是售后回租形式的融资业务也由此而生，同时与售后回租相关的法律纠纷也随之而来。

【裁判要点】

当事人将其自有财产出卖给融资租赁公司，再从该公司处租回出卖的财产，并按期向该公司支付租金的交易方式为售后回租的融资租赁方式。出卖人与承租人归于一体，作为一种较为新型的融资手段，如果双方当事人是真实意思表示，不违反法律法规，被告出卖的租赁物实际存在且已交付，该合同是有效的。融资租赁合同的出租人将租赁租金权益转让给第三人，且通知承租人后，对承租人发生法律效力。

【相关法条】

《最高人民法院关于审理融资租赁合同纠纷案件适用法律问题的解释》第二条、第十二条第二款第(二)项、第二十条、第二十二条

《中华人民共和国合同法》第四十四条、第六十条、第七十九条、第八十条、第一百零七条

《中华人民共和国民事诉讼法》第六十四条、第一百四十四条

国家税务总局2010年9月8日发布的《关于融资性售后回租业务中承租方出售资产行为的有关税收问题的公告》

中国银行保险监督管理委员会《金融租赁公司管理办法》第五条

【案例索引】

广东省深圳前海合作区人民法院(2016)粤0391民初527号民事判决(2016年7月4日)

【基本案情】

2014年12月3日,深圳希润融资租赁有限公司(以下简称希润公司)作为出租人(买受人),湖南朗健医疗设备有限公司(以下简称朗健公司)作为承租人(出卖人),双方签订了一份《融资租赁合同(售后回租)》。合同约定:希润公司以150万元受让朗健公司提供的租赁物MX4000DVAL CT机1台,并在支付租赁物转让价款之时,即取得租赁物所有权;双方不再办理租赁物的交付手续,由朗健公司继续占有和使用租赁物;租赁手续费75,000元、租赁保证金15万元;租赁期限36个月,以等额本金法按月支付租金,租金年利率15%,从2014年12月8日起计,每期租金51,356.04元,共分36期偿还,正常按约履行共需归还150万元本金,348,817.52元利息。之后,希润公司支付了货款,但朗健公司未按约定支付到期租金及利息。

2016年2月18日,广州阳健投资咨询有限公司(以下简称阳健公司)与希润公司签订《融资租赁租金权益转让协议》,约定主要内容:希润公司将其与朗健公司在2014年12月3日签订的《融资租赁合同》合同项下第2.1条款规定的租赁租金权益转让给阳健公司;租金权益概念为:租赁合同项下的

应收租金债权、为行使、保全该债权所享有的全部权益(包括但不限于利息、罚息、违约金、损害赔偿金、律师费)以及如果融资租赁合同被解除及被认定为无效时的财产返还请求权和损害赔偿请求权等权益;阳健公司向希润公司支付租金权益转让对价 140 万元。2016 年 3 月 1 日,阳健公司与希润公司共同给朗健公司发出《融资租赁租金权益转让通知书》,告知其债权转让情况。但朗健公司仍未履行合同义务。阳健公司诉至前海法院,请求判令:解除《融资租赁合同》并返还租赁物,以及支付到期未付租金及逾期利息等费用。

【当事人观点】

原告阳健公司诉称,2014 年 12 月 3 日,朗健公司与希润公司签订了编号为 SERE2014 - 1006 的《融资租赁合同(售后回租)》,合同约定:希润公司以人民币 1,500,000.00 元的价格向朗健公司购买被告享有完全所有权的设备,再出租给被告。

2014 年 12 月 8 日,希润公司向被告支付了人民币 1,500,000.00 元的设备款。同时,根据《融资租赁合同》的约定将其出租给被告,上述设备的租金总额为人民币 1,848,817.52 元,分 36 期支付,每期租金人民币 51,356.04 元,每月 8 日支付当期租金。租赁期自 2014 年 12 月 8 日起至 2017 年 11 月 8 日止。

《融资租赁合同》签订后,被告仅支付了 2014 年 12 月 8 日至 2015 年 4 月 8 日共 5 期租金,此后,虽经希润公司多次催要,仍未支付任何租金。后 2016 年 2 月 18 日,希润公司与原告签订了编号为 2016002 号的《融资租赁租金权益转让协议》,将其在编号为 SERE2014 - 1006 的《融资租赁合同》中所享有的权益转让给原告,并以 EMS 快递的方式将上述债权转让事宜通知了被告,根据《合同法》、《民法通则》及相关司法解释的规定,原告合法享有编号为 SERE2014 - 1006 的《融资租赁合同》项下对被告的所有权益。

根据编号为 SERE2014 - 1006 的《融资租赁合同》第五条的约定,在被告清偿合同项下的所有债务前,租赁物的所有权属于希润公司,被告仅享有租赁物的租赁权益。希润公司已经履行了合同项下的义务,将购买的设备交付被告,而被告却未按合同约定按时足额缴纳租金,构成严重违约。根据合同第十二条的约定,在被告发生严重违约行为时,希润公司可解除合同并要求被告支付到期未付租金及逾期利息,返还租赁物,并要求被告支付损失及其他各项费用。原告基于编号为 2016002 号的《融资租赁租金权益转让协议》享有上述权利。

被告经送达起诉状副本及开庭传票,无正当理由拒不到庭应诉,也未提交书面答辩状。

【本案争议焦点】

1. 售后回租交易的融资租赁关系如何认定。

2. 为债权转移转让的法律关系如何认定。

【裁判结果】

广东省深圳前海合作区人民法院于 2016 年 7 月 4 日作出(2016)粤 0391 民初 527 号民事判决:

1. 解除深圳希润融资租赁有限公司与被告湖南朗健医疗设备有限公司签订的《融资租赁合同(售后回租)》(合同编号:SERE2014 - 106)。

2. 被告湖南朗健医疗设备有限公司将租赁物 MX4000DVAL CT 机 1 台返还给原告广州阳健投资咨询有限公司,限本判决发生法律效力之日起五日内归还。

3. 被告湖南朗健医疗设备有限公司支付原告广州阳健投资咨询有限公司到期租金 564,930.44 元及逾期利息 47,427.87 元(租金及逾期利息计算到 2016 年 3 月 22 日,其后逾期利息应按照日万分之五,计算到本案判决确定付款之日止),限本判决发生法律效力之日起五日内付清。

4. 若被告湖南朗健医疗设备有限公司未能按照上述第二条判项归还租赁物给原告广州阳健投资咨询有限公司,需赔偿原告广州阳健投资咨询有限公司损失。计算方法为:本案判决发生法律效力之日起计至实际返还租赁物之日止,按每月 51,356.04 元计算。

5. 被告湖南朗健医疗设备有限公司支付原告广州阳健投资咨询有限公

司律师费 20,000 元,限本判决发生法律效力之日起五日内付清。

宣判后,双方当事人均未上诉,判决已发生法律效力。

【裁判理由】

深圳希润融资租赁有限公司作为出租人(买受人,甲方),被告作为承租人(出卖人,乙方),双方签订了一份《融资租赁合同(售后回租)》,明确了双方租赁物的情况、租赁费用、租赁期限以及违约条款等,其内容与形式均具备《融资租赁合同(售后回租)》的要件。其后双方履行了交付款项、交付购买租赁物的义务,但因被告未按照合同约定支付到期租金。在案件审理中被告未到庭答辩,法院根据原告提交证据及陈述情况,对被告在履行合同过程中的违约情形予以确认。应当支持原告解除合同、返还租赁物、支付到期租金及逾期利息的诉讼请求。根据法院查明的事实,深圳希润公司作为合同甲方,双方签订了一份《融资租赁租金权益转让协议》,约定将编号为SERE2014—1006 的《融资租赁合同》合同项下第 2.1 条款规定的租赁租金权益转让给乙方,并履行通知承租人及担保人的义务。

根据法院对事实的查明与认定,本案涉及两个法律关系:其一为售后回租交易的融资租赁关系如何认定;其二为债权转移转让的法律关系如何认定。

第一个法律关系,在本案中被告将其自有财产出卖给希润公司,再从该公司处租回出卖的财产,并按期向该公司支付租金的交易方式为售后回租的融资租赁方式。本案的出卖人与承租人归于一体,与传统融资租赁交易的三方当事人存在一定区别,体现出与抵押借款相类似的特征,是一类较为新型的融资手段。目前,我国已认可售后回租的效力,《最高人民法院关于审理融资租赁合同纠纷案件适用法律问题的解释》第二条规定“承租人将自有物出卖给出租人,再通过融资租赁合同见租赁物从出租人处租回的,人民法院不应仅以承租人和出租人系同一人为由认定不构成融资租赁法律关系”。据此,法院认为深圳希润融资租赁有限公司在与被告签订的《融资租赁合同(售后回租)》及四份合同附件是双方当事人真实意思表示,不违反法律法规的规定,被告出卖的租赁物实际存在且已交付,被告并开具了增值税发票,因此合同是有效的。

第二个法律关系,依照《合同法》第七十九条“债权人可以将合同的权利全部或者部分转让给第三人,但有下列情形之一的除外:(一)根据合同性质不得转让;(二)按照当事人约定不得转让;(三)依照法律规定不得转让”和第八十条“债权人转让权利的,应当通知债务人。未经通知,该转让对债务人不发生效力”这两条关于“债权的转让”及“债权转让的通知义务”有关规定均符合本案情况,包括:(1)希润公司在与被告签订的《融资租赁合同(售后回租)》及四份合同附件按照合同性质属于可转让合同权利的合同,合同中并没有约定不得转让合同权利。(2)合同权利转让人希润公司已履行了通知义务。据此,法院确定 2016 年 2 月 18 日,原告与希润公司签订的《融资租赁租金权益转让协议》是双方当事人的真实意思表示,符合法律法规规定,是有效合同,债权转让已通知被告,对被告已发生法律效力,被告应向原告履行合同义务。

【裁判思路解析】

典型的融资租赁模式是直租,此时存在三方主体,即出卖人、出租人(买受人)、承租人。但是,当融资租赁的出卖人与承租人主体同一之时,就出现了售后回租的情形。售后回租是指承租人为了实现其融资目的,将其自有物的所有权转让给出租人,再从出租人处租回的交易方式。售后回租是出卖人与承租人同一的“非典型”融资租赁形式。本案中,希润公司作为出租人(买受人),又是债权的受让人,朗健公司作为承租人(出卖人),形成了较为典型的售后回租关系。

虽然曾有观点认为,售后回租合同在法律关系的性质上属于抵押贷款,而不构成融资租赁合同关系,并在此前提下,认定此类合同无效。这将给融资租赁行业经营实践中大量存在的售后回租合同的效力及租金债权的回收带来很大的法律风险。由于在售后回租交易中,租赁物的所有权原本属于承租人,出卖人与承租人归于一体,与传统融资租赁交易的三方当事人存在一定区别,在表现形式上与抵押借款类似。抵押借款与售后回租的共性在于,均有两方当事人,物的存在为债权人提供了有效的担保。但二者也存在显著差异：一是合同关系不同。抵押贷款一般存在抵押合同与贷款合同两个合同，售后回租则包括租赁物买卖合同与融资租赁合同两个合同。二是权利属性不同。在抵押贷款合同中，债权人是抵押权人，而在售后回租合同中，出租人是所有权人。三是债权金额构成不同。抵押贷款合同的标的额由本金加利息构成，而售后回租合同中，租金一般由租赁物的购买价款、费用及出租人的合理利润分摊而成。

《最高人民法院关于审理融资租赁合同纠纷案件适用法律问题的解释》的出台一锤定音，消解了理论界多年的争议。第二条明确规定："承租人将其自有物出卖给出租人，再通过融资租赁合同将租赁物从出租人处租回的，人民法院不应仅以承租人和出卖人系同一人为由认定不构成融资租赁法律关系。"《合同法》第二百三十七条规定的融资租赁合同关系包括出租人、承租人、出卖人三方主体，但立法并未明确禁止承租人与出卖人同一的情形，故《最高人民法院关于审理融资租赁合同纠纷案件适用法律问题的解释》将售后回租明确为融资租赁合同的特殊形式并不违背法律规定，并且体现了法律规范对于新生交易模式的包容态度。

因此，本案当事人将其自有财产出卖给融资租赁公司，再从该公司处租回出卖的财产，并按期向该公司支付租金的交易方式为售后回租的融资租赁方式。

【本案延伸问题】

融资租赁最初于20世纪50年代在美国诞生，我国在20世纪80年代引进该制度，当时在改革开放背景下，融资租赁是作为引进国外先进技术、机器设备和管理的重要渠道。融资租赁合同是出租人根据承租人对出卖人、租赁物的选择，向出卖人购买租赁物，提供给承租人使用，承租人支付租金的合同。[①] 据此，融资租赁纠纷一般涉及承租人、出租人、出卖人三方主体。

经过多年的发展，我国企业通过购买设备来提高生产效率的做法在逐步改进，此种需求在逐步减弱，于是售后回租形式的融资业务也由此而生。

① 《合同法》第二百三十七条。

相对于售后回租而言,传统融资租赁的交易模式称为“直租”。售后回租的出卖人与承租人归为一体,从传统的三方主体变为两方主体,是指承租人将自有财产转售给出租人,再从出租人处租回相应财产使用,并按照约定向出租人支付租金的融资形式,是一种较为新型的融资手段。售后回租的目的是企业为了实现资金周转,在实现对其生产机器设备继续占有和使用的情况下改善其资产负债情况,而非简单的民间借贷抵押关系,甚至有学者认为,售后回租对于企业的生产是最适合的融资方式,因为既不会影响企业的正常发展又可以短时期内获得资金的注入。①

(一)我国关于售后回租业务的法律规定

我国在经济领域曾不认可售后回租融资租赁合同属于融资租赁纠纷范围,仅将之认定为一般的借款合同。情况在2010年以后发生了变化,国家税务总局于2010年9月8日发布的《关于融资性售后回租业务中承租方出售资产行为的有关税收问题的公告》规定:“融资性售后回租业务是指承租方以融资为目的将资产出售给经批准从事租赁融资业务的企业后,又将该项资产从该融资租赁企业租回的行为。”银监会于2014年3月13日发布的《金融租赁公司管理办法》第五条规定:“本办法所称售后回租业务,是指承租人将自有物件出卖给出租人,同时与出租人签订融资租赁合同,再将该物件从出租人处租回的融资租赁形式。售后回租业务是承租人和供货人为同一人的融资租赁方式。”税务总局和银监会直接对售后回租下了定义,其中,银监会的规定直接将售后回租业务定义为融资租赁业务,相当于承认售后回租合同是融资租赁的性质,银监会和国家税务总局关于售后回租的定义均可作为融资租赁企业开展业务所遵循的依据。

随着融资租赁业务的发展,融资租赁纠纷也越来越多、越来越复杂,2013年11月《最高人民法院关于审理融资租赁合同纠纷案件适用法律问题的解释》第二条规定:“承租人将自有物出卖给出租人,再通过融资租赁合同将租赁物从出租人处租回的,人民法院不应仅以承租人和出租人系同一人为由认定不构成融资租赁法律关系。”该司法解释认可了融资租赁中承租人和出

---

① 马思萍:《论融资租赁合同的基本特征》,载《当代法学》1999年第6期。

租人为同一人的情形，但并没明确售后回租业务在什么情况下才能符合融资租赁的条件，毕竟在实践中存在诸多“名为融资租赁实为民间借贷”的案例，不符合融资租赁合同的实质要件，故要根据个案进行判定。

（二）售后回租型融资租赁法律关系认定

1. 出租人具有融资租赁业务的主体资格

根据我国现行法律规定，具有经营融资租赁业务的出租人一般为融资租赁公司，而不能是自然人或其他法人经济组织。我国目前主要存在两种类型的融资租赁公司：第一类是金融租赁公司，这类公司由银监会监管；第二类是融资租赁公司，其中包含外商投资融资租赁公司和内资试点融资租赁公司两种，前者由商务部和国家税务总局联合审批，后者由商务部审批，是一般工商企业。[①] 2016 年 4 月 1 日，商务部、税务总局联合发布《关于天津等 4 个自由贸易试验区内资租赁企业从事融资租赁业务有关问题的通知》，商务部、税务总局将注册在自贸试验区内的内资租赁企业融资租赁业务试点确认工作委托给各自贸试验区所在的省、直辖市的商务部门和国家税务局，其中包括上海、广东、天津和福建四个自贸区，实行自贸区内外有别的政策，减少审批流程，促进自贸区金融创新行业的发展。本案中的希润公司是一家经国家商务部门和国家税务部门批准设立的依法从事融资租赁业务的公司，符合开展售后回租业务的主体资格。

2. 租赁物真实存在且承租人具有处分权

银监会《金融租赁公司管理办法》第三十四条规定，“售后回租业务的租赁物必须由承租人真实拥有并有权处分”，因此租赁物必须由承租人真实拥有是售后回租合同生效的必要条件，如果租赁物不存在，就不符合融资租赁业务中融物与融资于一体的功能，可能构成民间借贷等其他法律关系。另外，承租人必须真实拥有该财物的所有权，且能够将该产权完整转移到出租人名下，对于国家法律法规禁止或限制转让的财物，不宜成为售后回租的标的物，否则将影响所有权的转移。本案中，租赁物 MX4000DVAL CT 机真实

---

① 参见《融资租赁合同法律关系中将涉及哪些主体？》，载大律师网，http://www.maxlaw.cn/l/20160915/860665124033.shtml，2017 年 7 月 30 日访问。

存在且朗健公司对其拥有所有权,能够自由处分该财产,朗健公司与希润公司签订融资租赁合同是双方意思表示,不违反相关法律规定,应当得到支持。

3. 租赁物所有权发生转移

租赁物所有权从承租人处转移给出租人,是售后回租业务区别于借款抵押行为的标志。对于不动产而言,我国采用的是登记生效主义,故如果以不动产作为售后回租的标的物的,司法实践中,可以从房产登记机关等单位查询相关租赁物的产权转移情况进行核实。对于动产而言,判定其所有权转让较为复杂,《物权法》第二十三条规定,"动产物权的设立和转让,自交付时发生效力,但法律另有规定的除外",这是动产物权变动的常见情况。但在售后回租业务中,租赁物一般继续由承租人占有,不发生交付,《物权法》第二十七条规定,"动产物权转让时,双方又约定由出让人继续占有该动产的,物权自该约定生效时发生效力",在学界称为"占有改定"的模式在售后回租业务中得到广泛应用。在本案中,双方在合同中约定,希润公司以150万元受让朗健公司提供的租赁物MX4000DVAL CT机1台,并在支付价款后取得租赁物所有权,同时双方不再办理租赁物的交付手续,由朗健公司继续占有和使用租赁物。故售后回租合同在双方约定且在出租方支付价款后即发生法律效力。

在借款抵押合同中,标的物的所有权仍然在承租人一方,权属并未发生转移。另外,售后回租合同还可以约定在租赁期届满后租赁物归承租人所有,而借款抵押合同却禁止流质条款,即不允许约定在借款人无力偿还借款时抵押物直接归出借人。因此,对于双方签订的名为"售后回租"型融资租赁合同,如果并没有发生租赁物的实质性买卖交易,则不具有融资租赁的特征,依法认定为民间借贷等法律关系。

4. 租赁物价值及租金构成合理

《最高人民法院关于审理融资租赁合同纠纷案件适用法律问题的解释》第一条规定:"人民法院应当根据合同法第二百三十七条的规定,结合标的物的性质、价值、租金的构成以及当事人的合同权利和义务,对是否构成融资租赁法律关系作出认定。"在实践中,出现名为售后回租合同,但实质上是租赁物低值高买的情况，即租赁物的价值明显低于市场价格的情况，这属于以售后回租的形式规避相关法律规定的情形，不符合《合同法》第二百三十七条的规定以及《关于审理融资租赁合同纠纷案件适用法律问题的解释》第一条确立的规则。[①] “低值高买”的行为实际上“仅有融资之实，而无融物之实”，是双方当事人规避了国家关于金融借贷的政策，属于典型的借贷关系。在实践中，不能简单以该合同是以合法形式掩盖非法目的而认定为无效，应当按照其实际构成的法律关系确定合同效力及当事人之间的权利义务关系，这体现了促进交易、审慎认定合同无效的指导思想，以规范和保障融资租赁行业的健康发展。[②]

（三）售后回租融资租赁中债权转让的效力

融资租赁合同作为一种特殊的有名合同，该合同项下的债权转让应当遵循民事合同转让的相关规定。在民事合同债权转让的效力认定上，主要遵循“法无明文规定不禁止”的原则，即除法律明确规定不得转让的合同，或根据合同的性质不能转让的合同，以及按照双方当事人约定不得转让的合同外，其他债权转让行为都应认定为有效。另外，根据《合同法》第八十条的规定，债权人转让权利应当通知债务人，未经通知，该转让对债务人不发生效力。本案中，融资租赁合同属于可转让合同权利的合同，且双方未约定不得转让合同的情形；本案关于融资租赁租金权益的转让协议是当事人真实的意思表示，阳健公司向希润公司支付租金权益转让对价 140 万元，且债权转让人希润公司已履行了通知义务，债权转让未违反法律禁止性规定。因此，阳健公司取得了希润公司作为出租人在融资租赁合同项下的向承租人收取租金、违约金以及融资租赁合同被解除及被认定为无效时的财产返还请求权和损害赔偿请求权等权益，本案债权转让协议对承租人已发生法律效力，其应向阳健公司履行合同义务。

---

① 宋晓明、刘竹梅、原爽：《〈关于审理融资租赁合同纠纷案件适用法律问题的解释〉理解与适用》，载《人民司法·应用》2014 年第 7 期。

② 宋晓明、刘竹梅、原爽：《〈关于审理融资租赁合同纠纷案件适用法律问题的解释〉理解与适用》，载《人民司法·应用》2014 年第 7 期。

(四)前海法院在审理融资租赁纠纷中的实践

截至2018年12月,前海蛇口片区的融资租赁、商业保理等金融相关服务机构5万余家,成为全国最大的新金融、类金融机构集聚地。融资租赁业务发展也引发了纠纷,2015年2月至2018年12月,前海法院共受理民商事(不含执行)融资租赁案件267件,其中涉港案件40件,占比14.98%,港资企业作为出租方为内地企业提供融资越来越普遍。

从前海法院审理的案件来看,自贸区内融资租赁案件具有以下特点:一是涉案标的大、当事人多。前海法院受理各类融资租案件涉案金额共计5.16亿元,高于该院同期商事案件的收案标的,且融资租赁案件一般涉及出租人、承租人、回购人、担保人等商事主体。二是案件法律关系复杂。案件往往涉及租赁、买卖、担保等多个复杂的法律关系,在租赁关系中又包括典型的融资租赁,以及派生出非典型的售后回租、厂商出租等多种情形,担保又包括人保、财保等各种形式。三是案件审理周期长。如果承租人经济困难、无法按约定支付租金,经常会发生承租人弃厂逃离或者下落不明的情况。如果承租人、多个担保人中的一人下落不明,又会涉及公告送达等问题,导致此类案件的审理周期延长。四是不少案件面临域外法律查明与适用等问题。前海的融资租赁业务主要以境外租赁机构为国内企业提供融资服务为主,合同往往是外方提供的格式合同,大多数合同约定纠纷适用香港准据法,有的甚至约定由香港法院非专属管辖,所以大部分案件面临域外法查明等较为复杂的问题,对涉外审判的专业性要求较高。

为了更好地鼓励涉港、涉外融资租赁行业健康有序发展,保护中外商事主体的合法权益,前海法院建议:一是融资租赁公司应谨慎审查合同并评估商业风险。融资租赁的资金成本相较于其他融资方式高,对于承租企业来说负担较重。出租方在签订相应的融资租赁协议时,对于承租人、担保人的经济条件、履约能力、风险状况应谨慎审查,从源头上降低融资租赁的违约风险。二是灵活约定争议解决的准据法。承租方在与境外融资租赁公司签订合同时,可将香港法律规定的原则和做法内化为合同的内容,从而使其在双方之间具有约束力,减少法律查明的时间和成本。三是明确约定发生争议时法律文书的送达地址。尤其对于涉外、涉港澳台融资租赁案件来说,明确送达地址可以有效地避免案件进入公告送达程序,及时保障当事人的合法权益。此外,前海法院积极承担最高人民法院“中国港澳台及外国法律查明研究基地”建设,建立“涉港因素”识别机制,拓展查明途径和方式,明确域外法审查程序和标准,明确法院聘请中外法律专家进行法律查明的职能等,充分保障当事人自由选择适用域外法的权利。

为了积极回应融资租赁行业发展变化带来的新司法需求,统一司法裁判尺度,促进前海自贸区融资租赁行业的健康发展,2016 年 12 月 22 日,前海法院在总结审判实践基础上,出台了《关于融资租赁合同纠纷案件的裁判指引》(以下简称《指引》),从融资租赁法律关系的认定,涉外、涉港澳台融资租赁案件的法律适用,登记公示效力等方面进行了规定。第一,《指引》对融资租赁案件司法解释中的原则性规定进行细化,增强对相关事实认定的可操作性。《指引》通过列举的方式明确可以认定不存在真实的融资租赁法律关系的各种情形:(1)不存在真实明确的租赁物;(2)承租人将自有物品出售出租人,再从出租人处回租的售后自租合同中,租赁物的购买价格缺乏合理依据;(3)租赁物上设有权利负担,出租人无法取得所有权;(4)出租人没有完成取得租赁物所有权的相关手续的,当事人另有约定的除外。另外,《指引》对融资租赁合同的效力进行详细规定,严格限制合同无效的情形,维护企业的正常生产经营,保护交易安全。第二,《指引》对融资租赁案件司法解释出台后出现的新问题进行梳理并提出解决方案,为案件审理提供裁判思路。《指引》对厂商出租、内保外贷、登记公示效力等新问题进行了梳理并明确处理意见。对于厂家为承租人提供资金用于租赁自己的产品的,应根据合同履行的实际情况来认定双方的法律关系,而不是简单认为不构成融资租赁关系;对于内地的担保人为境外机构提供担保的,当事人仅以该担保合同未经相关行政主管机关审批为由请求认定合同无效的,不予支持;对于当事人仅以未在中国人民银行征信中心的融资租赁登记公示系统办理融资租赁权属状况登记为由要求确认融资租赁合同无效的,不予支持。第三,《指引》对涉外、涉港澳台融资租赁案件的法律适用进行专门规定。结合前海自贸区涉港案件数量较大、双方当事人在合同中约定使用香港法律较多的情况,《指引》对涉外、涉港澳台融资租赁案件的法律适用进行专门规定,一方面充分尊重和保障当事人在法律选择适用上的契约自由,另一方面对在此之前相同或者类似的案件中对适用的域外法进行过查明,经法院审查后,可直接适用该准据法,进一步提高审判效率。

【专家点评】[①]

当事人将其自有财产出卖给融资租赁公司,再从该公司处租回出卖的财产,并按期向该公司支付租金的交易方式为售后回租融资租赁方式。融资租赁行业经营实践中大量存在的售后回租合同的效力及租金债权的回收,租赁物所有权从承租人处转移给出租人,是售后回租业务区别于借款抵押行为的标志。在处理相关案件时,应注意区别售后回租与抵押借款,二者的区别在于合同关系不同、权利属性不同、债权金额构成不同。

《最高人民法院关于审理融资租赁合同纠纷案件适用法律问题的解释》第二条规定将售后回租明确为融资租赁合同的特殊形式并不违背法律规定,体现了法律规范对新生交易模式的肯定和保护。本案当事人将其自有财产出卖给融资租赁公司,再从该公司处租回出卖的财产,并按期向该公司支付租金的交易方式为售后回租融资租赁方式。

① 赵万一,西南政法大学民商法学院院长,教授,博士生导师。

隐名股东能否提起公司解散之诉

——沈芬芳、叶伟光诉深圳市宏美五金塑胶有限公司公司解散纠纷案

郭宁华　颜湘梅

【关键词】

隐名股东　公司解散之诉　显名股东

【导　语】

隐名股东即实际出资人是否具备解散公司诉讼主体资格？在显名股东缺席审理，对解散公司并不表态的情形下，法院将如何确定显名股东的意思表示？再扩而展之，实际出资人能否以自己的名义发起股东会确认自己的股东资格？假设名义股东经通知不到会，实际出资人通过的股东会决议效力如何？实际出资人能否提起公司决议效力确认之诉？法院是否能够确认其效力？就本案而言，两名原告是香港居民，能否直接显名化登记在册，也是需要思考的问题。

【裁判要点】

一审法院裁判要点：有权提起公司解散诉讼的主体是股东，根据我国法理通说，这些规定中的“股东”的内涵是指登记在股东名册上的股东。因此，原告作为被告宏美公司的实际出资人，又称隐名股东，是没有登记在公司股东名册上的，故原告不能提起公司解散之诉。综上，原告的起诉不适格，应予以驳回。

二审法院裁判要点：直接受到法律保护的是实际出资人所享有的投资

权益。“投资权益”并不等同于“股东权益”,沈芬芳、叶伟光不能当然享有股东身份、行使股东权利提起公司解散之诉。

【相关法条】

《中华人民共和国公司法》第四条、第一百八十二条

《最高人民法院关于适用〈中华人民共和国公司法〉若干问题的规定(二)》第一条

《最高人民法院关于适用〈中华人民共和国公司法〉若干问题的规定(三)》第二十五条

【案例索引】

广东省深圳前海合作区人民法院(2015)深前法涉外初字第73号民事裁定书(2015年11月12日)

广东省深圳市中级人民法院(2016)粤03民终7868号民事裁定书(2016年9月13日)

【基本案情】

被告深圳市宏美五金塑胶有限公司(以下简称宏美公司)于2006年7月6日成立,登记股东为刘玉兰、潘永超,出资比例分别为51%和49%。2015年1月19日,深圳市中级人民法院作出的(2014)深中法涉外终字第19号民事判决书发生法律效力,该判决书确认两原告系被告宏美公司的实际出资人。

深圳市中级人民法院作出的(2014)深中法涉外终字第19号民事判决书查明:2006年6月21日,刘玉兰、潘永超与沈芬芳、叶伟光签订一份《协定书》,约定:“现成立深圳市宏美五金塑胶有限公司,持牌(合股人)刘玉兰、潘永超作为沈芬芳、叶伟光的代办人。其所有的资金与办理形式(应在保证维护执行国家法令法规法律下)的实施程序,和执行所有权归沈芬芳、叶伟光所有。盈亏及经济实务应由沈芬芳、叶伟光负责,即所有经济实务、权益及法律责任与刘玉兰、潘永超无关。”在(2014)深中法涉外终字第19号案件的

审理过程中，上诉人、登记股东潘永超认可上述《协定书》的真实性，但认为无效，其辩称自己是宏美公司的出资人及合法股东。

【当事人观点】

原告沈芬芳、叶伟光诉称：两原告是被告的实际出资人，案外人刘玉兰、潘永超是被告的名义股东。为确认原告系被告实际出资人的资格，原告诉至法院。深圳市宝安区人民法院（2011）深宝法民四初字第121号、深圳市中级人民法院（2014）深中法涉外终字第19号民事判决确认了原告系被告实际出资人的资格。（2014）深中法涉外终字第19号民事判决已于2015年1月19日生效。原告在2006年7月6日以案外人刘玉兰、潘永超为股东注册设立了被告宏美公司。2008年年底至2009年年初开始，原告与作为名义股东的案外人刘玉兰、潘永超矛盾渐起且日益激化，终至原告失去对公司的支配权。为保护原告的权益，原告以刘玉兰、潘永超、宏美公司为被告或第三人，以财产权属纠纷、股权纠纷、股权确认纠纷等案由多次提起诉讼，案号为（2009）深宝法民一初字第2698号（撤诉）、（2010）深宝法民二初字第2948号（撤诉）、（2011）深宝法民四初字第121号（一审判决）、（2014）深中法涉外终字第19号（二审判决）。（2011）深宝法民四初字第121号案件的一审、二审，对被告宏美公司、刘玉兰均为公告送达。被告宏美公司已于2010年1月停止经营。被告宏美公司的公章、财务章等仍在刘玉兰、潘永超控制中。原告与被告宏美公司名义股东刘玉兰、潘永超有关公司权益的矛盾已经不可调和，被告宏美公司的继续存续将严重侵害作为实际出资人的原告的权益。原告认为，被告宏美公司已经符合解散条件。原告现诉请解散被告宏美公司，请求判令解散被告宏美公司。

被告宏美公司、第三人刘玉兰、潘永超均未到庭答辩，也未提交书面答辩意见。

原告沈芬芳、叶伟光提起上诉称：一审法院在法律没有明确规定实际出资人不具备解散公司诉讼主体资格的情况下，未能就法律予以适当的突破，而是驳回原告起诉，法律效果、社会效果值得商榷。宏美公司已经停止运营多年，宏美公司及名义股东刘玉兰、潘永超均无法联系，人民法院应有所突破,而不应囿于公司法的规定。

被告宏美公司、第三人刘玉兰、潘永超在二审阶段均未到庭答辩,也未提交书面答辩意见。

【本案争议焦点】

隐名股东是否具有解散公司的主体资格。

【裁判结果】

广东省深圳前海合作区人民法院于2015年11月12日作出(2015)深前法涉外初字第73号民事裁定:驳回原告沈芬芳、叶伟光的起诉。

广东省深圳市中级人民法院于2016年9月13日作出(2016)粤03民终7868号民事裁定:驳回上诉,维持原裁定。

【裁判理由】

一审法院裁判认为:《公司法》第一百八十二条规定,"公司经营管理发生严重困难,继续存续会使股东利益受到重大损失,通过其他途径不能解决的,持有公司全部股东表决权百分之十以上的股东,可以请求人民法院解散公司",《最高人民法院关于适用〈中华人民共和国公司法〉若干问题的规定(二)》第一条规定,"单独或者合计持有公司全部股东表决权百分之十以上的股东,以下列事由之一提起解散公司诉讼,并符合公司法第一百八十二条规定的,人民法院应予受理……"上述规定表明,有权提起公司解散诉讼的主体是股东,根据我国法理通说,这些规定中的"股东"的内涵是指登记在股东名册上的股东。因此,原告作为被告宏美公司的实际出资人,又称隐名股东,是没有登记在公司股东名册上的,故原告不能提起公司解散之诉。综上,原告的起诉不适格,予以驳回。

二审法院生效裁判认为:依据《最高人民法院关于适用〈中华人民共和国公司法〉若干问题的规定(三)》第二十五条的规定,直接受到法律保护的是实际出资人所享有的投资权益。《公司法》第四条规定,"公司股东依法享有资产收益、参与重大决策和选择管理者等权利"。"投资权益"并不等同于

"股东权益",沈芬芳、叶伟光不能当然享有股东身份、行使股东权利提起公司解散之诉。沈芬芳、叶伟光股东身份的确认,应另循法律途径解决。

【裁判思路解析】

本案涉及的问题是实际出资人,也即隐名股东的权利边界问题。实际出资人是指实际出资认购公司股份,并享有相应投资权益但不被记载于公司章程、股东名册和工商登记中的投资者,约定俗成称为隐名股东。一般来说,隐名股东具有以下三个方面的基本特征:一是实际向公司进行了出资;二是不具备法律所规定的成为公司股东所应具备的形式要件;三是出资人有成为公司股东的主观意愿。换句话说,隐名股东作为实际出资人但不具备法律规定的股东的形式要件,其在一定程度上是相当于股东,具备相应的法律地位和享有一定的权利义务。通常情况下,股东隐名的目的是出于规避法律或者其他原因而借用他人名义设立公司或者以他人名义出资,这里的"他人"即是相对应的显名股东。关于隐名股东的法律地位,由于其特殊的出资方式,其与显名股东之间、与公司外部债权人之间关系问题,在理论界存在各种学说,实务界也有不完全一致的做法。具体有关隐名股东法律地位的问题需要根据具体情况进行具体分析。一般而言,可以将隐名股东的法律地位分为对内和对外两个方面。①

最高人民法院于 2011 年 2 月 16 日颁布了《关于适用〈中华人民共和国公司法〉若干问题的规定(三)》,其确立的处理原则概括起来是:"双重标准,内外有别"。显名股东和隐名股东之间的投资权益纠纷,属于内部纠纷,依照契约自由、意思自治的原则来处理。即对内,在公司内部的权利义务关系问题上,如果隐名股东在出资时与名义股东或者公司合伙人之间有一定的协议,当出现利益纷争和矛盾时,应该按照意思自治的原则,尊重协议内容按协议来进行处理。因为显名股东和隐名股东之间的约定与一般民事合同本质上是一致的,因此只要不涉及外部第三人利益,处理两者之间的权利义务就应当遵照一般契约原则,按照双方真实意思表示来认定。如果涉及公

① 崔悦:《浅谈隐名股东的法律地位及风险防范》,载《法制博览》2016 年第 2 期。

司以外的第三人的相关利益问题,根据保护第三人可信赖利益的原则,尊重公司登记制度的公示效力,则要遵循商事外观主义原则来进行处理。即对外,在公司内部事务之外的权利义务关系处理方面,针对外部纷争,需要按照工商登记、公司章程等形式要件来认定股东,此时由于隐名股东并不具备相应的形式要件,因此也不具备股东资格,外部纷争处理需要秉持公平正义的原则,同时尽量保护第三方的利益。之所以这样,是因为市场交易纷繁复杂,时间和效率是决定经济效益的关键因素,便利迅捷的交易方式是商主体追求效益的必要条件,要求交易双方在交易前耗费大量时间精力去详尽调查对方的真实情况是不现实的,而且作为公司以外的第三方不可能如公司股东一般详细掌握公司的情况,如让善意第三方承担过于严格的甄别责任,则必然增加其交易成本,降低其交易积极性,交易不积极,资源不流动,则不利于社会财富的积累。在这种涉及公司外部的纠纷中,必须侧重保护外部第三人对登记内容乃至登记制度的信赖,故而也必须侧重保护基于这种信赖而发生的经济往来,因此工商登记在册的显名股东方是适格主体,而隐名股东是不适格的。也就是说,隐名股东是否享有股东资格具有不同的情况,针对不同的条件而言,隐名股东的法律地位将有所不同,一般在对内的权利义务关系上,隐名股东具有股东资格,而在对外的权利义务关系上股东资格主要由工商登记的形式文件上的股东拥有。①

关于股东的定义,不同的语境、不同诉讼环境中有不同的内涵,如前所述,在内部纠纷中,显名股东和隐名股东正如一个硬币的两面,争夺的就是谁来享有股东投资权益,自然都可称为股东,但在对外诉讼中,基于外观主义原则,只有显名股东才是公司股东,在这个意义上说,隐名股东便不是公司股东。对此各国法律都有类似的规定。美国《示范公司法》第1.40条第22项就"股东"一词下定义之时,公司登记簿记载的股份持有人当然的视为公司的股东。德国《股份公司法》第67条第2款规定,"在与公司的关系中,只有在股票登记簿上登记的人,始得成为公司的股东。"《公司法》虽然没有对股东的定义作明确界定,但在第二十五条也规定,"有限责任公司章程应

---

① 杨雪:《我国隐名出资人股东资格认定》,南京师范大学2016年硕士学位论文。

当载明下列事项:……(四)股东的姓名或名称……”第三十三条第一款规定,“有限责任公司应当置备股东名册,记载下列事项:(一)股东的姓名或者名称及住所……”第二款规定,“记载于股东名册的股东,可以依股东名册主张行使股东权利。”因此,对于公司法条文上的股东定义不应作扩大性解释,其所指就是登记在股东名册上的股东。《最高人民法院关于适用〈中华人民共和国公司法〉若干问题的规定(三)》的表述跟《公司法》保持一致,没有采用显名股东、隐名股东的表述,而是用了实际出资人这一表述,从而与股东一词作了区别。从系统性解释来看,这也表明公司法条文中的股东定义仅指显名股东。该司法解释第二十四条规定:“有限责任公司的实际出资人与名义出资人订立合同,约定由实际出资人出资并享有投资权益,以名义出资人为名义股东,实际出资人与名义股东对该合同效力发生争议的,如无合同法第五十二条规定的情形,人民法院应当认定该合同有效。前款规定的实际出资人与名义股东因投资权益的归属发生争议,实际出资人以其实际履行了出资义务为由向名义股东主张权利的,人民法院应予支持。名义股东以公司股东名册记载、公司登记机关登记为由否认实际出资人权利的,人民法院不予支持。实际出资人未经公司其他股东半数以上同意,请求公司变更股东、签发出资证明书、记载于股东名册、记载于公司章程并办理公司登记机关登记的,人民法院不予支持。”

上述法条的第三款规定的是隐名股东显名化的处理规则。那么,隐名股东显名化属于内部纠纷还是外部纠纷,应当遵循什么样的思路来处理?笔者认为,这种纠纷实际上介于内外之间,因为这已超出了隐名股东和显名股东之间的小范围,且涉及另一个利益主体即作为拟制法人的公司,股东显名化的过程实际上也是股东名册、公司章程中有关股东名字变更的过程,这个过程必须在公司这个平台上进行,也必须以公司的名义进行。但公司毕竟只是个拟制人格,任何重大决策都必须经过股东会决议,所以隐名股东要显名化,其他股东的表态是至关重要的。与资合性较强的股份公司不同,有限责任公司更注重人合性,人合性的要求就是各股东之间要建立一种互相了解、友好信任的关系,否则将对公司的日常运营产生巨大障碍。在股东隐名的情况下,除与该隐名股东相对应的显名股东外,公司的其他股东并不见得知晓隐名股东的存在,他们所认同的合作伙伴是该显名股东,如果这些股东知晓自己的真正合作伙伴是这位隐名股东,他们完全有可能不允许其加入公司,或者自己不加入公司。从这点来看,这个纠纷虽然不属于外部纠纷,但是也带有外部纠纷的一些特征。隐名股东显名化的问题在性质上类似于股东向公司股东以外的人转让股权,即都是涉及有关“新股东”的接受,因此司法解释确定的处理思路类似于股权转让,必须得到其他过半股东的同意。但显然不同于股权转让的是,股东不同意接受“新股东”的自然不需要购买该股权。

回到本案的语境中,公司解散诉讼,笔者认为也介于内部和外部之间的纠纷,涉及股东的表态,涉及公司的表态,从以上论述可知,提起解散的适格主体只能是显名股东,即登记在公司章程和股东名册上的股东,隐名股东不能提起公司解散之诉。就诉讼策略而言,如果两原告作为隐名股东,尝试先通过公司股东会决议或者提起显名化诉讼等方式,变成显名股东后再提起解散诉讼,或许不失为一个可以尝试的途径。可以进一步思考的是,这个显名化诉讼也会存在一些有意思的情节,因为公司仅有两名在册显名股东,即本案中的两位第三人,两原告是隐名股东,假设剧情发展如本案一样,两位显名股东也缺席审理并不表态,法院将如何确定这两位显名股东的意思表示?因为按照法律的规定,显名化须过半数方得通过。再扩而展之,实际出资人能否以自己的名义发起股东会确认自己的股东资格?假设名义股东经通知不到会,实际出资人通过的股东会决议效力如何?实际出资人能否提起公司决议效力确认之诉?法院是否能够确认其效力?就本案而言,两名原告是中国香港地区居民,能否直接显名化登记在册,也是需要思考的问题。

【本案延伸问题】

(一)隐名股东的资格认定

可以思考的是,在显名化诉讼中,法院应如何对隐名股东资格进行确认。在理论上,关于隐名股东的资格认定存在三种学说:一为“实质说”,即以实际出资的隐名股东为法律股东;二为“形式说”,即以显名股东为法律股东并否认隐名股东的股东资格；三为“区别对待说”，区分公司内部关系和外部关系适用不同的标准认定隐名股东的股东身份，以是否涉及善意第三人作为内外关系的标准。[①] 以上三种学说为隐名股东的资格认定提供了解题思路。如前所诉，《最高人民法院关于适用〈中华人民共和国公司法〉若干问题的规定（三）》对于隐名股东资格的确认，没有一概而论，而是坚持“双重标准，内外有别”的原则，为了充分保护在承认实际投资人的前提下公司的人合性，隐名股东显名化需满足有限责任公司人合性要求，即实际出资人显名化要件之一为经公司其他股东半数以上同意。笔者通过司法解释及相关司法判例，将隐名股东显名化标准进一步细化，包括以下几个方面：

1. 隐名股东依约有出资的意思表示

隐名股东资格若要被确认，首先要看其是否出资。行为人只有经过出资才可成为股东，并行使相应的股东权利，而登记行为本身并不产生股东权利。换言之，行为人并不仅仅因为登记事实的发生便成为股东，登记本身只具有公示公信的作用。有关法院判决便指出：“实际出资是认定股东身份的主要要件，工商登记记载的股东姓名并无创设股东资格的效力，工商登记并非设权性登记程序，而是宣示性登记，只具有对善意第三人的证权功能。”

2. 隐名股东与显名股东间存在代持合意

《山东省高级人民法院关于审理公司纠案件若干问题的意见（试行）》第三十六条第二款规定，实际出资人以他人名义出资，双方未约定股权归属、投资风险承担，且无法确认实际出资人具有股东资格的，实际出资人与名义出资人之间按借贷关系处理。由此可见，隐名持股协议是判断隐名股东地位必不可少的要件。这种协议在不违反法律强制性法规的条件下，与普通契约并无本质上的差别。因此，在公司内部认定股东资格时，只要存在双方达成的合意，就不应当否定其法律约束力。[②]

3. 不违反法律法规的强制性规定

对于隐名持股协议效力的判定需要根据一般合同法原理，判断其是否

---

① 吴高臣：《论隐名股东身份的认定》，载《理论前沿》2008 年第 23 期。

② 蒋大兴：《公司法的展开与评判》，法律出版社 2001 年版，第 468 页。

符合法律规定,是否违反法律的强制性规范。在我国,隐名持股一般分为两类:(1)规避法律的目的。我国的公司法和其他相关法规对投资领域、投资主体、投资比例等方面有一定限制。对于规避法律关于投资主体、投资领域等禁止性规定的隐名投资行为,不应确认其有效。对于违反法律禁止性规定的隐名出资人要求确认股东资格的,不应予以支持。对隐名出资人也不得确认其公司股东资格。例如,公务员等法律禁止投资经营的特殊主体出资设立公司、公司股东违法向股东以外的人转让股份等情形应适用此原则,认定隐名投资行为无效。(2)非规避法律的目的。有些隐名投资并非出于规避法律,而只是由于隐名投资人不愿意公开自身的经济状况,或隐名出资人不愿以自己的名义投资,或由于股权转让行为等原因造成的。对于非规避法律类的隐名持股,在实际出资人能够证明实质要件的前提下,法律应能承认和保护其股东权益。

4. 有限责任公司应半数以上股东同意且得到公司认可

人合性公司的成立基础在于股东之间存在相互信赖,此种关系使得公司的运行不光是建立在资本之上,还充分给予股东自由发挥的空间。《最高人民法院关于审理公司纠纷案件若干问题的规定(一)》(征求意见稿)第十九条便指出:“出资人与他人约定以该他人名义出资的,其约定不得对抗公司。但有限责任公司半数以上的其他股东明知实际出资人的出资,且公司已经认可其以股东身份行使权利的,如无违反法律强制性规定的情节,人民法院可以认定实际出资人对公司享有股权。”在《最高人民法院关于适用〈中华人民共和国公司法〉若干问题的规定(三)》第二十四条第三款中规定,实际出资人显名化要件之一为经公司其他股东半数以上同意。法院的判例同样予以体现,在“鲁学海与大自然房地产开发集团有限公司、永嘉法洋置业有限公司股东资格确认纠纷”一案中,法院最终以持有被告永嘉法洋置业有限公司90%股份的第三人渤海国际信托股份有限公司未表示同意变更股东为由驳回原告相关诉求。值得关注的是,如果公司明知实际出资人或者认购股份的人的身份,并且已经认可其以股东身份行使股东权利的,若不存在违反强行法规定的情形,则可以认定实际出资人或者股份认购人为股东。例如,公司在分配股利时直接向实际出资人或者股份认购人进行分配;再如,实际出资人或者股份认购人参与公司管理等。这是因为,之所以在隐名股东的情况下,以形式标准来确认股东身份,是为了免除公司的调查之苦,若公司明知实际出资人或者认购股份的人的身份,并且已经认可其以股东身份行使股东权利的,则当然应当认定实际出资人的股东身份。① 在"金华市庭桂养殖有限公司与吴忠尚股东资格确认纠纷上诉案"中②,法院认为如果隐名股东与显名股东之间的关系已为公司及其他股东所知晓并认可,或者公司已经通过允许其参与公司经营管理或者向隐名股东分配红利等行为承认其股东身份的,则无须再经过其他股东过半数的同意。笔者对此持赞成态度,因该司法解释第二十四条第三款的价值基础在于保护有限责任公司的人合性不被破坏,保护善意股东的利益不受损害,但如果隐名股东的存在早已被其他股东知晓并认可,则并不构成对公司人合性的破坏。同理,该款中的"其他股东"自然不包括名义股东,而限于名义股东之外的其他股东。这在《最高人民法院关于审理外商投资企业纠纷案件若干问题的规定(一)》第十四条中也有明确规定,即名义股东以外的其他股东认可实际投资者的股东身份作为外商隐名股东显名化的要件之一。

(二)涉外隐名投资的处理

值得进一步思考的是,若隐名投资中加入涉外因素,又该如何处理?此处主要从外商隐名投资人和名义股东之间的关系问题展开。在外商投资企业中,隐名投资这种行为非常普遍。在审判实务中较为棘手的是隐名股东和名义股东之间发生了纠纷,隐名股东提出要求确认其股东身份的诉讼请求,我们是否应予支持?有观点认为,隐名出资所涉及的当事人都是明知存在外资企业审批制度而希望通过隐名方式予以规避的,行政审批机关基于维护外资管理秩序的考量,不应通过民事诉讼途径将其合法化,因此,不应同意隐名投资者的确权请求。审判实务中亦鲜有持支持态度者,认为隐名投资均规避了外资的行政审批,法院如支持隐名股东取得合法股东地位的请求,所形成的司法导向将危及外资审批制度,影响外资管理秩序。③ 对此,

---

① 施天涛:《公司法论》(第四版),法律出版社 2018 年版,第 245 页。

② 案例来源中国裁判文书网,案号为(2016)浙 07 民终 4622 号。

③ 刘贵祥:《外商投资企业纠纷若干疑难问题研究》,载《法律适用》2010 年第 1 期。

笔者认为,我们在司法实务中是无法突破行政审批的,因为没有行政审批就无法取得股东身份。但这里还应当要考虑外资管理部门审批的性质与作用,外商投资主管部门在审批过程中,确定某人是否能成为外资企业的股东时,确实有产业政策、行业准入等方面的考量,而这种考量是司法部门无法取代的,因此我们也不能忽略行政管理在这方面的重要功能。在不能获得批准的情况下,我们是不能直接确认隐名股东的股东身份的,但这并不意味着我们对隐名投资者的确权请求一概驳回。在《最高人民法院关于审理外商投资企业纠纷案件若干问题的规定(一)》第十四条中进一步规定:"当事人之间约定一方实际投资、另一方作为外商投资企业名义股东,实际投资者请求确认其在外商投资企业中的股东身份或者请求变更外商投资企业股东的,人民法院不予支持。同时具备以下条件的除外:(1)实际投资者已经实际投资;(2)名义股东以外的其他股东认可实际投资者的股东身份;(3)人民法院或当事人在诉讼期间就将实际投资者变更为股东征得了外商投资企业审批机关的同意。"该项规定将外商隐名股东显名化的要件具体化,并明确将外商投资企业审批机关的同意作为显名化要件之一。

如果外商隐名股东未能显名化,应如何保障其权益?笔者认为,我们可以认定隐名投资人和具名股东之间存在委托投资协议。通过这一机制,我们就可以处理好隐名投资人与具名股东之间的权利义务关系。《最高人民法院关于审理外商投资企业纠纷案件若干问题的规定(一)》第十五条明文规定:"合同约定一方实际投资、另一方作为外商投资企业名义股东,不具有法律、行政法规规定的无效情形的,人民法院应认定该合同有效。一方当事人仅以未经外商投资企业审批机关批准为由主张该合同无效或者未生效的,人民法院不予支持。实际投资者请求外商投资企业名义股东依据双方约定履行相应义务的,人民法院应予支持。双方未约定利益分配,实际投资者请求外商投资企业名义股东向其交付从外商投资企业获得的收益的,人民法院应予支持。外商投资企业名义股东向实际投资者请求支付必要报酬的,人民法院应酌情予以支持。"可见,除非外商委托投资协议本身因违背《合同法》第五十二条之规定而归属于无效,否则即应被认定为有效。

【专家点评】[1]

随着中国经济的发展,对投资形式的要求不断增多,隐名股东的问题也日益凸显,《最高人民法院关于适用〈中华人民共和国公司法〉若干问题的规定(三)》的出台,给隐名股东的争讼问题提供了依据。本案表面上是公司解散问题,实际上却是隐名股东法律地位的确认问题,换言之,即隐名股东是否能够享有股东权利的问题。

仅从《最高人民法院关于适用〈中华人民共和国公司法〉若干问题的规定(三)》的规定来看,实际上只赋予了实际出资人享有投资收益的权利,并未赋予其股东权利,包括变更为股东的权利、记载于股东名册的权利等,同样也未要求其承担股东义务,包括补足出资的义务。也就是说,除非经其他股东过半数同意,隐名股东不能当然地取得股东身份。

在公司法中,关于股东权利义务的问题往往分为两个方面分别进行处理,即做内外部问题的区分。在公司内部,一般按照股东以及公司之间的内部约定处理,如按照股东协议,实际出资等。而在公司外部,出于对第三人的保护,则按照商事外观主义的原则进行处理,即按照工商登记、公司章程等呈现在外的内容作为判定权利义务的依据。而隐名股东案件中内外部的划分上应与上述略有不同,因为隐名股东之所以能够取得投资权益,主要依据是其与显名股东之间的协议。因此,在涉及隐名股东权利义务的确定问题上,内部关系应仅包括隐名股东与显名股东之间的权利义务关系,而涉及公司、其他股东以及第三人的争议问题都应属于外部关系。在内部关系中,应该按照双方协议和《合同法》的规定进行处理。而在外部关系中,应该按照工商登记、股东名册认定股东身份,确定权利义务关系;如果隐名股东想要显名化,则需其他股东过半数同意。

最高人民法院在"成都广诚贸易有限公司与福州飞越集团有限公司股权确认纠纷申请再审案"中提到:"广诚公司虽为案涉股权的实际出资人,其与飞越集团签订协议约定该股权为广诚公司所有,但该股权登记

---

① 朱慈蕴,清华大学法学院教授,博士生导师。

在飞越集团名下,且经中国证券登记结算有限责任公司予以确认,飞越集团、棱光公司也向社会予以公告,对外具有公示效应。因此,对内关系上,广诚公司与飞越集团之间应根据双方的协议约定,广诚公司为该股权的权利人;对外关系上,即对广诚公司与飞越集团以外的其他人,应当按照公示的内容,认定该股权由记名股东飞越集团享有。”可见,最高人民法院也对内外关系进行了严格的区分。

本案的难点在于,涉案公司除两名名义股东外,无其他股东,即公司仅存在隐名股东和与之相对的显名股东,这就使得内外关系的确定变得比较模糊。似乎两位隐名股东与公司的关系就等同于与两位显名股东的关系。但值得注意的是,公司是具有独立人格的主体,自然人之间的约定不能当然地对公司产生影响,因此涉及公司的问题仍应按照商事外观的原则进行处理,只有当事人之间的权利义务关系才可按照意思自治的原则处理。

深圳前海合作区人民法院在本案的处理中,并未被原告诉讼请求中关于公司是否符合解散条件这一问题所迷惑,而是直接指向本案核心问题,即隐名股东是否能够提起公司解散之诉,进而通过认定隐名股东并非股东名册上具有实体权利的股东来否认其原告资格,驳回诉讼请求。前海法院这一判决比较准确地把握了公司法理论和司法解释的精神,在今后的司法实践中具有一定的借鉴意义。

但本案也折射出我国公司法的一些问题。从本案原告的诉讼请求中可知,涉案公司已停业多年,但名义股东并未解散公司,并与本案实际出资人出现了较大的矛盾。在这种情况下,却没有合理的途径可以解散公司,公司只能一直处于僵局状态。而公司的这种僵局状态对社会、实际出资人以及名义股东来说都没有积极的意义。因此,在今后的立法和实践中,如何打破这种僵局状态,如何合理地保护实际出资人的利益,以及在类似本案中这种除隐名股东和显名股东外,公司无其他股东的情况下,实际出资人想要变更为公司股东时应该如何处理的问题,仍然需要我们在今后的立法和实践中不断地思考和探索。

民事诉讼中抵销性抗辩的审查原则

——北京市拓思德科技有限公司诉深圳市诚煜创科科技有限公司不当得利纠纷案

郭宁华　陈雅凌

【关键词】

不当得利抵销性抗辩审查原则

【导　语】

抵销是消灭债的一种重要方式，其不仅有利于双方当事人尽快实现各自债的利益，也有利于减少因债权债务纠纷而带来的司法资源浪费。相关法律虽对法定抵销和约定抵销进行了规定，但对于在诉讼中，因另一方对抵销事宜有异议或提出抗辩的情况，人民法院要不要审查，审查到什么程度，缺乏明确规定。而这不但关涉当事人合法权益的及时有效保护，也涉及司法资源的合理利用。本案案由虽为不当得利纠纷，但所涉及的债权债务抵销问题在一定程度上很好地反映和体现了以上问题的症结。本案确立的合理、适度审查原则，对类似案件和矛盾纠纷的正确有效处理，提供了很好的思路和借鉴。

【裁判要点】

当事人在诉讼中提出抵销性抗辩事实及证据，人民法院应按照合理、适度的原则进行审查。经审查予以采信的，适用《合同法》第一百条的规定予以抵销，无法采信的，告知当事人另行起诉。

【相关法条】

《中华人民共和国民法通则》第九十二条

《中华人民共和国合同法》第九十九条、第一百条

【案例索引】

广东省深圳前海合作区人民法院(2016)粤 0391 民初 609 号民事判决书(2017 年 6 月 27 日)

【基本案情】

2015 年 10 月 16 日,原告北京拓思德科技有限公司与被告深圳市诚煜创科科技有限公司签订《购销合同》(合同号:TSD – P0 – 2015110203),约定原告向被告采购交互白板 TSC – B0080,单价是 1420 元,总价为 140,580 元,被告收到货款后 3 日内发货。原告提供的证据“付款申请单”显示了其内部的审批流程,该付款申请单申请时间是 2015 年 10 月 28 日,摘要部分载明了用途是采购白板,并注明了合同编号 TSD – P0 – 2015110203。2015 年 10 月 29 日,原告通过银行转账方式向被告支付 140,580 元,摘要注明是购货款。原告提供的第二份“付款申请单”显示 2015 年 11 月 9 日,原告内部再次启动付款流程,摘要载明合同编号为 TSD – P0 – 2015110203,支付全款。2015 年 11 月 17 日,原告通过银行转账向被告再次支付了 140,580 元,摘要注明是购货款。被告承认收到两笔同一金额的款项。

【当事人观点】

原告北京拓思德科技有限公司诉称:基于以上事实,原告就上述《购销合同》向被告深圳市诚煜创科科技有限公司支付了两次款项,重复支付的 140,580 元无合同依据,被告属于不当得利,应当向原告返还重复支付的 140,580 元。因被告拒不返还,原告依法起诉,并请求法院依法判决:(1)被告向原告返还款项 140,580 元;(2)被告向原告支付上述资金占用期间的利息(以 140,580 元为本金,按中国人民银行同期同类贷款利率为标准自 2015 年 11 月 18 日起计算至实际清偿之日;暂计至 2016 年 4 月 18 日为 2690

元）;（3）被告承担本案诉讼费用。

被告深圳市诚煜创科科技有限公司辩称：虽收到两笔同一金额的款项，但原告和被告在2015年7月20日签订有另外一份《委托生产合同》，根据该合同，双方在2015年9月24日签订了《采购订货单》，原告向被告采购总价为941,500元的点阵交互式白板膜。2015年11月17日原告向被告支付564,900元，但原告还欠被告348,355元，因此被告收取原告的这笔货款是有合同依据的，原告主张的不当得利不能成立。

针对被告提出的抗辩，原告补充了反驳性证据并称，被告所称《委托生产合同》及其项下《采购订货单》系原告原副总裁张晓峰、张媛媛违法签订，属于无效合同，原告已就该两人涉嫌犯罪的情况向公安机关报案，北京市公安局海淀分局已受理，案号为京公海经受案字〔2016〕000029号。《委托生产合同》项下的债权债务尚未确定，且与本案分别基于两个完全不同的法律关系，不应当在本案中一并审理，被告可另行起诉。

【本案争议焦点】

根据当事人提供的证据以及法庭审理情况，原告与被告的债权债务关系之状态并不是单次性的，而是交叉性或称复合性的。原告起诉的案由是不当得利，被告引以抗辩的事由来自另一个相对独立的债权，其实质是在诉讼中行使抵销权。因此，本案的争议焦点可以归纳为：一是被告收到的第二笔同一金额的款项是否属于不当得利；二是被告提出的抵销性抗辩能否在本案中进行审查审理；三是如果能对被告提出的抵销性抗辩进行审查审理，其审查审理的程度标准又是什么。

【裁判结果】

广东省深圳前海合作区人民法院于2017年6月27日作出（2016）粤0391民初609号民事判决：（1）被告深圳市诚煜创科科技有限公司在本判决生效后十日内向原告北京拓思德科技有限公司支付140,580元及利息（按中国人民银行同期同类贷款基准利率自2016年4月18日起计算至付清之日）;（2）驳回原告北京拓思德科技有限公司其他诉讼请求。

宣判后,双方当事人均未上诉,判决已发生法律效力。

【裁判理由】

(一)关于被告收到的第二笔同一金额的款项是否属于不当得利的问题

本案首先要判定的就是原告是否存在重复支付款项的情形。从两次付款的细节情况来看,付款金额与 2015 年 10 月 16 日编号为 TSD - P0 - 2015110203 的合同金额 140,580 元高度契合,从原告内部的付款审批流程来看,两次的付款申请单都注明付款的用途是支付编号为 TSD - P0 - 2015110203 的合同款项,足以认定是原告重复付款。另外,从被告所提供 2015 年 9 月 24 日《采购订货单》的内容来看,该订单明确约定,原告首笔预付款的金额是 564,900 元,而原告在 2015 年 11 月 17 日恰已支付了 564,900 元,符合该订单的约定,原告无须再向该订单支付 140,580 元的预付款。因此,被告辩称原告第二次支付 140,580 元系针对 2015 年 9 月 24 日的《采购订货单》,没有事实依据。原告是因《购销合同》产生的债务(给付基础)而为给付行为,在原告第一次给付货款后,该合同债务即消灭(给付基础丧失)。因此,就该合同而言,原告的第二次付款行为不存在符合合同约定的给付目的,故被告取得该笔款项"无合法根据",被告在该合同范围内构成不当得利。

(二)关于被告提出抵销性抗辩应否在本案中审查的问题

被告在庭审中没有明确提出行使抵销权,但是被告提供了被告存在对原告享有其他合同债权的初步证据,即编号为 2015 - 060501 的《委托生产合同》、2015 年 9 月 24 日的《采购订货单》以及该订单的相关履行情况,并以此作为抗辩事由,因此,应当认为被告是以行使抵销权的方式提出了抗辩,即抵销性抗辩。在诉讼中主张抵销时,实体上具有让对方当事人的债权与抵销债权在对等的数额内予以消灭的目的,但在诉讼上,由于双方当事人对抵销的原因事实和债务消灭的后果存在争议,需要由法院审判权介入并作出具有约束力的判断。故在诉讼中行使抵销权,需要综合考虑实体法和程序法两个方面的法律关系,方能最终确定抵销权的行使方式及其法律效果。就本案而言,原告起诉的事实并不复杂,就是支付了两笔数额一样的货款,被告对该事实本身不持异议，但提出了另外一个事实，就是被告对原告享有其他债权。如果被告提出的这个债权事实通过审查得以认定，按照前述的分析，就产生了相互抵销的法律效果，简化了双方债的清偿，减轻了双方当事人的讼累，因此，法院对被告提出的抗辩请求及涉及的事实应当进行审查。

（三）关于法院应如何审查抵销性抗辩的问题

法院如何在诉讼中展开对抵销性抗辩的审查，现行民事诉讼法及司法解释没有明确规定。针对本案中如何审查被告提出的抵销性抗辩问题，既要有利于简化债的清偿、有利于整体上减少当事人的讼累，又要有利于人民法院提高诉讼效率、公平保护双方当事人的合法权益。法院从诉讼效益、诉讼公平以及比较法三个维度进行审查后认为，本案被告所提出的抵销性抗辩与原告的诉讼请求并非出于同一民事法律关系，在抗辩的原因事实较为复杂、双方争议较大、短期内难以作出判断的情况下，法院基于适度、合理的原则应当停止在本案中对于抵销事由的审查，驳回被告提出的抵销性抗辩。但法院同时明确，驳回只具有程序性意义，驳回本身不产生否定被告抗辩所依托的基本事实的真实性之后果，而是将审查的“指针归零”，恢复到未审查之初的状态。因此，不会产生既判力和一事二理的问题，本案被告可以就其所主张的事实另行起诉。

综上，法院最终认为原告请求被告返还 140,580 元，举证充分，应予支持。

【裁判思路解析】

对于诉讼中的抵销问题，我国民事诉讼法缺乏规定，理论上和司法实践中也存在分歧。本案通过对这些分歧较全面的梳理分析，回应了法院应否进行抵销性抗辩审查的问题，提出了合理、适度的审查原则，并且从诉讼效益、诉讼公平以及比较法三个维度展开，论证法院应当如何审查被告提出的抵销性抗辩问题。

（一）关于不当得利的认定

原告起诉的案由是不当得利纠纷，从不当得利的类型来看，本案属于给付型不当得利纠纷。给付型不当得利是因请求人的给付行为而产生的不当得利,给付利益之给予,是有意识地基于一定目的而增加他人财产。给付的法律原因一般是为消灭债务、取得债权或赠与,而缺乏这些法律原因而给付利益则导致给付型的不当得利。无法律上的原因,即"无合法根据",既可以是利益取得时无原因,如基于合同而为给付,但合同事实上因双方当事人意思表示不一致而未成立,或者虽成立但被确认为自始无效,所为之给付因而欠缺合法依据;也可以是利益取得时有原因,但其后原因消灭的,如基于合同而为给付,但合同事后被撤销,受领方保有利益丧失合法根据。证明"无合法根据"应包括两个方面:首先,主张返还的一方应首先证明其给付的原因,即财产的流转系基于履行合同等给付行为;其次,应证明该给付基础不成立、无效或可撤销(给付的基础丧失),受领方保有即"无法律上的原因"。主张不当得利的一方应承担举证责任,在其不能举证证明对方获得利益"没有合法根据"或者事实真伪状态不明时,应承担不利的诉讼后果。但在具体的个案中,原告并不需要抽象地证明给付行为"无合法根据",而是转为证明给付行为的某一具体合法原因消失即可。

就本案而言,根据上述不当得利的基础法理,还需要作出一个判断,就是在当事人双方存在多笔相对独立的合同交易情形下,法院是否可以在其中单笔合同交易的范围内进行不当得利的认定。法律对此没有禁止性规定。基于民事活动的持续性及多样性,在判断是否"得利"时若需全面审查当事人之间的全部交易或非交易关系,既不适当,也不可能。因此,法院得根据法律关系和法律事实的相对性、独立性,结合个案不同情况,作出合乎案情且公平的自由裁量。

(二)民事诉讼中的抵销性抗辩审查的必要性考量

从实体法上看,《合同法》第九十九条和第一百条分别对法定抵销和约定抵销作了规定。第九十九条规定:当事人互负到期债务,该债务的标的物种类、品质相同的,任何一方可以将自己的债务与对方的债务抵销,但依照法律规定或者按照合同性质不得抵销的除外。当事人主张抵销的,应当通知对方。通知自到达对方时生效。抵销不得附条件或者附期限。第一百条规定:当事人互负债务,标的物种类、品质不相同的,经双方协商一致,也可以抵销。崔建远教授著的《合同法》一书中概括了法定抵销的四个生效要件:一是必须是双方当事人互负债务、互享债权;二是双方互负债务必须标的物种类、品质相同;三是自动债权已届清偿期;四是须非不得抵销的债务,通常包括依债的性质、依双方约定以及依法律规定不得抵销的债务。从上述法律规定和学理分析可知,抵销权作为形成权,是实体法上的制度,属于私法范畴,但在诉讼中将抵销的意思表示作为抗辩或防御方法予以提出时,不应忽视诉讼法的规定而认为该行为是纯粹的私法上的行为。在诉讼中主张抵销时,实体上具有让对方当事人的债权与抵销债权在对等的数额内予以消灭的目的,但在诉讼上,由于双方当事人对抵销的原因事实和债务消灭的后果存在争议,需要法院审判权的介入并作出具有约束力的判断。故在诉讼中行使抵销权,需要综合考虑实体法和程序法两个方面的法律关系,方能最终确定抵销权的行使方式及其法律效果。

我国合同法虽然对抵销权作了相应规定,但对当事人在诉讼中行使抵销权的问题,缺乏程序法方面的规定,尤其是在抵销结果的既判力方面。大陆法系国家关于既判力的理论通说认为,确定判决的既判力的客观范围与判决标的之间应当是一种对应关系,其与诉讼标的的范围又是一种对应关系,因此得出的结论是:确定判决既判力的范围一般仅限于判决主文中的判断事项,也就是说判决理由部分的判断事项不产生既判力意义上的约束效果。如果没有既判力,可能会导致重复审判的问题:假设被告的抵销抗辩成立,原告会因其债权被抵销而败诉,若抵销成立的判决理由没有既判力,则被告可以另行起诉原告给付在前诉中已经抵销的债权;反之,假设被告的抵销抗辩不成立,则原告对该债权无须给付,若抵销不成立的判决理由没有既判力,则被告可以另行起诉原告,要求给付。重复审判必将导致诉讼不经济,且违反一事不再理的原则。

在司法实务中,由于法律条文"供给"的缺失,加上个案的差异,就如何对待抗辩性抵销有不同的看法。第一种观点认为,应该严格遵守"不告不理"原则,请求权得以诉的方式提出,债权抵销有"超裁"之嫌,因此对抵销抗辩应驳回不予审查。第二种观点认为,从彻底解决矛盾纠纷的角度考虑,对被告的抵销抗辩应将其作为一个诉对待,进行全面的审查。第三种观点认为,为有效解决纠纷,基于实体法的规定应允许抵销为宜,但应当有所限制。法院认为,以上三种观点从不同的立场和角度出发,对其中的利益衡量和价值取舍作了一个不同的选择,本身没有绝对的是非对错之分。基于合同法设立抵销权的立法目的,从有利于简化债的清偿及有利于整体减少当事人讼累的原则出发,法院支持第三种观点,当当事人在诉讼中提出抵销性抗辩,意图吞并对方的诉请时,法院应当进行审查。审查的正当性基石就在于"两个有利于":有利于简化债的清偿,有利于整体上减少当事人的讼累。

(三)抵销性抗辩审查应当遵循合理适度原则

现行民事诉讼法没有对法院如何在诉讼中展开对抵销性抗辩的审查作出规定。以 X、Y 轴坐标图为例,被告在诉讼中提出行使抵销权,需要法院综合考虑实体法和程序法两方面的法律关系全面审查,这是"X"轴视角,侧重法律条文的规定。本案中,法院还从诉讼效益、诉讼公平以及比较法三个维度展开了审查,这或许是"Y"轴的视角,侧重法理的分析。实际上,法院对本案被告抵销性抗辩的审查并非无限制的,而是有原则的,即应当遵循合理、适度的原则。因为被告提出的抵销事由固然有利于实现抵销权的目的,但抵销权从本质上来说是另行主张一个甚至多个独立的债权关系,如果不区分情形将之纳入同一诉讼程序解决,则法院的审理范围可能会无限膨胀,以至于降低诉讼程序解决纠纷的效率,而且也会造成诉讼成本过高。

首先,从诉讼效益的维度分析。被告的抵销性抗辩经适度、合理地审查后,通常可能会出现三种情形:一是抗辩成立,允许被告所提的债权与原告诉求之债权抵销,从而驳回原告的诉讼请求;二是抗辩不成立,被告所提抵销之债权没有事实依据,判决支持原告的诉讼请求;三是被告所提抵销性抗辩事实较为复杂、证据难以认定、双方争议较大,短期内难以作出判断。对于第一、二种情形法院应当在判决理由部分明确被告所提抵销的审查已经完成,并已作出结论,审查结果具有既判力。对于既判力的问题,第一种情形易于理解,第二种有人认为可以再诉,但是,从公平的角度衡量,被告在主张抵销权时面临两种选择:另诉和抵销,当其为了减少讼累而主张抵销时,是其自行选择的结果。这种利害关系的选择权利,无论对原告还是被告都应该一视同仁才符合公平原则。对于第三种情形,应当结束审查,被告所提抗辩不符合抵销之条件，须另行提起诉讼程序处理，已作的审查“清零”，恢复到未审查的原状。因为当被告所提抵销性抗辩事实较为复杂、证据难以认定、双方争议较大，法院在短期内难以作出判断，继续审查将使诉讼严重拖延，这种拖延将起不到简化债的清偿的作用，也达不到整体减少当事人讼累的目的，如双方当事人都必须投入额外的精力和时间来举证，尤其是原告，甚至原告再提出反抵销，即原告对被告还有除本次诉求以外的其他债权。如此循环下去，将使法院对案件审理进程拖延，违反法律关于案件审理期限的规定。

在本案中，原告首先主张自己多付了款给被告，被告承认收到两笔同样数额的款项，但被告抗辩称对原告享有其他债权，并举证出与该债权相对应的采购单。原告提出反抗辩称原告所出示的采购单属于无效合同，理由是被告与原告原来的工作人员存在非法串通情形，原告进一步举出有关职务侵占的审计报告和公安机关受理职务侵占刑事案件的受案回执等证据。被告则对原告的反抗辩意见和证据均予以了否认。可以确定的是，至此为止，对本案的抵销性抗辩，法院已完成合理、适度的审查，如果要对被告提出的抵销性抗辩之债权进行确认或否认的话，则必须对该笔债权所涉合同效力、相关证据甚至可能涉及的刑民交叉问题进行完整的审查。但显然，这些事实和法律关系的认定已超出本案核心争议的适度辐射范围，继续审查下去将有违“简化债的清偿、整体上减少当事人讼累”以及人民法院提高诉讼效率的目标。

其次，从诉讼公平的维度来看，本案被告提出的抵销权抗辩也不能成立。从诉讼启动的角度来说，原告起诉是居于主动地位，被告属于被动地位，从平衡双方地位的角度出发，应当允许被告在诉讼中提出抵销性抗辩，法院对于被告的抵销性抗辩应当审查。但是，当被告提出的抵销性抗辩由于过于复杂或缺乏证据而处于不确定的状态时，妨碍原告通过正常诉讼维护自身合法权益的权利，失去正当性，法院应终止对被告所提抵销性抗辩的审查。而且，从权利的属性来看，被告的抵销性抗辩同时具有抗辩权和请求权的双重属性，在不符合抵销的情形下，法院停止审查抵销性抗辩并不会深刻影响到被告独立行使请求权。诉，从本质上说是一种关于裁判保护的请求,一次请求一次保护。除法律有特别规定或司法实践中确有必要的之外,通常同一法律关系或事实在同一诉讼过程认定和处理。原告提出的诉是本案要解决的核心争议,司法资源应当聚焦于核心争议,认定本案的法律关系和事实,而被告提出的抵销事实则超出本案的法律关系或事实,属于另一法律关系或事实,法院基于前述"两个有利于"的考虑可以进行适度、合理的审查,但经审查后发现被告所提另一法律关系或事实因复杂、争议大而难以作出判断时,继续对另一法律关系或事实的审查将使本已清晰的本案事实重回扑朔迷离的境地,这样就严重偏离了解决核心争议这一制度设计的初衷,因此,应当停止对被告提出的属于另一法律关系或事实的审查。

吴庆宝博士及最高人民法院王闯、刘敏法官等编写的《最高人民法院专家法官阐释民商裁判疑难问题》一书中有过论述。该书作者认为,当原告、被告双方互负到期债务,且符合《合同法》第九十九条规定的构成要件时,如果被告在诉讼中提出抵销主张,而原告没有异议,或虽提出异议但异议不成立的,法院可对被告的抵销主张与原告的诉请合并审理而无须额外收取案件受理费,被告的抵销权即可实现;但当被告提出抵销主张,原告提出抵销异议,并提交了充分的证据证明被告的抵销不成立或属于《合同法》第一百条规定的不能抵销的情形时,则被告要求抵销的债权不确定,其抵销权不能行使,法院不能合并审理,被告应另行起诉。法院认同上述观点与理由。在本案中,从实体法的角度来看,首先双方当事人没有约定抵销的情况,即不存在《合同法》第一百条的适用条件;其次也不符合第九十九条关于法定抵销的规定。如前文所述,法定抵销的成立必须满足四个要件:一是必须是双方当事人互负债务、互享债权;二是双方互负债务必须标的物种类、品质相同;三是自动债权已届清偿期;四是须非不得抵销的债务。本案中,被告提出的抵销性抗辩债权遭到原告的反抗辩并且原告提供了初步证据,使得被告对原告的债权处于不确定状态,而其该债权是否已届清偿期也难以判断,因此也不满足法定抵销的情形。

最后,从比较法的维度来看,承认诉讼抵销制度的国家在事实关系较为复杂的情形下也要求被告提出的抗辩主张与原告的诉请在审理上进行分离。例如,德国《民事诉讼法》第一百四十五条第三款、第三百零二条规定,如果被告主张的反对债权与原告起诉的主债权没有法律上的联系，法院可以命令将主债权与反对债权进行“分离辩论”；法院先行查明主债权后可作出一个“保留判决”，即先仅对主债权进行裁判，保留关于抵销的裁判事项。当法院预计不能很快就对抵销进行裁判，并且反对债权存有疑问时，法院就会作出这样的保留判决。该保留判决可以单独申请强制执行。另外，关于在裁判中保留抵销的诉讼，其诉讼系属关系仍然存在。如果法院继续审理之后确认了主债权因为抵销而被消灭，则应撤销之前的判决，驳回原告的请求。该“分离辩论”“保留判决”都是针对诉讼抵销而设立的专门规则，目的是防止诉讼拖延并且迅速给予原告一个执行根据，尤其是可以防止被告以虚构的反对债权提出抵销，从而实现拖延诉讼的意图。德国理论界与实务界的主流观点将保留判决看作一个附解除条件的终局判决，如果最终因为抵销而导致主债权消灭，则原告负有损害赔偿的风险。

我国民事诉讼法并无类似德国“保留判决”制度，也没有对在诉讼中如何行使抵销权作出明确规定。基于相似的理念，结合我国司法实践情况，法院基于适度、合理的原则停止了对复杂且短期内难以作出判断的抵销事由进行的审查，驳回被告提出的抵销性抗辩，或者说是驳回被告提出的针对原告请求的抵销性反请求。同时，判决也明确了驳回抵销性抗辩不会影响被告另行起诉的权利。

【本案延伸问题】

诉讼，从本质上说是根据当事人的请求，动用国家司法权力对当事人合法权益进行保护的一项国家性专门活动。因为当事人合法权益保护的诉请具有时效性甚至急迫性，加上司法资源的有限性和司法审判的审限要求，这就使得对在诉讼中当事人提出的本诉之外的请求或抗辩不能进行无期限的审查。但是从更好地保护当事人合法权益和有效解决矛盾纠纷的角度来考虑，人民法院又应该对当事人提出的本诉之外的请求或抗辩进行审查。所以说，人民法院对当事人提出的本诉之外的请求或抗辩进行审查的程度就显得尤为重要。本案对当事人抵销性抗辩的审查坚持合理适度的原则，很好地兼顾了诉讼效率、诉讼公平和对司法资源的合理利用等方面的问题。

这种解决问题的思路和做法,对类似案件的有效处理,提供了很好的借鉴。

通过本案,还必须进一步明晰“抵销抗辩”和“反诉”之间的区别与联系,这样才能更好地解决问题。关于抵销和反诉的异同,从权利方向上来看,两者都是对请求权的反对性权利,两者有相同的制度起点;从权利主张的效果来看,抵销只是一种抗辩,是反对请求权的消极主张形式,而反诉是一个新的诉,是反对请求权的积极主张形式。从法院的启动和处理方式来看,抵销是一种抗辩,无须额外缴纳诉讼费用,反诉则需要;对抵销,法院可进行审查,但法院裁判对象仍然是原告的请求,判决也针对原告的请求,如果支持抵销,则作出在原告诉讼请求范围内扣减反对债权后的所剩余额的判决,反诉属于合并审理,在形式上并入一个判决,但判决仍然要分别进行。如果原告撤诉并获法院准许,法院对被告抗辩性抵销的审查也将停止,但反诉则应继续审理。另外,如前所述,法律对抵销认定的既判力欠缺明文规定,而反诉则不存在这个问题。

【专家点评】①

两家公司签署购销合同,合同履行过程中付款方一次性向供货方付清合同约定的全部货款后,又因企业内部操作的失误再一次向对方支付了同等金额的款项。付款方作为原告将供货方诉至前海法院,以不当得利为由请求返还第二次支付的款项。被告答辩双方之间此前还有另一份合同,原告依据该合同应向被告支付的货款金额超过其收到的第二笔款项,因此自己无须返还原告主张重复支付的款项。对此,原告进一步主张被告所说的另一份合同系原企业员工违法签订,应属无效。以上即为本案的大致情况,看起来案情并不十分复杂。但是,被告答辩涉及的“抵销”,却给法院的审理和裁判带来了两个不易处理的问题。

一个问题在于抵销以抗辩还是以反诉抑或另诉的方式提出,另一个问题则是对于抵销的抗辩或者抵销性抗辩,法院应如何审查。本案判决

① 王亚新,清华大学法学院教授,博士生导师。

对这两个问题的处理做得很好，而且关于为何这样解决而展开的说理释法也很透彻充分。

因抵销在诉讼中通常表现为被告提出另一种法律关系或诉讼标的，作为吞并、吸收原告诉讼请求的依据，如果允许将这种防御以抗辩方式提出，就意味着在判决主文对原告依据的法律关系或诉讼标的作出判断，在判决的理由部分对被告提出的法律关系或诉讼标的作出判断；如果要求被告必须以反诉方式提出这种防御甚或只能另诉，则判决主文或者对两种法律关系或诉讼标的均作出判断，或者仅对原告主张的诉讼标的加以判断即可。前者涉及判决理由部分是否发生既判力的问题，后者则不会涉及此问题。考虑到允许抵销抗辩在简化程序和方便当事人等方面的价值，比较法上有些国家采取了在法律上明确规定有关抵销抗辩的判决理由具有既判力的解决方案。但是，因为我国相关立法并无类似规定，司法实务中一些案件的审理中为了避免前诉在判决理由部分处理抵销却不能防止重复起诉，法院不接受被告以抗辩方式提出抵销，对此被告只能提起反诉或者另行起诉。同时，在另一些同样涉及抵销的案件审理中，也存在法院允许被告以抗辩方式提出抵销的情形，因而我国司法实务中"同案不同判""同类案件不同处理"的现象经常与抵销的问题如影相随。

本案判决的特点在于没有选择简单化地采取或者一律抗辩或者一律反诉或另诉的二者择一方式来处理诉讼中的抵销，而是通过合理适度的审查，过滤并区分可采取抗辩还是反诉、另诉的不同情形加以分别处理的合理做法。

首先，在本案的处理中前海法院充分尊重当事人的处分权，对于被告答辩中有关实质性抵销的主张，并不强求其一律以反诉的方式提出。其次，在决定是否对抵销的主张按照抗辩进行审查时，采取了"两个有利于"的原则，即以"有利于简化债的清偿、有利于减轻当事人讼累"的标准来加以判断。由于本案被告有关抵销的主张大致符合这一标准，前海法院决定对被告的抵销主张按照抗辩予以审查。最后，关于如何审查，本案判决提出了需要综合考量实体法和程序法两个方面,主要从诉讼效益和公平的角度并参照比较法相关资料而展开。依据这些步骤和标准进行审查,最终,法院得出了本案被告的抵销性抗辩由于其原因事实复杂、双方争议较大、短期内难以作出判断的结论,据此停止有关抵销是否成立的审查,作出驳回被告抗辩的判断。同时还对该项驳回只具有程序性意义,即驳回的判断不发生既判力,被告仍有权另行起诉等事项作出了明确的说明。

本判决作出之后,当事人双方都没有上诉,裁判文书已生效,本案经一审程序就“案结事了”,达到了良好的法律效果和社会效果。更为重要的是,本案判决书有关如何处理抵销问题所阐释的裁判思路,以及就抵销性抗辩的审查而提出的原则和一系列考量因素,都为这个在司法实践中屡屡遭遇“见仁见智”或“类案不同判”现象的问题提供了十分有益且具有较普遍参考意义的解决方案。

上市公司违法回购注销员工限制性股票应通过劳动争议纠纷予以赔偿

——文坚与博彦科技（深圳）有限公司、博彦科技股份有限公司劳动争议案

周立雄　杨海军

【关键词】

劳动争议　限制性股票　回购　收益损失

【导　语】

前海法院审结一起劳动争议案件，其中涉及限制性股票被公司回购注销的纠纷。审理后，法院从多因素考虑和分析，在全国首先确立了商事公司违法回购注销员工限制性股票应在劳动争议纠纷中予以赔偿的规则。根据中国证券业监督管理委员会发布的《上市公司股权激励暂行办法（试行）》规定，限制性股票是指激励对象按照股权激励计划规定的条件，从上市公司获得一定数量的本公司股票；上市公司授予激励对象限制性股票，应当在激励计划中规定激励对象获售股票的业绩条件、禁售期限。作为主要的股权激励模式，限制性股票激励计划的优势在于其有利于提高激励对象的工作积极性，促进公司业绩和价值提升，从而促进所有者与经营者的利益趋于一致，实现良好的公司治理结构，现已被我国上市公司广泛采用。由此引发的纠纷也频频出现，但在理论界和司法实务界，对该纠纷属于商事纠纷还是劳动争议纠纷并无定论，前海法院充分考虑限制性股票的目的和性质，确立了限制性股票争议应当作为劳动争议案件予以赔偿的规则，有力地保护了劳动者的合法权益。

【裁判要点】

法院认为,公司违法回购注销员工限制性股票损失是否属于劳动争议解决范围,应从以下三个方面来分析:

1. 从限制性股票获得的原因考究。博彦科技深圳公司授予文坚限制性股票是以双方存在长时间劳动合同关系为基础,并充分考虑文坚对博彦科技深圳公司的业绩、贡献、地位和作用,其目的也是激励文坚工作的积极性,根据公司《限制性股票激励计划》规定,公司有权要求激励对象按照任职岗位的要求为公司工作,故从博彦科技深圳公司授予文坚限制性股票的目的考察,都体现了劳动者接受用人单位管理的劳动关系典型特征。

2. 从限制性股票自由流通条件的限制分析。限制性股票的自由流通有一定条件,博彦科技深圳公司对文坚获得的限制性股票自由流通的条件进行了明确的规定,但该条件是以文坚在公司任职期间工作表现作为依据,同样也体现了劳动者接受用人单位管理的劳动关系典型特征。

3. 限制性股票收益应视为用人单位为劳动者提供福利待遇的一部分。根据《劳动法》第七十六条第二款的规定,用人单位应当创造条件,改善集体福利,提高劳动者的福利待遇。文坚所获得的限制性股票在符合股票激励计划规定条件下可以按照市场价格自由流通,文坚可依此获得相应的股票收益,该股票收益应视为用人单位为劳动者提供福利待遇的一部分,由此引发的纠纷应属于劳动争议范围。

【相关法条】

《中华人民共和国劳动合同法》第三条、第二十九条、第四十七条、第四十八条、第八十七条

《中华人民共和国劳动法》第七十六条

《职工带薪年休假条例》第五条

《企业职工带薪年休假实施办法》第十二条

《深圳经济特区和谐劳动关系促进条例》第五十八条

《中华人民共和国民事诉讼法》第六十四条第一款、第一百四十二条

【案例索引】

广东省深圳前海合作区人民法院(2015)深前法劳初字第74号民事判决书(2016年11月22日)

【基本案情】

2012年10月25日,原告文坚与被告博彦科技深圳公司签订了自2012年11月1日起的无固定期限《劳动合同》。根据该《劳动合同》的约定,文坚入职时间和司龄自2003年10月27日起开始计算,享有年假等与司龄相关的公司福利待遇均以此司龄为准。2014年7月7日,根据《博彦科技股份有限公司关于向激励对象授予限制性股票的公告》,文坚获授4万股"博彦科技"股票限制性股票,授予价格13.33元/股;在36个月的解锁期内,若达到计划规定的解锁条件,激励对象可在授予日起12个月后、24个月后、36个月后分三期分别解锁所获限制性股票总量的40%、30%和30%,解锁后的标的股票可依法自由流通。文坚于同月29日向博彦股份公司支付上述股票认购款项533,200元。2015年7月23日,博彦科技深圳公司向原告出具《劳动合同解除通知书》,通知文坚于2015年7月24日起解除劳动合同,解除理由:在Accela项目中严重失职,给公司造成重大经济损失,同时违反公司规章制度,属于严重违纪。离职之前,文坚系该公司高级主管,应发工资为每月31,988.31元。2015年8月10日,博彦股份公司董事会发布《关于回购注销部分已不符合激励条件的激励对象已获授但尚未解锁的限制性股票的公告》,载明:文坚作为激励对象于2014年7月7日获授4万股公司限制性股票,授予价格13.33元/股;激励对象文坚因2014年度绩效考核不合格,不符合解锁条件,董事会决定对其第一个解锁期尚未解锁的1.6万股限制性股票不得解锁;另外,激励对象文坚在其任职期间因违反职业道德、泄露公司商业机密、失职等行为损害公司利益,公司已免除其管理职务,董事会决定回购注销文坚已获授但尚未解锁的全部4万股限制性股票;因公司于2015年5月实施了2014年度权益分派方案,回购价格调整为13.019,945元/股(授予价格13.33-2014年度派息额0.310,055)。博彦股份公司回购上述4万股股票之后,于2015年9月25日将对应股票价款520,797.80元

(因文坚名下 4 万股限制性股票获得 2014 年度派息,该对应股票价款方法为13.019,945 ×40,000)汇入文坚账户。由于博彦股份公司 2015 年度利润尚未达到《博彦科技股份有限公司 2014 年限制性股票激励计划(草案)》所规定的解锁条件,博彦股份公司依照上述计划规定回购注销了全部第二期限制性股票。2015 年 8 月 5 日,文坚向深圳市劳动人事争议仲裁委员会申请劳动仲裁。劳动仲裁支持了文坚要求的博彦科技深圳公司赔偿违法解除劳动合同赔偿金,但对限制性股票回购损失认定为属于商事纠纷,不属于劳动纠纷处理范畴,因此未予处理。文坚遂诉至前海法院,要求博彦科技深圳公司赔偿违法解除合同赔偿金并赔偿违法回购注销限制性股票所带来的股票收益损失。

【当事人观点】

根据本案审理的情况看,当事人间的争议主要集中在以下几个方面:(1)双方解除合同是否违反劳动合同法;(2)文坚的考核成绩如何定级;(3)文坚关于限制性股票解锁的收益是否能得到支持。

(一)双方解除合同是否违反劳动合同法

博彦科技深圳公司认为,双方所签订的劳动合同附件《知识产权、保密以及防止商业利益冲突协议》约定,文坚保证在任职期间不受雇于公司竞争对手,或与其发生任何形式的、可能与公司商业利益冲突的任何商业联系;依公司之判断,若文坚有任何违反本协议行为损害了公司声誉、影响其经营或导致与公司的利益冲突,无论是有意或是无意的,公司在不给予通知期或其他任何补偿的情况下可以立即解除双方之间的劳动合同。文坚在 2014 年 6 月已经知道凌云公司成为公司在中国的唯一竞争者,但在 2014 年 9 月之前从来不向公司以及上级报告与凌云公司交流的情况,直到 2014 年 9 月召开的 8 月销售汇报会才报告凌云公司已经成为公司主要竞争者。由于文坚报告不及时,导致公司在市场竞争中处于非常被动的局面。综上所述,文坚严重违反劳动合同以及员工手册的规定,公司与文坚解除劳动关系合法有据。

文坚认为博彦科技深圳公司的诉求没有事实和法律依据,解除劳动合同属违法解除。作为公司,其不能举证其在工作期间严重违反规章制度达到法定的解除条件,也不能举证其在工作中严重失职给公司造成损失,所以其解除劳动合同属违法解除。

(二)文坚的考核成绩如何定级

原告文坚认为其2014年1月至10月担任公司战略客户三部部门总监,属于核心业务及管理人员,2014年10月之后,为了配合公司组织架构的有序调整,文坚服从公司安排,调到了新的岗位,公司没有再与文坚签署新的岗位责任书。文坚签署的2014年战略客户事业群整体年度绩效责任书中,战略客户三部1~10月利润预算目标为1334.81万元,实际完成1256.51万元,完成率94.13%,根据文坚签署的2014年绩效责任书,绩效等级B的利润达成率为80%~120%,文坚绩效考核结果也应该是B;再根据《博彦科技股份有限公司2014年限制性股票激励计划实施考核办法》,任务绩效目标项得分85×94.13%=80.01分,文坚仅凭任务绩效一项得分,绩效考评等级也应该是B或者以上。公司人力资源在2015年6月24日也正式通知文坚2014年度绩效考核结果为B,并要求文坚在7月1日前提交解锁申请表,证券部于2015年6月25日通知所有股权激励对象,如对考评结果有异议的,需要在2015年6月26日10:00前提交考核申诉表,文坚也已经于6月25日将解锁申请表通过顺丰快递邮寄给指定人员。人力资源部总监却在申诉截止时间之后通知文坚评估结果已经从B被改为C,让文坚彻底失去了申请解锁首期1.6万股票的权利。文坚与公司多方沟通、申诉所遭受的不公平待遇,然而未得到妥善解决。

两被告认为根据实施考核办法规定,限制性股票激励期间每年度考核一次,分别对激励对象前一会计年度的工作绩效进行考核,并且每一考核年度由人力资源部制定激励对象年度工作业绩目标,并与激励对象签订年度绩效责任书。公司已经与文坚解除劳动关系,劳动关系的存续是限制性股票考核的基础,文坚在对劳动关系解除不持异议的同时,又提出基于劳动关系存续而产生的限制性股票解锁利益要求,显然在逻辑上无法成立。薪酬委员会具有独立的地位,其评分结果具有终局性。公司指标评分标准是评定文坚考核成绩的唯一依据,评分内容既有量化计算,也有客观评价,指标评分标准所设定的考核指标,都量化为具体的分数,其中利润完成指标是通过具体的计算而得出分数,其他考核指标则根据文坚在考核年度的表现,由薪酬委员会的委员综合评价而给出分数。文坚对评分结果不满,可以提出申诉,但无权否定薪酬委员会对申诉的处理结果,除非薪酬委员会违反了激励计划以及实施考核办法的规定。实施考核办法规定激励对象对考核初步结果的异议由薪酬委员会进行裁决,该裁决为激励对象的最终考核结果,文坚已经依据该办法提出申诉,文坚既然尊重并按照实施考核办法的规定程序提出申诉,就应该尊重依据该办法作出裁决的终局性。

(三)文坚关于限制性股票解锁的收益是否能得到支持

文坚认为,限制性股票行权收益作为员工劳动报酬之一,应属劳动争议范畴,应当作为劳动争议案件处理。非因员工原因导致劳动合同解除的,公司应当给予员工承诺的全部限制性股票行权权益。本案中,博彦科技深圳公司违法解除劳动合同,导致文坚不能行权,丧失对4万股限制性股票行权的权利,应当赔偿相应损失。

博彦科技深圳公司认为根据《博彦科技股份有限公司2014年限制性股票激励计划》以及实施考核办法规定,限制性股票的考核解锁分三年进行,比例为40%、30%、30%,文坚原先持有的限制性股票只有40%达到解锁期限,其余的60%尚未满足期限要求,文坚无权就没有满足解锁期限的限制性股票提出股票变现利益赔偿。再者,根据激励计划规定,限制性股票解锁需要满足预定的公司业绩条件,如公司业绩未能达到考核指标的,则由公司回购未解锁股票。由于博彦科技公司的2015年业绩未能按照激励计划达成利润指标,第二期限制性股票将要被公司回购,文坚对第二期限制性股票主张变现利益显然与事实不符。同理,第三期限制性股票的解锁与否也是一个不确定的事项,文坚不能就不确定的事项主张任何权利。

【本案争议焦点】

1. 博彦科技深圳公司是否属于违法解除劳动合同?博彦科技深圳公司是否应向文坚支付赔偿金?

2. 文坚诉请两被告赔偿限制性股票回购损失款是否属于劳动争议?

3. 文坚关于限制性股票损失的诉讼请求应当如何处理?

【裁判结果】

广东省深圳前海合作区人民法院于2016年11月22日作出(2015)深前法劳初字第74号民事判决:(1)被告博彦科技(深圳)有限公司应于本判决生效之日起十日内向原告文坚支付违法解除劳动合同的赔偿金435,888元;(2)被告博彦科技(深圳)有限公司应于本判决生效之日起十日内向原告文坚支付未休年休假工资50,004.71元;(3)被告博彦科技(深圳)有限公司应于本判决生效之日起十日内向原告文坚支付克扣工资16,326.67元;(4)被告博彦科技(深圳)有限公司应于本判决生效之日起十日内向原告文坚支付第一期限制性股票回购损失629,440.88元;(5)被告博彦科技(深圳)有限公司应于本判决生效之日起十日内向原告文坚支付律师费5000元;(6)被告博彦科技股份有限公司对本判决第四项确定的被告博彦科技(深圳)有限公司债务承担连带清偿责任;(7)驳回原告文坚的其他诉讼请求;(8)驳回被告博彦科技(深圳)有限公司的诉讼请求。

【裁判理由】

法院生效裁判认为:

(一)关于博彦科技深圳公司解除与文坚的劳动合同是否违反劳动合同法

博彦科技深圳公司与文坚解除劳动合同的理由是文坚在Accela项目中的严重失职,给公司造成重大经济损失,同时违反公司规章制度,属于严重违纪。博彦科技深圳公司提交的证据并不足以证明原告文坚存在严重失职、严重违纪的行为,应依法承担举证不能的法律后果。在博彦科技深圳公司未举证证明原告存在严重失职、严重违纪行为的情况下,博彦科技深圳公司以此为由解除其与文坚之间的劳动合同,属于违法解除行为,应当依法向文坚支付赔偿金。

(二)文坚诉请两被告赔偿限制性股票回购损失款是否属于劳动争议解决范围

从文坚涉案4万股“博彦科技”限制性股票的获得原因角度考察,其中体现了劳动者接受用人单位管理的劳动关系典型特征。文坚正是基于其与博彦科技深圳公司之间的长时期劳动合同关系,基于其在博彦科技深圳公司及其母公司博彦股份公司的业绩、贡献、地位和作用,才能被确定为博彦股份公司限制性股票激励对象,才能以大幅低于市场价格的股权激励价格购买限制性股票。在符合限制性股票激励计划规定条件下,上述限制性股票可以按照市场价格自由流通,文坚可依此获得一定的股票收益。这种股票收益,应当视为用人单位为劳动者提供的福利待遇的一部分,由此引发的纠纷应属于劳动争议范围。

(三)关于文坚诉请两被告赔偿限制性股票回购损失款应如何处理的问题

博彦股份公司人力资源部盖章确认的《限制性股票激励对象2014年度初步考核评价结果》(2015年6月23日)亦显示:文坚绩效考核等级为B。2015年6月24日,博彦股份公司人力资源部向文坚发出《2014年限制性股票第一期解禁考核结果通知》显示,文坚2014年度绩效等级为B,并请文坚于2015年7月1日前向公司证券部提交解锁申请。文坚2014年度考核结果是符合涉案《2014年限制性股票激励计划实施考核办法》以及《博彦科技股份有限公司2014年限制性股票激励计划(草案)》规定的。根据《博彦科技股份有限公司关于向激励对象授予限制性股票的公告》,文坚第一期解锁限制性股票1.6万股。结合文坚在劳动仲裁阶段、起诉阶段均明确主张赔偿限制性股票损失款而非返还股票,可以推定文坚具有将涉案1.6万股"博彦科技"股票变现的意思表示,酌情将两被告应向文坚赔偿第1期限制性股票的价格标准确定为按照原告起诉之日前20个交易日"博彦科技"股票平均收盘价格计算。由于博彦股份公司2015年度利润尚未达到解锁条件,而2016年的利润是否能够达到解锁条件不能确定,故第二、三期的限制性股票权益不能实现,因此,文坚关于这两期的股票权益的请求不能支持。

【裁判思路解析】

(一)关于劳动合同解除是否违法劳动合同法

根据劳动合同法的规定,用人单位与劳动者协商一致,可以解除劳动合同。协商解除劳动合同没有规定实体、程序上的限定条件,只要双方达成一致,内容、形式、程序不违反法律禁止性、强制性规定即可。若是用人单位提出解除劳动合同的,用人单位应向劳动者支付解除劳动合同的经济补偿金。

但具备法律规定的条件时，用人单位享有单方解除权，无须双方协商达成一致意见。主要包括过错性辞退、非过错性辞退、经济性裁员三种情形。

1. 过错性辞退。即在劳动者有过错性情形时，用人单位有权单方解除劳动合同。过错性解除劳动合同在程序上没有严格限制，用人单位无须支付劳动者解除劳动合同的经济补偿金。若规定了符合法律规定的违约金条款的，劳动者须支付违约金。主要适用于在试用期间被证明不符合录用条件的；严重违反用人单位的规章制度的；严重失职，营私舞弊，给用人单位造成重大损害的；劳动者同时与其他用人单位建立劳动关系，对完成工作任务造成严重影响，或者经用人单位提出，拒不改正的；因劳动者以欺诈、胁迫的手段或者乘人之危，使对方在违背真实意思的情况下订立或者变更劳动合同致使劳动合同无效的；被依法追究刑事责任等情形。

2. 非过错性辞退。即劳动者本人无过错，但由于主客观原因致使劳动合同无法履行，用人单位在符合法律规定的情形下，履行法律规定的程序后有权单方解除劳动合同。非过错性解除劳动合同在程序上具有严格的限制，即用人单位应提前30日以书面形式通知劳动者本人或者额外支付劳动者1个月工资后，才可以解除劳动合同；用人单位选择额外支付劳动者1个月工资解除劳动合同的，其额外支付的工资应当按照该劳动者上1个月的工资标准确定。用人单位应当支付劳动者经济补偿。主要适用于劳动者患病或非因工负伤，在规定的医疗期满后仍不能从事原工作，也不能从事用人单位另行安排的工作的；劳动者不能胜任工作，经过培训或者调整工作岗位，仍不能胜任工作的；劳动合同订立时所依据的客观情况发生重大变化，导致劳动合同无法履行，经用人单位与劳动者协商，仍未能就变更劳动合同内容达成协议等情形。

3. 经济性裁员。经济性裁员，是指用人单位为降低劳动成本，改善经营管理，因经济或技术等原因一次裁减20人以上或者不足20人但占企业职工总数10%以上的劳动者。经济性裁员具有严格的条件和程序限制，用人单位裁员时必须遵守规定。经济性裁员，用人单位应当支付劳动者经济补偿金。经济性裁员主要适用于依照企业破产法规定进行重整的；生产经营发生严重困难的；企业转产、重大技术革新或者经营方式调整，经变更劳动合同后,仍需裁减人员的;其他因劳动合同订立时所依据的客观经济情况发生重大变化,致使劳动合同无法履行的。裁员时应优先留用与本单位订立较长期限的固定期限劳动合同的、与本单位订立无固定期限劳动合同的、家庭无其他就业人员,有需要扶养的老人或者未成年人的劳动者。用人单位依法裁减人员时,在6个月内重新招用人员的,应当通知被裁减的人员,并在同等条件下优先招用被裁减的人员。

具体到本案而言,博彦科技深圳公司向文坚出具《劳动合同解除通知书》,解除理由是在Accela项目中的严重失职,博彦科技深圳公司进一步明确解除理由:文坚作为Accela项目负责人,明知凌云公司是公司唯一竞争对手,还通过电子邮件及面谈等方式为凌云公司提供技术解决方案,违反了有关劳动合同利益冲突条款以及《公司用工管理办法》《员工违纪管理规定》;文坚作为Accela项目负责人,明知Accela将对公司业务人员进行削减,却不及时报告,致使公司无法及时与Accela沟通,导致遣散该项目员工并支付相应补偿400多万元。给公司造成重大经济损失,同时违反公司规章制度,属于严重违纪。属于上述论述的过错性规定,就需要进一步查明文坚是否有违反公司规章制度严重违纪,对公司造成重大影响的情形。

首先,关于博彦科技深圳公司与凌云公司的竞争关系问题。从凌云公司与博彦科技深圳公司工商登记信息内容来看,两公司的经营范围类似。博彦股份公司于2012年8月成为Accela公司软件服务商。凌云公司亦于2013年1月28日与Accela公司签订《专业服务主协议》,成为Accela公司软件服务商。2015年6月4日,博彦科技深圳公司还以虚假宣传为案由将凌云公司诉至法院。由此可见,博彦科技深圳公司与凌云公司之间存在竞争关系。

其次,关于文坚是否存在严重失职、严重违纪的问题。博彦科技深圳公司提交的相应证据显示,自2014年5月7日至2014年8月19日,文坚多次通过电子邮件的方式与凌云公司人员进行了沟通,包括参加会议、协商解决技术问题等。但结合相关的证据显示,虽然博彦科技深圳公司与凌云公司存在竞争关系,但两公司均系Accela公司软件服务商,两公司团队共同为Accela公司提供软件服务,应Accela公司要求,两公司团队管理者定期召开会议、协调项目进度属于正常情形，博彦科技深圳公司领导亦清楚凌云公司作为竞争对手的存在以及双方之间的必要协调，博彦科技深圳公司提交的证据不足以证明文坚存在严重失职、严重违纪的情形，文坚在此过程中并无不妥之处；关于博彦科技深圳公司 Accela 项目团队裁员事宜，博彦科技深圳公司有关其遣散该项目员工并支付相应补偿 400 多万元系文坚作为 Accela项目负责人未及时报告所致的主张亦缺乏证据支持。因此，博彦科技深圳公司提交的证据并不足以证明原告文坚存在严重失职、严重违纪的行为，应依法承担举证不能的法律后果。在博彦科技深圳公司未举证证明原告存在严重失职、严重违纪行为的情况下，博彦科技深圳公司以此为由解除其与文坚之间的劳动合同，属于违法解除行为，应当依法向文坚支付赔偿金。

（二）关于限制性股票回购损失款是否属于劳动争议解决范围

根据中国证券业监督管理委员会发布的《上市公司股权激励暂行办法（试行）》的规定，限制性股票是指激励对象按照股权激励计划规定的条件，从上市公司获得一定数量的本公司股票；上市公司授予激励对象限制性股票，应当在激励计划中规定激励对象获售股票的业绩条件、禁售期限。限制性股票激励计划的基本特征是：上市公司为了达到特定的战略目标，以较低的折扣价格授予其经营管理人员一定数量的股票，如果达到限制性股票激励计划设定的预期目标，上述经营管理人员可以按照激励计划行使股票权利，否则上市公司有权以购买时的折扣价格对限制性股票进行回购注销。作为《上市公司股权激励暂行办法（试行）》规定的主要股权激励模式，限制性股票激励计划的优势在于其有利于提高激励对象的工作积极性，促进公司业绩和价值提升，从而促进所有者与经营者的利益趋于一致，实现良好的公司治理结构，现已被我国上市公司广泛采用。关于赔偿限制性股票回购损失属于劳动争议案件审理范围应当从限制性股票获得的原因、限制流通的条件是否体现了劳动者接受用人单位管理的劳动关系典型特征，以及限制性股票的收益是否属于劳动者福利待遇等方面分析。

首先，从限制性股票的获得原因角度考察。本案中《博彦科技股份有限公司 2014 年限制性股票激励计划（草案）》亦规定，公司有权要求激励对象按其任岗职位的要求为公司工作。文坚正是基于其与博彦科技深圳公司之间的长时期劳动合同关系,基于其在博彦科技深圳公司及其母公司博彦股份公司的业绩、贡献、地位和作用,才能被确定为博彦股份公司限制性股票激励对象。从博彦股份公司授予文坚限制性股票的目的考察,亦体现了劳动者接受用人单位管理的劳动关系典型特征。

其次,从限制性股票自由流通的条件角度考察。博彦股份公司公布的《2014 年限制性股票激励计划实施考核办法》以及《博彦科技股份有限公司 2014 年限制性股票激励计划(草案)》规定了限制性股票自由流通的条件,要求被激励对象按其任岗职位的要求进行工作,若激励对象不能胜任所任职工作岗位或者绩效考核不合格,将以授予价格回购并注销激励对象尚未解锁的限制性股票;并规定博彦股份公司在行权期的 3 个会计年度中分年度对激励对象进行绩效考核,激励对象上一年度绩效评价在 B 级以上,其获授限制性股票才能解锁并自由流通;如激励对象在绩效考核期间存在触犯法律、违反执业道德、泄露公司机密、因失职或渎职等行为损害公司利益或声誉等情形,其获授限制性股票则不得解锁。上述限制性股票考核工作虽由博彦股份公司进行,但其考核依据仍为劳动者在用人单位的工作表现,本案中即对文坚在其用人单位博彦科技深圳公司任职期间的工作表现,包括其任职期间业绩是否达标,是否存在触犯法律、违反执业道德、泄露公司机密、因失职或渎职等行为。从博彦股份公司对授予文坚限制性股票流通的限制分析,也体现了劳动者接受用人单位管理的劳动关系典型特征。

最后,限制性股票收益应视为用人单位为劳动者提供福利待遇的一部分。根据《劳动法》第七十六条第二款的规定,用人单位应当创造条件,改善集体福利,提高劳动者的福利待遇。文坚基于劳动合同关系,以大幅低于市场价格的股权激励价格获得 4 万股"博彦科技"股票,在符合限制性股票激励计划规定条件下,上述 4 万股"博彦科技"股票可以按照市场价格自由流通,文坚可依此获得一定的股票收益,这种股票收益,应当视为用人单位为劳动者提供福利待遇的一部分。

基于上述分析,文坚与博彦科技深圳公司限制性股票的纠纷,明显不同于平等民事主体之间的普通合同纠纷,应当属于文坚与博彦科技深圳公司之间劳动关系引发的纠纷。博彦科技深圳公司系劳动者文坚的用人单位，在其控股公司即博彦股份公司就文坚限制性股票解禁事宜进行考核时，有关业绩及工作表现信息均由博彦科技深圳公司提供，博彦股份公司作为涉案限制性股票激励计划的发布、实施主体，并不影响文坚因其限制性股票被回购注销引起的纠纷属于劳动争议的性质。因此，文坚因其限制性股票被回购注销而诉请两被告赔偿损失，属于劳动者福利待遇纠纷范围，应作为劳动争议处理。

（三）关于限制性股票回购损失款的确定

《上市公司股权激励管理办法》第九条规定："激励对象为董事、监事、高级管理人员的，上市公司应当建立绩效考核体系和考核办法，以绩效考核指标为实施股权激励计划的条件。"该办法明确规定了限制性股票要规定激励对象获授股票的业绩条件，这就意味着在设计方案时对获得条件的设计只能局限于该上市公司的相关财务数据及指标。

具体到本案，博彦股份公司《2014 年限制性股票激励计划实施考核办法》以及《博彦科技股份有限公司 2014 年限制性股票激励计划（草案）》各方当事人并无异议，应作为认定文坚所获授第一期限制性股票是否符合解锁条件的依据。从本案实际情况来看，博彦股份公司人力资源部盖章确认的《限制性股票激励对象 2014 年度初步考核评价结果》亦显示：文坚绩效考核等级为 B。之后博彦股份公司人力资源部向文坚发出的《2014 年限制性股票第一期解禁考核结果通知》显示，文坚 2014 年度绩效等级为 B，并请文坚于 2015 年 7 月 1 日前向公司证券部提交解锁申请。由此可见，从事具体考核工作的财务部门、人力资源部门以及文坚上级反馈的结果均显示，文坚 2014 年度考核结果是符合涉案《2014 年限制性股票激励计划实施考核办法》以及《博彦科技股份有限公司 2014 年限制性股票激励计划（草案）》规定的。虽然博彦股份公司人力资源部此后通知文坚，公司董事会薪酬与考核委员会有关文坚的考核成绩复审评定结果以及最终裁决结果均为 C，考核不合格，博彦股份董事会薪酬与考核委员会有关文坚考核不合格的决策依据与两被告认为文坚在 Accela 项目中构成严重违纪密切相关。如前所述，文坚与竞争对手之间的联系系工作原因，并非个人行为，以此确定其考核等级为 C 理由不成立,导致文坚 4 万股“博彦科技”股票被回购注销,应依法承担赔偿责任。又由于文坚获授 4 万股限制性股票分三期解锁,比例分别为 40%、30% 和 30%,股票数分别为 1.6 万股、1.2 万股、1.2 万股。上述第一期限制性股票 1.6 万股,结合文坚将涉案 1.6 万股“博彦科技”股票变现的意思表示,两被告应向文坚赔偿第一期限制性股票的市场价与回购之间的差价。关于第二期限制性股票,由于博彦股份公司 2015 年度利润尚未达到《博彦科技股份有限公司 2014 年限制性股票激励计划(草案)》所规定的解锁条件,博彦股份公司已依照上述计划回购注销了第二期全部限制性股票,即使文坚持有第二期限制性股票,亦不能行使相应股票权利。关于第三期限制性股票,由于博彦股份公司 2016 年度利润是否能够达到《博彦科技股份有限公司 2014 年限制性股票激励计划(草案)》所规定的解锁条件尚不能确定,故对文坚有关两被告赔偿其第三期限制性股票损失的诉讼请求,本案中不予支持;如博彦股份公司 2016 年度利润能够达到《博彦科技股份有限公司 2014 年限制性股票激励计划(草案)》所规定的解锁条件,文坚可另循法律途径向两被告要求赔偿。

【本案延伸问题】

股权激励的起源可以追溯到 20 世纪 50 年代的美国。当时,股权激励计划作为改善企业经营业绩,提高企业管理人员积极性,进而提升企业价值的一种激励手段被广泛运用。经过 20 世纪七八十年代的发展与完善,在西方资本市场和公司管理领域,股权激励已经成为上市公司股权结构中重要的一环。依托经济全球化浪潮,股权激励制度随着美国资本一道传播到世界更多地区,为越来越多的国家和地区所采用。我国对股权激励的实践探索开始于 20 世纪末,当时受全球化发展的影响和改革开放的需要,在政府的主导下,部分地区和企业开始了股权激励的试点探索。1993 年,万科成为我国第一家实施股权激励的上市公司。1997 年,上海首先推出试行股权激励的方案。[①] 但在之后的十多年间,我国一直缺乏有针对性的法律法规对股权激

① 孙萍:《我国上市公司股权激励效应研究》,中央民族大学 2013 年硕士学位论文。

励进行引导和规制。2006 年 1 月 1 日,《上市公司股权激励管理办法(试行)》正式施行,这是我国第一部专门针对股权激励机制的制度性规范。随着该办法的出台,实行股权激励的上市公司也越来越多。限制性股票是股权激励的一种典型模式,是公司治理中的重要环节和内容,也越来越为我国上市公司普遍运用,通过股权或期权使劳动者变成了劳动者与所有者的双重身份,不断地激励劳动者努力为公司提升业绩,从公司长远的发展来看,是实现公司权益、股东权益、劳动者各方利益最大化的有效形式,也能有效防范劳动者的"道德风险"。

《上市公司股权激励管理办法(试行)》第十六条规定:"限制性股票是指激励对象按照股权激励计划规定的条件,从上市公司获得的一定数量的本公司股票。"从目前限制性股票的实践来看,其对上司公司有克服公司内部人控制的失控问题、减少员工行为异化提升公司业绩、吸引和稳定优秀人才的作用。① 但目前在限制性股票的实践中存在股权激励对象即授权对象、薪酬委员会的独立性、股权激励的劳动者权益如何保障等问题。

(一)股权激励对象的确定

《上市公司股权激励管理办法(试行)》第二条规定:"本办法所称股权激励是指上市公司以本公司股票为标的,对其董事、监事、高级管理人员及其他员工进行的长期性激励。"第八条规定:"股权激励计划的激励对象可以包括上市公司的董事、监事、高级管理人员、核心技术(业务)人员,以及公司认为应当激励的其他员工,但不应当包括独立董事。下列人员不得成为激励对象:(一)最近 3 年内被证券交易所公开谴责或宣布为不适当人选的;(二)最近 3 年内因重大违法违规行为被中国证监会予以行政处罚的;(三)具有《中华人民共和国公司法》规定的不得担任公司董事、监事、高级管理人员情形的。股权激励计划经董事会审议通过后,上市公司监事会应当对激励对象名单予以核实,并将核实情况在股东大会上予以说明。"对股权激励的对象有了较为明确的规定。另外,《中国证监会股权激励有关事项备忘录 1 号》第二条规定:"持股 5% 以上的主要股东或实际控制人原则上不得成为激励对象。

① 易琴:《限制性股票激励法律问题研究》,湖南师范大学 2014 年硕士学位论文。

除非经股东大会表决通过,且股东大会对该事项投票表决时,关联股东须回避表决。持5%以上的主要股东或实际控制人的配偶及直系近亲属若符合成为激励对象的条件,可以成为激励对象,但其所获授权益应关注是否与其所任职务相匹配。同时股东大会对该事项进行投票表决时,关联股东须回避表决。”但在上市公司的实际操作中,虽然主要股东是否能成为激励对象需要经过股东大会表决,但是股东大会实际的制约作用难以发挥。因此,在如何确定激励对象时,应进一步加强对持股5%以上主要股东或实际控制人成为激励对象的条件限制,避免出现持股人自己激励自己的现象,其配偶与子女成为激励对象的需进一步明确条件,避免利益输送的可能性,使得限制性股票发挥其激励员工工作积极性的有益作用。

(二)薪酬委员会的独立性

《上市公司股权激励管理办法(试行)》第二十八条规定:“上市公司董事会下设的薪酬与考核委员会负责拟定股权激励计划草案。薪酬与考核委员会应当建立完善的议事规则,其拟订的股权激励计划草案应当提交董事会审议。”薪酬委员会主要是制定合理的薪酬政策,使这个政策能够符合股东的利益,薪酬委员会能够发挥其职能的前提是保障其独立性和透明性。① 在通常情况下,薪酬与考核委员会一般由独立董事组成,2001年我国颁布实施了《关于在上市公司建立独立董事制度的指导意见》,对独立董事的组成比例以及任职条件作出了相应规定,但是在我国上市公司的实际运营过程中,独立董事行使职权必然会受到其他董事的制约。根据《上市公司股权激励管理办法(试行)》的规定,薪酬委员会设在董事会之下,对董事会负责,实际中董事会是为董事长等实际控制者所掌握,根据我国相关规定,独立董事只需在董事会中占比三分之一即可。实践中,尽管商事公司所设立的薪酬委员会机构中有二分之一席位的独立董事,但是由于各种内外部原因的存在,独立董事的意志并不能保证真正独立,发表的独立意见往往会有三分之一的独立董事从未提出过反对意见。② 由于我国薪酬委员会的独立性难以得

① 易琴:《限制性股票激励法律问题研究》,湖南师范大学2014年硕士学位论文。

② 李彬、童颖:《独董呈现边缘化趋势,三成以上独立董事从未说不》,载《上海证券报》2004年5月10日版。

到有效保障,因此其难以形成对股东有效的监督制约机制,不利于普通员工的限制性股票的权益保障。

(三)股权激励下劳动者的权益保障

我国关于股权激励的劳动者保障最早的案件是深圳市中院审理的"深圳富安娜股权收益纠纷案"。2012 年 12 月 26 日,深圳市富安娜家具用品股份有限公司(以下简称富安娜公司)以"违背承诺"为由,将曹琳等 26 名股东分别诉至深圳市南山区人民法院,要求被告按照与公司签订的《承诺函》支付因工作未满三年提前辞职的违约金。这宗被告多达 26 人的系列案件,因上市公司向其前高管及业务骨干索赔高达 8121.67 万元的"天价"违约金,而受到资本市场和社会各界的高度关注。2007 年 6 月 20 日,富安娜公司以定向发行新股的方式向曹琳等 109 名高级管理人员及主要业务骨干发行 700 万股限制性股票。随后,曹琳认购了 53,200 股股票,并办理了股权变更登记。2008 年 3 月 4 日,富安娜公司召开第一届董事会第九次会议,决定终止实施《深圳市富安娜家具用品股份有限公司限制性股票激励计划(草案)》,对包括曹琳在内的 109 位激励对象给予限制性股票持有人股票回售选择权,对于放弃股票回售选择权的限制性股票持有人,其持有的限制性股票全部转换为同股数无限制性的公司普通股。相应地,这部分持股人须出具《确认函》和《承诺函》,确认同意将其持有的限制性股票转换为同股数的无限制性的公司普通股,与其他股东同股同权;同时承诺自《承诺函》签署日至公司申请首次公开发行 A 股并上市之日起三年内不得以书面形式向公司提出辞职、不连续旷工超过七日、不发生侵占公司资产并导致公司利益受损的行为、不发生收受商业贿赂并导致公司利益受损的行为,否则要承担违约责任并向公司支付违约金,在案件审理过程中,双方对于《承诺函》的真伪以及案件的性质是一般的民商事案件还是劳动争议案件展开了激烈的辩论。[①] 最后,南山法院一审以及深圳市中院二审判决各员工向富安娜公司支付相应违约金。

① 深圳市南山区人民法院[2013]深南法民二初字第 37 号判决以及深圳市中级人民法院[2013]深中法商终字 2088 号判决。

“深圳富安娜股权收益纠纷案”判决后,引起业界思考如何规避有关企业在实施“员工股权激励计划”后,员工离职甚至跳槽至竞争对手处,对企业造成损失或者是企业以绝对优势地位对员工的劳动权益进行侵害的现象发生。股权激励计划是一把双刃剑,良好的股权激励计划能充分调动激励对象的积极性,将公司利益、股东利益和个人利益有机结合,有助于企业的长远健康发展,但如果运用失当,则不但可能成为公司高管侵蚀企业利益的工具,企业甚至还会因触犯劳动法律的强制性规定而蒙受重大损失。因此,股权激励计划能否发挥正面效用,合法性是一个重要的考量因素。[①] 激励对象其基础身份是劳动者,其与公司之间的劳动关系使其享有各项劳动权利,因此上市公司在推行限制性股票等激励机制时不得剥夺劳动的合法权益,包括自由择业权、获得劳动报酬权、平等考核权、休息权等权益。为了防范劳动者因为“道德选择”的问题,跳槽至竞争对手处,对公司造成实际的损失,可以在设计激励机制的方案时有效地明确限制条件以及惩罚措施,如正确的适用“违约金”条款。

【专家点评】[②]

文坚诉博彦科技(深圳)有限公司、博彦科技股份有限公司案是一件比较有典型意义的劳动争议案件,既涉及违法解除劳动合同的赔偿金、未休年休假的加班工资、拖欠劳动报酬等传统争议事项,又涉及股权激励计划中限制性股票回购损失这一新型争议事项,对于妥善解决劳动争议,保护劳动者的合法权益提出了新的更高的要求和挑战。深圳前海合作区人民法院在该案中正确地理解和适用法律,妥善地处理了该案所涉及的传统争议事项和新型争议事项,(2015)深前法劳初字第74号判决具有充分的法律依据。

① 王蓓、刘珂:《论股权激励计划中劳动者的身份转换与权益保障——以富安娜股权收益纠纷案为切入点》,载《四川大学学报》(哲学社会科学版)2015年第3期。

② 李满奎,西南政法大学经济法学院副教授。

股权激励计划是企业经营管理的创新之举，旨在通过授予劳动者股份，使其从普通劳动者转变为企业的股东，以“利益捆绑”使其与企业之间形成一种休戚与共的共生关系，达到激励劳动者的目的。近年来，股权激励在我国逐渐兴起，实施股权激励的上市公司日渐增多，证监会在2005年通过《上市公司股权激励管理办法（试行）》的基础上，2016年又发布了《上市公司股权激励管理办法》，并于2018年对该《办法》进行了修改，为上市公司实施股权激励提供了清晰的法律指引和稳健的法律保障。股权激励计划的广泛适用，一方面意味着企业的高管等骨干劳动者获得待遇的形式出现了多样化，另一方面也意味着作为激励对象的劳动者与企业之间围绕股权激励计划发生纠纷的可能性日益增加。如何看待并妥善处理这种新型纠纷，对于引导股权激励计划沿着法治的轨道稳健发展，保护劳动者的合法权益都具有至关重要的意义。

根据证监会《上市公司股权激励管理办法》的规定，股权激励是指上市公司以本公司股票为标的，对其董事、高级管理人员及其他员工进行的长期性激励。从劳动关系的角度讲，董事、高级管理人员等劳动者获得的这种以公司股票为标的的长期性激励，究竟法律性质如何？围绕股票激励计划所发生的争议，究竟是否属于劳动争议的受案范围？在本案中，原、被告在这些问题上各持一端：原告文坚认为限制性股票行权收益作为员工劳动报酬之一，应属劳动争议范畴，应当作为劳动争议案件处理；而两被告则认为限制性股票的争议均属于平等主体之间的民事争议，适用《合同法》作为处理争议的依据。从实质上讲，股权激励是对劳动者在劳动过程中付出劳动的一种补偿，只不过这种补偿与传统的现金补偿具有不同的表现形式而已，与司法实践中已经出现的“解决落户”“赠送房产”等具有相似的性质，均属于劳动合同履行中出现的问题，按照《劳动争议调解仲裁法》第二条的规定，理应纳入劳动争议的受案范围。（2015）深前法劳初字第74号判决将涉及股权激励计划的诉讼请求纳入劳动争议处理，正确地理解了股权激励计划的性质，有力地保护了劳动者的合法权益。

在本案中,股权激励计划涉及两个公司:一个是博彦科技(深圳)有限公司,另一个是作为上市公司的博彦科技股份有限公司。其中前者为劳动者的用人单位;后者为劳动者用人单位的母公司,也是实施股权激励的主体。在确定劳动者的限制性股票回购损失承担问题上,母、子公司的存在增加了这一问题的复杂性和处理难度。在认定劳动者的限制性股票被违法回购的情况下,博彦科技(深圳)有限公司作为劳动者的用人单位,即劳动合同的当事人,承担损失赔偿责任在法律上并无障碍。问题的关键在于如何确定作为母公司的博彦科技股份有限公司在这一问题上的责任。根据《博彦科技股份有限公司2014年限制性股票激励计划(草案)》的规定,博彦科技股份有限公司应当根据本股权激励计划、中国证监会、证券交易所、登记结算公司等有关规定,积极配合满足解锁条件的激励对象按规定进行限制性股票的解锁。在限制性股票被违法回购的情况下,作为上市公司的博彦科技股份有限公司就违反了上述义务;同时博彦科技股份有限公司还对原告文坚的年度绩效进行考核和等级确定,而这一考核是决定回购还是解锁限制性股票的依据,即博彦科技股份有限公司是本案中劳动者获授限制性股票的激励计划发布主体、实际授予主体,和解锁或回购注销决策主体。因此,(2015)深前法劳初字第74号判决在认定存在对劳动者的限制性股票违法回购的前提下,认定由博彦科技股份有限公司就违法回购损失承担连带赔偿责任有坚实的法律依据。

综上,(2015)深前法劳初字第74号判决在涉及股权激励计划的争议问题上,充分认识到此类争议与普通民事主体之间的普通民事纠纷的区别,进行准确的法律定性,将其纳入劳动争议的受案范围,为此类争议确定了合适的解决途径和机制,有利于保护劳动者的合法权益。同时,还考虑股权激励计划自身的特点,特别是涉及对上市公司子公司员工的激励问题,为此类限制性股票违法回购损失在不同主体之间的责任分摊问题确立可资借鉴的规则,为劳动者和用人单位在股权激励问题上提供了稳定的预期,有助于股权激励计划的健康稳健发展。

民间借贷纠纷案民间借贷“阴阳利率”的司法审查

——深圳市领达小额贷款有限公司与宋文权民间借贷纠纷案

李　凯　孔才池

【关键词】

民间借贷　利息名目　利率　还款方式

【导　语】

民间借贷古今中外皆有,是人们解决处理生活消费或生产经营急需的普遍现象,而利率向来是研究民间借贷的核心,预先扣除利息、变换利息名目、“阴阳利率”等高利贷行为严重侵害了借款人的权益,扰乱社会生活、市场经济秩序,人民法院对此须给予示范引领性的司法回应。

【裁判要点】

在民间借贷实践中,预先扣除利息、变换利息名目、“阴阳利率”等高利贷现象普遍存在。本案的审理,与此类问题传统的司法审查方式有所不同:一是通过反向解释和排除推理相结合的方法,将各种具有利息性质的费用依法归入“利息”范畴予以规制;二是在我国现行利率规制客观主义模式的基础上,尝试运用个案判定模式,对本案约定的“阴阳利率”、还款计算方式进行衡平式的审查评价。

【案例索引】

广东省深圳前海合作区人民法院(2016)粤0391民初691号民事判决书(2016年6月30日)

【相关法条】

《中华人民共和国合同法》第九十四条第四项、第一百九十六条、第二百条、第二百零七条、第二百一十一条

【基本案情】

法院经审理查明:2015年6月26日,深圳市领达小额贷款有限公司(贷款人)与宋文权(借款人)签订《个人信用贷款合同》,约定:借款金额150,000元,借款期限36个月;利率0.8%/月、行政管理费1.5%/月;贷款手续费2%(3000元)、调整还款日手续费0.8%(719元)、扣款失败费用每笔50元、滞纳金每日0.4%;分36期按月归还本息,每月偿还本息合计=[(贷款金额×贷款月利率×贷款期限)+贷款金额]/贷款期数,每月还款额=每月偿还本息合计+每月应付行政管理费=7617元;首笔款还款日为2015年8月6日,以后每期还款日为每月6日;如借款人违约,贷款人有权随时解除合同。

深圳市领达小额贷款有限公司于2015年6月26日扣除贷款手续费3000元、调整还款日手续费719元,向宋文权实际发放借款146,281元。宋文权从第1期到第6期,依约定每期还款7617元,第7期开始未还款。

【当事人观点】

原告诉请:(1)判令解除原、被告签订的《个人信用贷款合同》;(2)判令被告立即偿还原告欠款本金130,036元、利息7176元、管理费9000元、滞纳金4509元、扣款失败手续费50元,合计150,776元(利息、管理费、滞纳金暂计至2016年4月25日,之后利息、管理费、滞纳金按照合同约定计至清偿之日止),逾期则加倍支付迟延履行判决期间的债务利息;(3)被告承担本案涉及的一切诉讼费用。原告在庭审中放弃了关于滞纳金、扣款失败手续费的

诉讼请求。

【本案争议焦点】

领达公司设置“阴阳利率”格式条款,约定利率、还款方式矛盾并存,导致实际执行利率畸高,如何进行司法审查评价。

【裁判结果】

广东省深圳前海合作区人民法院于2016年6月30日作出(2016)粤0391民初691号民事判决:(1)解除《个人信用贷款合同》;(2)宋文权向深圳市领达小额贷款有限公司归还欠款119,252.88元,于本判决生效之日起五日内付清;(3)宋文权向深圳市领达小额贷款有限公司支付利息(以119,252.88元为基数,按照年利率24%计算,自2016年1月7日起至本判决确定的付款之日止,于本判决生效之日起五日内付清);(4)驳回深圳市领达小额贷款有限公司的其他诉讼请求。宣判后,当事人未上诉,判决已发生法律效力。

【裁判理由】

法院生效裁判认为:本案中,借款人未依约偿还借款本金及利息,构成违约。贷款人根据合同约定主张解除《个人信用贷款合同》,应予支持。本案的争议焦点在于欠款本金及利息的认定问题。

(一)关于预先扣除款项的问题

按照我国法律规定,借款人向贷款人所支付款项只有本金、利息和逾期利息,当事人在合同中以各种名义约定的由借款人向贷款人支付的款项均应视为上述三种款项当中的一种。双方当事人在合同中所约定的贷款手续费、调整还款日手续费等费用,其性质与利息相同,均应当视为利息。利息预先在本金中扣除的,应当按照实际借款数额返还借款并计算利息。贷款人在发放借款时以贷款手续费与调整还款日手续费的名义扣除了3719元,其行为性质与预先在本金中扣除利息相同,因此应当按照实际发放借款数额认定借款本金为146,281元。

(二)关于行政管理费的性质认定

同理,合同约定:利率 0.8%/月,行政管理费 1.5%/月,这两项费用实质均为利息,折合年利率 27.6% 超过 24%;滞纳金的性质即为逾期利息,每日 0.4%,折合年利率 146% 超过 24%;根据我国合同法及相关司法解释规定,对超过部分的诉求不予支持。

(三)关于利率实际执行方式的问题

合同约定的利率合计每月 2.3%,约定的还款方式混合了"等额本金"(每月归还的本金金额相同)与"等额本息"(每月还款总金额相同)两种计算方法。"等额本金"与"等额本息"两种方法在款项的计算上是有所不同的,在"等额本金"的计算方法中,每期归还的本金数额相同,欠款本金逐期减少,贷款利息亦随之减少,每期的还款总金额是逐期减少的;而在"等额本息"方式中,每期所归还的本金是逐期增加的,利息是逐期减少的,但每期还款总金额相同。本案中,双方约定的本息计算公式简化后为:每月偿还本息合计=(贷款金额×贷款月利率)+贷款金额/贷款期数,即每月偿还本息合计=(150,000 元×2.3%)+150,000 元/36。

按照合同约定,全部贷款按照贷款期数分期等额归还,每月归还本金数额为 4166.67 元,而贷款利息始终按照贷款总额来计算,每月支付利息金额仍为 3450.33 元。合同约定混淆了这两种计算方法的区别,造成实际执行利率逐月提高,最后一期月利率高达 82.81%,导致利率畸高。合同约定的还款计算方式,规避我国关于民间借贷利率的法律规定,对超过部分的诉求不予支持。由于合同约定的利率为 2.3%/月,并未超过年利率 36%(月利率 3%),对于前 6 期的利息按照 2.3%/月计算,已支付利息不予返还。借款人所归还款项中,每期扣除利息以外的款项均应视为归还的本金,合计已归还本金 27,028.12 元。

【裁判思路解析】

关于利率名目的认定:本案贷款人在放款前以"贷款手续费""调整还款日手续费"等名义从本金中预先扣除,且以"行政管理费"与"利息"并置逐月收利。经审查,所谓"贷款手续费""调整还款日手续费""行政管理费",就贷款人一方,并无相应具体开支,实质是变换名目增收牟利。然而,我国合同法、相关司法解释,并未对利息的涵括范围进行正面规范,直接将上述名目的费用归入利息范畴加以规制似于法不妥。如果运用德国学者马克斯·韦伯的“自动售货机”理论,法官只是法律被动的机械的实施者,一边投入诉状,一边产出判决,①此时的售货机难免“卡壳”的命运。往返于事实与法律之间,游走于解释方法论间隙,以探寻立法原意、正义要旨,从来是法官理应做好的功课。虽然我国法律未明示利息外延,但就借贷法律关系而言,只规定本金、利息、逾期利息。“贷款手续费”“调整还款日手续费”“行政管理费”等既然没有实际开支,不在履约合理费用的补偿之列,那么只可能归于本金、利息、逾期利息三者范畴之一,显然上述费用不属于本金、逾期利息,究其实质只能归入利息范畴。退一步说,如果任由贷款人增设名目收取“利息”,那么利率的立法规制也就形同虚设。立法技术的精密覆盖与抽象统摄历来互有利弊之争,难以一概而论,正因如此,法官不应成为法律的机械的、被动的实施者。本案的处理避开正面证成的传统尴尬,尝试反向解释与排除推理相结合的方法,得出相应的裁判结论,对民间借贷中普遍存在的“变换名目规避利率限制”现象完整地表明司法立场。

关于利率执行方式的审查:域外有关民间借贷利率的规制方式大体有三种:客观主义模式(统一划线模式)、主观主义模式(个案判定模式)和自由放任主义模式。② 由于美国次贷危机的爆发,自由放任主义模式引发广泛质疑、批评,日渐式微;客观主义模式正是我国当前法律、司法解释所采理论立场;主观主义模式以德、英等国为代表,不确定固定利率上限,③由法官根据公序良俗原则、显失公平原则在个案中进行检验、评价。本案关于利率执行方式的审查,可谓在坚持客观主义模式的基础上,对主观主义模式进行司法尝试。本案当事人约定月利率 2.3%,折合年利率 27.6%,贷款人利用金融知识优势混合“等额本息”和“等额本金”计算方式,隐秘地载入贷款人提供

---

① 转引自[美]科瑟:《社会学思想名家》,石人译,中国社会科学出版社 1990 年版,第 253 页。

② 参见杜万华、谢勇:《民间借贷利率的规制》,载《人民司法·应用》2013 年第 19 期。

③ 廖振中、高晋康:《我国民间借贷利率管制法治进路的检讨与选择》,载《现代法学》2012 年第 2 期。

的格式合同。按照该计算方式,所欠本金逐月减少,但所还利息每月不变,造成月利率逐月攀升的高利贷现象。换言之,本案的约定利率与约定还款方式存在矛盾,形成具有欺瞒性的“阴阳利率”,导致实际执行利率畸高,月利率高达 82.81% ,对借款人显失公平,有违公序良俗。为此,除了按照我国“四线三区”的客观主义模式对约定月利率 2.3% 进行规制以外,审查认定贷款人恶意规避法律规定,损害借款人权益,对该计算方式进行否定性的司法评价。

【本案延伸问题】

民间借贷古今中外皆有,是人们解决处理生活消费或生产经营急需的普遍现象。而利率向来是研究民间借贷的核心,[①]“自古以来,历朝历代国家法律对民间借贷利率进行规制,以期纳入国家金融法律秩序的轨道”。[②] 其规制旨趣固然有统治者平衡社会利益,防范社会危机的考量,但也根源于立法思想上将民间借贷视为互助而非盘剥。况且借款人多处于经济困难之际,为情势所迫,缺乏议价空间,如不加规制,任由放贷人恣意索利,有违公道。纵观我国民间借贷利率规制的历史,可以说是一部统一的严格紧致逐步向复合性的利率市场化演进的变迁史。[③] 某种程度上,亦反映出统治者对于民间借贷问题的法学、金融学、社会学复合属性的认识深化,换言之,法益保护并非“一边倒”地倾斜,而是力求在经济规律、社会治理、伦理道德之间达致平衡。2015 年 6 月《最高人民法院关于审理民间借贷案件适用法律若干问题的规定》发布,在利率规制上采客观主义模式,同时进行复合性规制,将过去的“四倍红线”改置为“两线三区”。分别以年利率 24% 、36% 为分水岭,依次为法定之债—自然之债—无效债权。客观地说,这既是对我国单一制国家体制、统一划线规制传统的呼应,是对司法现状的慎重权衡,也是对

---

① 谢舒晔:《法律规制视野下的晚清至民国民间借贷利率探究》,苏州大学 2015 年硕士学位论文。

② 谢舒晔:《法律规制视野下的晚清至民国民间借贷利率探究》,苏州大学 2015 年硕士学位论文。

③ 王林清:《民间借贷利率的法律规制:比较与借鉴》,载《比较法研究》2015 年第 4 期。

当事人意思自治的必要尊重。

然而,正如卢梭所说,“除了根本法、公民法、刑事法之外,还存在第四种法,而且是最重要的法;它既铭刻在大理石上,也铭刻在公民的内心里;它是国家真正的宪法……我们说的就是风俗、习惯……”[①]国家管制与民间习惯的二元对立自古存在,在高利贷问题上表现得尤为突出。如“利滚利”“印字钱”“先扣利”、多计借款日期、本利并作本金等,通过隐蔽的办法,规避政府打压。“诚实信用乃社会生活之基础,交易之安全发达胥赖于此。故明定行使债权,履行债务,应依诚实及信用之方法为之。”[②]但繁复多样的高利贷或许自有其别样的社会土壤。正如费孝通所言,单纯谴责高利贷者为邪恶是不够的,除非有较好的信贷系统可供债务借贷,否则高利贷是自然会产生的。[③] 民间借贷问题的治本之策在法律之外,但从社会公义计,裁判者也可有所作为,毕竟立法的周密考量与宏图愿景,最终还是要依赖司法的强劲“臂弯”。本案或属其中典型,主要着眼于利率名目的认定与利率执行方式的审查。力图通过较为缜密的法律解释适用,规制不当的借贷行为,警示当事人合规交易,力图引领示范。

【专家点评】[④]

本案例是法官创造性司法的典型判例。法律源于实践,但法律并不能规范全部现实生活。目前,我国法律、司法解释对于现实生活中放贷人变换利息名目,采取“阴阳利率”等手法实施高利贷行为尚未有明确规定。本案即是法院解决此类问题的典范,很有借鉴意义。

由于民间借贷中利率过高不仅侵害借款人利益,还会诱使大量资本从实体经济中剥离出来而投入放贷活动中,从而扰乱国家的金融秩序,

① [法]卢梭:《社会契约论》,何兆武译,商务印书馆1982年版,第73页。

② 杨与龄:《民法之制定与民法之评价》,载《中华学术与现代文化丛书·法学论丛》,商务印书馆2010年版,第86页。

③ 参见费孝通:《江村经济》,江苏人民出版社1986年版,第196页。

④ 梅伟,西南政法大学民商法学院副教授。

破坏经济发展。因此,当今社会各国法律均对民间借贷中的利率实行管制。美国有10个州实行统一利率,这些州大多将民间借贷利率上限设定为10%~20%,如华盛顿州、加利福尼亚州的高利贷利率界限为年利率12%,纽约州以年利率16%,佛罗里达州以年利率18%为高利贷标准;[①]日本于2010年也将民间借贷利率的上限统一规定为20%;我国台湾地区"民法典"第205条规定年利率的上限为20%。德国民法则授权法官依据公序良俗原则、"暴利条款"对民间借贷的个案予以审查。采用这种授权管制模式的还包括英国、奥地利、瑞士、西班牙等国家。[②]

我国现行民间借贷利率的"两线三区"模式是最高人民法院经过三年多的深入调研和反复论证而确立的。年利率24%与之前实行的同期银行贷款利率的四倍上限基本一致,有利于司法政策的延续性,符合我国当前民间融资市场的现实。[③] 但是,现实生活中放贷人在资本逐利本性的驱使下变换利息名目,采取"阴阳利率"等手法实施高利贷行为普遍存在。本案即是典型案例。本案中当事人不仅约定有利息,还有滞纳金、行政管理费、调整还款日手续费、贷款手续费等。而依据我国合同法的规定,借款人向贷款人所支付的款项只有本金、利息和逾期利息,并没有管理费及各种手续费。那么,借贷双方"自由"约定的滞纳金、管理费及各种手续费为何种法律性质呢?

诚然,大陆法系成文法的局限性是既有法律条文不能完全规范社会现实生活,因而,实践中需要法官灵活司法,创造性地行使自由裁量权,以填补法律漏洞、克服成文法的局限性。大陆法系虽然追求法律的严密性、体系化。但裁判法官并非是马克斯·韦伯所说的法律的"自动售货机",法官同样承担着法的续造活动。德国法学家拉伦茨指出,我们深切地意识到,在法的续造界限内,仍有广阔的空间提供法官作出有创意的

---

① John M. Houkes, An Annotated Bibliography on the History of Usury and Interest from the Earliest Through the Eighteenth Century, The Edwen Press 2004, pp. 379 – 383.

② 王林清:《民间借贷利率的法律规制:比较与借鉴》,载《比较法研究》2015年第4期。

③ 最高人民法院民事审判第一庭编著:《最高人民法院民间借贷司法解释及关联规定适用指引》,中国法制出版社2015年版,第244页。

裁判、共同参与法秩序的形式。①

大陆法系的法官从事法的续造活动的方法首先是对相应的法律条文进行解释,以探求法律旨意。法律解释的重要方法是目的解释。德国法学家耶林指出,目的是所有法律的创造者。法律在很大程度上是国家为了有意识地达到某个特定目的而制定的。法律的实质性目的是保护社会生活条件。② 尽管我国历史上有月息三分的传统,如元、明、清三朝均规定最高利率为月息三分。③ 但法律解释的最终目标不是探求历史上的立法者的意志,只能是探求法律在今日法秩序的规范性意义。④ 各国法律对借贷合同规制的目的是维护借贷双方当事人的利益平衡,寻求法的公平正义。因而法律不仅要保护贷款人的利益,更要抑制贷款人利用其优势地位寻求暴利。显然,本案中借贷双方约定的滞纳金、行政管理费、调整还款日手续费、贷款手续费均不符合借贷合同的立法目的。依据目的解释规则,这些款项只能解释为利息或本金。此外,本案法官运用反面解释方法,即从法律条文规定的内容来推论出反面的结果。反面解释有助于法官准确阐释文本的含义,选择妥当的裁判依据。⑤ 依据反面解释,借贷合同也不包括滞纳金、管理费和各项手续费。值得称赞的是,尽管合同约定的滞纳金、管理费、各项手续费违背了立法目的,但是,法官并未以此认定该条款为无效条款,而是非常正确地将按月收取的行政管理费认定为利息,将滞纳金的性质认定为逾期利息,将预先扣除的贷款手续费、调整还款日手续费认定为未发放的贷款本金,展示了法官解释法律规范的能力和气概。

司法植根于实践,本案在处理关于利率实际执行方式中运用个案审查模式,充分显示了法官敏锐的眼光。本案中贷款人混合了“等额本金”

① [德]卡尔·拉伦茨:《法学方法论》,陈爱娥译,商务印书馆2003年版,第249页。

② [美]E.博登海默:《法理学:法律哲学与法律方法》,邓正来译,中国政法大学出版社1999年版,第109页。

③ 参见王林清:《民间借贷利率的法律规制:比较与借鉴》,载《比较法研究》2015年第4期。

④ [德]卡尔·拉伦茨:《法学方法论》,陈爱娥译,商务印书馆2003年版,第198~199页。

⑤ 王利明:《法律解释学导论——以民法为视角》,法律出版社2009年版,第282页。

与“等额本息”两种计算方法,掩盖了实际贷款利率每月走高的事实。经过法官分解剖析,最后一期月利率竟高达82.81%。对于这种“阴阳利率”的行为,本案法官没有简单地认定为构成欺诈或显失公平而授权借款人可以撤销,也没有轻率地认定为以合法形式掩盖非法目的或者同谋虚假行为而无效。因为借贷双方真实的意思表示是发生借贷法律关系,而合同无效抑或撤销则是导致借贷关系的消灭,从而破坏金融秩序的稳定。从这点来看,本案也体现了法官的司法智慧。质言之,法官往返于事实与法律之间,始终追寻的是法律的正义要旨,力图实现的依然是个人利益与社会利益的和谐发展。

民间借贷中的让与担保问题

——深圳市奇鼎实业有限公司诉深圳市满利盈商贸有限公司、甘志明民间借贷纠纷案

余长勇　胡仿柳

【关键词】

民间借贷　让与担保　真实意思表示

【导　语】

让与担保是从民间交易中发展出来的一种新的担保形态，是一种不同于物权法上抵押权、质权、留置权的非典型担保。让与担保双方实现外观上转移所有权给债权人，债务人或第三人将担保物的财产权转让给债权人，如债务人或担保人依约履行了债务，则债权人应将该担保物返还给原所有人，如债务人或第三人未履行债务，则债权人得就该担保物受偿，从而提高债的安全性。案件审理中如何区分和认定让与担保中"以房抵债"的效力，去除"规避流质禁止之规定""违反物权法定主义"等诸种模糊认识，尊重当事人的意思自治，充分提高财产的价值和流动性，需要对让与担保认真研究和审慎对待。

【裁判要点】

民间借贷中双方以签订房屋买卖合同并转移房屋所有权的形式为债务提供担保的，即属于让与担保的形式，担保人将担保标的物的所有权等权利转让于担保权人，债务清偿后，担保标的物返还给债务人或第三人，债务不履行时，担保权人可以就该标的物享有受偿的权利。审理时先要认可让与

担保效力,从当事人的真实意思表示出发,只要当事人约定的让与担保条款不违反法律、行政法规的强制性规定,不损害社会公共利益和公序良俗,不违反物权法定主义立法意旨,就可以认定有效让与担保法律关系,并按照房产的实际价值来抵销民间借贷的债务。

【相关法条】

《中华人民共和国合同法》第一百零七条、第一百零九条、第一百一十四条

《中华人民共和国担保法》第二十一条、第二十六条、第三十一条

《最高人民法院关于审理民间借贷案件适用法律若干问题的规定》第二条、第二十条、第二十四条

【案例索引】

广东省深圳前海合作区人民法院(2016)粤 0391 民初 415 号民事判决书(2016 年 11 月 29 日)

【基本案情】

2013 年 9 月 3 日,原告深圳市奇鼎实业有限公司(以下简称奇鼎公司)与被告深圳市满利盈商贸有限公司(以下简称满利盈公司)签订了《代理采购与出口合作协议》,协议约定满利盈公司委托奇鼎公司向国内供应商代理采购服装产品并出口至双方约定的目的地,并由奇鼎公司先行垫付货款,满利盈公司按货物出口报关金额向奇鼎公司支付采购服务费、垫资服务费等,由甘志明就上述协议项下的债务向奇鼎公司提供连带责任保证。上述协议签订后,奇鼎公司分别于 2013 年 9 月 18 日、2013 年 10 月 16 日、2013 年 12 月 17 日,向满利盈公司的供应商垫付了贷款人民币 108 万元、112 万元、1,294,260 元。后因满利盈公司未按协议约定向奇鼎公司归还代垫货款、采购服务费、垫资服务费,经奇鼎公司多次催讨,满利盈公司向奇鼎公司提交了一份《还款计划书》中,满利盈公司确认截至 2015 年 1 月 31 日,尚欠奇鼎公司货款本金 2,821,294.96 元,应付未付的利息为 241,856.32 元,应付未

付的报关文件等服务费16,601.75元,总金额为3,079,753.03元。满利盈公司按1.7%每月支付利息。计划书中承诺:奇鼎公司可随时将满利盈公司名下物业以及法定代表人名下物业及甘志明名下物业予以买卖,所得款项扣除交易费用的余款用以归还欠款。超出欠款部分退还满利盈、不足部分仍可向满利盈公司追偿。2015年4月1日,被告方支付了奇鼎公司1万美元。此外,满利盈公司将其名下物业深圳市龙岗区布吉德兴商城16栋706室、满利盈法定代表人周维将其名下物业深圳市龙岗区平湖威凤山庄1栋第1层商铺108室分别以人民币272,176元、710,354元的价格过户到奇鼎公司名下。满利盈公司未按约定履行付款义务,奇鼎公司遂起诉主张满利盈公司归还代垫货款、采购服务费、垫资服务费等,甘志明在上述诉讼请求范围内承担连带责任。

【当事人观点】

原告奇鼎公司诉称:按照与满利盈公司签订的《代理采购与出口合作协议》,奇鼎公司受满利盈公司的委托,向满利盈公司供应商代理采购牛仔裤、夏布等服装产品,并向满利盈公司的供应商垫付货款108万元、112万元、1,294,260元。但满利盈公司未按协议约定支付代垫货款、采购服务费、垫资服务费、滞纳金。之后满利盈公司向奇鼎公司提交了《还款计划书》,并承诺予以还款付费。甘志明就上述《代理采购与出口合作协议》《还款计划书》中签字确认了满利盈公司所有债务承担连带责任。但满利盈公司除按《还款计划书》将其名下物业德兴商城16栋706室以及法定代表人周维名下物业威凤山庄1栋商铺108室分别按人民币272,176元、710,354元的价格过户到奇鼎公司名下冲抵债务外,两被告未履行还款计划书中的其他承诺。故奇鼎公司诉讼请求满利盈公司支付代垫货款1,838,764.96元、采购服务费16,601.75元、垫资服务费667,073.4元、滞纳金1,091,841.15元等,并主张甘志明在上述诉讼请求范围内承担连带责任。

被告满利盈公司和甘志明辩称:奇鼎公司与满利盈公司签署《还款计划书》之后,满利盈公司于2015年4月1日向奇鼎公司支付了1万美元折合人民币61,434元,被告尚欠奇鼎公司2,759,860.96元。关于房产的问题,满利盈公司已与奇鼎公司沟通,房产不抵债,对房产价值由双方协商处理办法解决。主张本案实际上是借贷合同的关系,对于奇鼎公司要求支付的服务费、滞纳金,利息按照司法解释年利率不能超过 24% 计算。

【本案争议焦点】

主要争议焦点有两个:一是关于房屋过户行为真实性问题。根据双方《还款计划书》约定,被告满利盈公司将其物业德兴商城 16 栋 706 室以及法定代表人周维名下物业威凤山庄 1 栋商铺 108 室分别按人民币 272,176 元、710,354 元的价格过户给原告奇鼎公司,之后双方协商,由奇鼎公司委托评估公司对该两处物业进行评估,上述德兴商城的价值为 1,300,348 元、威凤山庄物业为 1,005,290 元,这一行为是否为真实的意思表示,如何折抵本息。二是关于利率是否过高的问题。原被告双方约定的利率月 1.7% 、逾期滞纳金为日千分之一,被告在本案中对于奇鼎公司要求支付的服务费、滞纳金,合计利率是否过高,有无违反年利率不能超过 24% 的规定。

【裁判结果】

广东省深圳前海合作区人民法院于 2016 年 11 月 29 日作出(2016)粤 0391 民初 415 号民事判决:(1)被告满利盈公司应于本判决生效之日起三日内支付原告奇鼎公司垫付货款人民币 1,053,289 元;(2)被告满利盈公司应于本判决生效之日起三日内支付原告奇鼎公司垫资服务费及滞纳金(以未支付货款为基数,按月利率2% 的标准,自 2015 年 11 月 1 日计算至货款本金全部清偿日止);(3)被告甘志明对被告满利盈公司的上述两项还款义务承带连带清偿责任;(4)被告甘志明承担了上述保证责任后有权向被告满利盈公司追偿;(5)驳回原告奇鼎公司的其他诉讼请求。

宣判后,各方当事人均未上诉,判决已发生效力。

【裁判理由】

法院生效裁判认为:满利盈公司与奇鼎公司签订的《代理采购与出口合作协议》是双方真实意思表示,内容合法有效,对协议各方具有约束力。满利盈公司协议确定了2015年1月21日止的货款本金为2,821,294.96元、在此之前的利息为241,856.32元、应付未付服务费为16,601.75元,法院对此予以确认。双方约定的利率为月1.7%、逾期滞纳金为日千分之一。法院根据《最高人民法院关于审理民间借贷案件适用法律若干问题的规定》第二十六条的规定,因双方约定的利率和逾期滞纳金为年56.9%,两者合计远超年利率24%,故原告请求按民间借贷的最高利率进行调整,法院对此两项合并调整为月利率2%。鉴于原来双方约定德兴商城、威凤山庄两处物业分别以272,176元、710,354元的价格过户到奇鼎公司名下折抵欠款明显低于市场价值,在本案审理过程中原、被告双方均同意该两处物业评估价格折抵欠款,双方协商委托评估公司对两处物业评估,德兴商城物业为1,300,348元、威凤山庄物业为1,005,290元,并于2013年5月办理房产过户,原告奇鼎公司取得了房产所有权,但原告一直未实际控制该两处房产。法院根据本案事实,从公平出发,酌情将上述两处房产的折抵本金的时间统一认定为2015年7月31日,按照先息后本的原则予以抵扣。计算方式如下:从2015年2月1日起至2015年7月31日,按本金2,821,295元加上服务费16,602元、按月利率2%计算,合计利息为340,548元,故2015年5月11日此之前的利息合计为582,464元。被告在此前还款61,434元、以两处房产分别折抵1,300,348元、1,005,290元,故尚欠奇鼎公司本金为1,053,289元。满利盈公司应对该款承担偿还义务,并应支付自2015年11月1日之后的利息,利息按月利率2%计算至全部货款本金清偿之日止。法院根据《担保法》第二十一条、第二十六条、第三十一条的规定,判决甘志明对上述满利盈公司的还款义务承担连带责任。

【裁判思路解析】

一方面,先要厘清本案的法律关系。根据双方当事人签订的《代理采购与出口合作协议》《还款计划书》,奇鼎公司受满利盈公司的委托,向满利盈公司供应商代理采购牛仔裤、夏布等服装产品,并向满利盈公司的供应商垫付货款108万元、112万元、1,294,260元。同时约定奇鼎公司可随时将满利盈公司名下物业以及法定代表人名下物业及甘志明名下物业予以买卖,所得款项扣除交易费用的余款用以归还欠款。之后满利盈公司未按协议约定支付代垫货款、采购服务费、垫资服务费、滞纳金。上述有两个法律关系:一个是债权关系,主要是满利盈公司对奇鼎公司负有偿还垫付货款采购服务费、垫资服务费、滞纳金义务的合同之债。另一个是物权关系,主要是债务人满利盈公司以转让相关物业给向奇鼎公司,作为上述债务的担保,以此提高债的安全性。

另一方面,判断房屋让与担保协议效力。确认房屋让与担保协议是否为真实的意思表示,意思表示由客观要件与主观要件构成,从客观要件来看,双方当事人在客观上可认识其在表示以房抵债方面的法律效果意思。从主观要件来看,内心的意思可分为行为意思、表示意思和效果,即双方当事人有自觉地签订《代理采购与出口合作协议》和《还款计划书》的行为意思,且能够认识其行为具有法律行为上的意义,双方当事人欲依其表示发生以房抵债的法律效果。可以看出协议是真实的意思表示,没有通谋虚伪行为,债权人一方是希望房屋让与担保协议生效的,并希望以此来保证自己债权的实现。这就与通谋虚伪行为中当事人之间故意为不符真意的表示而欠缺效果意思有明显不同。同时,当事人约定的让与担保条款不违反法律、行政法规的强制性规定。

【本案延伸问题】

近年来,民间借贷作为社会经济活动中一项重要的融资途径,其优势较为明显。民间借贷的手续简便、方式灵活、主体多元,能够满足不同融资需求。但同时民间借贷以收取较高利息为目标,一定程度上以降低借款方资信审查标准为代价,不同于银行等金融机构,出借方在民间借贷时承担了更大的不确定性和风险。因此,借款方常常会要求借款方尽可能提供担保。与银行等金融机构不一样,民间借贷运作程序没有较为严格的风险控制措施和审批程序,要求借款人提供担保的形式五花八门。在本案中反映出来的“让与担保”便是在实践中出现的一种新型担保形式。

(一)如何界定让与担保的内涵与特征

让与担保,是大陆法系国家沿袭罗马法中的信托行为理论并吸纳日耳曼国家的信托行为成分，经由判例学说形成的非典型担保制度，其以当事人权利（所有权）转移方式达成担保信用授受目的为特征。由于让与担保方式是法律所未明文规定的担保方式，其有效性遭到学界的批评，被冠以“虚伪表示”“规避流质禁止之规定”“违反物权法定主义”等诸种头衔。然而，时至今日，让与担保制度已经成为德日等国担保事务中运用得最为广泛的担保方式，在担保法领域大有独占鳌头之势。[①] 大陆法系一些国家的物权制度中，由学说和判例发展起来的让与担保制度，以习惯法和特殊法的形态存在，传统大陆法系的物权体系中难以对其准确定位。

我国物权立法中，无论是从动产还是不动产的担保制度来看，现有的商业实践、现实的社会信用状况以及担保制度都在证明让与担保既有债权性质又有物权性质。从字面意义来看，“让与担保”，以“让与”担保物的财产形式来提供担保。依据通常定义，是指为债务提供担保，债务人或第三人将担保物的财产权转让给债权人。如债务人或担保人依约履行了债务，则债权人应将该担保物返还给原所有人。如债务人或第三人未履行债务，则债权人得就该担保物受偿。让与担保是一种非典型担保。其最大的特点就在于，设定担保时，必须提前将担保标的物的权利转让给债权人，从而极大地提高了债的安全性，同时，在债务未履行时让与担保可以比较便利地处理担保物，省去了评估、拍卖等实现抵押权、质权所必经的程序，节约了交易成本。此外，让与担保标的物较为多样，既可是不动产，也可是动产，还可是财产等权利，从资源配置的角度来看，让与担保可以充分提高财产的价值和流动性。

（二）让与担保是否违背物权法定原则

在分析让与担保效力时，须综合考虑诸多因素，如规范目的、社会背景等。双方当事人在让与担保中的合意，主要是为担保债务的清偿采取转移标的物所有权的方式。根据当前学术界的论述，物的担保一般可以分为典型担保和非典型担保，我国物权法上法定的抵押权、质权、留置权，均为典型

---

① 王闯：《关于让与担保的司法态度及实务问题之解决》，载《人民司法·案例》2014 年第 16 期。

的担保,其担保标的物所有权并不移转于债权人,仍归设定人或债务人。让与担保并不属于现行物权法上法定的担保方式之一,是从民间交易中发展出来的一种新的担保形态。让与担保双方实现外观上转移所有权给债权人,借助信托特有的财产管理模式,达成担保债权的目的合意。从设定人和债权人的关系来看,债权人只是名义上的所有权人,其权利只能在双方担保债权范围内行使,如果超过规定的经济目的,须应承担对设定人造成的损害。

因此,可以总结出以下要点:(1)债务清偿时,设定人有权利要求返还标的物所有权。(2)债务不履行时,债权人可以就标的物取偿,取偿方法或变卖或估价均可,对债权额和标的物价额,担保权人均负有清算义务。若担保物价值超过债权额时,余额部分债权人应返还给设定人。(3)债权人取得标的物所有权系暂时性所有,即使在债务不履行情形下,其也不是当然确定地取得标的物所有权,而是在担保债务清偿这一特定的经济目的范围内行使权利。虽然法律上该担保债权人取得了标的物所有权,但他实际掌握的只是被担保债权的部分数额,此时设定人(债务人)保留着被担保债权额以外的部分,标的物的价值实际上应是分属于担保权人和设定人。同时,由于让与担保仅是当事人有关实现担保物权方式的契约安排,并非创设法律所未规定的担保物权,也不会产生违反物权法定主义的问题。[①] 根据物权法定原则,《物权法》第五条规定:“物权的种类和内容,由法律规定。”让与担保合同关于担保的约定,看似违反了关于物权法定原则的规定,有时可能认定归于无效。仔细分析物权法定原则,其主要指物权的种类和内容均由法律作出强行性规定,不允许当事人自由创设或者变更。然而,让与担保只是当事人有关实现担保物权方式的意思表示,并不是当事人之间任意协商创设新的物权。所以,虽然《物权法》未作明确规定,但让与担保这种担保方式并不与物权法定原则相违背,主要是当事人之间自己协商确定的,该种担保方式具有且能产生物权效力。相关司法判例也认可了让与担保效力,如江苏省高

① 李冬、陈林:《让与担保中债权人经清算方能取得标的物所有权》,载《人民司法·案例》2015年第4期。

级人民法院在(2014)苏商终字第0205号案中,认定"当事人约定的让与担保条款不违反法律、行政法规的强制性规定,不损害社会公共利益和公序良俗,亦不违反物权法定主义立法意旨,且在市场经济条件下具有促进交易、对抗风险、融通资金等价值与功能,应当认定有效。"此外,《物权法》就有关物权效力和合同效力区分原则规定:"当事人之间订立有关设立、变更、转让和消灭不动产物权的合同,除法律另有规定或者合同另有约定外,自合同成立时生效;未办理物权登记的,不影响合同效力。"虽然双方当事人签订协议时未办理房产登记,设定物权的合同仍然有效。

(三)让与担保与流质契约的区分问题

理论上,让与担保经常容易与法律上禁止的流质契约相混淆。流质契约主要是指当事人双方在设立担保物权时约定,当债务人不履行债务时,由债权人取得担保物所有权的合同。流质契约有狭义和广义之分,狭义仅涉及质押行为,广义的流质契约包括狭义的流质契约和流抵契约(又称流押契约),也称流担保契约,通常取其广义上的意义。[①] 流质契约具有以下特征:一是当事人之间有明确的担保法律关系存在,此为产生流质契约一个重要前提条件。二是当事人之间存在以下类似约定:如果发生不能清偿债务的情况,债权人就可以不考虑担保物的真实价值,排除清算程序,直接取得担保物所有权。三是在债务履行期限届满之前约定。凡是在债权已届清偿期后达成的协议,为抵押财产折价协议;相反,凡是在债权尚未届清偿期之前达成的以债务人不履行债务时直接转移抵押财产所有权为内容的协议则为流质契约。[②] 我国《物权法》第一百八十六条明确规定禁止流押:抵押权人在债务履行期届满前,不得与抵押人约定债务人不履行到期债务时抵押财产归债权人所有。《物权法》第二百一十一条也明确规定禁止流质:质权人在债务履行期届满前,不得与出质人约定债务人不履行到期债务时质押财产归债权人所有。区分让与担保与流质契约的不同可以从以下两方面着手:

一方面,从实现的方式来看。流质条款与让与担保一个重要区分是,流

① 刘琨:《以物抵债协议不宜认定为流质契约》,载《人民司法·案例》2014年第2期。
② 高圣平:《物权法担保物权编》,中国人民大学出版社2007年版,第142页。

质契约中担保权人直接取得标的物的所有权,并且担保权人不负有清算义务,排除了债权实现时对物的折价、清算程序。然而在让与担保实现时,担保权人仍有清算义务,清算主要有以下两种模式:一是归属清算型,对担保物进行评估,超出债务价值部分由债权人偿还给担保人,债权人取得担保物的所有权;二是处分清算型,由债权人将担保物予以变卖,将价款用于清偿债权,多余部分归属于担保人。① 从让与担保的实现方式可以看出,在债务人不履行债务时,担保权人尚未完全取得标的物的所有权,担保权人仍然可以履行变卖标的物或协议估价,以其价金受偿或以标的物抵偿债权,当标的物的价金超过担保债权额时,可以就超过部分负有返还担保人的义务,在标的物抵偿债务时,不是当然地取得标的物的所有权。

另一方面,从物的价值与债权数额的关系、合同目的来看。《担保法》第三十五条规定:"抵押权人所担保的债权不得超过其抵押物的价值",明确了担保物的价值必须大于或者等于债权的价值,即便抵押物的价值畸高于债权数额,法律也不禁止。而以物抵债协议中物的价值约等于债权数额,该等值性可以市场价格为参考,也可以当事人在签订以物抵债协议之时真实意思表示为准。传统民法上认为债权人签订流质契约目的是利用优势地位获得大于债权的利益,禁止流质契约的立法目的在于:一是保护债务人利益,防止债权人乘人之危获得暴利。债务人借债,多为急迫窘困、缺乏资金之时,致使为了尽快融资而违心接受债权人提出的苛刻条件;同时,出于对自己偿债能力过于乐观的估计,很容易以价值较高的物担保小额债权。出于公平正义观念对契约自由的矫正,法律对此加以禁止。二是保护其他债权人的利益。在债务人同时对其他债权人负有债务的情况下,价值高于债权数额的担保物直接归属一个债权人所有,会使债务人的资产遭受损失、偿债能力降低,其他债权清偿难度增加。此外,债务人与签订流质契约的债权人之间有串通之嫌。三是出于担保物权本质的考量。担保物权是以担保物的交换价值为基础,旨在实现主债权的清偿,而非转移担保物的所有权。而以

① 袁士增、马艳华:《后让与担保权人不能直接以物抵债》,载《人民司法·案例》2014年第16期。

物抵债协议是平等民事主体之间的合意，建立在意思表示自由、真实的基础上。[①]

此外，从现有司法解释的规定来看。我国《担保法》和相关的司法解释没有对让与担保进行明确的规定。但在学术界，关于让与担保的研究和论述非常繁多。对于让与担保的效力，《最高人民法院关于审理民间借贷案件适用法律若干问题的规定》第二十四条明确规定："当事人以签订买卖合同作为民间借贷合同的担保，借款到期后借款人不能还款，出借人请求履行买卖合同的，人民法院应按照民间借贷法律关系审理。"实质上，这条规定是对让与担保效力某种程度上的肯定。

【专家点评】[②]

本案例适用了让与担保制度，充分体现了法官灵活裁判的智慧和水平。因为我国物权法并未确立让与担保制度，法院主动适用该制度似乎违反了物权法定原则。物权法定原则是大陆法系多数国家物权法遵循的一项基本原则。我国《物权法》第五条亦规定了该项原则。然而，物权法定原则在一定程度背离了私法自治，并不适应日新月异的社会发展的需要。因此，对物权法定原则的批判与完善之声不绝于耳。[③] 有学者提出物权法定原则缓和化的观念，认为物权法定主义的旨意应仅在限制当事人创设物权，尚无禁止经由习惯法形成新物权之理。物权法定主义的适用不应过度僵化，以免成为社会进步的绊脚石。[④] 而让与担保是在现实生活中自发产生的非典型的担保方式。它最初可见于20世纪90年代的商品房预售中的"按揭"担保，即购房人将商品房买卖合同及其权益担保给银行取得贷款，若购房人不能偿还借款本息，银行可处分担保的预售房产权益实现债权。可见，让与担保没有违反物权法定原则精神，它只

① 刘琨：《以物抵债协议不宜认定为流质契约》，载《人民司法·案例》2014年第2期。
② 梅伟，西南政法大学民商法学院副教授。
③ 杨代雄：《物权法定原则批判》，载《法制与社会发展》2007年第4期。
④ 谢在全：《民法物权论》，中国政法大学出版社2011年版，第36~37页。

是当事人为实现债权而约定的一种担保方式,并未创设新型物权。它在保护交易安全、维护经济秩序等方面与法定的物权有相同的旨趣。

司法实践承认让与担保制度的肇始于2013年最高人民法院公布的广西嘉美房地产开发有限责任公司与杨伟鹏商品房销售合同纠纷案(以下简称"嘉美案")。该案中,最高人民法院认为:嘉美公司与杨伟鹏签订《商品房买卖合同》的目的是担保债务的履行。双方签订《商品房买卖合同》并办理商品房备案登记的行为应认定为非典型的担保方式。即在嘉美公司不能按时归还340万元的情况下,杨伟鹏可以通过拍卖或者变卖涉案房屋的方式确保其能够实现债权。[①] 有学者认为,"嘉美公司和杨伟鹏采取签订商品房买卖合同、办理备案登记的方式设定担保,在表达当事人之间转移所有权设定担保的意思、对形式上所有权的转移予以公示的同时,实现了债务人对实质上所有权的控制,符合不动产让与担保的要件。"[②]此后,2015年颁布的《最高人民法院关于审理民间借贷案件适用法律若干问题的规定》第二十四条确立了买卖型担保。近些年,法学界对于买卖型担保的性质争论热烈,除了让与担保学说之外,还有"后让与担保"[③]"代物清偿预约"[④]"附条件代物清偿合意"[⑤]等学说。从买卖型担保的目的来看,当事人的真实意思并不是代物清偿协议,而是以权利转移作为债务的担保。因此,对《最高人民法院关于审理民间借贷案件适用法律若干问题的规定》第二十四条解释为让与担保更为可取。

民法崇尚私法自治,民众以自己的意思建构法律关系并得到法律保护。民事法律行为的核心要素是意思表示。法官依据既有证据洞察当事人内心的真实意思从来都是民事裁判的关键。在最高人民法院发布的

---

① 最高人民法院(2013)民提字第135号民事判决书。

② 梁曙明、刘牧晗:《借贷关系中签订房屋买卖合同并备案登记属于让与担保》,载《人民司法》2014年第16期。

③ 杨立新:《后让与担保:一个正在形成的习惯法担保物权》,载《中国法学》2013年第3期。

④ 所谓代物清偿预约,是指债务成立之时,当事人附带约定,将来如不履行时,得以他种给付代替原定给付的契约。此项预约系成立于原债务发生之初,而代物清偿则成立于原债务清偿之际,故两者不可混为一谈。参见郑玉波:《民法债编总论》,中国政法大学出版社2004年版,第485页。

⑤ 陆青:《以房抵债协议的法理分析》,载《法学研究》2015年第3期。

指导案例“朱俊芳案”[①]中，一审、二审法院均认为当事人订立的是买卖合同，而山西省高级人民法院再审认为是借贷合同而非买卖合同，最高人民法院则认为，当事人实际上就同一笔款项先后设立商品房买卖和民间借贷两个法律关系。涉案《商品房买卖合同》为《借款协议》提供担保，同时《借款协议》为《商品房买卖合同》的履行附设了解除条件。在“嘉美案”中，尽管当事人并未签订书面的借款合同，但最高人民法院认为书面合同并非不可或缺的要件。杨伟鹏向嘉美公司支付340万元并收取利息的行为，足以认定双方之间建立了借贷关系。嘉美公司通过签订《商品房买卖合同》的方式从杨伟鹏处取得340万元的真实意思是融资还债。在指导案例“汤龙案”[②]中，最高人民法院认为，汤龙等四人与彦海公司确实存在借款合同关系，且为履行借款合同双方签订了相应的商品房预售合同，并办理了预购商品房预告登记。但双方系争商品房买卖合同是在彦海公司未偿还借款本息的情况下，经重新协商并对账，将借款合同关系转变为商品房买卖合同关系。该意思表示的变化，并不为法律特别规定所禁止，应予以准许。双方经协议终止借款合同关系，建立商品房买卖合同关系，并非为双方之间的借款合同履行提供担保。

本案法官非常敏锐地察实了案情，准确认定了案件的法律关系。当事人在《还款计划书》中的承诺不属于流质条款，因为当事人在诉讼中均同意用已过户的两处物业以评估价格折抵满利盈公司欠奇鼎公司的款项，而不是奇鼎公司直接取得该房产的所有权。该承诺也不属于代物清偿协议或者以房抵债协议，因为综观本案案情，债务人在计划书中承诺的物业买卖的目的不是清偿债务而是还债的担保。易言之，本案与“嘉美案”属于同一类型。债务人在还债计划书中承诺的物业买卖及办理过户的行为性质是让与担保。可以说，让与担保发生于民间而创立于法院实践。当今，让与担保制度在德日法院的裁判中得到广泛运用。我们相信，在司法实践不断地推动之下，未来我国民法必定会确立让与担保制度。

---

① 最高人民法院(2011)民提字第344号民事判决书。

② 参见最高人民法院(2015)民一终字第180号民事判决书。

投资关系与借贷关系的区分

——晏德军诉深圳前海华瑞基金投资管理有限公司等民间借贷纠纷案

郭　成　赵　磊

【关键词】

民间借贷　投资关系　有限合伙　连带担保

【导　语】

近年来,在金融资本市场及民间借贷中出现了不少以投资协议的形式进行借贷的行为,在司法实践中,这种现象往往表现为"名为投资实为借款"民间借贷合同。这种现象的产生有着深刻的经济、社会和法律原因。笔者以深圳前海合作区人民法院审理的一个案件为切入点,对这一现象进行归纳、剖析和整理。在总结形成机制的基础上,提出了一些应对及处理方法,以期为厘清投资关系和借贷关系的区别,以及对这种关系的相关处理作出有益的尝试。

【裁判要点】

1. 虽名为投资,但投资协议约定投资人不享有经营管理权,不承担投资亏损风险,投资人享有固定收益回报,还有第三人担保投资人收回本金和收益的,应视为民间借贷。

2. 此类合同被认定借贷合同后,对出借人有固定投资回报承诺的股东应承担连带担保责任。

【相关法条】

《中华人民共和国合同法》第五十二条、第九十四条第(三)项、第九十七条、第一百零七条

《中华人民共和国担保法》第十八条

《中华人民共和国合伙企业法》第二条第三款

【案例索引】

广东省深圳前海合作区人民法院(2015)深前法商初字第 165 号民事判决书(2016 年 4 月 7 日)

【基本案情】

深圳前海华瑞基金投资管理有限公司(以下简称华瑞基金)的法定代表人是马瑞华,深圳华瑞聚富一号投资基金企业(有限合伙)(以下简称华瑞聚富)的执行合伙人、法定代表人也是马瑞华,华瑞基金是华瑞聚富的股东。原告晏德军作为乙方于 2015 年 6 月 30 日与被告华瑞基金作为甲方签订了《入伙协议》、《认购协议》和《预约受让协议》,根据这三个协议,原告作为有限合伙人与被告华瑞基金作为普通合伙人共同成立被告华瑞聚富。原告作为有限合伙人,其投资总额为 15 万元。原告投资的对应预期年回报率为 14%,投资期 12 个月,以投资打款日的次日起算。预期收益分配时间为每月的 25 日至 30 日之前任意工作日。收益分配按有限合伙人优先,普通合伙人劣后的顺序进行分配,预期收益分配时间为每月的 25 日至 30 日之前任意工作日。原告先后于 2015 年 7 月 31 日、2015 年 8 月 31 日收到两期利息,每期各 1750 元。按入伙协议约定,原告 2015 年 9 月利息 1750 元应于 2015 年 9 月 25 日至 30 日之前任意工作日收取,但至 2015 年 10 月 30 日,被告华瑞聚富仍未支付利息,也未向原告作出相关解释。所以原告将三被告诉之法院,要求解除投资合同并赔偿损失。

【当事人观点】

原告诉称:2015 年 6 月 30 日,原告作为乙方与被告华瑞基金作为甲方

签订了编号为 HR1001005 号的《入伙协议》和《预约受让协议》。入伙协议约定,原告作为有限合伙人与被告华瑞基金作为普通合伙人兼执行事务人,共同成立被告华瑞聚富。同日,原告与被告华瑞聚富签订《认购协议》,约定原告向被告华瑞聚富认购 15 万元。当日,原告向被告华瑞聚富转入 15 万元。《入伙协议》第二条约定,原告作为有限合伙人,其投资总额为 15 万元,原告同意并签订合伙协议后,即办理工商变更登记。第五条约定,原告投资的对应预期年回报率为 14%,投资期 12 个月,以投资打款日的次日起算。第六条约定,收益分配按有限合伙人优先,普通合伙人劣后的顺序进行分配,预期收益分配时间为每月的 25 日至 30 日之前任意工作日。《合伙协议》第三条第一款规定,有限合伙人不应超过 49 个。第五项规定,有限合伙企业设立时的普通合伙人和有限合伙人在签署本协议之日起 7 日内足额缴纳认缴的出资额。当执行事务合伙人怠于行使权利时,故意或违反本协议并造成有限合伙及有限合伙人损失时,有限合伙人有权向有责任的合伙人主张权利或提起诉讼。原告先后于 2015 年 7 月 31 日、2015 年 8 月 31 日收到两期利息,每期各 1750 元。按入伙协议约定,原告 2015 年 9 月份利息 1750 元应于 2015 年 9 月 25 日至 30 日之前任意工作日收取,但至 2015 年 10 月 30 日,被告华瑞聚富仍未支付利息,也未向原告作出相关解释。对方延期支付利息的行为,已构成违约。经原告事后了解,被告华瑞基金法定代表人马瑞华占 40% 股份,许峰刚占 60% 股份。深圳市讯贷电子商务有限公司的法定代表人许峰刚占 80% 股份,马瑞华占 20% 股份。深圳市华亨投资担保有限公司,同时也是被告华瑞聚富的担保人,由马瑞华之妻钟思玉担任法定代表人,占 98% 股份,马瑞华占 2% 股份。许峰刚因讯贷电子商务公司的相关事务涉嫌犯罪被刑事拘留。上述三个公司都是一套人马三块牌子,马、许二人利用该三个道具诱惑他人与其"合伙",其所谓的合伙企业普通合伙人采用认缴出资,却不实际出资,而有限合伙人却实缴出资的方式,且出资后有限合伙人不进行工商注册或变更登记,同时也不要求合伙人承担风险,并给予固定的回报,该合伙名为合伙,实为借贷,其实质是非法骗取他人出借款项。华瑞聚富就是马瑞华、许峰刚设的一个骗局,一环套一环,骗取原告签订《合伙协议》,达到其非法融资目的。刚开始还象征性地支付两笔利息，随后就不再理会，更谈不上按约支付利息。两被告注册地和经营地一致，人员、业务及财务早已人格混同，其执行合伙人马瑞华应同两被告承担连带责任。综上，本案名义是投资合伙关系，实质是民间借贷。合同法规定，借款合同是借款人向贷款人借款，到期返还借款并支付利息的合同。《最高人民法院关于公民与企业之间借贷合同效力如何确认的请示函》规定，公民与企业之间的借贷属于民间借贷，具有“企业以借贷名义非法向社会集资”的情形，应当认定无效。合同法规定，以合法形式掩盖非法目的应认定无效。合同无效后，因该合同取得的财产，应当予以返还；有过错的一方应当赔偿对方因此遭受的损失。据此，诉请法院依法判令：(1)确认原告与被告华瑞基金于2015年6月30日签订的编号为HR1001005的《预约受让协议》和《合伙协议》以及编号为HR1001005的《入伙协议》无效；(2)确认原告与被告华瑞聚富于2015年6月30日签订的《认购协议》无效；(3)三被告连带返还原告本金15万元及支付同期银行利息1440元(利息从2015年9月1日起暂计至2015年10月31日，直至还清本金之日起为止)；(4)三被告连带承担本案的诉讼费、保全费等费用。本案审理过程中，原告将第一、二项诉讼请求变更为：(1)解除原告与被告华瑞基金于2015年6月30日签订的编号为HR1001005的《预约受让协议》和《合伙协议》以及编号为HR1001005的《入伙协议》；(2)解除原告与被告华瑞聚富于2015年6月30日签订的《认购协议》。

被告辩称：被告华瑞基金和华瑞聚富的实际控制人是许峰刚，原告转入华瑞聚富的15万元已被许峰刚转入自己的私人账户。原告提交的有关被告的盖章和签名等证据都是按照许峰刚的安排事先准备的。被告华瑞基金、华瑞聚富和马瑞华不应承担责任，原告应向许峰刚主张权利。

【本案争议焦点】

双方的法律争议焦点为：(1)本案属于投资纠纷还是民间借贷纠纷的问题；(2)本案民间借贷法律关系的效力的问题；(3)原告诉请解除双方之间的民间借贷法律关系的问题；(4)关于合同解除后被告华瑞聚富的违约责任的问题；(5)关于被告华瑞基金的责任的问题；(6)关于被告马瑞华是否应共同

承担责任的问题。

【裁判结果】

广东省深圳前海合作区人民法院于 2016 年 4 月 7 日作出(2015)深前法商初字第 165 号民事判决:

(1)解除原告晏德军与被告深圳华瑞聚富一号投资基金企业(有限合伙)于 2015 年 6 月 30 日签订的《认购协议》;

(2)解除原告晏德军与被告深圳前海华瑞基金投资管理有限公司于 2015 年 6 月 30 日签订的编号为 HR1001005 的《入伙协议》、《合伙协议》和《预约受让协议》;

(3)被告深圳华瑞聚富一号投资基金企业(有限合伙)应于本判决发生法律效力之日起 10 日内向原告晏德军返还本金 15 万元及支付利息(以 15 万元本金为基数,自 2015 年 9 月 1 日起,按照中国人民银行同期贷款利率计算,至本判决确定的还款之日止);

(4)被告深圳前海华瑞基金投资管理有限公司对被告深圳华瑞聚富一号投资基金企业(有限合伙)应付原告晏德军的上述款项承担连带清偿责任;

(5)驳回原告晏德军的其他诉讼请求。

【裁判理由】

法院生效裁判认为:本案系民间借贷纠纷。

关于本案属于投资纠纷还是民间借贷纠纷的问题。原告名义上向被告华瑞聚富投资 15 万元,但不参与执行合伙事务,投资期限 12 个月,预期年回报率 14%。被告华瑞基金作为被告华瑞聚富的普通合伙人承诺对原告未能兑现的投资本金及收益予以回购,实为对原告提供担保。因此,本案应认定为被告华瑞聚富向原告借款 15 万元,借款期限 12 个月,借款年利率 14%,被告华瑞基金为被告华瑞聚富应负原告的本息提供连带责任保证。

关于本案民间借贷法律关系的效力的问题。《最高人民法院关于审理民间借贷案件适用法律若干问题的规定》第十三条规定,借款人或者出借人的借贷行为涉嫌犯罪，或者已经生效的判决认定构成犯罪，当事人提起民事诉讼的，民间借贷合同并不当然无效，人民法院应当根据合同法第五十二条、《最高人民法院关于审理民间借贷案件适用法律若干问题的规定》第十四条之规定，认定民间借贷合同的效力。《最高人民法院关于审理民间借贷案件适用法律若干问题的规定》第十四条规定，具有下列情形之一的，人民法院应当认定民间借贷合同无效：(1)套取金融机构信贷资金又高利转贷给借款人，且借款人事先知道或者应当知道的；(2)以向其他企业借贷或者向本单位职工集资取得的资金又转贷给借款人牟利，且借款人事先知道或者应当知道的；(3)出借人事先知道或者应当知道借款人借款用于违法犯罪活动仍然提供借款的；(4)违背社会公序良俗的；(5)其他违反法律、行政法规效力性强制性规定的。本案中，尚无证据证明原告与被告华瑞聚富之间的民间借贷法律关系存在法定无效情形，应为有效。

关于原告诉请解除双方之间的民间借贷法律关系的问题。合同法规定，当事人一方迟延履行主要债务，经催告后在合理期限内仍未履行的，当事人可以解除合同。本案中，被告华瑞聚富仅支付了两笔利息，之后未再向原告支付利息，法定解除条件已经成就，原告可以解除《认购协议》项下双方之间的民间借贷法律关系。《认购协议》是主合同。《入伙协议》、《合伙协议》与《预约受让协议》是《认购协议》的从合同。作为主合同的《认购协议》解除后，作为从合同的《入伙协议》、《合伙协议》与《预约受让协议》应一并解除。

关于合同解除后被告华瑞聚富的违约责任的问题。合同法规定，合同解除后，尚未履行的，终止履行；已经履行的，根据履行情况和合同性质，当事人可以要求恢复原状、采取其他补救措施，并有权赔偿损失。本案中，被告华瑞聚富应向原告返还本金 15 万元。利息属于金钱债务的法定孳息。当事人有权在法律规定的范围内处分自己的民事权利。原告诉请被告华瑞聚富按照中国人民银行同期贷款利率从 2015 年 9 月 1 日起支付利息，符合法律规定，法院予以支持。

关于被告华瑞基金的责任的问题。担保法规定，连带责任保证的债务人在主合同规定的债务履行期限届满没有履行债务的，债权人可以要求债务人履行债务,也可以要求连带责任保证人在其保证范围内承担保证责任。合伙企业法规定,有限合伙企业由普通合伙人和有限合伙人组成,普通合伙人对合伙企业债务承担无限连带责任,有限合伙人以其认缴的出资额为限对合伙企业债务承担责任。本案中,被告华瑞基金同意在原告投资本金和收益未能兑现时受让原告的有限合伙份额,实质对原告投资本金和预期收益提供连带责任保证。同时,被告华瑞基金作为被告华瑞聚富的普通合伙人,应对被告华瑞聚富返还原告的本息承担连带责任。

关于被告马瑞华是否应共同承担责任的问题。法院认为,被告马瑞华在本案中不应共同承担责任。主要理由如下:(1)被告马瑞华不是被告华瑞聚富的普通合伙人。(2)被告马瑞华没有对原告提供连带责任保证。原告如认为,被告马瑞华应承担其他责任,应另循法律途径解决。

【裁判思路解析】

这个案件争议焦点虽然有六个,但是最关键、最首要的问题是原告的行为是投资行为还是民间借贷行为。在司法实践中存在若干名为投资、实为借贷的情形,主要表现为[①]:(1)虽名为投资,但所有物的所有权发生了转移,不能行使对该物的使用权如管理、经营权,有的甚至连知情权也没有,则无论取得收益与否,应视为借贷。(2)虽名为投资,但投资协议中或实际上并未参与经营或管理,而且对收益有明确的约定,则实为借贷。(3)虽名为投资,在自己的账目处理上只有所有物所有权的转移,被投资方却没有资本金形成的,则应为借贷。(4)投资协议中规定了投资收回的期限,而且还有担保的,则应视为借贷。(5)投资者一般享有对投资项目的收益、表决和知情权等权利,而借贷一般不享有此权利。总之,对投资项目的实际经营管理权或参与经营管理权的判别是解决真假投资与借贷的关键。在本案中原告名义上向被告华瑞聚富投资15万元,但不参与执行合伙事务。可以看出原告是转移对15万元的所有权。原告也没有进行任何的管理行为。并且原告是

① 滕艳军:《名为借款但参与经营管理的应认定为投资》,载《人民司法·案例》2014年第10期。

按照约定的预期年利率拿取的固定收益。所以可以看出虽然名义上原告与被告华瑞聚富之间签订的投资协议,但实际上双方为民间借贷关系。此案是一起典型的"名为投资实为借款"的民间借贷纠纷。明晰了本案的最基本关系问题为民间借贷问题后,其他的问题就迎刃而解了。因为是借贷关系,所以当约定的借款利息到期没有偿付时,就满足了借款合同的解除条件。所以原告可以解除《认购协议》项下双方之间的民间借贷法律关系。又因为《认购协议》是主合同,《入伙协议》、《合伙协议》与《预约受让协议》是《认购协议》的从合同。作为主合同的《认购协议》解除后,作为从合同的《入伙协议》、《合伙协议》与《预约受让协议》应一并解除。合同解除后,被告华瑞聚富自然要偿还原告的借款本金及利息。

关于被告华瑞基金的责任。被告华瑞基金作为被告华瑞聚富的普通合伙人,承诺对原告未能兑现的投资本金及收益予以回购。直白地说,就是当华瑞聚富还不起钱的时候,由华瑞基金还。所以这实际上就是一种保证行为。被告华瑞基金是被告华瑞聚富连带责任保证人,应对原告的本息承担连带责任保证。

关于马瑞华的责任。马瑞华是华瑞基金和华瑞聚富的法定代表人。根据公司法的基本原理,公司应当以自己的财产对外独立承担民事责任。马瑞华作为公司法定代表人,他本身并不承担公司的借款义务。同时他也没有用个人的名义去做担保,所以马瑞华本人不应当承担偿还这笔借款的义务。如果原告认为马瑞华与华瑞基金及华瑞聚富这两个公司之间发生了人格混同,那么原告应当举出更多的证据,并且这不在本案的讨论范围内。从本案来看,马瑞华是不应当承担华瑞聚富这笔借款的偿还义务的。

【本案延伸问题】

(一)"名为投资实为借款"式民间借贷的形式

本案是近年来日益增多的"名为投资实为借款"式民间借贷的一个典型代表。"名为投资实为借款"式民间借贷指的是借贷关系的双方当事人将投资合同作为显名合同,借款合同作为隐名合同的民间借贷交易方式。"名为投资实为借款"的民间借贷合同在实务中有三种情况,第一种情况是只转款一次但是签订了两个合同:一个是投资合同(有的是入股协议,有的是合伙协议),另一个是借贷合同。第二种情况是只签了一份入股合同(或者合伙协议),但是在入股协议中有“交易不成功则转为借款”的条文。第三种情况就是像本案这种情形签订了一份股权转让协议,同时又签了一份股权回购协议,在约定期限内回购股权。

(二)“名为投资实为借款”式民间借贷的形成原因

1. 中小企业融资难

我国金融市场存在严重扭曲,我国的银行部门由国有大银行占主导的地位,国有银行的规模都比较大。虽然我国银行的规模大,但是银行的管理水平并不高,对于中小企业的支持力度也不够。中小企业想从银行融资是一件非常困难的事情。

2. 利率管控

现行法律制度对借贷利率实现严格的管控。这看似保护借款人的利益,却导致了借款利率偏低。这样导致了银行不愿意把钱放贷给中小企业,从而更加剧了中小企业融资难的问题。

3. 担保金融体系不发达

我国融资性担保机构规模普遍较小、实力较弱,尤其是一些担保机构虚假出资,违规经营,担保工作不顺畅,无法发挥为中小企业融资的扶持作用。特别是 2011 年下半年以来,部分银行大幅度提高准入门槛,提高保证金比率;多数银行向担保机构收取 10% ~20% 的保证金,从而变相提高中小企业融资成本。另外,在我国现行的担保机构管理体制下,担保机构的放大倍数不足,担保能力普遍较弱。《融资性担保公司管理暂行办法》规定,融资性担保公司的融资性担保责任余额不得超过其净资产的 10 倍。但在一般情况下,放大倍数达到 3 倍保本,5 倍才能盈利。[①]

以上三个原因导致很多中小企业和个体工商户采用“名为投资实为借款”式的民间借贷形式来规避利率管制和补足担保机构的不完善。例如,本案就采用了股权转让再加回购的方式。其中回购就是一种保本。而所谓投

① 肖铧编著:《融资之王:探索中国式融资路线图》,中国财富出版社 2013 年版。

资收益就是变相的高利率。

（三）在司法实践中对"名为投资实为借款"式民间借贷不同的处理方法

"名为投资实为借款"式的民间借贷，司法实践的通行做法是：(1)区别投资合同和借款合同，将投资行为视为虚假的意思表示，把争议的"投资款"按借款处理，认定借款合同有效，转让合同无效。(2)直接把这个行为认定为投资行为，但是由于投资行为是虚假意思表示，所以这个民事行为无效。

笔者认为这两种做法均不妥。第一种做法，把两个合同分别进行了处理。这是明显错误的。因为在民事行为中的合同是记载合同的文本，法律上的合同说的是意思表示一致。在"名为投资实为借款"式的民间借贷的行为中，他们只有一个行为，属于一个意思表示，这种做法是混淆了合同和合同文本这两个概念。

第二种做法，直接把这个行为认定是虚假的意思表示，从而直接把这类行为归划为无效民事行为，也是不妥的。其实这种做法也没有区分合同和合同文本这两个概念。这种做法认为投资合同文本与当事人的真实意思表示存在冲突，所以应该判令投资合同无效。按照这种逻辑思路，在合同无效后，被告就只能主张缔约过失责任，根据双方在缔约过程中过错大小进行区分，这显然对原告非常不利。这种做法在本质上还是没有清晰地看到这只是借款行为，属于借款的意思表示。

笔者认为，在"名为投资实为借款"式的民间借贷合同中，双方的意思表示其实很明确、很真实。在司法实践中，应该把这个行为认定为借款行为，借款合同成立。司法实务者应当从客观事实出发，透过现象看本质，从而才能更加准确适用法律，这样做也有助于中小企业更好地获得融资。

【专家点评】①

本案是"名为投资实为借款"的典型案例。这类案件由于当事人名义行为与实际目的不符，审判需要法官眼光敏锐，具有洞察能力，能够透

① 梅伟，西南政法大学民商法学院副教授。

过现象认清事实本质,并能通过合同解释探寻当事人订立合同的真正目的,以圆满解决纠纷。毋庸置疑,本案的裁判思路和方法为法院处理类似案件提供了一个切实可行的方案。

现实生活中"名为投资实为借款"的案件非常多见。表面上看,投资与借款的法律关系泾渭分明,并无争议。实际上,当事人采取多种变化手法掩盖借款的事实,使投资与借款两种行为相互交叉、边界模糊,导致案件错综复杂。但是,万变不离其宗,投资关系中行为人必须承担投资风险,不会有固定的利益回报,且投资人往往参与经营管理,而借贷关系中借款人须还本付息,出借人享有稳定的利息权益。正如本案,当事人采取入伙方式,通过转让合伙份额获取年回报率14%的固定收益实施借贷行为。审判法官透过行为表象查明了当事人的真实意图,认定本案是"名为投资实为借款"的案件类型。此外,本案法官认为,"被告华瑞基金作为被告华瑞聚富的普通合伙人承诺对原告未能兑现的投资本金及收益予以回购,实为对原告提供担保"。这也是创造性的合同解释,颇值借鉴。

民法学界对"名为投资实为借款"的行为性质与后果一般有四种观点:一是认为该行为是以合法形式掩盖非法的高利贷目的,该行为无效。二是认为构成虚假行为,由于投资行为是虚假的意思表示,因而投资、借款行为均无效。三是隐藏行为,将该行为分为投资行为和借款行为,投资行为掩盖借款行为,投资行为无效,而借款行为有效。四是借款行为,透过现象看本质,"名为投资实为借款"是一个行为,即借款行为。比较来看,第一、二种观点过于保守,违背了立法目的;第三种观点没有认识到行为本质,也不符合当事人的真实意思;本案采纳了第四种观点,笔者深感赞同。当事人实质上只有借贷的意思表示,是单一的借贷行为。此外,"名为投资实为借款"行为与"以合法形式掩盖非法目的"行为相去甚远,也不构成我国《民法总则》第一百四十二条规定的虚假行为。

本案裁判的价值取向亦值得赞许。"名为投资实为借款"的案件并不符合民间借贷司法解释第十四条规定的无效情形。本案原告最初主张合同无效是不妥当的,之后在法官释明下原告才将诉讼请求变更为解除合同并要求被告承担违约责任。法官这种尽量使合同有效的做法十分可取,也符合合同法上的鼓励交易原则。鼓励交易是提高效率、增进社会财富积累的手段,因为只有通过交易的方式,才能实现资源的优化配置,保障资源的最有效利用。合同法本身虽不能创造社会财富,却可以通过鼓励交易而促进社会财富的增长。① 实际上,本案不是违反国家利益的无效情形,而是被告不履行合同主要义务的违约,因此,合同有效。这一点本案裁判非常正确。

"名为投资实为借款"行为的判断一般是通过法官进行合同解释完成的。德国法学家克茨指出,事实上,没有任何一个合同能够真正达到完善的标准,即使双方当事人和他们的法律顾问在起草合同时尽到了所有的努力,实践证明,合同依然是不明确的和有遗漏的。这些问题将由法官通过合同解释来处理。② 我国《合同法》第一百二十五条第一款规定:"当事人对合同条款的理解有争议的,应当按照合同所使用的词句、合同的有关条款、合同的目的、交易习惯以及诚实信用原则,确定该条款的真实意思。"这是我国合同法授权法官进行合同解释的法律依据。

由于当事人订立合同都是要追求一定的目的,因而目的解释在合同解释中具有重要地位。所谓合同目的,是指当事人订立合同所追求的具体的经济和社会效果。③《国际商事合同通则》第4.8条规定,在填补合同漏洞时应当根据合同的性质和目的来加以补充。值得注意的是,合同目的解释不能拘泥于合同条款的表述,而要追寻当事人订立合同的真实目的。本案中,当事人表面上是订立股权转让、合伙投资合同,而其真正目的却是订立借贷合同。审判法官充分运用了目的解释方法将本案定性为借贷合同,从而圆满解决了纠纷。

诚然,法院审判案件是创造性的活动。"透过现象看本质"不仅是哲学原则,也是法院司法实践的要求。无疑,本案法官具备了这种法学素养,通过洞察合同目的、妥当解释合同、灵活司法,最终实现公正裁判。

---

① 王利明:《合同法研究》(第一卷),中国人民大学出版社2002年版,第201页。
② [德]海因·克茨:《欧洲合同法》(上卷),周忠海译,法律出版社2001年版,第155页。
③ 王利明:《合同法研究》(第一卷),中国人民大学出版社2002年版,第470页。

无形资产交付的认定

——华商安融商业保理有限公司诉深圳前海合利商业保理有限公司买卖合同纠纷案

吕豫军　陈慧芳

【关键词】

APP 买卖　无形资产交付认定

【导　语】

以传统有形物为标的的买卖合同法律关系,《合同法》及买卖合同相关司法解释对其中涉及的法律问题均有或多或少的明确规定,司法实践当中也有不少相关案例对之进行阐述和说明。但无形资产买卖涉及的法律问题,并不存在较为明晰的法律规范。随着信息时代的到来及互联网技术的发展及其在各领域的广泛应用,无形资产的买卖不断涌现并将呈现快速增长的趋势。本案涉及的买卖合同标的物为不存在有形载体的电子信息产品也即 APP 软件,案件的争议焦点为该电子信息产品是否已经交付。对此,法院指出,在法律没有非常明确的规定之情形下,根据软件尤其是 APP 类供下载运行的软件交付惯例来看,能够正常上线运行,且提供了后台管理系统及交付源代码等,应当依法视为已交付。本案裁判思路是对 2012 年出台的买卖合同司法解释相关条文的印证,可供类似案件参考。

【裁判要点】

对于无形资产(APP)买卖,合同法没有明确规定,是较为新型的买卖合同纠纷。本案根据软件尤其是 APP 类供下载运行的软件交付惯例,认为能够正常上线运行，且提供了后台管理系统及交付源代码等，应当依法视为已交付，确定了该类无形标的物买卖交付的标准。法院在确定无形标的物交付标准的基础上，对当事人的诉求进行回应。

【相关法条】

《中华人民共和国合同法》第八条、第六十条、第一百零七条

《中华人民共和国民事诉讼法》第六十四条第一款、第一百四十二条

【案例索引】

广东省深圳前海合作区人民法院（2017）粤0391民初1835号民事判决书（2018年3月25日）

【基本案情】

原告（反诉被告）：华商安融商业保理有限公司（以下简称华商安融公司）。

被告（反诉原告）：深圳前海合利商业保理有限公司（以下简称合利公司）。

2017年3月31日，华商安融公司与合利公司签订《软件购买及培训服务合同》（以下简称《服务合同》），合同有效期为1个月，自合同签署生效之日至华商安融公司完成交付系统及完成培训工作之日，合同内容约定其为合利公司提供商业保理业务培训、业务指导、保理数据平台系统等相关服务，作为对价，合利公司通过分期付款的方式支付45万元。华商安融公司认为截至2017年5月17日其已完成合同约定的全部义务，合利公司应支付后续相关合同价款。合利公司则认为华商安融公司未完成合同约定的提供商业保理业务培训、业务指导、保理数据平台系统等任何一项任务，华商安融公司应归还预付款并且支付相应的违约金。

【当事人观点】

原告华商安融公司诉称：2017年3月31日，其与被告合利公司签订《服

务合同》,约定为被告合利公司提供商业保理业务培训、业务指导、保理数据平台系统等相关服务,作为对价,被告合利公司支付 45 万元,付款方式为分期付款。原告华商安融公司分别于 2017 年 3 月 27 日前、2017 年 4 月 24 日前往相关点为被告合利公司工作人员提供相关培训服务。2017 年 4 月 18 日,系统软件开发商所研发的保理数据平台系统上架使用,同时交付给原告合利公司。截至 2017 年 5 月 17 日其已完成合同约定的全部义务,被告合利公司应支付后续相关款项。经其多次催告未果,诉请法院判令合利公司支付相关款项及利息。

被告合利公司提出反诉称:其是在原告华商安融公司强力推销及各种承诺吹嘘下于 2017 年 3 月 31 日签订了《服务合同》,并于 2017 年 4 月 1 日如约支付 5 万元预付款,但原告华商安融公司于合同期限内未完成任何一项合同义务,未给被告合利公司提供商业保理业务培训,提供的合同范本标准版均可以在百度上找到,也未进行前期业务操作指导,未交付数据系统,也未能有效交付原告华商安融保理数据平台系统,原告华商安融公司的行为已经构成违约,请求法院判决驳回原告华商安融公司的诉请,并判令原告华商安融公司归还预付款且支付违约金。

原告华商安融公司答辩称:其与被告合利公司签订的《服务合同》是双方真实的意思表示,且其自主开发的"华商安融 APP"(华商安融供应链客户端)能有效解决保理业务的流程操作,该客户端是结合平安银行开发的保理运行系统一起使用。原告华商安融公司也委托第三方公司为被告合利公司研发了"民盛保理 APP",该 APP 也已在苹果 IOS、安卓系统上架,同时第三方也将网页后台操作管理系统、操作手册交付给了被告合利公司,并于 2017 年 5 月 27 日完成了最后一次测试,被告合利公司未提出软件使用问题,则应视为其对该软件验收合格。后第三方公司在被告合利公司未签署对其所收到的技术数据进行确认的"项目确认书"而未将源代码交给合利公司。但在原告华商安融公司本着最大的诚意的要求下,第三方公司则将源代码邮寄给了被告合利公司。另合同并未约定预付款,因此不存在预付款的退还问题。

【本案争议焦点】

1. 双方约定的“民盛保理 APP”是否已交付合利公司。

2. 原告华商安融公司是否已提供双方约定的培训。

【裁判结果】

广东省深圳前海合作区人民法院于 2018 年 3 月 25 日作出(2017)粤 0391 民初 1835 号民事判决:(1)被告深圳前海合利商业保理有限公司支付原告华商安融商业保理有限公司费用余款 40 万元,限本判决发生法律效力之日起七日内付清;(2)被告深圳前海合利商业保理有限公司支付原告华商安融商业保理有限公司欠款利息(利息以本金 40 万元,按中国人民银行规定的同期同类贷款利率,自 2017 年 9 月 5 日起计至付清之日止),限本判决发生法律效力之日起七日内付清;(3)驳回原告华商安融商业保理有限公司的其他诉讼请求;(4)驳回被告深圳前海合利商业保理有限公司的反诉请求。

【裁判理由】

法院生效判决认为,本案包括两个方面:一个方面为知识产权类软件的买卖合同,由于买卖的标的是无形物,是较为特殊的买卖合同;另一个方面是培训服务合同,即原告交付软件后应当对被告相关人员进行业务指导及培训。针对原告华商安融公司的诉讼请求及被告的反诉请求,法院认为,首先要解决两个争议焦点:一是涉案的“民盛保理 APP”是否已交付被告合利公司;二是原告华商安融公司是否已提供双方约定的培训。

对于第一个争议焦点,法院认为原告华商安融公司已提供了充足证据证明原告华商安融公司已完成了涉案标的物的交付。对无形物的交付,法律并没有非常明确的规定,但根据软件尤其是 APP 类供下载运行的软件交付惯例来看,能够正常上线运行,且提供了后台管理系统及交付源代码等,应当依法视为已交付。对于第二个争议焦点,法院认为原告华商安融公司提供的证据所反映的事实可以证明原告已按照合同约定进行了培训服务。在上述争议事实认定的基础上,对原、被告各项诉讼请求及反诉请求,法院作出如下认定:1. 原告华商安融公司已依约交付软件并进行了约定的培训内容,被告合利公司应向原告华商安融公司支付费用余款 40 万元;2. 对原告华商安融公司主张的利息,应从原告华商安融公司交付源代码之日 2017 年 9 月 5 日起计,利息标准按同期同类银行贷款利率,原告华商安融公司主张从 2017 年 5 月 10 日起计,没有事实依据,法院不予支持;3. 被告合利公司要求解除合同,原告华商安融公司归还预付款 5 万元、违约金 1 万元的反诉请求,由于合同已经履行完毕,这些反诉请求没有事实和法律依据,法院全部予以驳回。

【裁判思路解析】

对于双方约定的"民盛保理 APP"是否已交付合利公司的问题。华商安融公司提供了该软件在 IOS 苹果系统 appstore、安卓系统 360 手机助手等软件应用商店已经上架可供下载的截图,2017 年 4 月 18 日至 5 月 2 日保理数据平台管理员后台系统的截图,均可证实约定的软件已可正常通过软件应用商店下载,并开通了后台管理员系统(网站客户端);另外华商安融公司提交的软件开发商深圳市易达信软件有限公司出具的《民盛项目交付证明》,经广东安证计算机司法鉴定所鉴定被告针对软件使用过程中的交流电子邮件,深圳市易达信软件有限公司测试反馈、测试问题、交流汇总表等证据,均可证明软件已开发成功并上线运行。另对无形物的交付,法律并没有非常明确的规定,但根据软件尤其是 APP 类供下载运行的软件交付惯例来看,能够正常上线运行,且提供了后台管理系统及交付源代码等,应当依法视为已交付。在本案中,除了源代码因合利公司在诉讼过程中拒收未能交付之外,其他的可视行为应视为已交付"民盛保理 APP"。合利公司拒收装载源代码的 U 盘行为不影响最终的交付,合利公司有权随时要求华商安融公司或软件开发商以 U 盘或电子邮件等方式交付源代码,这并不影响本案的处理。合利公司认为"民盛保理 APP"虽已上线运行,但表示并不能证明已经达到了交付标准,也不能证明华商安融公司已经履行了交付义务并通过了合利公司的验收,但对此主张,合利公司并未进行举证,也未提出按照软件交付惯例其缺陷在何处。据此,法院认定华商安融公司已交付约定的软件产品。

对于华商安融公司是否已提供双方约定的培训的问题。华商安融公司的举证包括合利公司原员工方焰、万梦、张蕾出具的书面证言，罗桂安、张一涛、黄力、杜洋臣、戴阳阳的出庭作证，均可反映在合同签订前后原告对被告进行了前期业务的现场操作指导及商业保理业务培训、辅导；经广东安证计算机司法鉴定所进行鉴定后确定的2017年3月27日至5月11日的华商安融公司副总张一涛与合利公司员工方焰之间的邮件往来，可以证明华商安融公司已按合同约定交付了各类业务合同标准版本等业务文件资料；深圳市易达信软件有限公司出具的《民盛项目交付证明》及经司法鉴定所出具的鉴定书等资料，可以说明软件开发单位提供了管理员使用手册、用户使用手册等。上述证据所反映的事实可以证明华商安融公司已按照合同约定进行了培训服务。至于源代码问题，合利公司在本案审理过程中拒收装载源代码的U盘，并非华商安融公司拒不交付，合利公司对此有权随时要求华商安融公司提供源代码，因此不能认定华商安融公司在此种情况下属违约行为。法院认定华商安融公司已依约按照合同约定对合利公司进行了培训服务，合利公司的相关辩解意见，法院不予支持。

【本案延伸问题】

较之传统有形物的交易，本案涉及的APP交易属于标的物为无实物载体的电子信息产品的交易，对于此类无形资产的交易规则，我国《合同法》并不存在明确的规定，也不存在专门的法律规定。而以电子信息产品为交易对象的买卖合同在现代经济社会生活中出现的频次越来越高，同时大量电子信息产品都没有实物载体。但还应当指出的是，无论是有形物的交易，还是无形资产的交易，都应当遵守交易的一般规则。《合同法》第一百三十七条对知识产权的买卖有所涉及，为此，在具体规范空缺的情况下，可以参照适用《合同法》有关买卖合同的相关规定。

对于无形资产的买卖合同，首先应当明确的是，根据《合同法》第一百三十七条的规定：出卖具有知识产权的计算机软件等标的物，除法律另有规定或者当事人另有约定除外，该标的物的知识产权不属于买受人，APP的买卖转移的并不是该APP的知识产权,而是该APP相关的使用权。其次,对于无形资产的交易合同,考虑到该合同标的物存在形态的特殊性,该标的物的具体交付方式与传统有形物涉及的交付方式也是存在差别的。为此,最高人民法院于2012年公布的《关于审理买卖合同纠纷案件适用法律问题的解释》,对于电子信息产品的交付作出了专门的规定,其中第五条规定:标的物为无须以有形载体交付的电子信息产品,当事人对交付方式约定不明确且依照合同法第六十一条的规定仍不能确定的,买受人收到约定的电子信息产品或者权利凭证即为交付。也就是说,在不存在相关约定的情况下。电子信息交易中,当事人可以选择"交付电子信息产品""交付相关权利凭证"两种方式作为标的物的电子信息交付的方式。就"交付电子信息产品",考虑到电子信息产品出卖人在信息制作及传输过程中的优势,当事人交付电子信息产品时应以买受人接收而非出卖人发出作为电子信息产品完成交付的标准。对于"交付相关权利凭证",交付的是权利凭证而非交付电子信息产品本身,出卖人完成交付后,买受人即可自由取得、使用电子产品信息,此时完成交付的标准应当确定为买受人收到电子信息产品的权利凭证。①

【专家点评】②

随着信息时代的到来及互联网技术的发展,电子信息产品等无形资产的买卖不断涌现,随之产生了许多纠纷。区别于传统有形物的交易,本案涉及的APP交易属于标的物为无实物载体的电子信息产品交易,对于此类无形资产的交易规则,我国《合同法》及相关法律并无明确规定,但法院不能因此拒绝裁判,司法实践需结合相应法律原则、交易规制等为无形物的交付提供指引。法院在确定无形标的物交付标准的基础上,对当事人的诉求进行回应。

---

① 参见《妥善审理买卖合同案件,切实维护公平交易秩序——最高人民法院民二庭负责人答记者问》,载《人民法院报》2012年6月6日第3版。

② 赵万一,西南政法大学民商法学院院长,教授,博士生导师。

本案中,法院根据供下载软件的特点及交易习惯,判定了能够正常上线运行且提供了后台管理系统及交付源代码等,应当依法视为已交付。这一裁判理念为区别于传统物品的电子信息产品的交付提供了指导,确定了该类无形标的物买卖交付的标准。

平行进口买卖的信息比较优势与约定不明的举证责任

——刘梓良诉深圳前海牧得隆平行进口商贸有限公司买卖合同纠纷案

陈柳波　范清刚

【关键词】

平行进口　比较优势　举证责任

【导　语】

平行进口以其丰富的商品来源渠道和价格优势，为消费者提供了多样化的选择，也使得经营主体多元化，形成市场竞争氛围，有利于更大限度地实现贸易的自由化。但平行进口也有其弊端，由于平行进口在我国尚属新兴事物，与之配套的诸多法律制度、监管措施尚不健全。本案结合全球贸易自由化的时代背景，综合分析了平行进口在获取信息方面的独特优势与便利，认为平行进口商与消费者之间信息不对称，平行进口商极易利用其信息优势损害消费者权益的现象时有发生，如不在裁判时对平行进口商加以限制，平行进口商就会利用其信息比较优势损害消费者权益，从而挫伤消费者对平行进口商品的积极态度，也不利于平行进口的健康有序发展。基于以上考虑，本案确立了进口商应承担更加严格的举证责任和说明义务的裁判规则。

【裁判要点】

鉴于平行进口商具有的信息比较优势，本案确立了平行进口车辆买卖合同纠纷中合同约定不明时，进口商应承担更加严格的举证责任和说明义务的裁判规则。

【相关法条】

《中华人民共和国消费者权益保护法》第八条、第二十条、第五十三条

《中华人民共和国合同法》第六十七条、第九十一条、第一百一十五条、第一百三十五条、第一百三十六条、第一百四十八条、第一百五十三条、第一百五十四条

【案例索引】

广东省深圳前海合作区人民法院（2015）深前法民初字第44号民事判决书（2017年2月20日）

【基本案情】

2015年7月1日，刘梓良向深圳前海牧得隆平行进口商贸有限公司订购一部路虎揽胜行政加长版汽车，双方签订一份新车订购单，约定品牌为“路陆”，车型为“揽胜行政加长”，排量3.0T，金额为1,710,000元，订金223,000元，计划付款日为2015年7月1日，其他约定为“3天内转200,000元定金”，预计交车日期为2015年7月20日。并有手写前座椅通风、前后泊车、桃木方向盘等记载。

2015年5月13日至2015年6月7日，刘梓良分三次向深圳前海牧得隆平行进口商贸有限公司支付订购金共计22.3万元；2015年7月3日，刘梓良向深圳前海牧得隆平行进口商贸有限公司支付购车定金20万元。2015年7月29日，深圳前海牧得隆平行进口商贸有限公司向刘梓良发出书面通知称：刘梓良向深圳前海牧得隆平行进口商贸有限公司订购“3.0T白/米路虎揽胜行政加长”汽车一台，车辆价格为171万元，订购单签订后，刘梓良已支付订购金22.3万元、定金20万元，合同约定的交车日为2015年7月20日，但刘梓良未按期提车。后经深圳前海牧得隆平行进口商贸有限公司多次催告，刘梓良仍未来提车，深圳前海牧得隆平行进口商贸有限公司以书面

通知函的形式再次通知刘梓良接到本通知函后3日内前来提车,并按约定支付剩余款项,若逾期则视为违约。2015年8月6日,深圳前海牧得隆平行进口商贸有限公司再次向刘梓良发出书面提车通知函。2015年8月11日,深圳前海牧得隆平行进口商贸有限公司向刘梓良发出解除合同通知,解除与刘梓良签订的合同(订购单),并依法没收20万元定金,退还支付的22.3万元订购金。

深圳前海牧得隆平行进口商贸有限公司没有提交涉案合同中车型的介绍,也没有提交生产方对车型、配置介绍的文件和相关资料。刘梓良庭审时陈述称购车时曾要求深圳前海牧得隆平行进口商贸有限公司提供车辆进口的所有信息,包括配置、价格、型号等,并称车辆到了以后去了深圳前海牧得隆平行进口商贸有限公司处,对车辆提出了异议。深圳前海牧得隆平行进口商贸有限公司对此不予认可。经查阅路虎相关4S店销售网站,路虎揽胜的型号一般有技术参数、动态驾驭、外部配置、内部配置、安全防盗配置、舒适、便利装备、信息娱乐装备的标准配置资料。

【当事人观点】

刘梓良诉称:2015年5月13日,刘梓良打算购买一台宝马X6小车,深圳前海牧得隆平行进口商贸有限公司称几天内就交付车辆,并要求刘梓良马上交款。刘梓良随后在深圳前海牧得隆平行进口商贸有限公司填写好的新车订购单上签字并交款5000元,并于2015年5月15日交款45,000元,于2015年6月7日又交款173,000元。上述刘梓良累计交款223,000元给深圳前海牧得隆平行进口商贸有限公司。收款后,深圳前海牧得隆平行进口商贸有限公司迟迟不能交车,并劝刘梓良改变车型。2015年7月1日,在深圳前海牧得隆平行进口商贸有限公司无法交付宝马X6车的情况下,刘梓良同意改购一部路虎揽胜行政加长版的车辆。深圳前海牧得隆平行进口商贸有限公司要求刘梓良交回原来的宝马X6车的订购单,并让刘梓良签订了新的路虎订购单。但超过交车时间之后的2015年7月21日,刘梓良发现深圳前海牧得隆平行进口商贸有限公司拟交付的车辆并不符合双方的约定,深圳前海牧得隆平行进口商贸有限公司也无法提供相应合法的销售证明,对方此后又邮寄内容完全不符合事实的所谓通知单、解除合同通知给刘梓良。刘梓良多次向深圳前海牧得隆平行进口商贸有限公司主张权利,还投诉到消费者协会及电视台以求解决问题,但深圳前海牧得隆平行进口商贸有限公司迟迟不予解决,刘梓良无奈诉至法院。刘梓良后于2016年7月19日提交情况说明称,在事实和理由中遗漏"2015年7月3日,刘梓良又付款20万元给深圳前海牧得隆平行进口商贸有限公司"。为此,请求法院:(1)判令深圳前海牧得隆平行进口商贸有限公司退还刘梓良购车款共计人民币423,000元(以下币种均为人民币)及利息(自2015年7月21日起按照银行一年期的贷款利率计算至实际还款日);(2)深圳前海牧得隆平行进口商贸有限公司承担全部诉讼费用。

深圳前海牧得隆平行进口商贸有限公司答辩称:(1)本案刘梓良根本违约,其无权要求返还定金。刘梓良诉状中称深圳前海牧得隆平行进口商贸有限公司交车不符合合同约定,然而事实是双方于2015年7月1日合同订立后,深圳前海牧得隆平行进口商贸有限公司即依约将车于2015年7月14日购进,并当日电话通知刘梓良提车并办理相关手续。2015年7月15日,刘梓良到深圳前海牧得隆平行进口商贸有限公司门店后对车辆车型、配置进行了核对、确认,未提出异议后离开深圳前海牧得隆平行进口商贸有限公司门店。两天后刘梓良电话告知深圳前海牧得隆平行进口商贸有限公司工作人员要退车。因车已购置,故深圳前海牧得隆平行进口商贸有限公司对其无故违约不同意,要求继续履行合同,但经多次催告刘梓良仍未按期提车。深圳前海牧得隆平行进口商贸有限公司又分别于2015年7月29日、2015年8月6日两次向刘梓良寄送《提车通知函》,催告刘梓良提车并付清剩余款项,刘梓良仍置之不理。因刘梓良以自己的行为表明根本违约,深圳前海牧得隆平行进口商贸有限公司为减少损失,需对购进的车辆另行处理,遂于2015年8月11日向刘梓良寄送《解除合同通知》,通知刘梓良解除双方签订的《订购单》,依法没收定金200,000元,退还其支付的订金223,000元。由此可知,刘梓良所称的事实及理由,完全与事实不符,并无任何证据支持。深圳前海牧得隆平行进口商贸有限公司无任何违约事实,本案是刘梓良根本违约,故其无权要求返还定金。而其中的订购金,深圳前海牧得隆平行进口商贸有限公司已通知其办理退款手续,刘梓良未按深圳前海牧得隆平行进口商贸有限公司通知到店领取。故深圳前海牧得隆平行进口商贸有限公司并无过错,不应承担利息。(2)刘梓良一再非法侵害深圳前海牧得隆平行进口商贸有限公司的合法民事权利,给深圳前海牧得隆平行进口商贸有限公司造成巨额损失,依法应予赔偿。在接获深圳前海牧得隆平行进口商贸有限公司书面通知后,刘梓良不顾自己违约的事实,竟于 2015 年 10 月 6 日带领十几名社会人士,公然在深圳前海牧得隆平行进口商贸有限公司办公场所内外影响公司的正常运营。深圳前海牧得隆平行进口商贸有限公司报警后,刘梓良才离店。刘梓良又于 2015 年 10 月 7 日、8 日两天采取相同手段,干扰深圳前海牧得隆平行进口商贸有限公司办公,造成了极为恶劣的社会影响,给深圳前海牧得隆平行进口商贸有限公司的商誉造成极大的损害。另外,刘梓良还向新闻机构"爆料",也因无事实根据而未得逞。但仍给深圳前海牧得隆平行进口商贸有限公司造成巨大的商誉损失,造成深圳前海牧得隆平行进口商贸有限公司营业额的大幅减少。综上,请求法院依法驳回刘梓良的诉讼请求。

【本案争议焦点】

1. 深圳前海牧得隆平行进口商贸有限公司作为平行进口商,是否应承担更严格的说明义务和举证责任?

2. 深圳前海牧得隆平行进口商贸有限公司是否交付了符合合同约定的车辆?

3. 刘梓良未付款的行为是违约还是在行使先履行抗辩权?

4. 刘梓良是否有权要求深圳前海牧得隆平行进口商贸有限公司返还定金?

5. 深圳前海牧得隆平行进口商贸有限公司是否合法地对合同进行了解除?

【裁判结果】

广东省深圳前海合作区人民法院于 2017 年 2 月 20 日作出(2015)深前

法民初字第44号民事判决:(1)深圳前海牧得隆平行进口商贸有限公司于本判决生效之日起十日内返还刘梓良定金及订金共计人民币423,000元及利息(利息以人民币423,000元为本金,按照中国人民银行规定的同期同类银行贷款基准利率,自2015年12月3日起计算至还清之日止);(2)驳回刘梓良的其他诉讼请求。

【裁判理由】

法院生效判决认为:刘梓良和深圳前海牧得隆平行进口商贸有限公司形成买卖合同关系,双方均应按约定全面履行各自的义务。深圳前海牧得隆平行进口商贸有限公司辩称其已按约定交付了符合合同约定的车辆,根据对平行进口车的特点和产生背景的分析,法院认为深圳前海牧得隆平行进口商贸有限公司作为平行进口商具有天然的信息优势,应当对平行进口车辆的交付承担更加严格的举证责任和说明义务。基于上述规则,法院认为深圳前海牧得隆平行进口商贸有限公司未尽到更加严格的举证责任和说明义务,判决深圳前海牧得隆平行进口商贸有限公司违约,刘梓良有权解除合同并要求退还购车款。

对于刘梓良的诉求判令深圳前海牧得隆平行进口商贸有限公司退还刘梓良购车定金200,000元和订金223,000元,法院裁判理由如下:

关于定金,合同法规定,当事人可以依照《担保法》约定向对方给付定金作为债权的担保。债务人履行债务后,定金应当抵作价款或者收回。给付定金的一方不履行约定的债务的,无权要求返还定金;收受定金的一方不履行约定的债务的,应当双倍返还定金。定金具有从属性,即定金之债构成一个从属于主合同之债的从债,收受定金的一方当事人为主合同的债权人,交付定金的一方当事人为主合同的债务人,定金合同的有效以主合同的有效为前提;定金具有实践性,即定金合同于实际交付定金之日生效;定金具有要式性,定金应当以书面形式约定;定金具有限制性,即定金数额不超过主合同标的额的20%。深圳前海牧得隆平行进口商贸有限公司要求适用定金罚则,担保法规定给付定金的一方不履行约定的债务的,无权要求返还定金。而综合以上几个方面的分析,深圳前海牧得隆平行进口商贸有限公司未证明其交货车辆符合约定,应视为深圳前海牧得隆平行进口商贸有限公司违约。故刘梓良具有先履行抗辩权,刘梓良没有违约情形。深圳前海牧得隆平行进口商贸有限公司要求适用定金罚则,缺乏法律依据,法院不予支持。刘梓良未要求履行合同,其诉求返还定金及订金,具有法律依据,法院予以支持。

订金一般可理解为预付一部分款项,是当事人的一种提前支付手段,订金没有债权担保功能。从目的上看,一方给付另一方订金是为了解决收受订金方的资金周转短缺的困难,从而增强其履约能力,以防止合同得不到履行。从法律性质上看,订金不具备完全的债的担保性质。消费者权益保护法规定,经营者以预收款方式提供商品或者服务的,应当按照约定提供。未按照约定提供的,应当按照消费者的要求履行约定或者退回预付款;并应当承担预付款的利息、消费者必须支付的合理费用。深圳前海牧得隆平行进口商贸有限公司对退回订金也无异议,法院予以认可。

对刘梓良诉求的利息,法院酌定从起诉之日按中国人民银行规定的同期同类银行贷款基准利率计算。

【裁判思路解析】

(一)深圳前海牧得隆平行进口商贸有限公司作为平行进口商,是否应承担更严格的说明义务和举证责任?

平行进口车是未经品牌厂商授权,而商家从海外市场直接购买、引进销售的汽车。平行进口车在配置等方面与品牌厂商授权的在中国大陆销售的车辆有所区别。刘梓良提交新车订购单、路虎官方网页的相关资料,以证明路虎揽胜该车有多款不同车型,订购单的约定是不明确的,因而侵犯了刘梓良的知情权。深圳前海牧得隆平行进口商贸有限公司未向法庭提供车型为"揽胜行政加长"的详细配置,导致约定的"揽胜行政加长"为路虎品牌下哪一档次配置不清。

从消费者的角度来看,刘梓良作为消费者享有知情权。根据双方提交的证据及庭审情况,刘梓良在合理期间内对货物提出了异议。且刘梓良作为消费者,根据消费者权益保护法,享有知悉其购买、使用的商品或者接受的服务的真实情况的权利;有权根据商品或者服务的不同情况,要求经营者提供商品的价格、产地、生产者、用途、性能、规格、等级、主要成分、生产日期、有效期限、检验合格证明、使用方法说明书、售后服务,或者服务的内容、规格、费用等有关资料。经营者对消费者就其提供的商品或者服务的质量和使用方法等问题提出的询问,应当作出真实、明确的答复。一方为商人,另一方为消费者的商事合同中,由于消费者一方在专业性、信息的获取等方面处于劣势,法律一般倾向于对其进行特殊保护。平行进口车辆的特点导致平行进口商在获取车辆信息方面处于更大的优势。同时,平行进口商的进口行为实际上未经商标权人或商标权被许可人许可,因而缺乏商标权人的直接监督和管理。同时,平行贸易没有垂直贸易那样依次向下一层次的经销商供货的体系,不利于实行统一的配置和价格体系管理。因此,为平衡消费者和经营者的利益,平衡商标权人和平行进口经销商的利益,深圳前海牧得隆平行进口商贸有限公司作为平行进口商和卖方,对车辆配置和来源应承担更严格的说明义务与举证责任。

（二）关于深圳前海牧得隆平行进口商贸有限公司是否交付了符合合同约定车辆的问题

本案中,双方对同一车辆品牌中不同档次的商品约定不明确,配置约定不清,属当事人对标的物的质量要求约定不明确。按照以上合同法的解释方法,按合同有关条款或者交易习惯仍不能确定,也无国家标准、行业标准,通常标准或者符合合同目的的特定标准也不明确。

关于对约定不明应由谁承担责任的问题,根据以上平行进口方面的背景和分析,平行进口买卖的信息比较优势差距相比一般买卖进一步扩大,平行进口商应对车辆配置和来源承担更严格的说明义务和举证责任。从促进平行进口产业健康发展的角度,平行进口为新兴产业,且平行进口商一方在专业性、信息的获取等方面处于优势,只有确实保护好消费者买方的利益,才能使消费者放心购买,形成消费需求,整个行业才能持续健康发展。故对车辆质量约定不明,应由深圳前海牧得隆平行进口商贸有限公司承担责任。即深圳前海牧得隆平行进口商贸有限公司应证明其交货车辆符合约定,否则应视为深圳前海牧得隆平行进口商贸有限公司违约。

平行进口商应对车辆来源承担更严格的说明义务和举证责任,我们可参考其他法院的案例,看深圳前海牧得隆平行进口商贸有限公司是否履行了交付提取标的物单证以外的有关单证和资料的从给付义务的举证责任。

在单证的种类上,深圳前海牧得隆平行进口商贸有限公司未提交证据证明其履行了交付与平行进口产品相关的原产地证明、进口报关单、出厂合格证书、原厂产品说明书、厂家生产标准等相关资料的给付义务,亦未证明涉案车辆的买卖关系在时间上的连贯性和内容上的一致性。同时,买卖合同与海关备案的各项单证所指向的进口货物也不相符。且本案深圳前海牧得隆平行进口商贸有限公司未具体明确涉案车辆的配置,未提供车辆车型的各项技术数据的完整资料、销售车型的说明等。在深圳前海牧得隆平行进口商贸有限公司未适当履行上述义务的情况下,可认定出卖人深圳前海牧得隆平行进口商贸有限公司没有履行或者不当履行从给付义务,致使买受人刘梓良不能实现合同目的。

(三)刘梓良未付款的行为是违约还是在行使先履行抗辩权的问题

先履行抗辩权,是对先期违约的抗辩。先期违约是指一方当事人首先违约,是另一方不履行合同的原因。先履行抗辩权是对负有先履行义务一方违约的抗辩,亦即对先期违约的抗辩。根据法学理论和学者观点:(1)先履行抗辩权的立法目的是保证合同一方当事人履行债务后能实现其相应的合同债权,避免合同当事人依合同履行债务后可能出现的风险,保护依约履行债务的合同当事人的合法权益,保证交易安全,以维护正常的合同交易秩序和社会经济秩序。(2)先履行抗辩权产生的法律基础是诚实信用原则。诚实信用原则对合同履行中的抗辩权的指导作用主要体现在:第一,在双务合同中,合同一方当事人未履行合同债务而请求另一方当事人履行债务的情况下,如果法律要求另一方当事人必须履行债务,这对另一方当事人显然是不公平的,从根本上违反了诚实信用原则的利益平衡精神,因此,应予以调整使利益平衡得以恢复和维持。调整的手段就包括先履行抗辩权,即合同一方当事人在对方当事人履行债务前,有权拒绝对方当事人提出的履行请求或可以中止履行,避免对方当事人不履行债务却能获得一方当事人履行债务实现其债权的不公平现象,以平衡合同当事人的利益天平。第二,诚实信用原则要求双务合同当事人在履行合同过程中,应当相互尊重对方的利益,建立密切的友好协作关系。合同当事人在履行合同债务时,应充分考虑对方当事人的利益,自觉履行合同债务,绝不允许自己不依约履行债务而要求对方履行,如果合同一方当事人不依约履行而要求对方履行,对方有权拒绝履行。刘梓良可行使同时履行抗辩权和先履行抗辩权,不构成违约。

(四)深圳前海牧得隆平行进口商贸有限公司是否合法地对合同进行了解除的问题

深圳前海牧得隆平行进口商贸有限公司认为其履行了通知等解除合同的程序,但问题在于,深圳前海牧得隆平行进口商贸有限公司是否符合合同法规定或约定的解除条件。法院仍应该对提出解除合同的深圳前海牧得隆平行进口商贸有限公司是否享有合同解除权进行实质审查,在深圳前海牧得隆平行进口商贸有限公司不具备法定的解除权或者约定的解除权的情况下,刘梓良无须提出解除合同异议,更不用受解除合同异议期间的限制。深圳前海牧得隆平行进口商贸有限公司未证明其交货车辆符合约定,应视为深圳前海牧得隆平行进口商贸有限公司违约。故刘梓良具有先履行抗辩权,有权拒绝深圳前海牧得隆平行进口商贸有限公司提出的履行请求或可以中止履行,刘梓良没有违约情形。因此,深圳前海牧得隆平行进口商贸有限公司不具有解除合同的法定依据。

(五)刘梓良是否可要求退回定金和订金的问题

刘梓良的诉讼请求为判令深圳前海牧得隆平行进口商贸有限公司退还刘梓良购车款共计423,000元及利息,该诉求的423,000元包括定金200,000元和订金223,000元。

深圳前海牧得隆平行进口商贸有限公司要求适用定金罚则,担保法规定给付定金的一方不履行约定的债务的,无权要求返还定金。深圳前海牧得隆平行进口商贸有限公司未证明其交货车辆符合约定,应视为深圳前海牧得隆平行进口商贸有限公司违约。故刘梓良具有先履行抗辩权,刘梓良没有违约情形。深圳前海牧得隆平行进口商贸有限公司要求适用定金罚则,缺乏法律依据,法院不予支持。刘梓良未要求履行合同,其诉求返还定金及订金,具有法律依据,法院予以支持。

未按照约定提供的,应当按照消费者的要求履行约定或者退回预付款;并应当承担预付款的利息、消费者必须支付的合理费用。深圳前海牧得隆平行进口商贸有限公司对退回订金也无异议,法院予以认可。

【本案延伸问题】

随着我国加入世界贸易组织,贸易壁垒的削减、关税的大幅降低以及配额限制的减少使得平行进口商进行交易的成本大大降低,增加已经存在国际差价的商品发生平行进口的可能性,同时,对外资零售业限制的减少、我国汇率相对波动的可能性的增加使国内外同种知识产权产品发生偶发性价格差的可能性增加。商标平行进口有利于促进自由贸易。平行进口的出现随即受到了市场的广泛关注。同时,由于法律的滞后性,目前对于平行进口缺乏相对统一严格的规范,也导致各种问题的出现。因此,在鼓励平行进口的同时,也应当对此保持谨慎的态度,针对现有和将来可能出现的问题作出相应的规范。

(一)平行进口的概念和特点

平行进口也称平行贸易,是与垂直贸易相对应的概念。垂直贸易是指按照垂直方向进行的商品经销活动,其销售方式是依次向本分支网络内下一层次的经销商供货,最后出售给消费者。平行贸易是指产品的制造商或供应商将产品投放市场后,获得产品的经销商向不同分支网络的商家或消费者转售商品。当分支网络是以不同国家划分时,这种转售就称为平行进口。平行进口有以下特点:第一,平行进口的商品是真品,即商标所标示的商品是由商标权人或其被许可人生产的,所使用的商标在进口国受法律保护;第二,进口商的进口行为未经商标权人或其被许可人许可;第三,平行进口的商品是进口商通过合法途径获得的;第四,在国内市场,平行进口商销售该商品的价格通常比商标权人或其许可的经销商销售该商品的价格低。

(二)平行进口产生的背景及意义

我国加入世贸组织后,全球贸易迅猛发展,跨国公司的歧视性定价策略、关税差别、汇率波动,使得平新进口的优势愈加明显,平行进口的市场需求不断增加。且根据商标权利用尽原则,平行进口并不构成商标侵权。该原则理论认为一旦使用了注册商标的商品被商标权人或经其许可的其他人投放到市场上,商标权人在这些商品上的权利即告用尽。

平行进口增加了商品来源渠道,有利于促进全球贸易的不断发展。如果允许并规范平行进口行为,商标所有人的权利将受到一定限制,国内进口商标商品的经销商将不限于商标所有人或其被许可人授权的经销商,就可以使市场经营主体多元化,并进行公平竞争,从而扩大自由贸易,促进商品的跨国流动,符合现代市场竞争的客观发展要求。若严格限制商标平行进口,将导致市场上的经营主体单一,缺乏有效的竞争,限制了贸易自由。以汽车为例,境外的生产企业及其总代理商控制了中国进口汽车市场从销售到售后服务的各个环节,从而垄断其进口商品市场,形成垄断价格,损害了被授权进口经销商的利益,消费者的利益也没有得到全面保护,对整个中国汽车市场的规范化建设产生了严重的负面影响,违背了市场经济的规律。

(三)平行进口车的信息比较优势

由于平行进口车未经品牌厂商授权,而由商家从海外市场直接购买、引进销售。平行进口车在配置等方面与品牌厂商授权的在中国大陆销售的车辆有所区别。世界许多大型跨国汽车公司在对各国进行出口时,都会对汽车进行适应性改装,以适应该国的道路条件和油品质量,而针对不同的国家的不同改装,就称为××规车,针对美国的改款车就叫美规车,针对欧洲的改款车就叫作欧规车。中规车便是属于出口到中国、适应中国的一些条件的车辆。国外的车型配置可能和品牌厂商授权的中规车配置存在不同,导致配置和价格是否对应存在不易确定因素;平行进口车辆都需要经过相关程序,如排放测试、改仪表、改灯等,以符合中国法规;除此之外,平行进口车的行车电脑系统、电气控制系统都不是以中文形式显示的。因此,从消费者角度考虑,平行进口可能使购买者对同一商标但不同来源的商品产生判断和选择上的模糊。如果平行进口车辆存在配置不同,而又没有标示出商品来源,购买者就会无从识别而蒙受损失。由于平行进口的产品与国内销售商的产品可能在不同国家或地区生产,其配置可能也不相同,消费者却会误认为产品的来源相同、配置相同。如果平行进口的产品配置比国内销售商的产品配置差,就将对消费者利益造成损害。

同时,平行进口车也涉及商标权对消费者利益的保护问题。商标最基本的功能在于其识别性,即区分商品或服务的来源,从这一角度来看,商标保护的目的一方面是对商标权人的保护,即对商标权人的商业和身份识别的保护;另一方面也是对消费者的保护,以降低消费者的搜寻成本、防止交易中的混淆。因此,侵害商标权行为的本质特征是对商标识别功能的破坏,以致造成相关公众对商品或服务的来源产生误认,或者认为其来源与注册商标的商品有特定的联系。在保护消费者利益的目标上,商标法与反不正当竞争法是完全一致的,凡是在商标法中规定允许平行进口的,都同时辅之于对它的限制措施以防止不正当竞争行为。这类限制性规定通常为:第三者在转售商品时,不得对商品有所改变、改动,甚至不能重新包装;转售进口商品应当以显著方式告知消费者商品来源之不同;对违反规定的,商标所有人有权禁止商品的进一步流通。因此,为了保证平行进口商品的质量和安全,对平行进口的商品应当有必要的限制,如平行进口的商品应当符合我国有关特定法规的要求,平行进口商应当尽到标注义务,如果该商品与国内商标权人使用相同商标的商品存在本质上的区别,则应当在平行进口商品的外包装上注明,以保证消费者的知情权和选择权。

(四)平行进口车商品信息的重要意义

不同品牌的商品导致消费者混淆问题,即使在同一个品牌中,消费者也会因为不同档次的商品而产生混淆。用同一品牌中不同档次的商品在消费者之间制造混淆,虽然没有破坏商标指明商品来源的功能,却妨碍了商标的其他功能(如质量保障、收入水平彰显、选购指导等衍生功能)。出于经营多样化和吸引多层次消费群体的需要,生产商往往会基于差异价格策略而推出同一旗下的不同品牌以及与之相联系的不同档次的商品,不同品牌虽然出自共同的商品来源,却在原料选取、制造工艺、质量控制、附加服务和价格水平方面存在或大或小的差异。例如,同为大众公司生产的汽车,就有着捷达、迈腾、途锐等不同的品牌,相互之间在价格水平和部件配置上各有等差。显然,不同的商品档次对应不同的商品质量保障和后续服务,不同的商品档次也对应着不同的消费群体、不同的收入水平。在这一过程中,商品的质量保障、收入水平彰显等功能在同一商品来源的不同档次的商品间仍然发挥着识别作用，而用此档次的商品冒充彼档次的商品，则是破坏了这种档次间的差异识别。同一商标的高低档商品虽然有共同的商品来源，但是由于实行了不同的价格策略并面向不同的消费群体，其质量控制标准有很大不同，在附加服务等各方面都会有显著的区别，这些对于不同收入的消费者而言是一种非常重要的利益。显然，当一个购买了高档商品的消费者在使用商品后却发现该商品质量与同品牌的低档商品在质量上并无显著差别的时候，对该品牌生产商的商誉无疑是一个沉重的打击，因为对分层营销的商标而言，生产商的商誉是由一系列的从低到高的多种档次的商品的商誉共同构成的。总之，在同一商品来源的不同档次的商品之间制造混淆的行为，同样侵害了商标权的正常权能，降低了对商品的社会评价，最终损害了商标权人的商誉，构成商标侵权。

平行进口车的优势在于款型配置更丰富。能够购买国内没有的海外车型，也是平行进口车的一项优势。平行进口车直接从北美、中东等地区进口，款型与中规车并不一定一致。此外，一些尚未在国内销售的豪华跑车、皮卡、房车车型，也可以在平行进口车经销商处购买。为区别这些车型，深圳前海牧得隆平行进口商贸有限公司作为卖方，应对同一商品来源的不同档次的商品配置作出明确、具体的说明，如国外该款车型的英文名称、中文译名、详细配置、国外价格等。汽车销售服务4S店对车辆配置一般都有详细的说明，路虎相关4S店销售网站上，路虎揽胜的型号一般有技术参数、动态驾驭、外部配置、内部配置、安全防盗配置、舒适、便利装备、信息娱乐装备的标准配置资料，并具有多媒体的展示。相比之下，深圳前海牧得隆平行进口商贸有限公司作为平行进口商，手写的前座椅通风、前后泊车、桃木方向盘等过于简单，不足以识别同一商品来源的不同档次的商品，导致有可能用此档次的商品冒充彼档次的商品，从而可能破坏档次间的差异识别。

信息比较优势差距相比一般买卖进一步扩大：根据平行进口车辆的特点，平行进口商在车辆信息方面处于更大的优势，因此在允许平行进口限制商标权的同时，应对平行进口商赋予特别的义务——平行进口商应当尽到告知、标注等义务。作为平行进口商和卖方，对车辆配置和来源应承担更严格的说明义务和举证责任。

(五)合同约定不明时举证责任的分配及说明义务的来源

1. 举证责任分配

举证责任分配是实体法与诉讼法或证据法共同作用的领域。不少大陆法系国家民法典专文预置了一般分配规则。① 我国合同法未明文规定合同诉讼举证责任分配的一般规则,这是一大缺憾,该缺憾必须由证据法来填补。本条以罗森伯格的法律要件分类说②为合同法上举证责任分配的依据,是对合同法规定不足的弥补。

我国合同法虽未明文规定合同诉讼举证责任分配的一般规则,但有若干特别分配规范,如合同附条件附期限的证明、确认合同无效之诉中的证明、合同诉讼时效的证明等。实践中应结合合同法的条文来把握。比如合同附条件附期限的证明,规定于《合同法》第四十五条、第四十六条:"当事人对合同的效力可以约定附条件。附生效条件的合同,自条件成就时生效。附解除条件的合同,自条件成就时失效。当事人为自己的利益不正当地阻止条件成就的,视为条件已成就;不正当地促成条件成就的,视为条件不成就""当事人对合同的效力可以约定附期限。附生效期限的合同,自期限届至时生效。附终止期限的合同,自期限届满时失效"。根据上述规定,合同附条件、附期限的举证责任分配规则是:如主张合同权利的一方所主张的权利受停止条件或始期约束,则由其证明停止条件已成就或期限已届至;有关的合同权利受解除条件或终期约束时,则由相对方负责证明解除条件已成就或期限已届满。

此外,确认合同无效之诉中,应由主张合同有效的一方当事人负责证明有关设立其所主张权利的事实。

---

① 意大利《民法典》第 2697 条规定:"[举证责任]在诉讼中主张权利的人,应对权利依据的事实进行举证。就上述事实的无效提出抗辩的人或者提出主张的权利已经变更或者消灭抗辩的人,应就其抗辩依据的事实进行举证。"法国《民法典》第 1315 条规定:"请求履行债务的人应当证明债之存在。与此相对应,凡主张其已解除债务的人,应当证明其已经进行清偿或者证明有引起债务消灭的事由。"瑞士《民法典》第 8 条规定:"[提供证据的责任]本法无相反规定的,当事人须证明其主张的能推导出其权利的事实之存在。"

② 德国著名民事诉讼法学者罗森伯格认为举证责任在原则上只有一个原理,即"若无一定法条的适用,则无法获得诉讼上请求成果的当事人,应就该法条要件与实际上已存在之事实,负主张及举证责任。"

2. 对于合同法上推定的规定,应倒置举证责任

合同法上的推定系实体法推定,不同于诉讼法或证据法上不提交证据的推定或妨碍举证的推定等程序法推定。二者的不同之处在于:前者为举证责任的实体分配,为实体法所调整;后者是举证责任的程序分配,为诉讼法所调整。

(1)根据事物之间的规律性联系确立的合同法上推定。例如,《合同法》第四十八条规定:"行为人没有代理权、超越代理权或者代理权终止后以被代理人名义订立的合同……相对人可以催告被代理人在一个月内予以追认。被代理人未作表示的,视为拒绝追认。"第三百一十条规定:"收货人在约定的期限或者合理期限内对货物的数量、毁损等未提出异议的,视为承运人已经按照运输单证的记载交付的初步证据。"《合同法》第四十八条推定规范中的前提事实是"被代理人未作(追认)表示的"事实,它引起"对被代理人不发生效力,由行为人承担责任"的后果;推定事实是被代理人"拒绝追认"的事实,它引起善意相对人可撤销合同的后果。《合同法》第三百一十条推定规范中的前提事实是"收货人在约定的期限或者合理期限内对货物的数量、毁损等未提出异议"的事实,推定事实是"承运人已经按照运输单证的记载交付"的事实。上述两例中,前提事实与推定事实之间存在如此紧密的联系,这种密切联系使立法者和司法者有理由相信,通过合同法上的推定来认定案件事实几乎同运用证据证明一样可靠,而且省去了复杂的证明过程,使诉讼变得更为快捷。

(2)使当事人极难证明的事实变得较为容易而确立的合同法上推定。相关的法律规定有《合同法》第二百一十一条关于"自然人之间的借款合同对支付利息没有约定或者约定不明确的,视为不支付利息"的推定,第二百一十五条关于"当事人未采用书面形式的,视为不定期租赁"的推定、第三百六十六条关于"当事人对保管费没有约定或者约定不明确,依照本法第六十条的规定仍不能确定的,保管是无偿的"之推定。

(3)为公正合理地分配举证责任而确立的合同法上的推定。当争议事实的有关证据材料完全处于一方当事人的支配与控制之下,由掌握这些证据材料的当事人,而不是由无法取得或接触证据材料的对方当事人负举证

责任,显然是公平合理的。出于公正合理地分配举证责任的考虑,立法者可以通过法律推定将举证责任倒置,由掌握证据材料、有条件证明的一方负举证责任。

3. 平行进口商应负有举证证明其交付了标的物即涉案车辆相关证明的证明责任

本案中,从给付义务是交付与车辆相关的原产地证明、进口报关单、出厂合格证书、原厂产品说明、厂家生产标准、车辆一致性证书、进口汽车机动车辆随车检验单、货物进口证明书等,而这些文件完全处于平行进口商的支配与控制之下,出于公正合理的考虑,应当将交付涉案车辆相关证明文件的责任分配给平行进口商贸,这也契合诚实守信的民法精神。①

4. 平行进口商应对车辆来源承担更加严格的说明义务

现代社会商品经济高度发展,社会分工异常精细。面对浩如烟海的商品,物质的极大丰富让人们无所适从,社会中的个体往往有选择困难症。而专业化的说明则会大大降低普通人的选择和交易成本。社会分工越细,商品种类越丰富,专业化的说明在日常交易中的地位也就越重要。以本案为例,"路虎"仅仅是众多汽车品牌中的一种,而"路虎"又分为诸多型号和档次,普通人对于汽车的知识本就了解较少,平新进口汽车信息来源则更为单一。如果要求普通消费者在购买平新进口的"路虎"时充分的了解并知情,

① 关于平行进口产品来源的举证,天津市高级人民法院(2013)津高民三终字第0024号法国大酒库股份公司诉慕醌国际贸易(天津)有限公司商标侵权纠纷案可予以参考,该案判决认为:"被告充分履行了涉案葡萄酒源自原告的证明义务。首先,大酒库公司认可其与英国经销商AMPLEAWARD公司之间的买卖关系;其次,就AMPLEAWARD公司与CASTILLON公司之间的买卖关系,慕醌公司提供了AMPLEAWARD公司向CASTILLON公司出具的发票和销售合同,并在二审期间进一步提供了对上述境外所取得证据的公证、认证材料及相关文件的中文翻译件;就CASTILLON公司同慕醌公司之间的买卖关系,慕醌公司亦提供了销售合同、发票、装箱单、海运提单、货物报关单、出入境检验检疫卫生证书等。上述三个买卖关系具有时间上的连贯性和内容上的一致性,三份买卖合同与海关备案的各项单证所指向的进口货物相互印证,可以证实慕醌公司进口的涉案葡萄酒来源于大酒库公司。且从涉案商品直观上看,无论酒瓶造型、瓶贴印制等方面,均看不出慕醌公司进口的商品与大酒库公司独具特色的'歪脖子'香奈葡萄酒之间存在明显差异,故大酒库公司的该项主张,不能成立。"上述案件中,平行进口商慕醌公司对产品来源的举证体现了三个方面内容:一是单证的种类方面,包括销售合同、发票、装箱单、海运提单、货物报关单、出入境检验检疫卫生证书等;二是买卖关系应具有时间上的连贯性和内容上的一致性;三是买卖合同与海关备案的各项单证所指向的进口货物应相互印证。

那么对于消费者的要求就显得过于苛刻，如此一来每个社会个体在商品交易中都会变得小心翼翼，商品的交易成本则会大大提高。从有利于民事活动、促进交易的角度，应当根据交易双方的实际情况，平衡交易主体的说明义务和举证责任。从平行进口车的配置与品牌厂商授权的在中国大陆销售的车辆有所区别。平行进口车是未经品牌厂商授权的汽车，进口商在获取信息方面具有天然的优势，个体消费者在交易本就处于劣势，而获取平行进口商品信息渠道相对于普通进口商品更为狭窄。对于消费者来说，如果进口商不能提供充分的信息其处境将会异常艰难，平行进口的交易成功率就会大打折扣。平行进口商在信息来源方面具有天然的优势，而消费者则处于劣势，如果不要求平行进口商承担更加严格的说明义务，则极易侵犯消费者的知情权。本案中深圳前海牧得隆平行进口商贸有限公司利用其信息优势进口平行车，而刘梓良作为普通消费者对平行进口的了解一般不会多于深圳前海牧得隆平行进口商贸有限公司。平行进口的交易正是基于平行进口商和普通消费者的信息比较优势，而正是这种信息比较优势使得深圳前海牧得隆平行进口商贸有限公司应当承担更加严格的说明义务，以确保交易的安全，保障消费者的基本权利。

综上所述，信息比较优势差距相比一般买卖进一步扩大：根据平行进口车辆的特点，平行进口商在车辆信息方面处于更大的优势，因此在允许平行进口限制商标权的同时，应对平行进口商赋予特别的义务——平行进口商应当尽到告知、标注等义务。作为平行进口商和卖方，对车辆配置和来源应承担更严格的说明义务和举证责任。

【专家点评】①

在全球贸易发展的大背景下，平行进口以其丰富的商品来源渠道和价格优势，为消费者提供了多样化的选择，有利于更大限度地实现贸易自由化。我国法律对平行进口的规定与监管尚不健全。本案结合全球

① 赵万一，西南政法大学民商法学院院长、教授。

贸易自由化的时代背景,综合分析了平行进口在获取信息方面的独特优势与便利,认为平行进口商与消费者之间信息不对称,平行进口商极易利用其信息优势损害消费者权益,从而挫伤消费者对平行进口商品的积极态度,也不利于平行进口的健康有序发展。鉴于平行进口商具有的信息比较优势,消费者在购车时更多依靠进口商所提供的信息,本案确立了平行进口车辆买卖合同纠纷中合同约定不明时,进口商应承担更加严格的举证责任和说明义务的裁判规则,平行进口商对车辆配置和来源应承担更严格的说明义务和举证责任。

确认之诉中诉的利益判断

——朱建明诉被告张明胜及第三人深圳市龙华三宝实业有限公司等损害股东利益责任纠纷案

马占举　秦培荣

【关键词】

确认之诉　诉的利益判断

【导　语】

依据原告请求获得法院支持的判决内容的不同,可以将诉分为三种类型,即给付之诉、形成之诉与确认之诉。其中,确认之诉是指原告请求法院确认争议(或争讼)的民事法律关系(或民事权益)或者特定法律事实是否存在或者是否合法有效之诉。确认之诉起源于当事人对"现存"的民事法律关系(或民事权益)或者特定法律事实是否存在或者是否合法有效而存在争议。确认之诉有积极确认之诉和消极确认之诉。当事人提起确认之诉,旨在通过法院判决确定某项法律关系是否存在或是否合法有效,使当事人之间的法律关系确定化,或者说使原告和被告之间的法律地位得以安定,从而给不确定的法律关系主体带来好处,此种好处就是诉的利益,即确认利益。事实上,法院在对给付之诉和形成之诉作出判决前,都需要对作为先决事项的某项民事法律关系(或者民事权益)是否合法有效作出认定。就给付财产之诉而言,原告对该财产拥有所有权则不得提起独立的确认所有权之诉,即对作为给付前提的确认事项缺乏诉的利益。因为在给付之诉中,当事人的诉讼目的是获得给付判决,而确认民事法律关系(或民事权益)之存在只是作出给付判决的前提,若允许就确认关系提起确认之诉则意味着为获得给付判决而必须提起两个诉,其结果是造成诉讼浪费。因此,诉的利益主要在确认之诉中加以讨论。诉的利益在本质上一种纠纷筛选机制,使得法院能够有效地选择那些最值得运用国家司法资源予以解决的纠纷。大陆法系国家对于所受理的民事案件均有一定的要求,“无利益即无诉权”。本案从诉的利益出发,层层分析确认之诉的构成要求,进而认定原告的起诉缺少必要构成要件而予驳回,很好地发挥了诉的利益的构成要件对不必要诉讼的排除作用,具有一定的典型意义。

【裁判要点】

确认之诉是否具有诉的利益应当从三个方面审查判断:一是从确认对象判断。基于司法资源的有限性、当事人的诉讼成本及司法权行使的界限的限制,法院没有必要也不可能对当事人提出的所有诉请都进行审理和作出判决。除特殊情形外,当事人不能要求对事实进行确认,而只能针对法律关系提出确认请求。这是因为如果仅仅对事实问题作出确认仍然不会对涉及权利义务的争议产生直接的法律效果。原则上当事人不能请求对过去或将来的法律关系进行确认,而只能对现存的法律关系提出确认请求。因为过去和将来的法律关系具有不确定性,至提起诉讼时,可能或者已经发生了改变,因此,对这类法律关系进行司法确认一般并无实际意义。二是从确认之诉作为解决纠纷的手段判断。确认之诉处于一种补充地位。如当事人存在其他形态的诉讼手段时,如可以提起给付之诉或者形成之诉时,当事人选择提起确认之诉就不具有必要性,应从原则上否定此种情形下确认之诉的利益。三是从是否具有即时确定的现实必要性判断。如果原告诉求不存在诉的利益,则不符合起诉条件。

【相关法条】

《中华人民共和国民事诉讼法》第一百一十九条、第一百五十四条第一款第三项

【案例索引】

广东省深圳前海合作区人民法院(2015)深前法涉外初字第17号民事裁定(2015年8月6日)

【基本案情】

1992年1月15日,深圳市龙华三宝实业有限公司(以下简称三宝公司)成立,股东持股情况为:张明胜60%,王菊娣等四人各占10%左右。2009年6月25日,三宝公司形成股东会决议:由张明胜负责出资重新建设宿舍楼,按比例分配给各股东;在建筑期内由股东张明胜承担风险。

2010年11月18日,三宝公司的股东及持股情况变更为:张明胜60%,朱建明20%,劳金英10%,王菊娣10%。

2014年11月1日,全体股东达成股东会决议:非经代表90%以上表决权的股东书面同意,公司不得对外借贷,不得向其他企业或个人投资或者为他人提供担保;土地房产转让、抵押,参与"城市更新项目"等重大事项,须经代表90%以上表决权的股东通过。否则,由其个人承担风险和责任。

2015年1月6日,被告张明胜代表三宝公司与牛栏前公司、仁兴公司签订《合作框架协议》,拟对三方所属的项目地块进行城市更新。2015年2月2日,原告向被告及牛栏前公司等发出律师函,声明:张明胜未经股东会决议同意,无权代表公司签订协议,造成的一切损失由张明胜承担。

2015年2月9日,被告张明胜再次代表三宝公司与牛栏前公司、仁兴公司、馥豪公司签订《房地产合作开发协议书》,约定由馥豪公司投入资金与人力,三宝公司、牛栏前公司、仁兴公司提供土地权益,共同致力于城市更新计划。四方对诚意金、合作方式与分配、权利和义务、违约责任、保密、通知与送达、争议的解决等均作出约定。合同约定协议各方法定代表人或授权代表人签字和盖章后执行,协议需待各方根据公司章程或法律规定取得全部所需的批准或授权后生效。各方最迟应于2015年4月10日前取得协议约定的批准或授权。如三宝公司未能按时取得授权或批准的,另外三方一致同意三宝公司退出协议并不承担违约责任,三宝公司的退出不影响协议的履行和其他方的权利义务。

【当事人观点】

原告朱建明诉称,被告张明胜作为三宝公司的法定代表人、总经理及大股东,滥用股东权利,屡次违反公司章程、股东会决议的规定,超越权限与其他公司签订合同的行为,侵害了原告、三宝公司及其他股东的权益,故诉至法院,请求判决:被告代表三宝公司与牛栏前公司等签订《合作框架合同》《房地产合作开发协议书》的行为违反股东会决议无效。

被告张明胜辩称,其代表三宝公司签订的协议并未违反股东会决议。

第三人前牛栏公司等则认为,三宝公司内部股东会决议对他们不具有法律效力,三宝公司内部股东利益纠纷与第三人没有直接利害关系。且本案的诉讼也不会影响相关项目的推进和协议的执行,相应的法律后果由三宝公司和各股东自行承担。

【本案争议焦点】

原告朱建明对本案是否有诉的利益。

【裁判结果】

广东省深圳前海合作区人民法院于 2015 年 8 月 6 日作出(2015)深前法涉外初字第 17 号民事裁定:驳回原告朱建明的起诉。

宣判后当事人未提出上诉,该裁定已生效。

【裁判理由】

法院生效裁定认为,本案系涉港确认之诉。当事人未就法律适用进行约定,法院按照最密切联系原则,以我国内地法律为准据法。

从本案的情况来看,原告的第一、二项诉讼请求均为要求确认被告分别与第三人签订《合作框架合同》《房地产合作开发协议书》的行为违反股东会决议。原告提起的确认之诉欠缺诉的利益。理由如下:(1)从诉的主体要件上看,当事人请求确认的法律关系应当是自己与被告之间法律关系存在与否,而本案原告要求确认的是被告与第三人之间的关系。(2)从确认对象上看,原告提起的确认之诉的确认对象并非当事人之间的法律关系,而仅仅是对事实的确认。(3)从解决方法的妥当性上看,如果原告认为被告作为大股东、法定代表人越权给自己造成了损失,可以提起股东滥用股东权利损害股东利益赔偿之诉或者高管人员损害股东利益赔偿之诉,而不需要提出确认之诉。综上,原告的诉讼请求缺少构成确认之诉的要件,不符合起诉条件,法院依法驳回其起诉。

【裁判思路解析】

根据原告诉请获得法院支持的判决内容来看,可以将诉分为给付之诉、形成之诉与确认之诉三种类型。本案是典型的确认之诉纠纷案件。请求确认权利关系存在的,为积极确认之诉,请求确认权利关系不存在的,为消极确认之诉。确认之诉的目的是预防或避免未来纠纷或侵害的产生,在当事人发现自己某项权利义务处于不安全或不稳定的地位,且这种不安全或不稳定有损于他的利益时,便可提起确认之诉。

当事人向法院提起确认之诉必须具有值得诉讼救济的利益,即诉的利益。判断是否具有诉的利益的标准有三:(1)确认对象的妥当性。第一,确认之诉的标的原则上以法律关系为限,除特殊情形外,事实不得作为确认之诉的标的。事实是法律关系发生的原因或前提,属于认识对象的范畴,法官无法加以价值判断。第二,确认之诉原则上以现存的法律关系为限,过去的法律关系不得成为确认之诉的标的。(2)纠纷的成熟性,也就是纠纷的现实性、立即解决的必要性。判断的标准是:一方面被告否定原告的合法地位,使原告的权利或地位产生不安或危险。另一方面原告的这种不安或危险必须是现实的。(3)解决方法的妥当性。确认之诉是一种补充手段,如果当事人存在其他形态的诉讼手段时,原则上否定确认之诉的利益。

从原告的诉讼请求及与请求确认的法律事实之间的关系分析:(1)从诉的主体要件上看,当事人请求确认的法律关系应当是自己与被告之间法律关系存在与否,而本案原告要求确认的是被告与第三人之间的关系。(2)从确认对象上看,原告提起的确认之诉的确认对象并非当事人之间的法律关系,而仅仅是对事实的确认。(3)从解决方法的妥当性上看,原告如果认为被告作为大股东、法定代表人越权给自己造成了损失,可以提起股东滥用股东权利损害股东利益赔偿之诉或者高管人员损害股东利益赔偿之诉,而不需要提出确认之诉。原告提起确认之诉,不具有纠纷解决方法的妥当性。综上,原告的诉讼请求缺少构成确认之诉的要件,原告的起诉缺少确认之诉的构成要件,即与本案没有诉的利益,因此,法院依法驳回其起诉。

【本案延伸问题】

在确认之诉中,由于诉讼对象和主体无任何限制,诉的利益问题就尖锐地浮现出来。诉的利益是可以将正当的、需要诉讼保护的民事权利或形成中的权利引入审判中予以诉讼救济,进而可能形成新的法律权利。[①] 如果不通过诉的利益加以限制,必然造成滥诉,一方面浪费宝贵的司法资源,另一方面造成当事人被动的不当应诉烦恼。因此,许多国家和地区的民诉法对确认之诉的诉的利益作了规定。例如,德国《民事诉讼法》第二百五十六条规定:"确定法律关系成立或不成立的诉讼,承认证书的诉讼,或确定证书真伪的诉讼,只在法律关系的成立与否、证书的真伪由法院裁判并即时确定,对于原告有法律上的利益时,原告才可以提起。"[②]日本的学说与判例将"当事人对通过判决来权威地确定的争议存有的利益"。我国台湾地区"民事诉讼法"第二百五十七条第一款规定:"确认法律关系之诉,非原告有即受确认判决之法律上利益者,不得提起之。"[③]

我国《民事诉讼法》第一百一十九条对起诉条件的设定,仅限于原告适格、被告明确、诉状应具备必要的记载事项、属于法院主管和管辖四项内容,并没有对诉的利益的要求。但我国《民事诉讼法》确立了诚实信用原则,要求当事人应当善意行使法律赋予的诉讼权利,不得滥用诉权。因此,笔者认为,在确认之诉中应坚持"无利益即无诉权"的原则,即只有当原告的权利或法律上的地位现实地处于不安的状态,且通过法院的确认来消除这种不安对于解决纠纷是有效且合适的方法时,才有诉的利益。如果原告的诉讼缺

---

① 郝绍彬、刘德宝:《确认之诉中诉的利益及其裁判考量》,载《人民法院报》2016年9月28日第7版。

② 张卫平、齐树洁主编:《德国民事诉讼法》,厦门大学出版社2016年版,第59页。

③ 邬砚:《确认之诉中诉的利益的内涵》,载《人民司法》2014年第12期。

乏利益,则该起诉将被法院裁定驳回。在审判实践中,在判断确认之诉的利益时,可以从以下三个方面进行把握:

(一)从原告选择的诉讼标的作为确认之诉的对象来判断

第一,当事人原则上只能对法律关系提出确认请求,而不能要求对事实进行确认。事实是法律关系发生的前提或原因,属于认识对象的范畴,法官无法加以价值判断。如果法院只是对案件事实本身进行确认,并不能直接解决当事人的矛盾纠纷,反而会使得纠纷解决过程显得过于迂回,增加当事人的诉累,故纯粹的事实不能成为确认之诉的对象。在本案中,原告要求确认被告分别与第三人签订《合作框架合同》《房地产合作开发协议书》的行为违反股东会决议,这仅是一个事实问题,对于原告所要追求的法律效果究竟是什么,是要宣告被告代表公司签订的协议无效,还是追究被告行为给自己造成损失的赔偿责任,在本案中均未加以明确,对此法院也无从判明,故不符合诉的利益判断。但在特殊情形下,对事实的确认关乎当事人遭遇的现实危险或不安时,当事人才能就事实提起确认之诉,如对于法律关系起证明作用的证书的真伪,或者针对知识产权不侵权的事实提出确认之诉。

第二,当事人原则上不能请求对过去或将来的法律关系进行确认,只能对现存的法律关系提出确认请求,因为过去或将来的法律关系都会发生变动,对此进行确认的意义不大。但在实践中,应从解决纠纷的必要性角度去理解和判断某个事项是否具有诉的利益,如果某个被认为是过去或将来的法律关系,但确实具有以现在确认之诉加以解决的必要性,则对其诉的利益予以确认。例如,当前双方对某个机器设备所有权存在争议,那么确认该财产过去的买卖合同是否有效之诉,就具有确认利益。

(二)从解决纠纷是否具有即时确定的现实必要性来判断

判断诉的利益的本质在于当事人的权利或地位面临危险或不安,且这种不安必须是现实存在的,只有这样,才存在确认之诉的利益。德国《民事诉讼法》第 256 条规定,确认之诉有即时确定的法律利益时,才可以提起。笔者认为,即时确定的现实必要性是指原告的权利或法律地位,由于被告否认或其他原因的存在,发生危险或不安,原告有请求法院对被告将此危险不安状态除去的紧迫性和必要性。对此,应当从两方面进行把握:一是,被告否定原告的法律地位,使原告的权利或地位产生不安或危险。例如,离婚案件中被告将夫妻共同财产移转给第三人、被告争夺或主张原告的财产或权利等。二是,在实践中,也存在一些非因被告行为所导致原告权利或地位不安的情况。例如,当事人请求确定法律文书或证书的真实性,请求确定某块土地为现在不使用的墓地等,这都是基于一些客观事实。

(三)从确认之诉作为解决纠纷的手段来判断

确认之诉相对于形成之诉、给付之诉而言,其较为明显的特征是其判决的执行力较弱,解决纠纷的效率较低,在三种诉讼类型中处于补充性的地位。如果案件当事人存在其他形态的诉讼手段时,原则上应否定确认之诉的利益,这在学界也称之为选择确认之诉作为纠纷解决方式的妥当性。我国台湾地区"民事诉讼法"第二百四十七条第二款对此规定,确认之诉应当以不能提起他诉讼者为限。在实践中,如果当事人存在债权到期,债权人不提起给付之诉,而仅提起确认债权之诉,应当认为不存在诉的利益。例如,作为案件判断前提的程序问题的确认,如要求确认律师或诉讼代理人是否有代理权、诉讼要件是否存在等问题,因只需要在同一诉讼中可加以解决,故当事人不存在另行提起诉讼的利益。结合本案来看,如果原告认为被告作为大股东、法定代表人越权给自己造成了损失,可以提起股东滥用股东权利损害股东利益赔偿之诉或者高管人员损害股东利益赔偿之诉,这样才能从实质上解决问题,而不能以诉讼方式对被告与第三签订的合同是否违反股东会决议先进行判定,将该判决结果作为处理另案的前提,导致司法资源的浪费。

因此,在司法实践中,对于确认之诉是否具备诉的利益,法官应结合以上三点进行判断,并考虑民事诉讼诚实信用原则,在个案中运用法官自由裁量权,确保案件处理符合公正、效率的价值取向。

【专家点评】[①]

原告为某公司三位小股东之一，持有20%的股份，被告为持股60%的大股东和该公司法定代表人。该公司股东会曾通过决议，议决公司股权的整体转让及质押、房地产的转让或抵押以及参与城市更新项目等重大事项都必须由代表90%以上表决权的股东通过。股东违反该条决议的由其个人承担风险和责任，造成公司或其他股东损失的应予以赔偿。此后，被告在未召开股东会的情形下与其他公司签订有关参与城市更新项目的合作框架协议。原告认为被告擅自签约损害公司及小股东利益，为此向签约各方发出律师函，但被告仍再次与其他公司签订房地产开发合作协议书。原告遂向前海法院提起诉讼，请求判令被告两次与其他公司签约的行为违反股东会决议。以上即为本案大致的案情梗概。

前海法院认为原告提起的是确认之诉，但其诉讼请求缺乏诉的利益，因此作出了本案裁定驳回其起诉。这一裁判的结论是正确的，宣判后原告并未提起上诉，本案裁定书已经生效。在有关何为"诉的利益"以及就原告的诉讼请求是否具备这一起诉条件作出的说明等方面，本案的裁判文书对于相关原理的掌握准确到位，结合具体案情推导出本案结论的逻辑大体清楚，释法说理简洁明快，为同类案件的审理裁判提供了一个很有价值的范本。

诉的利益主要是一个学理的概念，在我国法律的规定上只有间接的体现，但对于司法实务却往往构成需要切实解决的难点或挑战。诉的利益一般指原告起诉必须具有值得通过诉讼加以救济的利益，否则诉讼就不能成立。给付之诉通常都具有诉的利益，形成之诉有无诉的利益也比较容易判断，但对于确认之诉尤其是消极的确认之诉，是否具有诉的利益却往往不易辨别。本案的被告就没有意识到原告起诉存在这个问题，是否具有诉的利益因而并未成为本案当事人双方的争议焦点。但是，诉

① 王亚新，清华大学法学院教授，博士生导师。

的利益既然是诉能否成立的条件,法院可以依职权对此进行审查并作出判断。本案裁判文书从界定原告起诉的性质入手,发现了存在诉的利益这个问题,继而从原理及学说观点的角度阐释了何为诉的利益及其识别的若干标准,再将本案具体案情与这些标准相对照,最后达到的结论就是原告的起诉因不符合相关要件而缺乏诉的利益。这样的裁判思路反映了裁判者对案件性质或诉讼标的内容的把握大体得当,对于诉的利益相关理论或原理也有比较全面的了解,因而在本案的处理上表现出某种"举重若轻"般的从容。

原告的诉讼请求是判令被告与其他公司签订协议的行为违反股东会决议,但这种请求对应的法律关系及其法律效果都很不清楚。对于公司外部的关系来讲,这种请求不能使法定代表人或大股东代表本公司与其他公司签订的协议无效;对于本公司内部而言,按照股东会决议,股东有违反决议行为的后果也只是自行承担相应责任。因此,法院针对这样的请求如果作出实体裁判,无论是支持还是驳回诉讼请求,都存在既不便确定产生既判力的审理范围,也没有真正解决当事人之间纠纷的无效率等问题。本案裁判文书明确指出原告提出的是确认之诉,这种诉讼必须符合诉的利益所包括的若干要件才能成立。而本案原告请求针对的不是法律关系或权利而是行为本身,确认的对象有误;本可以提起因大股东或法定代表人滥用权利损害小股东利益而请求赔偿的给付之诉,却停留在消极确认的层面,因而缺少确认的必要性。显然,本案裁定以原告的起诉不具备诉的利益为由予以驳回是完全正确的。不过,裁定书中有关"当事人请求确认的法律关系应当是自己与被告之间法律关系存在与否,而本案原告要求确认的是被告与第三人之间的关系"这段表述,是否作为原告起诉没有诉的利益在主体方面的理由,则还可以斟酌。因为无论本案原告主观上是否希望挑战被告与第三人之间所签协议的效力,但其诉讼请求却难以解释为"要求确认的是被告与第三人之间的关系"。这一点从本案第三人有关被告的签约行为即使违反股东会决议,也不影响与其他公司之间所签协议效力的主张也可看出。

后　记

典型案例是一部鲜活而又生动的教科书,它可以为法官的裁判提供参照,为学者的理论研究注入实践养分,还可以为商事主体的市场行为和公众行为提供合理预期,对营造稳定公平透明、可预期的法治化营商环境具有重要的作用。

深圳前海合作区人民法院成立于 2015 年 1 月 28 日,负责管辖前海合作区内的第一审民商事案件,同时集中管辖深圳市辖区的第一审涉外、涉港澳台商事案件,以及前海蛇口自贸区范围内第一审一般知识产权民事案件,其中受理涉港商事案件数量位居全国(基层)法院第一。随着自贸区与合作区扩大开放和创新发展进一步深化,前海法院受理了一批新类型、疑难复杂和具有一定社会影响力的案件,在引领自贸区新兴产业发展、强化知识产权保护、推动诚信体系建设、营造法治化营商环境等方面取得了一定成效。为充分地发挥司法裁判引领商事活动和社会行为的作用。前海法院课题组挑选了 22 个具有一定代表性的案例,编著成本书。本书具有以下三个鲜明特点:一是选取的案例具有典型性和社会影响性。本批典型案例中包括:不方便法院原则在涉外民商事案件中的运用、虚假诉讼被处以顶格罚款、律师费转付制度在司法实践中的运用、暗保理合同的性质与效力认定等,都具有一定的新颖性、代表性和社会影响性。二是案例分析既有广度也有深度。为了充分展示所选案例的价值,进行了多角度、全方位的挖掘,既对裁判思维和方法进行了深度剖析,也对涉及的相关法律延伸问题进行了深入分析。

三是法学家的精彩点评起到了画龙点睛的效果。为了更好地实现对所选案例的准确把握,促进理论与司法实践的有机结合,邀请了王亚新、何其生等知名法学专家对案例进行了精彩点评。

本书努力在总结积淀既有司法经验、营造法治化的营商环境、更高程度实现司法公开、为学术界与司法界的交流搭建平台等方面发挥积极作用,但因为前海法院成立时间不长,受到案件数量积累还不够等方面的限制,本书还存在诸多不足之处。我们期待来自司法实务部门、学术界和社会公众的指正,这将是促进我们司法审判水平、理论研究能力进一步提升的无限动力。

最后,借此机会,对参与点评的各位专家学者致以最诚挚的感谢!对一直关心、支持前海法院的各界人士表示最衷心的感谢!

图书在版编目(CIP)数据

民商事案件裁判思维与裁判方法：22个精选案例裁判思路解析／深圳前海合作区人民法院课题组著．-- 北京：法律出版社，2019
ISBN 978－7－5197－3791－7

Ⅰ．①民… Ⅱ．①深… Ⅲ．①民事诉讼－审判－案例－中国 Ⅳ．①D925.185

中国版本图书馆CIP数据核字(2019)第200816号

民商事案件裁判思维与裁判方法：
22个精选案例裁判思路解析
MINSHANGSHI ANJIAN CAIPAN SIWEI
YU CAIPAN FANGFA：
22 GE JINGXUAN ANLI CAIPAN SILU JIEXI

深圳前海合作区人民法院课题组 著

责任编辑 李 群
装帧设计 汪奇峰

出版 法律出版社
总发行 中国法律图书有限公司
经销 新华书店
印刷 中煤(北京)印务有限公司
责任印制 吕亚莉

编辑统筹 法规出版分社
开本 710毫米×1000毫米 1/16
印张 23.25
字数 346千
版本 2019年10月第1版
印次 2019年10月第1次印刷

法律出版社／北京市丰台区莲花池西里7号(100073)
网址／www.lawpress.com.cn
投稿邮箱／info@lawpress.com.cn
举报维权邮箱／jbwq@lawpress.com.cn
销售热线／400－660－8393
咨询电话／010－63939796

中国法律图书有限公司／北京市丰台区莲花池西里7号(100073)
全国各地中法图分、子公司销售电话：
统一销售客服／400－660－8393/6393
第一法律书店／010－83938432/8433 西安分公司／029－85330678 重庆分公司／023－67453036
上海分公司／021－62071639/1636 深圳分公司／0755－83072995

书号：ISBN 978－7－5197－3791－7 **定价：**88.00元